Lang Kurt

Evolutionäre Erkenntnistheorie

Angeborene Erkenntnisstrukturen
im Kontext von Biologie, Psychologie, Linguistik,
Philosophie und Wissenschaftstheorie

Von
Professor Dr. rer. nat. Dr. phil. Gerhard Vollmer
Technische Universität Braunschweig

8., unveränderte Auflage

Mit einem Geleitwort von Ernst Peter Fischer:
„Warten auf den nächsten Sprung"

Mit einem Nachwort des Autors

S. Hirzel Verlag Stuttgart · Leipzig
2002

1. Auflage 1975

Die Deutsche Bibliothek – CIP-Einheitsaufnahme

Vollmer, Gerhard:
Evolutionäre Erkenntnistheorie : angeborene Erkenntnisstrukturen im Kontext
von Biologie, Psychologie, Linguistik, Philosophie und Wissenschaftstheorie /
von Gerhard Vollmer. Mit einem Nachw. des Autors. Mit einem Geleitw.
„Warten auf den nächsten Sprung" / von Ernst Peter Fischer. – 8., unveränd. Aufl.. –
Stuttgart ; Leipzig : Hirzel, 2002
ISBN 3-7776-1205-7

Jede Verwertung des Werkes außerhalb der Grenzen des Urheberrechtsgesetzes ist unzulässig und strafbar. Dies gilt insbesondere für Übersetzung, Nachdruck, Mikroverfilmung oder vergleichbare Verfahren sowie für die Speicherung in Datenverarbeitungsanlagen.

© 2002 S. Hirzel Verlag, Birkenwaldstraße 44, 70191 Stuttgart
Printed in Germany

Druck: Karl Hofmann, Schorndorf
Umschlaggestaltung: Neil McBeath, Kornwestheim

Warten auf den nächsten Sprung

Geleitwort von Prof. Dr. Ernst Peter Fischer, Konstanz

Der Autor des Buches, das hier in unveränderter Form in achter Auflage erscheint und dem man noch viele weitere Auflagen dieser Art für immer mehr Leser wünscht, liebt es, seinem Publikum Paradoxien zu erläutern und Widersprüche vorzuführen. So fragt er gerne, warum Zähne sich nicht selbst zerkleinern, warum ein Magen sich nicht selbst verdaut, ob der Kreter, der sagt, dass alle Kreter dauernd lügen, in dem Moment tatsächlich lügt, und ob es wirklich eine Regel ist, dass keine Regel ohne Ausnahme bleibt. Wegen dieser oft mit einem spitzbübischen Gesicht dem stets dankbaren Publikum vorgeführten Vorliebe wird es Gerhard Vollmer auch nicht entgangen sein, dass sein Buch über die evolutionäre Erkenntnistheorie auf den ersten Blick selbst als Beispiel für seine geschätzte Gedankenakrobatik gelten kann. Schließlich haben wir es hier mit einem Buch über die Evolution zu tun, das sich selbst nicht weiterentwickelt und in einer sich dauernd erneuernden Welt des Geistes hartnäckig seine alte Botschaft verkündet.

Seltsamerweise scheint diese „Evolutionäre Erkenntnistheorie" gerade deshalb überlebensfähig und in steigenden Auflagen präsent zu sein, weil sie nichts Neues bringt, sondern an dem festhält, was Gerhard Vollmer in ihr vor vielen Jahrzehnten zu formulieren und festzuhalten gelungen ist. Wie kann das sein? Wie kann es passieren, dass die Kriterien der Evolution wenigstens kurzfristig keine Anwendung auf ein Buch über die Evolution des Erkennens zu finden scheinen?

Versuchen wir es zuerst mit einer künstlerischen Antwort, wie sie Pablo Picasso hätte geben können. Als ihm vorgeworfen wurde, sein Porträt von Gertrude Stein sei der lebenden Gertrude Stein gar nicht ähnlich, soll der Maler geantwortet haben, „Warten Sie doch ab, das wird es noch werden". Und tatsächlich könnte es ja sein, dass sich nicht das Schreiben, sondern das Lesen ändern muss und kann. Der Text im Buch sollte vielleicht gerade deshalb so bleiben, wie er ist, damit wir nach und nach verstehen können, worauf es ihm ankommt und wie das Geschriebene verstanden und gelesen wird. Insofern würden die unveränderten Auflagen dann zwar keine Evolution durchlaufen, aber eine bewirken, eine Evolution des Verstehens nämlich, die sich im Inneren der Leser abspielt, während äußerlich alles unverändert bleibt (vom Einband und einigen Jahreszahlen einmal abgesehen). Die Aspekte der Rezeption von Ideen und Texten sind allerdings im Bereich der Wissenschaft so wenig erkundet, dass solche Spekulationen an dieser Stelle für sich bleiben müssen.

Versuchen wir es als zweites mit einer komischen Antwort, wie sie etwa Karl Valentin geben könnte. In einer seiner Szenen geht es um eine Rede, die ein Funktionär halten muss und die der Künstler mit den Worten beginnen lässt, zwar sei schon alles gesagt, aber noch nicht von allen. Nun kann man sich auch eine Situation vorstellen, in der zwar schon alles gesagt worden ist, in der dies aber noch nicht alle verstanden haben. Und vielleicht trifft dies für das Buch von Gerhard Vollmer zu. Er hat in seinem Buch ja so gut wie alles über die Evolution des Erkennens gesagt, nur ist es noch nicht von allen gelesen und aufgenommen worden. Es wäre schön, wenn sich dieser Punkt eines Tages wenigstens annäherungsweise erreichen ließe, denn in der „Evolutionären Erkenntnistheorie" stecken sehr viele Einsichten und Hinweise, die im menschlichen Maßstab zeitlos und unverändert gültig bleiben, auch wenn sie in ihrer Argumentation aus sich selbst heraus begründen, wie gerade das Gegenteil passieren konnte, wie nämlich etwas durch Anpassung passend geworden ist, also durch Umbildung und Erneuerung.

Die aus dem Feld geschlagene Konkurrenz

Damit sind wir wieder bei dem erwähnten Paradox, das sich einem ersten lesenden Blick zeigt, wobei diese Wendung darauf hinweist, dass es weitere Möglichkeiten des Hinsehens gibt und zumindest eine zweite ausprobiert werden sollte. Sie würde zum Beispiel bemerken, dass die Prinzipien der Evolution nur zum Tragen kommen, wenn es Konkurrenten gibt, die um dieselben Ressourcen (hier: dasselbe Lesepublikum) ringen. Aus der Tatsache, dass Vollmers Buch unbeschadet neu aufgelegt wird und die unverändert produzierten Nachkommen des ursprünglichen Textes leichtes Spiel haben, sich in den Bibliotheken und Regalen einzunisten, darf der Schluss gezogen werden, dass der Text inzwischen ohne Konkurrenten ist (die jedoch jederzeit auftreten und dabei unerwartet eine riskante Situation heraufbeschwören können).

Natürlich hat es zur Zeit der ersten Auflage – also in den siebziger Jahren des zwanzigsten Jahrhunderts – eine Menge Bücher zur Darstellung des Gedankens gegeben, dass menschliches Erkenntnisvermögen nicht als göttliche Gabe hinzunehmen ist, sondern seine Möglichkeiten und Grenzen ebenso aufgrund evolutionär erworbener Adaptationen verstanden werden kann wie die Qualitäten unsere Sinnesorgane oder die anatomischen Formen unserer Gliedmaßen. Aber außer dem Band, der hier erneut das Leselicht der Welt erblickt, sind alle anderen Titel verschwunden. Dabei gab es durchaus einige Titel, die ihren Auflagen nach als Dinosaurier zu bewerten waren, und zunächst konnte der vornehme Vollmer zwischen dem hochdramatischen Hoimar von Ditfurth („Der Geist fiel nicht vom Himmel") und dem raunenden Rupert Riedl („Biologie der Erkenntnis") bei dem breiten Publikum gar nicht sonderlich Eindruck schinden und nur im Hintergrund in Erscheinung treten. Aber inzwischen hat sein zugleich sachlicher wie souveräner, sein ebenso pointierter wie präziser Text sich gegenüber den früheren Riesenauflagen so durchgesetzt, wie es die warmblütigen Säugetiere in der Evolution des Lebens gegenüber den kaltherzigen Sauriern getan haben, und dazu darf herzlich gratuliert werden.

Für das Verständnis das Erfolgs ist es vielleicht nicht unerheblich, dass Vollmer aus einer anderen Richtung als die beiden genannten (und die meisten anderen) Verfechter des evolutionären Denkens gekommen ist. Von Anfang an hat er seinen eigenen Weg zu den angesprochenen philosophischen Problemen benutzt, nämlich von den Erkenntnissen der erfolgreichsten Wissenschaft, der Physik, her. Wenn man will, kann man sagen, dass Vollmer von oben auf das Erkennen geblickt hat, das uns im evolutionären Rahmen möglich geworden ist, was hier „von der Ebene der theoretischen Physik" heißt und die besondere Höhe der Einsicht meint, die den Physikern gelungen ist. Die beiden Relativitätstheorien und die Quantentheorie bleiben nach wie vor Wunderwerke der menschlichen Einbildungskraft, aber gerade sie haben die Fragen aufkommen lassen, wie die Voraussetzungen aussehen und entstanden sein könnten, von denen aus der Aufstieg in ihre Sphären möglich geworden ist. Und wenn man annimmt, dass diese Voraussetzungen allen Menschen zur Verfügung stehen müssen, sollte es nicht lange dauern, bis der evolutionäre Blickwinkel probiert und als hilfreich erlebt wird. Vermutlich hat Vollmer deshalb zunächst gedacht, die hier versammelten Gedanken seien schon irgendwo anders notiert, als er sie zum ersten Mal dachte, und er war sicher froh, als er nur Biologen bei der Arbeit in der philosophischen Goldmine entdecken konnte, die sich ihm aufgetan hatte.

Zwei Wege der Evolution

Wenn wir die auf diese Weise eigenwillig entstandene Erfolgsgeschichte des Buches unter dem von ihm eingenommenen Blickwinkel noch etwas weiter erzählen wollen, können wir versuchen, zwischen zwei konkurrierenden Modellen zu unterscheiden, die es heute von der umfassenden Bewegung gibt, die wir Evolution nennen. Ihre Dynamik hat als erster in aller Deutlichkeit Charles Darwin bemerkt und beschrieben, als er sein Riesenwerk von der Entstehung der Arten vorlegte und die Modifikation des Lebendigen im Laufe der Abstammung bemerkte. Auf die Frage, wie evolutionärer Wandel sich vollzieht, antwortet eine Fraktion von Biologen heute, dass er sich stetig und kontinuierlich und in kleinen, fast unmerklichen Schritten vollzieht. Eine andere Fraktion ist vom Gegenteil überzeugt, nämlich davon, dass es lange Zeiten des evolutionären Stillstands gibt, die dann durch plötzliche und sogar sprunghafte Umbrüche unterbrochen werden.

Der Blick auf die Entwicklung des erkenntnistheoretischen Denkens scheint Belege für die zweite Variante zu bieten, denn nachdem diese Disziplin der Philosophie Jahrhunderte hindurch ohne Rücksicht auf biologische Bedingungen oder psychologische Vorgaben betrieben und in ihrer reinen Rationalität und besonderen Begrifflichkeit immer steriler geworden war, gab es plötzlich eine ungeheure Bereicherung und Belebung der Szene, und zwar gleichzeitig sowohl von psychologischer als auch von verhaltensbiologischer Seite. Im Rückblick lässt sich ein Durchbruch des evolutionären Denkens beim Verstehen der kognitiven Leistungen für die Zeit konstatieren, in der auch dieses Buch entstanden ist. Jedenfalls gab es damals viele Debatten um die Frage, ob die Biologie der Philosophie dieses Terrain streitig machen darf, wofür sogar viel Sendezeit in den damals noch sehr öffentlichen Fernsehkanälen zur Verfügung stand.

Doch der genauere Blick auf das Aufkommen des evolutionären Denkens zeigt, dass diese Umwälzung der Erkenntnistheorie schon lange in der Luft lag und mindestens das ganze zwanzigste Jahrhundert in Anspruch genommen hat. So steht etwa an dessen Anfang die berühmte Bemerkung des österreichischen Physikers und Naturphilosophen Ludwig Boltzmann aus dem Jahre 1900, die früh andeutet, was dann später umgesetzt wurde. Nach dem Hinweis, dass es trotz all der großartigen Leistungen, die der Physik im 19. Jahrhundert gelungen waren, besser sei, von dem Zeitalter Darwins zu reden, schlägt Boltzmann vor, dessen Grundidee nicht nur außen, sondern auch innen wirksam zu sehen:

„...Nach meiner Überzeugung sind die inneren Denkgesetze dadurch entstanden, dass sich die Verknüpfung der inneren Ideen, die wir von den Gegenständen entwerfen, immer mehr der Verknüpfung der Gegenstände anpasste. Alle Verknüpfungsregeln, welche auf Widerstände mit der Erfahrung führen, wurden verworfen und die allzeit auf Richtiges führenden [...] festgehalten. Und dieses Festhalten vererbte sich so konsequent fort auf die Nachkommen, dass wir in solchen Regeln schließlich Axiome oder angeborene Denkweisen sahen. Man kann diese Denkgesetze aprioristisch nennen, weil sie durch die vieltausendjährige Erfahrung der Gattung dem Individuum angeboren sind."

Natürlich dauerte es noch einige Jahre, bis dieser Gedanke im wissenschaftlichen Denkgebäude seinen festen Platz finden konnte, aber mit diesem Hinweis hatte sich das Schlupfloch aufgetan, das die Aussicht auf ein weites Feld freigab, auf dem sich bald immer mehr Wissenschaftler einfanden und tummelten. Auf der Seite der Psychologie ist zum Beispiel Jean Piaget zu nennen, der zuerst *Das Erwachen der Intelligenz beim Kinde* (1936) untersuchte, um daraus eine genetische Epistemologie zu entwickeln, mit deren Hilfe er zuletzt versuchen konnte, ganz allgemein etwas über die Verbindung zwischen *Biologie und Erkenntnis* (1967) abzuleiten. Und auf der Seite der Biologie ist es vor allem der Verhaltensforscher Konrad Lorenz, der damit beginnt, das Programm einer evolutionären Erkenntnistheorie zu verfolgen, in dem er das Leben selbst als erkenntnisgewinnenden Vorgang betrachtet. Für Lorenz ist dieser Ansatz eher selbstverständlich:

„Für den Naturforscher ist der Mensch ein Lebewesen, das seine Eigenschaften und Leistungen, einschließlich seiner hohen Fähigkeiten des Erkennens, der Evolution verdankt, jenem äonenlangen Werdegang, in dessen Verlauf sich alle Organismen mit den Gegebenheiten der Wirklichkeit auseinander gesetzt und – wie wir zu sagen pflegen – an sie angepasst haben. Dieses stammesgeschichtliche Geschehen ist ein Vorgang der Erkenntnis, denn jede ‚Anpassung an' eine bestimmte Gegebenheit der äußeren Realität bedeutet, dass ein Maß von ‚Information über' sie in das organische System aufgenommen wurde."

Tatsächlich kommt es nach diesen und anderen Vorbereitungen in den siebziger Jahren zu einem massiven Durchbruch dieses Ansatzes, dessen Qualität in guter Darwinistischer Tradition deshalb stark und rasch zunimmt, weil er auf die erbitterte Konkurrenz der etablierten Schulen mit ihren biologiefrei und lebensfern entstandenen Erkenntnistheorien trifft, die unter anderem die Welt des Geistes strikt von allem Materiellen freihalten wollen, das nun einmal unbedingt zum Leben – und somit zur Biologie – gehört.

Grenzen und Möglichkeiten des evolutionären Denkens

Die Vorstellung einer sprunghaften Evolution verlangt, dass es neben den plötzlichen Änderungen auch Phasen der Ruhe gibt, die manchmal als Gleichgewicht bezeichnet werden. In solchen Situationen kann und darf es keine Neuerungen geben, und tatsächlich lässt sich behaupten, dass nach den vielen Aufregungen um die Etablierung der evolutionären Argumente und ihre Relevanz im philosophischen Diskurs wieder die alte akademische Ruhe in den Instituten eingekehrt zu sein scheint. Möglicherweise ist „Ruhe" der falsche Ausdruck, denn nachdem sich die evolutionäre Erkenntnistheorie nicht einfach verbannen oder verwerfen ließ, lag natürlich der Gedanke nah, das jetzt attraktiv gewordene Attribut auch vor andere Hauptwörter zusetzen. Und so wurden bald evolutionäre Morallehren vorgelegt, Vorschläge für eine evolutionäre Ästhetik gemacht, eine evolutionäre Medizin ins Auge gefasst und mit dem Entwurf einer evolutionären Psychologie die Vereinigung der Lehren von Darwin und Freud unternommen, um nur einige Beispiele zu nennen.

Aber so, wie zwar aus gutem Grund und mit großem Erfolg aus einer Quantenmechanik eine Quantenelektrodynamik werden kann, ohne dass die Wissenschaft zugleich auch in der Lage wäre, in einem Aufwasch eine leistungsfähige Quantenbiologie oder gar eine Quantenpharmakologie zu schaffen, bringt auch die Verwendung des Attributs „evolutionär" nicht einen lohnenswerten oder gar revolutionären Gedanken hervor. Klar ist nur, dass die Leugnung der darwinistisch geprägten Geschichte unserer Art kein empfehlenswertes Vorgehen ist. Wenn etwa eine Gesellschaft Männern und Frauen gleiche Chance für Karriere und beruflichen Erfolg gewähren will, dann kann dieses Ziel nur erreicht werden, wenn man zur Kenntnis nimmt, dass die Geschlechter von Natur aus verschieden sind; die Unterschiede haben damit zu tun, dass Männer und Frauen im Verlauf der menschlichen Stammesgeschichte Aufgabenbereiche übernommen und vor allem beim Versorgen des Nachwuchses kooperiert haben. Auf die Situation, dass Männer und Frauen miteinander in Konkurrenz treten, hat uns die Evolution gerade nicht vorbereitet. Hier hilft der Rückgriff auf Darwins Idee nicht viel weiter.

Ganz anders ist es wiederum für die Medizin. Tatsächlich scheint es, dass viele Krankheiten nur verstanden und sinnvoll behandelt werden können, wenn man neben den natürlich immer vorhandenen nahe liegenden Gründen (Ansteckung, Verletzung, Verschleiß) auch evolutionäre Ursachen für ihr Auftreten angeben kann. Die Frage „Warum werden wir krank?" muss und sollte immer auch im Licht der Evolution betrachtet werden. Wer zum

Beispiel verstehen will, warum Menschen Gicht bekommen, sollte nicht mit der Kenntnis zufrieden sein, dass hierfür Harnsäurekristalle in den Gelenken verantwortlich sind, von denen es in den betroffenen Patienten zu viele gibt. Er sollte vielmehr auch fragen, warum überhaupt so viel Harnsäure im Blut ist, dass es zu der schmerzhaften Kristallbildung kommen kann, die wir als Krankheit erleben. Und er ist dann vielleicht zufrieden, wenn man ihm erläutert, dass Harnsäure für einen Körper zunächst durchaus *nützlich* ist: Dieses Molekül kann toxische Stoffe (so genannte Radikale) binden, die mit der Nahrung aufgenommen werden und ungehindert das Gewebe zerstören würden. Das Problem scheint nun darin zu liegen, dass in einigen Menschen etwas zu viel von diesem Stoff produziert wird, was dann die Erkrankung nach sich zieht.

Eine Form der Medizin, die Krankheitsbilder auf die geschilderte Weise betrachtet, hat in den angelsächsischen Ländern inzwischen Gestalt angenommen, und seit einigen Jahren ist von einer „New Science of Darwinian Medicine" die Rede, die freilich vorsichtig argumentieren muss, da die natürliche Auslese sich die von ihr bevorzugten Varianten bekanntlich nicht nach dem Kriterium der Gesundheit aussucht. Sie sorgt nur für mehr oder weniger viele Nachkommen, und wenn es zum Beispiel Gene gibt, die sich zwar im Alter – also nach der Phase der Reproduktion – negativ auswirken, die aber in der frühen Phase des Lebens nützlich sind und zur Fitness beitragen, dann wird die Selektion solche Gene bevorzugt auftreten lassen und für ihre Verbreitung sorgen. Wichtig zum Nachvollzug dieser Gedanken ist, dass man sich von der Vorstellung befreien muss, die Evolution hätte nur perfekte Lösungen ohne Fehl und Tadel anzubieten. Auch sie muss viele Kompromisse eingehen, auch sie muss Kosten und Nutzen abwägen, allerdings immer unter der Vorgabe, dass der Vermehrungserfolg optimiert wird, das heißt, dass die Zahl der geeigneten Gene, die in der nächsten Generation auftauchen, möglichst groß wird.

Betrachten wir als Beispiel die Alzheimer-Krankheit, die vor allem ältere Menschen trifft und die sicher genetische Komponenten hat, etwa, wie seit kurzem bekannt ist, das Gen auf Chromosom 19, das für ein Apolipoprotein mit Namen E4 verantwortlich ist. Bei Patienten, die unter Morbus Alzheimer leiden, sind nun vor allem solche Teile des Gehirns betroffen, die sich erst in jüngster Zeit unserer Stammesgeschichte entwickelt haben. Andere Primaten haben diese Regionen nicht. Damit liegt die Idee nahe, dass Alzheimer-Patienten nicht nur den Nachteil der Alzheimer-Demenz haben, sondern dass sie vielleicht früher im Leben über besser präparierte Hirne verfügen und mit den entsprechenden Genen intelligenter sind als ohne sie. Dies ist vorläufig eine Vermutung, die allerdings den Vorteil hat, wissenschaftlich nachprüfbar zu sein. Noch hat dies niemand in ausreichendem Maße versucht, aber es lässt sich vorhersagen, dass in naher Zukunft eine entsprechende Studie unternommen wird, wenn sich die Medizin darwinistisch orientiert und die evolutionäre Kausalität zu erforschen beginnt.

Das Problem einer evolutionär orientierten Heilkunde besteht natürlich darin, zu erklären, warum die Evolution zwar all die wunderbaren Konstruktionen wie etwa das Auge, das Immunsystem und das Gehirn hervorbringen konnte, zugleich aber nicht in der Lage war, im Vergleich dazu scheinbar einfache Sachen wie die Sichelzellenanämie, die Zuckerkrankheit, Allergien oder Krebs verschwinden zu lassen. Warum werden wir immer noch von Infektionskrankheiten belästigt, werden wir selbst mit den einfachsten Bakterien oder Viren nicht fertig?

Die Antwort auf die letzte Frage ist einfach, wenn man sie im Lichte der Evolution sieht. Denn nicht nur wir Menschen unterliegen diesem Prozess, sondern die Bakterien und Viren eben auch, und sie haben den großen Vorteil einer sehr viel kürzeren Generationszeit. Sie entwickeln sich also viel schneller, als wir dies können, und deshalb müsste die Frage eher umgekehrt lauten: Warum haben es die Mikroorganismen noch immer nicht geschafft, uns völlig auszusaugen und auszurotten?

Die offene Wissenschaft

Mit diesen hier nur angedeuteten Fragen will diese Einführung Beispiele für das liefern, was Gerhard Vollmer in seinen naturphilosophischen Texten einmal „Die Unvollständigkeit der Evolutionstheorie" genannt hat. Diese Idee einer unvollständig bleibenden – also stets weiterführenden und weiter zu treibenden – Wissenschaft trifft ebenbürtig neben die anderen Charakteristiken, durch die das Forschen im 20. Jahrhundert seine besonderen Merkmale bekommen hat und die wir als Unstetigkeit, Unbestimmtheit, Unentscheidbarkeit kennen. Dass Wissenschaft niemals abgeschlossen werden kann, ist ein romantischer Gedanke, der am deutlichsten vielleicht in den Worten von Wilhelm von Humboldt zu Ausdruck kommt, die er zur Gründung der Berliner Universität 1810 geschrieben hat, wonach

„...alles darauf beruht, das Princip zu erhalten, die Wissenschaft als etwas noch nicht ganz Gefundenes und nie ganz Aufzufindendes zu betrachten, und unablässig sie als solche zu suchen".

Das evolutionäre Prinzip enthält bei aller Rationalität der Argumente also das romantische Prinzip der Offenheit, was uns wieder zu dem Ausgangspunkt zurückführt, an dem wir jetzt einen Hinweis auf die Widersprüchlichkeit eines abgeschlossenen Textes über einen nicht abschließbaren Vorgang sehen. Wann wird uns der Autor aus dieser Lage befreien und ein erweitertes Buch vorlegen, das neu ist und dadurch alles beim Alten lässt? Vielleicht tut er uns diesen Gefallen erst dann, wenn er mit dem Paradox enge persönliche Bekanntschaft macht, das Bertolt Brecht einmal die Wirkungslosigkeit der Klassiker genannt hat. Es wäre doch schade für die Wissenschaft, wenn die „Evolutionäre Erkenntnistheorie" nur noch gekauft und zitiert, aber nicht mehr gelesen würde. Wenn dann nichts geschieht, wird viel passieren, wie Gerhard Vollmer es formulieren würde. Spätestens dann muss dem Autor aus dem behaglichen Gleichgewicht des Erfolgs zurück in den klassischen Konkurrenzkampf und zum nächsten Sprung ansetzen. Darauf warten wir schon.

Konstanz, Juni 2002

Inhalt

Warten auf den nächsten Sprung V

Probleme der Erkenntnistheorie 1

A Ein Spektrum von Antworten 4
Englischer Empirismus (Bacon, Locke, Hume) 5
Kontinentaler Rationalismus (Descartes, Leibniz, Kant) 8
Mathematik und Physik (Mathematik, Physik allgemein, Mach, Poincaré, Eddington, Bridgman) 11
Biologie und Psychologie (Teleonomie, Lorenz, Piaget, Jung) 17
Anthropologie und Sprachwissenschaft (Lévi-Strauss, Wittgenstein, Whorf, Chomsky) 22

B Erkenntnis und Wirklichkeit 25
Beweisbarkeit (Alle Wissenschaft ist hypothetisch.) 25
Postulate wissenschaftlicher Erkenntnis (Realität, Struktur, Kontinuität, Fremdbewußtsein, Wechselwirkung, Gehirnfunktion, Objektivität, Heuristik, Erklärbarkeit, Denkökonomie) 28
Hypothetischer Realismus 34
Der Erkenntnisprozeß 40
Wahrnehmungsstrukturen (Farb-, Raum- und Gestaltwahrnehmung) 45
Die Eignung der Erkenntnisstrukturen (Die Hauptfrage) 54

C Universelle Evolution 57
Evolution im Kosmos (Universum, Galaxien, Sterne, Planetensystem, Erde) . 58
Evolution des Lebendigen (Hat die Biologie eine Sonderstellung? Evolutionsfaktoren, Evolutionsgesetze, Einwände und Belege) 61
Evolution des Verhaltens und höherer Tierleistungen (Angeborene und erworbene Verhaltensstrukturen. Der Schluß auf das fremde Bewußtsein. Empfindungen, Vorstellungen, Aufmerksamkeit, Gedächtnis, Lernen, Einsicht, unbenanntes Denken, Kommunikation) 69
Evolution des Menschen (Zeugnisse für die menschliche Abstammungslehre. Zur Sonderstellung des Menschen. Voraussetzungen der Menschwerdung. Quantitative oder qualitative Höherentwicklung?) 77

D Evolutionäre Erkenntnistheorie 84
Biologische und kulturelle Evolution 84
Bewußtsein und Gehirn 86
Angeborene Strukturen 90
Vererbung kognitiver Fähigkeiten 94
Der Passungscharakter der Wahrnehmungsstrukturen 97
Evolution der Erkenntnisfähigkeit (Die Hauptthese) 102

E Exkurs: Bewertung von Theorien ... 107
Konsistenz und andere Kriterien ... 108
Erkenntnistheorie als Metadisziplin ... 111
Anwendung auf die evolutionäre Erkenntnistheorie ... 114

F Die Erkennbarkeit der Welt ... 118
Die Möglichkeit objektiver Erkenntnis ... 119
Projektive Erkenntnistheorie ... 122
Angeborene Strukturen und Kantisches Apriori ... 126
Rationalismus und Empirismus ... 131
Grenzen der Erkenntnis ... 135

G Sprache und Weltbild ... 138
Merkmale und Funktionen der Sprache ... 138
Wirklichkeit, Sprache, Denken (Sprache und Wirklichkeit. Sapir-Whorf-Hypothese. Sprache und Denken) ... 141
Chomsky und die angeborenen Ideen ... 146
Evolution der Sprache ... 150
Wie brauchbar ist die Sprache? ... 153

H Wissenschaft und Objektivierung ... 158
Das Induktionsproblem ... 158
Die Welt der mittleren Dimensionen (der Mesokosmos) ... 161
Die Entanthropomorphisierung unseres Weltbildes ... 165
Die wahre kopernikanische Wendung ... 170
Die Evolution des Wissens ... 173

I Metabetrachtungen ... 177
Die Evolution der evolutionären Erkenntnistheorie ... 177
Der interdisziplinäre Kontext ... 180
Offene Probleme ... 183
Zusammenfassung ... 188

Anmerkungen ... 190
Literatur ... 205
Anmerkungen ... 190
Literatur ... 205
Nachwort zur fünften Auflage 1990:
„Wieso können wir die Welt erkennen?" ... 211
Namenverzeichnis ... 219
Sachverzeichnis ... 223

Probleme der Erkenntnistheorie

Das Ziel der Philosophie ist Erkenntnis, sagt Bertrand Russell.
Offenbar hat die Philosophie dieses Ziel nicht für sich allein. Auch Logik und Mathematik, Natur- und Geisteswissenschaften, Medizin und Theologie und viele andere Disziplinen bemühen sich um Erkenntnis. Seit Jahrhunderten haben deshalb Philosophen darum gerungen, den besonderen Charakter von Philosophie (und *philosophischer* Erkenntnis) aufzuzeigen. Sie wurde gedeutet als Gesamtwissenschaft (Griechenland) und als Lehre von der rechten Lebensführung (Stoa), als weltliche Schwester der Theologie (Mittelalter), als Lehre vom Allgemeinen (Leibniz), als Wissenschaft der sich selbst begreifenden Vernunft (Hegel), als Weltanschauung (neuzeitliche Systeme), Erkenntniskritik (Russell), Sprachanalyse (Wittgenstein) und anders. Zweifellos haben die Auffassungen *über* Philosophie diese Entwicklung erlebt, weil die Philosophie *selbst* sich wandelte. Besonders im Laufe der Neuzeit hat sie eine wesentliche Neuorientierung erfahren.

Zunächst wurde ihr Bereich *eingeengt:* durch die Ablösung von Mathematik und Naturwissenschaften, durch die Entwicklung der Psychologie, der mathematischen Logik und der Linguistik, durch die angebliche Abwertung von Metaphysik und Ontologie als sprachlichen Mißverständnissen, schließlich durch die Konkurrenz von Verhaltensforschung, Soziologie und Friedensforschung.

Von den Gründen für diesen Substanzverlust seien hier fünf angeführt:
a) Formalisierung und Symbolisierung führen in Mathematik und Logik zu größter Präzision, zu einer „rechnenden Logik", wie Leibniz sie erhofft hatte.
b) Beobachtung, Test und Experiment schaffen eine Basis für die Wirklichkeitswissenschaften, die des expliziten Bezuges auf philosophische Prinzipien entraten kann.
c) Die Bildung und Prüfung von Hypothesen und Theorien ermöglicht konsistente Beschreibungen, Erklärungen und Voraussagen.
d) Die Aufstellung empiristischer Sinn- und Abgrenzungskriterien scheint viele philosophische Systeme als inhaltsleere Spekulationen, sprachliche Irrtümer oder „schlechte Metaphysik" zu entwerten.
e) Die Wissenschaften finden Lösungen für philosophische Probleme.

Es scheint, als seien der Philosophie neben umstrittenen „Bindestrich-Disziplinen", die sich mit Recht und Staat, Natur und Kultur, Religion und Geschichte, Wirtschaft und Technik befassen, nur Ethik und Ästhetik, Erkenntnistheorie und die Interpretation philosophischer Systeme und historischer Texte geblieben.

Zum Teil erklärt sich das aus dem Umstand, daß man einen Gegenstand nicht mehr zur Philosophie zählt, sobald definitive Erkenntnisse über ihn möglich werden; es bildet sich dann in der Regel eine neue und selbständige wissenschaftliche Disziplin.
(Russell, 1967, 136)

So gesehen wäre die Philosophie nur eine Quelle ungelöster Probleme, die schwächer und schwächer fließt, bis sie über der prinzipiellen Unlösbarkeit einiger Fragen schließlich versiegt.

Jedoch hat sich der Bereich philosophischer Tätigkeit auch *erweitert*. Gerade die Emanzipation und Verzweigung der Wissenschaften wirft neue Probleme auf, bei denen die Philosophie wichtige Rollen übernimmt. Sie reflektiert und kritisiert Ziele, Methoden und Ergebnisse der Wissenschaften und wird so zur *Metadisziplin*. Damit reicht sie weit hinein in viele Zweige menschlichen Erkenntnisstrebens, vor allem Sprachanalyse und Ideologiekritik, Axiomatik, Grundlagen- und interdisziplinäre Forschung. Wichtige „Neuerwerbungen" der Philosophie sind deshalb Wissenschaftstheorie und Wissenschaftsphilosophie.

Keines der genannten Gebiete gehört ausschließlich der Philosophie an. Es ist deshalb heute viel schwieriger als früher, Philosophie abzugrenzen, zu „definieren". Die Verbindungen zwischen Philosophie und Wissenschaft sind – nach 150 Jahren einer von den Wissenschaften einseitig erzwungenen Trennung – wieder enger.

Gilt das auch für die *Erkenntnistheorie?* Sind ihre Probleme nicht dieselben geblieben? Wenn die Bezeichnung „Erkenntnistheorie" auch erst im 19. Jahrhundert entsteht, hat ihr nicht schon Locke ihre Aufgabe zugewiesen, nämlich Ursprung, Gewißheit und Umfang der menschlichen Erkenntnis zu untersuchen? Meint nicht auch Kant in seinen Vorlesungen über Logik, der Philosoph müsse die Quellen des menschlichen Wissens, seinen Umfang und die Grenzen der Vernunft bestimmen können? Es scheint, als ließen sich die Probleme der Erkenntnistheorie auch heute noch durch einen derartigen Fragenkatalog umreißen:

Was ist Erkenntnis?	Begriffsexplikation
Wie erkennen wir?	Wege und Formen
Was erkennen wir?	Gegenstand
Wie weit reicht die Erkenntnis?	Umfang und Grenzen
Warum erkennen wir gerade so, dies und nur dies?	Erklärung
Wie sicher ist unsere Erkenntnis?	Geltung
Worauf beruht ihre Sicherheit?	Begründung

Dieses Buch wird sich vor allem mit den drei letzten Fragen beschäftigen und zeigen, daß die moderne Wissenschaft wichtige Beiträge zu den Problemen der Erkenntnistheorie zu leisten hat. Neu an der Erkenntnistheorie sind weniger ihre Probleme als ihr Ausgangspunkt, ihre Methoden und ihre Antworten. Für sie gilt, was Reichenbach 1931 über die „Ziele und Wege der heutigen Naturphilosophie" schreibt:

Ihr Ziel ist die Lösung einer Reihe von erkenntnistheoretischen Grundfragen, die z. T. in der ältesten Philosophie eine Rolle gespielt haben, z. T. allerdings in unseren Tagen erst gesehen worden sind. Ihr Weg aber ist grundsätzlich anders als der der traditionellen Philosophie. Denn sie will diese erkenntnistheoretischen

Probleme nicht durch abstrakte Spekulation, nicht durch Versenkung in reines Denken, nicht durch eine Analyse der Vernunft lösen, wie dies von allen bisherigen Philosophen mehr oder weniger versucht worden ist – sie glaubt vielmehr, nur im engsten Zusammenhang mit naturwissenschaftlicher und mathematischer Forschung ihre Probleme lösen zu können.

Unsere Überlegungen können also nicht „rein philosophisch" sein – was immer das bedeuten sollte –, sondern sie sind wesentlich *interdisziplinär*. Wieder werden Fragen, welche die Philosophie gestellt hat, von der Wissenschaft beantwortet. Solche Antworten beruhen auf Ergebnissen der Physiologie, Evolutionstheorie und Verhaltensforschung, der Psychologie, Anthropologie und Sprachwissenschaft und vieler weiterer Forschungszweige. Sie sollten sich auch an den Kriterien moderner Wissenschaftstheorie messen lassen. Daraus folgt jedoch nicht, daß die Theorie der Erkenntnis sich ebenfalls von der Philosophie lösen müßte. Die Philosophie hat gerade als Metadisziplin auch ganz neue Aufgaben übernommen. Eher wird die Erkenntnistheorie zu einer Metatheorie par excellence, da sie ja nicht die Welt untersucht, sondern unser *Wissen von der Welt*.

Im Hinblick auf diesen metadisziplinären Charakter versuchen wir hier, eine erkenntnistheoretische Position zu begründen, die „wissenschaftskonsistent" ist und eine moderne Antwort auf erkenntnistheoretische Fragen ermöglicht: den hypothetischen Realismus (B). Eine Analyse des Erkenntnisprozesses, vor allem für die Wahrnehmungserkenntnis, führt auf die erkenntnistheoretische Hauptfrage nach Grund und Grad der Übereinstimmung von Erkenntnis- und Realkategorien. Zur induktiven Hinführung auf eine evolutionistisch orientierte Antwort zeigen wir, daß der Entwicklungsgedanke nicht nur in der Biologie fruchtbar ist, sondern universelle Gültigkeit besitzt (C). Der hypothetische Realismus, die Evolutionstheorie und die Ergebnisse moderner physiologischer und psychologischer Forschung ermöglichen schließlich eine Lösung der Hauptfrage durch die *evolutionäre Erkenntnistheorie* (D).

Ist diese Theorie auch nicht beweisbar (wie keine Theorie!), so kann sie doch nach wissenschaftstheoretischen Kriterien beurteilt, insbesondere an ihren Folgerungen geprüft werden (E). Solche Folgerungen untersuchen die letzten Kapitel für die Erkenntnistheorie, die Sprachphilosophie und die Wissenschaftsphilosophie. Liegt also in B und F der Schwerpunkt auf der Erkenntnistheorie, so liegt er in C und D auf biologisch-psychologischen, in E und H auf wissenschaftstheoretischen, in G auf sprachphilosophischen Fragen. Nur das einleitende Kapitel A ist philosophie- und wissenschaftshistorischen Betrachtungen gewidmet.

A Ein Spektrum von Antworten

> *Unter den vielen Methoden, die ein Philosoph wählen kann, ist eine, daß man versucht herauszufinden, was andere über das vorliegende Problem gedacht und gesagt haben.*
> (nach Popper, 1971, XV f.)

Zunächst stellen wir Antworten zusammen, wie sie im Laufe philosophischen und wissenschaftlichen Denkens gegeben wurden. Wir beschränken uns dabei auf vier Fragen, die auch Hauptprobleme der anschließenden Betrachtungen sein werden.

Woher wissen wir etwas über die Welt?

Mit diesem Problem haben sich Philosophen, vor allem Erkenntnistheoretiker, seit Jahrtausenden beschäftigt. Auch wenn man von extremen Standpunkten wie Agnostizismus (Dubois-Reymond), absolutem Skeptizismus (Gorgias) und Solipsismus absieht, reichen die Antworten immer noch vom reinen Empirismus: Alle Erkenntnis entstammt der Erfahrung, bis zum strengen Rationalismus: Erkenntnis gewinnen wir allein durch das Denken.

Die Lehre von den angeborenen Ideen

ist dabei historisch der Ausgangspunkt vieler Diskussionen (Platon, Scholastik, Descartes, Locke, Leibniz, Hume, Kant, Chomsky; der Begriff taucht schon bei Cicero auf). Aber nicht alle, die ihn verwenden, meinen damit dasselbe; z. B. verstehen Descartes, Leibniz oder Chomsky sehr Verschiedenes darunter. Umstritten ist schon, ob die Ideen selbst Erkenntnisse darstellen oder lediglich zur Erkenntnis beitragen. Unklarheit besteht aber ebenso über die Bedeutung von „angeboren". Es meint „(von Gott) mit der Geburt eingepflanzt", manchmal auch „ererbt, instinktiv, notwendig wahr". Daß Vererbungslehre, Evolutionstheorie und Psychologie ihm heute einen wissenschaftlichen Gehalt geben, führt auf ein weiteres Problem:

Haben die Strukturen der Erkenntnis eine biologische Bedeutung?

Wie sehr sich die angedeuteten philosophischen Standpunkte in diesen Fragen auch unterscheiden, so haben sie doch folgendes Argument gemeinsam: Schwachsinnige Menschen oder primitive Tiere erlangen wenig oder gar keine Erkenntnis. Erkenntnisse über die Welt setzen also eine gewisse Erkenntnisfähigkeit (und nicht nur Sinnesorgane) voraus. Dieses Vermögen – ob angeboren oder erworben – hat eine bestimmte Struktur, die durch „Erkenntniskategorien" beschrieben wird. Die Erkenntniskategorien müssen das Erkenntnisobjekt irgendwie treffen. Erkenntnis ist danach möglich, weil Erkenntniskategorien und Realkategorien (wenigstens teilweise) aufeinander passen. Daraus folgt die *Hauptfrage:*

Wie kommt es, daß Erkenntnis- und Realkategorien aufeinander passen?

Über Antworten auf diese Fragen suchen wir eine eher repräsentative als vollständige Übersicht. „Repräsentativ" ist hier in zweifachem Sinne zu verstehen: einerseits als Schnitt durch das Spektrum möglicher Antworten, andererseits als chronologischer Querschnitt. Die Sichtung des historischen Materials erfolgt dabei nicht kritisch, sondern nur interpretativ. Für die Einteilung übernehmen wir das von Kant angebotene Schema: „*Aristoteles* kann als das Haupt der *Empiristen, Plato* aber der *Noologisten* [≙ Rationalisten] angesehen werden." (Kant, 1781, A 854) Kant selbst glaubte, zwischen Rationalismus und Empirismus vermitteln zu können. In dieser Überzeugung folgen wir ihm allerdings nicht, sondern wir ordnen ihn bei den Rationalisten ein.

Englischer Empirismus

Als einer der ersten entwickelt Francis *Bacon* (1561–1626) in seinem „Novum Organon" (1620), das er bewußt dem „Organon" des Aristoteles gegenüberstellt, Ansätze zu einer kritischen Beurteilung der Vernunfterkenntnis. Für ihn ist der menschliche Geist voll schädlicher Vorurteile (Idole, Trugbilder).

> Sie sind entweder von außen gekommen oder angeboren. Die von außen gekommenen gelangen entweder aus den Lehren und Sekten der Philosophen oder aus den verkehrten Regeln der Beweisführung in den Geist der Menschen. Aber die angeborenen von Natur dem Geist eigen, der viel mehr zum Irrtum neigt als die Sinne ... Kann man die beiden ersten Arten der Idole nur schwer ausmerzen, so kann man die Idole der letzten Art überhaupt nicht beseitigen. Es bleibt nur übrig, sie anzuzeigen, so daß diese hinterlistige Eigenschaft des Geistes erkannt und bekämpft werde. (Aus Bacons Zusammenfassung)

Vier Arten solcher Idole halten uns gefangen: Idole des Stammes (der Gattung des Menschen), der Höhle (des Standpunktes, der individuellen Perspektive), des Marktes (der Gesellschaft, der Sprache) und des Theaters (der philosophischen Lehren).

> Die Idole des Stammes sind in der menschlichen Natur selbst, im Stamme selbst oder in der Gattung der Menschen begründet ... Alle Wahrnehmungen der Sinne wie des Geistes geschehen nach dem Maß der Natur des Menschen, nicht nach dem des Universums. Der menschliche Verstand gleicht ja einem Spiegel, der die strahlenden Dinge nicht aus ebener Fläche zurückwirft, sondern seine Natur mit der der Dinge vermischt, sie entstellt und schändet. (Erstes Buch, 41)

Zum Beispiel nehmen wir in den Dingen mehr Ordnung und Regelmäßigkeit an, als wirklich darin ist (45), eine Tatsache, welche die Gestaltpsychologie des 20. Jahrhunderts als „Prägnanztendenz" bezeichnet (vgl. S. 53). Haben wir ferner einmal eine Meinung gebildet, so registrieren wir eher bestätigende als widersprechende Fälle. Davon lebt aller Aberglaube, aber auch Philosophie und Wissenschaft leiden darunter (46).

Auch bei Bacon gibt es also angeborene Strukturen. Sie tragen aber – anders als z. B. bei Platon – weniger zur Erkenntnis als zum Irrtum bei und müssen korrigiert werden. Daher ist für Bacon das bei weitem beste Beweismittel die *Erfahrung* (70).

Der englische Empirismus (Locke, Berkeley, Hume, Mill) hat die kritischen Ansätze von F. Bacon zur Erkenntniskritik ausgebaut. In seinem „Essay concerning human understanding" (1690) wendet sich John *Locke* (1632–1704) vor allem gegen die Lehre von den angeborenen Ideen. Für ihn ist die Seele bei der Geburt „weißes Papier, ohne alle Schriftzeichen, frei von allen Ideen", eine tabula rasa, in die Sinneseindrücke eingegraben werden wie in Wachs.

Locke hat dieses Bild nicht erfunden. Schon Platon verwendet es, um zu zeigen, daß Erkenntnis nicht ausschließlich in Wahrnehmung bestehen kann. Auch die Stoiker bezeichnen die Seele bei der Geburt als unbeschriebenes Blatt; Hobbes und Gassendi sprechen von einer tabula rasa. Lockes Verdienst ist also nicht, daß er angeborene Ideen ablehnt. Aber er macht als erster Ernst mit dem Vorsatz, zunächst die Mittel und Möglichkeiten des Denkens selbst zu untersuchen. Insofern gilt er durchaus mit Recht als der Vater der modernen Erkenntniskritik.

Man wirft Locke vor, mit dem Nachweis, daß es keine „ideae innatae" gebe, mache er es sich ein wenig leicht. Zwar behauptet er tatsächlich, man brauche nur den Weg zu zeigen, auf dem wir zu irgendwelchen Erkenntnissen gelangen, um zu beweisen, daß diese nicht angeboren sind (I. 1. § 1), und die Beschreibung dieses Weges macht denn auch einen großen Teil seines Werkes aus. Aber Locke sammelt weitere Argumente, die gegen oder nur *scheinbar* für angeborene Ideen sprechen:

> Allgemeine Übereinstimmung beweist nichts über das Angeborensein; vielen angeblich angeborenen Prinzipien wird gar nicht allgemein zugestimmt; sie sind z. B. Kindern oder Idioten nicht bekannt; auch daß einem Satz zugestimmt wird, sobald er nur vorgetragen und verstanden ist, beweist nichts; sonst wären ja alle analytischen Urteile angeboren; auch werden spezielle Sätze eher erkannt als allgemeine; noch weniger klar und allgemein sind praktische Prinzipien usw.

Gegen Lockes Empirismus mit seiner Maxime, es gebe im Verstande nichts, was nicht vorher in den Sinnen gewesen wäre, wendet sich später Leibniz mit dem berühmten Zusatz „nisi intellectus ipse" (außer dem Verstand selbst; vgl. S. 9).

In der Analyse der komplexen Ideen und der Gesetze der Ideenassoziationen ist David *Hume* (1711–1776) systematischer als Locke. In „An enquiry concerning human understanding" (1748) schreibt er:

Die – in den zusammengesetzten enthaltenen – einfachen Vorstellungen sind durch ein gewisses universelles Prinzip verbunden, das für die ganze Menschheit gleichermaßen gilt ... Für mich ergeben sich nur drei [solche] Prinzipien der Vorstellungsverknüpfung, nämlich Ähnlichkeit (resemblance), raum-zeitliche Berührung (contiguity) und Ursache oder Wirkung (cause or effect). (III)

Während nun die Sätze der Mathematik von entweder intuitiver oder demonstrativer Gewißheit sind, „unabhängig davon, ob irgendwo im Weltall etwas existiert", sind Tatsachen nicht auf die gleiche Weise verbürgt, sondern

alle Vernunfterwägungen, die Tatsachen betreffen, scheinen auf der Beziehung von Ursache und Wirkung zu beruhen ... Ich wage es, den Satz als allgemeingültig und keine Ausnahme duldend aufzustellen, daß die Kenntnis dieser Beziehung in keinem Falle durch Denkakte a priori gewonnen wird, sondern ausschließlich aus der Erfahrung stammt. (IV. 1)

Welches aber ist die Grundlage aller Schlüsse aus der Erfahrung? Es ist jedenfalls nicht die Vernunft, die den Menschen die Ähnlichkeit von Vergangenheit und Zukunft oder gleichartige Wirkungen aus gleichen Ursachen erwarten läßt. Es gibt ein anderes Prinzip, das ihn zu einer solchen Schlußfolgerung bestimmt: die *Gewohnheit* (V. 1). Gewohnheit allerdings ist ein natürliches Prinzip, das weder erworben noch den langsamen und trügerischen Deduktionen des Verstandes anvertraut ist.

Es entspricht mehr der gewöhnlichen Weisheit der Natur, einen so notwendigen Geistesakt durch einen Instinkt oder eine mechanische Tendenz sicherzustellen ... So hat sie uns einen Instinkt eingepflanzt, der unser Denken in eine Richtung führt, die dem Ablauf der zwischen den Außendingen waltenden Verhältnisse entspricht ... Hier gibt es also eine Art prästabilierter Harmonie zwischen dem Naturablauf und der Abfolge unserer Vorstellungen. (V. 2)

Es ist nur konsequent, wenn Hume einen Abschnitt „Über die Vernunft der Tiere" aufnimmt.

Obwohl die Tiere einen großen Teil ihrer Kenntnis aus der Beobachtung erlernen, gibt es doch noch einen anderen großen Teil, den sie aus der Hand der Natur ursprünglich empfangen, der bei weitem ihre gewöhnlichen Fähigkeiten übersteigt und worin sie auch durch die längste Übung und Erfahrung nur geringe oder gar keine Fortschritte machen. Wir bezeichnen das als Instinkt und bewundern es gerne als etwas ganz Außerordentliches und durch keine Untersuchung des menschlichen Verstandes Erklärbares. Aber unser Staunen wird vielleicht aufhören oder nachlassen, wenn wir bedenken, daß unser Folgern aus der Erfahrung (experimental reasoning), das wir mit den Tieren gemeinsam haben, ... selbst nichts anderes ist als eine Art Instinkt oder mechanische Kraft, die – uns selbst unbekannt – in uns wirkt. (IX.)

Kontinentaler Rationalismus

Die kontinentaleuropäische Philosophie nimmt einen anderen Weg als die englische. Zunächst wird sie durch Descartes' Lehre entscheidend beeinflußt. Auch René *Descartes* (1596–1650) fragt, wie wir erkennen.

> Wir besitzen nur vier Fähigkeiten, deren wir uns hierbei bedienen können, nämlich Verstand, Einbildungskraft, Sinne und Gedächtnis. Allerdings ist bloß der Verstand fähig, die Wahrheit zu erfassen . . .
> (Regeln zur Leistung des Geistes, 1629, Regel 12)

> Hier sollen alle Tätigkeiten unseres Intellekts aufgezählt werden, durch die wir ohne jede Furcht vor Täuschung zur Erkenntnis der Dinge zu gelangen vermögen: es sind aber nur zwei zulässig, nämlich Intuition und Deduktion. Unter Intuition verstehe ich . . . ein so einfaches und instinktives Begreifen des reinen und aufmerksamen Geistes, daß über das Erkannte weiterhin kein Zweifel übrigbleibt . . . So kann jeder durch Intuition mit dem Geiste erfassen, daß er existiert, daß er Bewußtsein hat, daß das Dreieck bloß durch drei Seiten begrenzt wird, die Kugel durch eine einzige Oberfläche und dergleichen . . . Unter Deduktion verstehen wir all das, was sich aus bestimmten anderen, sicher erkannten Dingen mit Notwendigkeit ableiten läßt . . . (Regel 3)

Von den Ideen, die wir in unserem Bewußtsein finden, sind einige eingeboren, andere von außen hinzugekommen, wieder andere von uns selbst gemacht. So ist für Descartes die Idee von Gott eingeboren.

> Denn ich habe sie weder aus den Sinnen geschöpft, noch ist sie mir jemals wider mein Erwarten gekommen . . . Ebensowenig aber habe ich sie mir ausgedacht . . . Es bleibt demnach nur übrig, daß sie mir eingeboren ist, ebenso wie mir auch die Idee meiner selbst eingeboren ist.
> (Meditationes de prima philosophia, 1641, 3. Meditation 41)

Angeboren sind ferner die obersten logischen und die mathematischen Ideen. Descartes' Anhänger und Nachfolger (Geulincx, Malebranche, Philosophen von Port-Royal) rechneten noch andere Prinzipien zu den angeborenen, z. B. den Pflichtbegriff und den Kausalitätssatz. Es war gerade die cartesische Lehre, gegen die sich Locke gewandt hatte.

Lockes Betrachtungen wiederum haben Gottfried Wilhelm *Leibniz* (1646–1716) zu seinen „Nouveaux essais sur l'entendement humain" (1704) angeregt. In Titel, Gliederung und Ausführung lehnt er sich deshalb an das Werk „des berühmten Engländers" an.

> Allerdings bin ich oft ganz anderer Ansicht als er . . . Sein System hat mehr Beziehung zu Aristoteles und das meinige zu Platon . . . Es handelt sich darum zu wissen, ob die Seele an und für sich ganz leer ist, gleich einer noch unbeschriebenen Tafel (tabula rasa), wie Aristoteles und [Locke] annehmen, und ob alles, was darauf verzeichnet ist, einzig von den Sinnen und der Erfahrung herrührt; oder ob die Seele ursprünglich die Prinzipien verschiedener Begriffe und Lehrsätze enthält, welche die äußeren Gegenstände nur bei Gelegenheit in ihr wieder erwecken, wie ich in Übereinstimmung mit Platon, ja selbst der Scholastik glaube . . . (IX.)

.Daraus entsteht eine andere Frage, ob nämlich alle Wahrheiten von der Erfahrung, d. h. von der Induktion und von Beispielen abhängen, oder ob es solche gibt, die noch einen anderen Grund haben . . . (XI.)

Die notwendigen Wahrheiten, wie man solche in der reinen Mathematik findet, müssen Prinzipien besitzen, deren Beweis nicht von den Beispielen und folglich auch nicht vom Zeugnis der Sinne abhängt, obgleich man ohne Sinne niemals darauf gekommen wäre, an diese Wahrheiten zu denken. Dies muß man also sorgfältig unterscheiden. (XIII.)

Kann man leugnen, daß es in unserem Geiste viel Angeborenes gibt, weil wir sozusagen uns selbst angeboren sind, und daß es in uns Sein, Einheit, Substanz, Dauer, Veränderung, Tätigkeit, Perzeption und tausend andere Gegenstände unserer intellektuellen Ideen gibt? Da diese Gegenstände unmittelbar zu unserem Verstande gehören . . ., kann man sich nicht wundern, wenn wir sagen, daß diese Ideen und alles, was von ihnen abhängt, uns eingeboren sind. (XVII.)

Es gibt auch praktische eingeborene Prinzipien, z. B. „die Lust suchen und die Unlust vermeiden zu müssen". Diese Maxime wird jedoch nicht durch die Vernunft erkannt, sondern sozusagen durch einen Instinkt. Das ist ein eingeborenes Prinzip, es stellt aber keinen Teil des natürlichen Lichtes dar, denn man kann es auf keine erhellende Art erkennen. (S. 51)

Auch für Leibniz bilden also die angeborenen Prinzipien einen wichtigen Bestandteil unserer Erkenntnis. Daß sie so gut auf die Wirklichkeit passen, erklärt sich für Leibniz durch die prästabilierte Harmonie, die er an dem berühmten Uhrengleichnis erläutert. (Es stammt eigentlich von Descartes und wurde auch von Geulincx verwendet.) Gibt es für diese merkwürdige Übereinstimmung denn keine rationale Erklärung?

Für Immanuel *Kant* (1724–1804) muß die Methode der Erkenntnistheorie „szientifisch", also wissenschaftlich sein, im Gegensatz zur „naturalistischen" Methode, die sich auf den gesunden Menschenverstand allein verläßt. Von den szientifischen Methoden haben weder die dogmatische (Wolff) noch die skeptische (Hume) zum Ziel geführt. „Der kritische Weg ist allein noch offen." (1781, A 855f.) Dieser Weg ist die Maxime, niemals etwas anders als nach vollständiger Prüfung der Prinzipien für wahr anzunehmen. (Reflexionen zur Metaphysik, XVIII, 293). Auch Kant geht aus von der Hauptfrage: Wie kommt es, daß die Erkenntnis- und die Realkategorien aufeinander passen?

[Diese] Übereinstimmung der Prinzipien möglicher Erfahrung mit den Gesetzen der Möglichkeit der Natur kann nur aus zweierlei Ursachen stattfinden: entweder diese Gesetze werden von der Natur vermittelst der Erfahrung entlehnt, oder umgekehrt, die Natur wird von den Gesetzen der Möglichkeit der Erfahrung überhaupt abgeleitet. (Kant, 1783, § 36)

Bisher nahm man an, alle unsere Erkenntnis müsse sich nach den Gegenständen richten . . . Man versuche es daher einmal, ob wir nicht in den Aufgaben der Metaphysik damit besser fortkommen, daß wir annehmen, die Gegenstände müssen sich nach unserer Erkenntnis richten. (Kant, 1787, B XVI)

Bei dieser neuen Betrachtungsweise folgt, daß wir von den Dingen nur das a priori erkennen, was wir selbst in sie legen (1787, B XVIII). Diese Strukturen, die wir in das Chaos der Empfindungen einbauen, „um sie als

Erfahrung lesen zu können" (Kant, 1783, § 30), sind nicht nur a priori, also vor und unabhängig von aller Erfahrung, sondern machen Erfahrung erst möglich, sie sind erfahrungskonstitutiv. Als solche apriorischen Strukturen betrachtet Kant die Anschauungsformen Raum und Zeit und die zwölf Kategorien.

Diese Strukturen gelten für jede Art von Erkenntnis, für alle Menschen und für alle Zeiten; sie können, da sie Erfahrung erst möglich machen, durch die Erfahrung nicht korrigiert werden. Sie sind Voraussetzungen für die synthetischen Urteile a priori, deren Existenz Kant als in der reinen Mathematik und reinen Naturwissenschaft gegeben annimmt.

Woher kommen die apriorischen Anschauungsformen und Kategorien?

Es wird zuweilen behauptet, Kants System könne diese Frage gar nicht zulassen, weil sie die Kategorien schon voraussetze. In diesem Sinne könnte man ihn verstehen, wenn er sagt:

> Wie aber diese eigentümliche Eigenschaft unserer Sinnlichkeit selbst oder die unseres Verstandes und der ihm und allem Denken zum Grunde liegenden notwendigen Apperzeption möglich sei, läßt sich nicht weiter auflösen und beantworten, weil wir ihrer zu aller Beantwortung und zu allem Denken der Gegenstände immer wieder nötig haben.
> (Kant, 1783, § 36)

Kant hat aber diese Frage selbst gestellt und sogar versucht, sie zu beantworten. Er kann sie also nicht (oder wenigstens nicht immer) für unzulässig oder sinnlos gehalten haben. In seiner Dissertation schreibt er:

> Endlich erhebt sich gleichsam von selbst in jedem die Frage, ob beide Begriffe (Raum und Zeit) *angeboren* oder *erworben* seien ... Indes sind beide Begriffe unzweifelhaft erworben, freilich nicht von der Empfindung der Gegenstände abstrahiert, sondern von der Tätigkeit der Seele selbst, welche nach ewigen Gesetzen ihre Empfindungen ordnet, als eine unwandelbare Grundform, die deshalb auf dem Wege der Anschauung zu erkennen ist. Denn die Empfindungen erwecken diese Tätigkeit des Geistes, aber sie beeinflussen nicht die Anschauung, und angeboren ist hier nur das Gesetz der Seele, nach dem sie das infolge der Gegenwart des Gegenstandes von ihr Empfundene in bestimmter Weise verbindet.
> (Kant, Über die Formen und Prinzipien der sinnlichen und intelligiblen Welt, 1770, § 15)

Ähnlich äußert sich Kant auch nach der Kritik:

> Es gibt aber auch eine ursprüngliche Erwerbung ... Desgleichen ist, wie die Kritik behauptet, erstlich die Form der Dinge im Raum und in der Zeit, zweitens die synthetische Einheit des Mannigfaltigen in Begriffen ... Es muß aber doch ein Grund dazu im Subjekte sein, der es möglich macht, daß die gedachten Vorstellungen so und nicht anders entstehen und noch dazu auf Objekte, die noch nicht gegeben sind, bezogen werden können, und dieser Grund wenigstens ist *angeboren*.
> (Kant, 1790, Über eine Entdeckung, nach der alle neue Kritik der reinen Vernunft durch eine ältere entbehrlich gemacht werden soll; 1. Abs. C)

Was Kants Werk auszeichnet, ist die Abkehr von der Frage nach dem Wesen der Erkenntnis und der Versuch, die Frage zu lösen, wie Erkenntnis *möglich* ist. Seine Ideen haben über 200 Jahre die erkenntnistheoretische Diskussion mitbestimmt. Zusammen mit den Ergebnissen des Empirismus legen sie die Fundamente auch für die heutige Erkenntnis- und Wissenschaftstheorie.

Mathematik und Physik

Die moderneren Theorien zeichnen sich vor allem durch den Bezug auf die neu entstandenen oder neu verstandenen Wissenschaften aus, sei es, daß *Erkenntnis* auf wissenschaftliche Erkenntnis eingeschränkt wird, oder daß man die *Methoden* der Wissenschaft in der Erkenntnistheorie verwenden will, oder daß die *Ergebnisse* der Wissenschaft der Beantwortung erkenntnistheoretischer Fragen dienen. Seit 1900 ist deshalb die Erkenntnistheorie von der Wissenschaftstheorie kaum noch zu trennen.

So stehen wir der merkwürdigen Tatsache gegenüber, daß während des letzten Jahrhunderts eine präzise Theorie der Erkenntnis nicht von Philosophen, sondern von Wissenschaftlern entwickelt wurde und daß bei der Ausführung spezieller wissenschaftlicher Untersuchungen mehr Erkenntnistheorie entstand als im Verlauf philosophischer Spekulation. Und die Probleme, die dabei gelöst wurden, waren wirklich erkenntnistheoretische Probleme. (Reichenbach, 1928, Einleitung)

Mathematik

Den Anstoß zu einer kritischen Musterung traditioneller Überzeugungen liefert vor allem die Mathematik. Die Entdeckung nichteuklidischer Geometrien durch Gauß, J. Bolyai (1823/1832), Lobatschewsky (1826/1829) und Riemann (1854) zeigt, daß der mathematische Raumbegriff nicht nur auf Räume höherer Dimension, sondern auch nichteuklidischer Metrik erweitert werden kann, ohne daß man zu Widersprüchen käme. Damit taucht die Frage auf, welche Struktur der uns umgebende physikalische Raum hat. Es wäre ja denkbar – wenn auch vielleicht nicht vorstellbar –, daß er eine nichteuklidische Metrik besitzt, wie es die allgemeine Relativitätstheorie später tatsächlich behauptet.

Carl Friedrich *Gauß* (1777–1855) deutet schon 1830 in einem Brief an Bessel eine solche Möglichkeit an:

> Nach meiner innigsten Überzeugung hat die Raumlehre in unserm Wissen a priori eine ganz andere Stellung wie die reine Größenlehre; es geht unserer Kenntnis von jener durchaus diejenige vollständige Überzeugung von ihrer Notwendigkeit (also auch von ihrer absoluten Wahrheit) ab, die der letzteren eigen ist; wir müssen in Demut zugeben, daß ... der Raum auch außer unserm Geiste eine Realität hat, der wir a priori ihre Gesetze nicht vollständig vorschreiben können.
> (Gauß, Werke VIII, 201)

Mit der Möglichkeit einer nichteuklidischen Struktur des physikalischen Raumes rechnend, versucht er sogar, durch genaue Vermessung eines großen geographischen Dreiecks die Raumstruktur zu ermitteln, findet aber eine Winkelsumme, die im Rahmen der Meßgenauigkeit bei 180° liegt, wie es die euklidische Geometrie verlangt. (Seit 1919 wissen wir, daß Abweichungen hiervon erst bei astronomischen Dreiecken und Objekten meßbar werden.)

1870 weist Hermann von *Helmholtz* (1821–1894) auf „dieses erkenntnistheoretische Interesse der Geometrie" hin (1968, 4). Mathematische, physiologische und erkenntnistheoretische Betrachtungen führen ihn zu dem Schluß, die Annahme einer Kenntnis der geometrischen Axiome aus transzendentaler Anschauung sei eine unerwiesene, unnötige und gänzlich unbrauchbare Hypothese (1968, 80). Auch für ihn ist – wie für Gauß – die Geometrie nicht durch die Formen unserer Anschauung, sondern durch reale Verhältnisse bestimmt. Es bedarf also der empirischen Prüfung, ob unsere Anschauungsform auf die Welt übertragbar ist.

> Wenn es wirklich eine uns angeborene und unvertilgbare Anschauungsform des Raumes mit Einschluß der Axiome gäbe, so würden wir zu ihrer objektiven wissenschaftlichen Anwendung auf die Erfahrungswelt erst berechtigt sein, wenn durch Beobachtung und Versuch konstatiert wäre, daß die nach der vorausgesetzten transzendentalen Anschauung gleichwertigen Raumteile auch physikalisch gleichwertig seien. Diese Bedingung trifft zusammen mit Riemanns Forderung, daß das Krümmungsmaß des Raumes, in dem wir leben, empirisch durch Messung bestimmt werden müsse. (v. Helmholtz, 1968, 75 f.)

Nach Helmholtz könnte uns zwar ein gewisses räumliches Vorstellungsvermögen, nicht aber dessen Metrik, a priori gegeben sein. Allerdings sei es uns aus biologischen Gründen, nämlich schon wegen unserer körperlichen Organisation, absolut unmöglich, uns eine vierte Dimension anschaulich vorzustellen (1968, 28). Die Dreidimensionalität unserer Raumanschauung ist uns demnach *angeboren*.

Auf Grund der mathematischen und erkenntnistheoretischen Ergebnisse unterscheiden wir heute zwischen dem realen, physikalischen Raum, dem Anschauungsraum (im Kantischen Sinne), psychologischen Räumen und abstrakten mathematischen Räumen. Diese Unterscheidung hat allerdings erst im 20. Jahrhundert Eingang in die Philosophie gefunden, z. B. durch Schlick, Cassirer und Carnap.[1]

Die Entdeckung der nichteuklidischen Geometrien belebt auch die *axiomatische Methode*. Zwar wird Euklids Axiomensystem zu allen Zeiten als vorbildlich bewundert; trotzdem entsteht 2000 Jahre lang kein weiteres solches System. Um so fruchtbarer wirkt sich die axiomatische Methode in unserem Jahrhundert auf die mathematische und logische Grundlagenforschung aus. Neue Disziplinen entstehen und werden axiomatisiert, u. a. Mengenlehre, Gruppentheorie, Verbandstheorie, Topologie, Theorie der Kategorien. Es wird deutlich, daß die Logik einer Verbesserung bedürftig und fähig ist (Bolzano, Boole, Frege). Auch die enge Verbindung von Logik und Mathematik schafft weitere, eigenständige Forschungsgebiete: mathematische Logik (Hilbert, Russell, Whitehead), Beweistheorie, mathematische Semantik (Modelltheorie).

Untersuchungen, bei denen man *über* mathematische Theorien spricht, zählt man zur *Metamathematik*. Auch die Metamathematik hat erkenntnistheoretisch relevante Einsichten gebracht.[2] Insbesondere haben die Gödelschen Resultate über Vollständigkeit und Unvollständigkeit formaler Logiksysteme eine wichtige Grenze aufgezeigt. Post spricht deshalb von einem Naturgesetz über die Grenzen des menschlichen Mathematisierungsvermögens, und Scholz (1969, 289, 367) nennt die Gödelschen Sätze sogar eine zweite Kritik der reinen Vernunft.

Die neuen Fragestellungen führen schließlich zu einer neuen Interpretation des *Charakters mathematischer Theorien*. Letztere werden jetzt als formale Systeme gedeutet, die zwar auf die Wirklichkeit anwendbar sind, aber nichts darüber aussagen. Sie sind nämlich unabhängig von der Erfahrung und können deshalb durch Erfahrung weder bewiesen noch widerlegt werden. Von einem solchen formalen System verlangt man nicht, daß es anschaulich, einleuchtend oder intuitiv richtig, sondern nur, daß es widerspruchsfrei ist (Hilbert). Anschaulichkeit ist jedenfalls kein Kriterium für die Richtigkeit einer mathematischen Theorie. Mathematik ist also nicht mehr die Wissenschaft von Raum und Zahl, sondern von den durch Axiomensysteme beschreibbaren formalen Strukturen. „Logik und Mathematik sind das Alphabet des Buches der Natur, nicht das Buch selbst" (Russell). Mathematik ist jedenfalls keine Naturwissenschaft. Deshalb erscheint es heute angemessen, sie als *Strukturwissenschaft* zu charakterisieren.[3]

Physik

Die Wissenschaft mit dem weitestgehenden Anspruch, außersubjektive Wirklichkeit zu beschreiben, ist die Physik. Es überrascht daher nicht, daß die Erkenntnistheorie die gewichtigsten Argumente für eine Neubesinnung von den (experimentellen wie theoretischen) physikalischen Wissenschaften erhielt.

Lange hatte die Newtonsche Mechanik für jede physikalische Disziplin, ja für jede Naturwissenschaft, als unerreichtes Vorbild gegolten. Sie bestimmte das erste „moderne" physikalische Weltbild. Mit der Einführung des Feldbegriffs in der zweiten Hälfte des 19. Jahrhunderts durch Faraday, Maxwell und Hertz schwindet jedoch die Hoffnung auf eine mechanistische Erklärung aller Phänomene. Die eigentlich tiefgreifenden Neuerungen aber bringt erst das 20. Jahrhundert.

a) Die Entdeckung des atomaren Aufbaus der Materie hat erhebliche Folgen für den traditionellen *Substanz*begriff.

b) Es gibt nicht nur kleinste Bausteine der Materie, die Atome, sondern auch eine kleinste Ladung (das elektrische Elementarquantum).

c) Die Einführung des Wirkungsquantums (Planck 1900) bedingt eine *Diskontinuität* bei Strahlungsvorgängen, ja bei allen Energieübertragungen. Auch die Energie hat also eine „körnige" Struktur.

Spezielle Relativitätstheorie (Einstein 1905)

d) Signale können höchstens mit Lichtgeschwindigkeit übertragen werden. Eine *kausale Verknüpfung* zweier Ereignisse ist deshalb nur möglich, wenn sie durch ein Lichtsignal verbunden werden können. Fernwirkungen gibt es nicht.

e) Die klassischen Vorstellungen über *Raum, Zeit und Gleichzeitigkeit* werden umgestoßen. Diese Begriffe werden auf das jeweilige Bezugssystem relativiert.

f) *Masse und Energie sind äquivalent;* Materie kann in Strahlung verwandelt werden und umgekehrt. Die Erhaltungssätze für Energie und Masse gelten einzeln nicht, sondern nur für die Summe beider.

g) Der *Substanz*begriff muß deshalb erneut einer Kritik unterzogen werden (vgl. a).

h) Raum und Zeit werden zu einem vierdimensionalen *Raum-Zeit-Kontinuum* zusammengefaßt (Minkowski 1908). Die physikalischen Gesetze lassen sich darin einheitlich für Vierergrößen formulieren.

Allgemeine Relativitätstheorie und Kosmologie (Einstein 1915)

i) Zur Beschreibung physikalischer Abläufe sind alle Bezugssysteme gleichberechtigt. Einen *absoluten Raum* gibt es nicht.

j) Trägheit, Metrik und Gravitation sind miteinander verknüpft. In der Nähe schwerer Massen ist der Raum *nichteuklidisch*.

k) Newtons Mechanik und seine Gravitationstheorie ergeben sich als Grenzfälle der allgemeinen Relativitätstheorie.

l) Die *Kosmologie* wird zur Wissenschaft.

m) Es scheint, daß die Gesetze, die wir in unserer „Umgebung" bestätigt sehen, für den gesamten Kosmos, also *universell*, gelten.

n) Der Kosmos hat eine Geschichte, möglicherweise Anfang und Ende, jedenfalls unterliegt er der *Entwicklung*.

Quantentheorie (1926)

o) Der Welle-Teilchen-*Dualismus* zeigt endgültig, daß Anschaulichkeit kein Kriterium für die Richtigkeit physikalischer Theorien ist.

p) Dieser Dualismus erschüttert erneut den *Substanz*begriff (vgl. a, g).

q) Die *Unschärfe-Relationen* setzen der Anwendbarkeit klassischer physikalischer Begriffe prinzipielle Grenzen.

r) Der Einfluß des Meßprozesses (der Beobachtung) auf das Mikroereignis stellt die *Objektivierbarkeit* empirischer Ergebnisse in Frage.

s) Mikroereignisse (z. B. radioaktiver Zerfall) finden ohne erkennbare Ursache statt. Der *Kausalitäts*begriff wird einer weiteren radikalen Kritik unterzogen (vgl. d).

t) Für Mikroereignisse gelten nur *Wahrscheinlichkeitsgesetze*.

u) Zur adäquaten Beschreibung quantenphysikalischer Prozesse ist möglicherweise eine von der klassischen Logik abweichende *„Quantenlogik"* erforderlich.

Allgemeines

v) Zur Beschreibung vieler physikalischer Gesetze dienen *Symmetrie*-Prinzipien.

w) Die klassische Physik paßt offenbar nur auf unsere Welt der mittleren Dimensionen. Sie versagt in der Welt des Atoms und in der Welt der Spiralnebel.

x) Die Wissenschaft geht über anthropomorphe Strukturen (Anschaulichkeit, Alltagsbegriffe, Alltagserfahrung) weit hinaus.

y) Von den Erfahrungstatsachen zu ihrer theoretischen Erklärung führt kein logisch-deduktiver Weg. Auch in der Physik gibt es keine Evidenz (vgl. S. 13), sondern nur hypothetisches Wissen.

Zahlreiche Physiker und Nichtphysiker haben sich mit den erkenntnistheoretischen Folgen dieser Entdeckungen auseinandergesetzt.[4] Wir werden einige von ihnen kurz behandeln, weil sie besondere erkenntnis- oder wissenschaftstheoretische Positionen entwickelt haben.

Ernst *Mach* (1838–1916), Physiker und Erkenntnistheoretiker zugleich, bereitet durch seine Kritik an Begriffen wie absoluter Raum, absolute Zeit und absolute Bewegung den Boden für die Ideen der Relativitätstheorie, auch wenn diese Theorie seine Auffassungen nicht in allen Punkten bestätigt. Als Verfechter des *Phänomenalismus* wirkt er stark auf den Wiener Kreis und den logischen Positivismus.[5]

Motiv für die Theorienbildung ist nach Mach nicht die Hoffnung, Erkenntnisse über eine hinter den Erscheinungen stehende Wirklichkeit zu gewinnen, sondern nur die Möglichkeit, diese Erscheinungen in einem einfachen und eleganten Zusammenhang darzustellen (Ökonomismus). Für den Naturforscher bleibt nichts zu ermitteln übrig, als die Abhängigkeit der Erscheinungen voneinander. Dieses Prinzip der *Denkökonomie* formuliert Mach in einer gegen Max Planck gerichteten Abhandlung:

> In kürzester Art ausgedrückt erscheint dann als Aufgabe der wissenschaftlichen Erkenntnis: Die Anpassung der Gedanken an die Tatsachen und die Anpassung der Gedanken aneinander... Alle förderlichen Erkenntnisprozesse sind Spezialfälle oder Teile biologisch günstiger Prozesse ... An dem Erkenntnisprozeß mögen sonst noch die verschiedensten Eigenschaften zu bemerken sein; wir charakterisieren diesen zunächst als *biologisch* und *ökonomisch*. (Mach, 1910, 600)

Der Mathematiker, Physiker und Erkenntnistheoretiker Henri *Poincaré* (1853–1912) gilt als der Begründer des *Konventionalismus*.[6] Nach dieser Auffassung ist die Annahme einer Theorie nicht eine Frage der Richtigkeit, sondern der Konvention. Poincaré diskutiert diese Behauptung mehrfach am Beispiel der Geometrie.

> Die geometrischen Axiome sind weder synthetische Urteile a priori noch experimentelle Tatsachen; es sind auf Übereinkunft beruhende Festsetzungen.
> (Poincaré, 1914, 51)

Die Geometrie ist somit keine Erfahrungswissenschaft; aber die Erfahrung leitet uns bei der Aufstellung der Axiome; sie läßt uns nicht erkennen, welche Geometrie die richtige ist, wohl aber, welche die bequemste ist (1914, 73). Die einfachste und bequemste Geometrie ist nach Poincaré die euklidische, und er sagt voraus, man werde immer nur diese zur Beschreibung der Naturvorgänge verwenden. Diese Behauptung wird freilich schon einige Jahre später durch die allgemeine Relativitätstheorie widerlegt.

Der konventionelle Charakter der wissenschaftlichen Theorien erstreckt sich aber nicht nur auf die Geometrie des Raumes, in dem wir uns die Vorgänge der Natur nach physikalischen Gesetzen ablaufend vorstellen, sondern auch auf eben diese *Naturgesetze*. Poincaré geht allerdings nicht so weit wie einige seiner Nachfolger, die alle wissenschaftlichen Gesetze zu bloßen Konventionen erklären, sondern er gesteht dem Experiment auch eine gewisse kontrollierende Funktion zu, nach der zwischen verschiedenen, logisch möglichen Konventionen entschieden werden kann.

Bemerkenswert ist der *selektive Subjektivismus* des Astrophysikers Arthur S. *Eddington* (1882–1944). Er nähert sich stark dem Kantischen Apriorismus, erkennt aber im physikalischen Wissen auch ein objektives Element an (1949, 41). Zur Erläuterung der erkenntnistheoretischen Situation des Physikers bedient er sich eines Vergleichs:

> Nehmen wir an, ein Fischkundiger sei dabei, das Leben im Ozean zu erforschen. Er wirft sein Netz ins Wasser und fördert eine Anzahl von Meerestieren zutage. Er prüft seinen Fang und...gelangt dabei zu zwei Verallgemeinerungen:
> 1. Kein Seegeschöpf ist weniger als fünf Zentimeter lang.
> 2. Alle Seegeschöpfe haben Kiemen...
> Der Fang entspricht dem Wissenssystem der Physik, das Netz dem gedanklichen Rüstzeug und den Sinneswerkzeugen, die wir benützen, um den Fang zu machen. Das Auswerfen des Netzes meint die Beobachtung. (Eddington, 1949, 28)

Offenbar trägt der Fang, d. h. die physikalische Erkenntnis, subjektive (1) und objektive (2) Züge. Unsere Erkenntnis wird somit zwar nicht ausschließlich, aber doch ganz wesentlich durch die Struktur unserer Sinnesorgane und unseres Denkvermögens bestimmt.

Dieser Auffassung gemäß hat Eddington vor allem in seinen späteren Jahren versucht, grundlegende Naturkonstanten und Naturgesetze a priori, also ohne Rückgriff auf die Erfahrung, abzuleiten.

Eine weitreichende Neuorientierung im Grundlagendenken der Wissenschaften stellt der *Operationalismus* dar. In Deutschland hatte schon seit 1910 Hugo *Dingler* (1881–1954) eine „methodische Philosophie" entwickelt, nach der die Methoden zur Isolierung der Meßobjekte und zur Messung physikalischer Größen entscheidenden Einfluß auf das Ergebnis der Messung und auf die Formeln der Theorie haben sollen. Die Strukturen der wissenschaftlichen Erkenntnis sind deshalb vor allem durch die Bedingungen bestimmt, unter denen überhaupt Messungen gemacht werden können. Dingler kennt also ein Apriori in unserer Erkenntnis, aber kein transzendentales, sondern ein „methodisches Apriori".

Unabhängig von Dingler kommt der amerikanische Physiker Percy W. *Bridgman* (1882–1961) etwas später zu einer ähnlichen Auffassung. Er wird häufig als der eigentliche Begründer des Operationalismus angesehen. Nach Bridgman haben Begriffe eine faktische Bedeutung nur insoweit, als sie sich auf mögliche menschliche Handlungen beziehen. Physikalische „Objekte" können deshalb durch Angaben zu ihrer Herstellung oder Messung definiert werden. Ausführlich beschäftigt sich Bridgman mit dem Begriff der Länge.

> Anscheinend wissen wir, was „Länge" ist, wenn wir angeben können, welches die Länge irgendeines Objektes ist... Um die Länge eines Gegenstandes zu finden, müssen wir gewisse physikalische Operationen ausführen. Daher ist der Längenbegriff bestimmt, wenn die Operationen, durch die die Länge gemessen wird, bestimmt sind; das heißt, der Längenbegriff schließt nicht mehr und nicht weniger ein, als eine Reihe von Operationen einschließt; oder anders ausgedrückt: Der Begriff ist mit der Reihe der ihm entsprechenden Operationen gleichbedeutend.
> (Bridgman, 1932, 4 f.)

Diese Auffassung hat insbesondere zur Folge, daß der Begriff „Länge" ganz verschiedenen Gehalt hat je nach dem experimentellen Verfahren, durch das er definiert wird.

> Wir müssen beachten, daß wir mit der Änderung der Operationen in Wirklichkeit den Begriff verändert haben und daß die Verwendung desselben Namens für diese verschiedenen Begriffe im gesamten Bereich nur von Zweckmäßigkeitsgesichtspunkten vorgeschrieben wird. (Bridgman, 1932, 16 f.)

Bridgman beruft sich in seinen Betrachtungen vor allem auf Einstein und die spezielle Relativitätstheorie. Der operative Standpunkt soll aber nicht nur für die Physik Gültigkeit besitzen.

> Der operative Weg war offensichtlich relevant für einen viel weiteren Bereich als die physikalischen Phänomene, auf die ich ihn in meinem Buch anwandte. Tatsächlich läßt er eine Klärung in allen Situationen erwarten, in denen wir unter anderem mit der Unklarheit von Bedeutungen zu kämpfen haben, und welche Situationen besitzen nicht wenigstens einen derartigen Beigeschmack? (Bridgman, 1950, v)

Bridgman glaubt, das Verfahren der Physik zu *beschreiben;* er will Aufklärung, keine Normen. „Der allgemeine Gesichtspunkt enthält überhaupt nichts Normatives" (1950, 163).

Der operative Standpunkt hat in der logischen Grundlagenforschung eine wichtige Anwendung gefunden. *Lorenzen* versucht, die Axiome der Logik durch die zum Beweis von Behauptungen zur Verfügung stehenden Verfahren zu begründen, also „durch die Reflexion auf die Bedingungen der Möglichkeit des Beweisens von Aussagen". Auch in der konstruktiven oder dialogischen Logik gibt es also ein methodisches Apriori.[7] Allerdings ist es möglich, durch geeignete Wahl der Spielregeln für das Dialogspiel entweder die klassische oder auch die intuitionistische Logik zu begründen (zu simulieren). Eine Entscheidung zugunsten einer speziellen Logik kann dadurch also ebenfalls nicht gefällt werden. Das methodische Apriori hat unter der Bezeichnung „Protophysik" auch wieder Eingang in die Physik gefunden (Lorenzen, Janich).

Biologie und Psychologie

Biologie

In den biologischen Wissenschaften sind es vor allem Sinnes- und Nervenphysiologie, Genetik, Evolutionstheorie und Verhaltensforschung, die der Lehre von der Erkenntnis entscheidende Impulse geben. 1826 entdeckt Johannes *Müller* (1801–1850) das Gesetz der spezifischen Sinnesenergien.

> Es besagt: Die Qualität einer Empfindung hängt allein davon ab, über welchen Nerv der Reiz übertragen wird. Beispielsweise weckt eine Erregung des Sehnervs immer nur Lichtempfindungen, ob er nun von Licht (also dem „adäquaten" Reiz) erregt

wird oder durch elektrische Impulse, durch Druck auf den Augapfel oder durch Zerren des Nervenstranges. Die jeweilige Empfindung *ist* eine Lichtempfindung, so daß man lange an eine wirkliche Lichtentwicklung im Auge geglaubt hat, „damit das innere Licht dem äußeren entgegentrete" (Goethe).

Ausgehend von diesem Gesetz entwickelt Helmholtz eine Zeichentheorie der Erkenntnis und kritisiert zugleich den Kantischen Idealismus und den für ihn zeitgenössischen Materialismus mit seiner Abbildtheorie.[8]

Wollten wir Vollständigkeit anstreben, so müßten wir ausführlich auf Ernst Haeckel (1834—1919) eingehen und auf sein sogenanntes *biogenetisches Grundgesetz:* Die Ontogenese (d. h. die Entwicklung des Individuums) ist eine zusammengedrängte Wiederholung der Phylogenese (also der Evolution der Art), eine Regel, die ja auch für Denken und Erkennen gelten könnte. Wir beschränken uns jedoch auf ein wichtiges Problem (die Kausalität) und einen wichtigen Autor (Konrad Lorenz).

Obwohl bisher nur die Kritik der modernen *Physik* am Kausalitätsbegriff ins allgemeine wissenschaftliche Bewußtsein gedrungen ist (vgl. S. 13f.), so wird doch auch die *Biologie* auf diese Diskussion noch starken Einfluß ausüben. Biologische Systeme unterliegen empfindlichen Gleichgewichtsbedingungen, die komplizierte Regelmechanismen erforderlich machen (vgl. S. 62). Adäquate Beschreibungen solcher Regelkreise haben aber erst Kybernetik und Systemtheorie geliefert. Die Kybernetik wird ja manchmal geradezu als Theorie der Regelkreise definiert.

Auf einen Regelkreis paßt aber das einfache Ursache-Wirkungs-Schema nicht mehr. Jedenfalls kann dort jedes Element sowohl Ursache als auch Wirkung sein bzw. als solche beschrieben werden. Piaget spricht deshalb von zyklischer oder *Rückkopplungskausalität* (1974, 133) und von einer Revision des Kausalbegriffs in kybernetischer Richtung.

Ein zweiter Angelpunkt in der Kausalitätsdiskussion ist der angebliche Gegensatz von Kausalität und *Finalität.* Wie in der Physik des 19. erfolgt in der Biologie des 20. Jahrhunderts eine Abkehr vom teleologischen Denken. Die Finalität, die Annahme eines zielgerichtet arbeitenden Konstrukteurs, war lange Zeit die einzig plausible Erklärung für die wunderbare *Zweckmäßigkeit* organismischer Strukturen. Diese arterhaltende Zweckmäßigkeit wird auch heute unter der Bezeichnung *Teleonomie* durchaus anerkannt.

Dieser 1958 von Pittendrigh vorgeschlagene Terminus soll den Begriff des Zweckmäßigen von seiner metaphysisch-teleologischen Deutung befreien, nach der die Evolution als ganze ein vorbestimmtes Ziel hat. Eine organische Struktur ist zweckmäßig nur zu dem Zeitpunkt, in dem sie auftritt; sie ist aber nicht ausgerichtet auf einen übergeordneten Plan oder irgendeine zukünftige Zeit. Diese Form von Zweckmäßigkeit läßt sich aber als Tauglichkeit, Angepaßtheit oder Fitness objektivieren und wissenschaftlich untersuchen. Die Teleonomie verhält sich also zur Teleologie etwa so wie die Astronomie zur Astrologie oder die Chemie zur Alchimie.

Der Begriff der finalen Ursache, den Aristoteles entwickelt hat, wird dagegen durch den der Rückkopplungskausalität ersetzt. Während die finalen Erklärungen weitere Forschungen zu erübrigen schienen, stellen sich mit der Entthronung der Finalität ganz neue Probleme. Eines der wichtigsten

Anwendungsgebiete dieser kybernetisch-kausalen Fragestellung ist die Entstehung des Lebens überhaupt. Es scheint, als würde die angeblich unüberwindliche Schranke zwischen unbelebten und lebenden Systemen gerade in unserer Zeit durch die Wissenschaft durchbrochen.

Die biologische Disziplin, die heute die wichtigsten Beiträge zur Erkenntnistheorie leistet, ist wohl die Verhaltensforschung. Einer ihrer Begründer, Konrad *Lorenz* (*1903), hat schon seit 1940 „die angeborenen Formen der Erfahrung" unter biologischen Gesichtspunkten untersucht. Für ihn ist das Verstehen der Welt nichts primär Denknotwendiges, sondern die Leistung eines besonderen und durchaus natürlichen *Apparates,* des zentralen Nervensystems (Lorenz, 1943, 240). Auf die Frage, wieso Erkenntnis- und Realkategorien (teilweise) übereinstimmen, antwortet Lorenz:

> Aus denselben Gründen, aus denen die Form des Pferdehufes auf den Steppenboden und die der Fischflosse ins Wasser paßt . . .
> Zwischen der Denk- und Anschauungsform und dem an sich Realen [besteht] genau dieselbe Beziehung, die zwischen Organ und Außenwelt, zwischen Auge und Sonne, zwischen Pferdehuf und Steppenboden, zwischen Fischflosse und Wasser auch sonst besteht . . ., jenes Verhältnis, das zwischen dem Bild und dem abgebildeten Gegenstand, zwischen vereinfachendem Modellgedanken und wirklichem Tatbestand besteht, das Verhältnis einer mehr oder weniger weit gehenden Analogie. (Lorenz, 1943, 352f.)

Unsere Erkenntnisfähigkeit ist also die Leistung einer angeborenen Weltbildapparatur, die in der Stammesgeschichte des Menschen entwickelt wurde und eine tatsächliche Annäherung an die außersubjektive Wirklichkeit darstellt. Der Grad dieser Entsprechung aber ist, wenigstens vergleichsmäßig, grundsätzlich erforschbar (Lorenz, 1943, 353).

Es ist klar, daß dabei alle biologischen Disziplinen zusammenarbeiten müssen. Eine führende Rolle kommt dabei der Verhaltensforschung deshalb zu, weil sie selbst „zwischen den Stühlen sitzt", nämlich zwischen Zoologie, Psychologie und Anthropologie. Das zeigt noch deutlich der alte Name „Tierpsychologie", der um 1950 durch die internationale Bezeichnung „Ethologie" verdrängt wurde.

Psychologie

Wenn man schon anerkennen muß, daß Logiker und Mathematiker, Physiker und Biologen Fragen und Antworten der Erkenntnistheorie diskutieren, so kann es nicht überraschen, daß auch die Psychologie wesentliche Anregungen zu dieser Diskussion geliefert hat. Neue Einsichten brachten Gestaltpsychologie (Wertheimer, W. Köhler), Kinder- und Entwicklungspsychologie (Karl und Charlotte Bühler) und vor allem die Arbeiten von Jean *Piaget* (*1896), der sich als Biologe und Philosoph für die Probleme der menschlichen Erkenntnis interessierte und durch fünfzigjährige Arbeit über Wahrnehmung und Denken beim Kinde für die Entwicklungspsychologie bahnbrechend wirkte.

Das Wie der Erkenntnis ist für Piaget zunächst einmal ein *psychologisches* Problem. Er besteht aber darauf, daß solche Fragen experimenteller Forschung zugänglich sind. So sind es durchaus empirische Fragen,

ob logische Operationen sich vorwiegend von der Sprache oder von den allgemeinen Verhaltenskoordinationen herleiten ...
ob diese Koordinationen unabhängig von aller sinnlichen Erfahrung entstehen oder durch eine Interaktion zwischen Subjekt und Objekt allmählich konstruiert werden ...
ob analytische oder synthetische Urteile auf allen Entwicklungsstufen deutlich abgegrenzt sind oder ob es Übergänge zwischen ihnen gibt ...
(Piaget in Furth, 1972, 12)

Dabei will Piaget jedoch nicht stehenbleiben. Er ist überzeugt, daß ein angemessenes Verständnis kognitiver Funktionen und ihrer Entwicklung *biologischen* Bedingungen Rechnung tragen muß.

Tatsächlich ist jede Reaktion auch eine biologische Reaktion, und die moderne Biologie hat nachgewiesen, daß die Reaktion nicht ausschließlich durch äußere Faktoren determiniert sein kann, sondern von „Reaktionsnormen" abhängt, die für jeden Genotypus oder jeden *genepool* charakteristisch sind ... Entwicklung läßt sich niemals auf eine bloße Folge empirischer Erwerbungen reduzieren.
(Piaget in Furth, 1972, 10f.)

Reaktionsnormen sind angeborene Entwicklungsgrenzen, innerhalb deren ein Organismus auf Umwelteinflüsse reagieren kann. Piaget (1974, 90) kennzeichnet sie deshalb als die Gesamtheit der Phänotypen, die ein Genotypus hervorzubringen vermag. Solche Reaktionsnormen gibt es bei allen Arten in großer Zahl. Auch im kognitiven Bereich können einige Strukturen als *angeboren* bezeichnet werden. Mindestens auf der Wahrnehmungsebene ist die Annahme angeborener Erkenntnisse durchaus sinnvoll. So werden schon den ersten optischen Eindrücken eines Säuglings durch die Sehorgane Strukturen auferlegt (z. B. ihre Zwei- oder gar Dreidimensionalität), die eine der Erfahrung angemessene Aufzeichnung ermöglichen (1974, 276ff.).

Auch für Piaget liefert deshalb – wie für Lorenz – die Evolutionstheorie den Anstoß, den Menschen im Zusammenhang mit seinen biologischen Wurzeln zu betrachten (Furth, 1972, 22).

Piagets drittes Hauptinteresse ist die *Erkenntnistheorie*. Folgerichtig bemüht er sich, sie als wissenschaftliche Disziplin zu sehen und zu verwirklichen. Obwohl ihn erkenntnistheoretische Fragen von Anfang an leiten, ist diese Seite seines Werkes weniger bekannt geworden. Die Erkenntnistheorie ist für ihn aber keine rein philosophische Disziplin.

[Wenn man nach der Natur der Erkenntnis fragt, so ist es nicht nur nützlich, sondern unerläßlich, psychologische Daten zu berücksichtigen.] Tatsächlich beziehen sich alle Erkenntnistheoretiker in ihren Analysen auf psychologische Faktoren; aber ihre Bezugnahmen auf die Psychologie sind in den meisten Fällen spekulativ und nicht auf psychologische Forschung gegründet. Ich bin überzeugt, daß es jede Erkenntnistheorie ebenso mit Tatsachenproblemen zu tun hat wie mit formalen Problemen.
(Piaget, 1973, 14)

Diese wissenschaftliche Erkenntnistheorie will Piaget schließlich in den allgemeinen *Zusammenhang der Wissenschaften* integrieren.

Tatsächlich habe ich mir psychologische Forschung niemals vorstellen, geschweige denn sie betreiben können, ohne mir ständig der interdisziplinären Beziehungen bewußt zu sein, die alle modernen Naturwissenschaften ... herstellen müssen. Im besonderen Falle einer Psychologie der Entwicklung und der kognitiven Funktionen bestehen einerseits Verbindungen zur Biologie und andererseits ... zur Erkenntnistheorie und den ihr immanenten Beziehungen zur Geschichte der Wissenschaften und der Logik. (Piaget in Furth, 1972, 9f.)

Tiefenpsychologie

Daß nicht alle Vorgänge, Reize und Reaktionen unseres Körpers, des Nervensystems und des Gehirns bewußt werden, kann heute als Banalität gelten. Wie aber der unbewußte Anteil des zentralnervösen, geistigen oder „seelischen" Geschehens mit dem Bewußtsein zusammenhängt und ob und wie das „Unbewußte" strukturiert und erforschbar ist, das sind Fragen, denen sich zunächst die Tiefenpsychologie (Freud, Adler, Jung) zuwandte und auf die es erst in neuester Zeit Antworten aus Physiologie und Verhaltensforschung gibt.

Ein Versuch, diese „Wurzeln des Bewußtseins" auszugraben und zu analysieren, ist die *Archetypentheorie* von Carl Gustav *Jung* (1875–1961) und seine Lehre vom kollektiven Unbewußten.[9] Zwar wird das Unbewußte durch das individuelle Erleben stark beeinflußt, aber es enthält nach Jung auch Elemente, die allen Menschen gemeinsam sind.

> Das kollektive Unbewußte ist der Inbegriff dessen, was in der Welt des Seelischen nicht nur für den einzelnen allein gilt, sondern für viele, ja in den tiefsten Bezügen für alle ... (Seifert, 1965, 40)

> Das kollektive Unbewußte repräsentiert ein umfassendes, überrationales, vom menschlichen Bewußtsein unabhängiges Ordnungsgefüge. Die Strukturelemente dieses Gefüges sind nach C. G. Jung die „urtümlichen Bilder" oder „Archetypen". (Seifert, 1965, 42)

Die Archetypen aufzudecken, also bewußt zu machen, ist nur auf indirektem Wege möglich, weil das Bewußtsein sie im Prozeß der Aufdeckung bereits wieder umgestaltet. „Ich muß gestehen, daß ich mir keinen direkten Weg zur Lösung dieser Aufgabe vorstellen kann" (Jung, 1954, 559).

> Gehören die Archetypen zur Naturgrundlage des Menschen oder sind sie ein Apriori geistiger Art, vergleichbar etwa den transzendentalen Voraussetzungen unserer Erfahrungserkenntnis, wie sie Kant in seiner ersten Vernunftkritik herausgearbeitet hat? Die Antwort lautet: Die Archetypen stehen in Beziehung zu beidem, zur Naturseite wie zur Geistseite. Ihr Naturaspekt erhellt daraus, daß sie in Analogie mit den Instinkten gesehen werden können. (Seifert, 1965, 47)

> In Hinsicht auf die Struktur des Körpers wäre es erstaunlich, wenn die Psyche das einzige biologische Phänomen wäre, das nicht deutlich Spuren seiner Entwicklungsgeschichte aufwiese, und daß diese Merkmale gerade mit der Instinktgrundlage in nächster Beziehung stehen, entspricht durchaus der Wahrscheinlichkeit.
> (Jung, 1954, 558)

So wie die Verhaltensforschung artspezifische angeborene *Verhaltens*muster (Instinkte, Triebe) kennt, nach denen jedes Tier einer Art handelt oder reagiert, so sieht Jung in den Archetypen intersubjektive (kollektive) *Erlebens*muster, archaische Bilder, die das Erleben bestimmen (Jung, 1954, 557–580).

> Instinkte und Archetypen sind nichts, was durch persönliche Erfahrung zu erwerben wäre, sie sind nichts Angelerntes und nicht erlernbar. Sie gehen aller Erfahrung vorher, sie sind ursprüngliche Voraussetzungen für alles, was getan oder erlebt werden könnte.
> (Seifert, 1965, 47)

Die Archetypenlehre hat zwar einen gewissen heuristischen Wert für die Diagnose und Therapie seelischer Störungen; ihre wissenschaftliche Bedeutung ist aber sehr umstritten. Das liegt vor allem an ihrer Unprüfbarkeit. So schreibt Jung selbst:

> Überdies ist jede Anschauung eines Archetypus bereits bewußt und darum in unbestimmbarem Maße verschieden von dem, was zur Anschauung Anlaß gegeben hat ... Dadurch aber ist der Psychologie jegliche Aussage über unbewußte Zustände verunmöglicht, d. h. es besteht keine Hoffnung, daß die Gültigkeit irgend einer Aussage über unbewußte Zustände oder Vorgänge je bewiesen werden könnte.
> (Jung, 1954, 577)

Anthropologie und Sprachwissenschaft

> Wenn ein Anthropologe darangeht, die Kultur der australischen Ureinwohner mit der der Eskimos oder Engländer zu vergleichen, wird er zunächst von den Unterschieden beeindruckt sein. Da aber alle Kulturen Produkte des menschlichen Geistes sind, muß es unter der Oberfläche Grundzüge geben, die allen gemeinsam sind.
> (Leach, 1971, 29)

Die ältere Anthropologen-Generation (A. Bastian, J. Frazer) war davon ausgegangen, daß es wegen der Zugehörigkeit aller Menschen zur selben Art Gemeinsamkeiten geben müsse, die in der Form von ähnlichen Bräuchen bei verschiedenen Völkern sichtbar würden. Nach Ansicht von Claude *Lévi-Strauss* (*1908) sind jedoch die Gemeinsamkeiten der menschlichen Kultur nicht in äußeren Fakten, sondern auf der Ebene von *Strukturen* zu suchen.

Solche Strukturen können sich in den Verwandtschaftssystemen und Heiratsregeln zeigen, in Mythen und Religion, Symbolen (Totemismus) und Ritualen, in der Kunst und in der Sprache. Wegen dieser Vielseitigkeit, ja Universalität, hat die Methode des *Strukturalismus* seit einigen Jahren in mehreren Einzelwissenschaften erstaunliche Veränderungen und eine Fülle neuer Denkansätze hervorgerufen.[10] Beispielsweise läßt die strukturelle Ähnlichkeit oder Gleichheit von Verwandtschaftsformen und Heiratsregeln in unterschiedlichen Gesellschaften Lévi-Strauss vermuten, daß die beobachteten Phänomene sich in dem einen wie dem anderen Falle aus dem Spiel allgemeiner, aber verborgener Gesetze ergeben (Lévi-Strauss, 1971, 46). Ähnlich arbeitet er auch in anderen sozialen Bereichen mit der Hypothese,

> daß verschiedene Formen des sozialen Lebens im wesentlichen gleicher Natur sind: Verhaltenssysteme, die jeweils Projektionen allgemeiner, die unbewußte Tätigkeit des Geistes regierender Gesetze auf die Ebene des bewußten und gesellschaftlichen Denkens sind.
> (Lévi-Strauss, 1971, 71 f.)

Als Beispiel für eine solche Struktur entwirft Lévi-Strauss ein „kulinarisches Dreieck", in das er die Kochgewohnheiten verschiedener Völker einordnet.[11] Für die Sprachwissenschaft kommt er zu ähnlichen Ergebnissen:

> Sprachliche Kategorien stellen einen Mechanismus zur Verfügung, der es erlaubt, universale Struktureigenschaften des menschlichen Gehirns in universale Struktureigenschaften der menschlichen Kultur zu verwandeln. Und wenn es diese Allgemeinbegriffe gibt, müssen sie auf einer tiefen Ebene als *angeboren* betrachtet werden. In diesem Falle muß man annehmen, daß es Muster sind, die sich (bei der menschlichen Evolution) der menschlichen Psyche ... aufgeprägt haben.
> (Leach, 1971, 41 f.)

Lévi-Strauss ist jedoch kein Idealist im Sinne Berkeleys.

> Die Natur ist für ihn vielmehr eine echte Wirklichkeit „da draußen"; sie wird beherrscht durch Naturgesetze, die zumindest teilweise der Erfahrung zugänglich sind, aber unsere Fähigkeit, das Wesen der Natur zu erkennen, ist beschränkt durch das Wesen des Apparates, mit dessen Hilfe wir sie wahrnehmen. (Leach, 1971, 28)

Schon bei Lévi-Strauss wird ein weiterer Bereich angesprochen, der im angedeuteten Zeitraum (ab 1900) Anregungen für die Erkenntnistheorie liefert: die *Sprachwissenschaft*. Sprachphilosophie gibt es zwar schon in der Antike (Heraklit, Stoa, Neuplatonismus), im Mittelalter, in der Grammatik von Port-Royal (Arnauld, Lancelot), bei Locke, Leibniz und Rousseau, bei Hamann und Herder, bei Schleiermacher und W. v. Humboldt. Die Bedeutung der Sprache für die Erkenntnis wird aber nach Ansätzen von G. E. Moore und B. Russell besonders bei Ludwig *Wittgenstein* (1889–1951) thematisch.

> Hatten die traditionellen Lehrmeinungen der Erkenntnistheorie das Schema Subjekt-Objekt zugrundegelegt, so schiebt sich mit Wittgenstein zwischen Subjekt und Objekt die Sprache als Medium der begrifflich-logischen Repräsentation der Welt.
> (Leinfellner, 1965, 160)

Konsequenterweise behauptet Wittgenstein im Tractatus logico-philosophicus: Alle Philosophie ist Sprachkritik. Die Sprache hat dieselben inneren Strukturen wie die erfahrbare Wirklichkeit; Sprache und Welt sind isomorph (dazu Stenius, 1969, 121 ff.). Deshalb gilt auch:

> Die Grenzen meiner Sprache bedeuten die Grenzen meiner Welt ...
> Daß die Welt *meine* Welt ist, das zeigt sich darin, daß die Grenzen *der* Sprache (der Sprache, die allein ich verstehe) die Grenzen *meiner* Welt bedeuten.
> (Wittgenstein, 1921, 5.6, 5.62)

Das heißt, die Grenzen der Erkenntnis fallen mit den Grenzen der Sprache zusammen. Diese Position hat Stenius *transzendental-linguistisch* genannt. Trotzdem lehnt Wittgenstein Kants synthetischen Apriorismus ab. Zwar handelt es sich – wie bei Kant – um die „Bedingung der Möglichkeit der Erfahrung"; aber die transzendentale Problematik wird von der Ebene der Vernunft auf die Ebene der Sprache transformiert (Stegmüller, 1969b, 555).

Wie weit Sprache Erkenntnis erst ermöglicht, bestimmt, begrenzt oder verhindert, hat seitdem Philosophen und Anthropologen, Logiker und Sprachwissenschaftler beschäftigt. (Der Rolle der Sprache für die Erkenntnis ist auch Kapitel G gewidmet.)

In Deutschland ist es besonders Leo *Weisgerber* (*1899), der – an W. v. Humboldt anknüpfend – solche Fragen untersucht. Er sieht in der Sprache das hauptsächliche Mittel nicht nur der Welterfassung, sondern der *Weltgestaltung*. Verschiedene Sprachen führen deshalb zu verschiedenen Weltbildern.[12]

Mit dieser Auffassung verwandt ist die *Sapir-Whorf-Hypothese* (vgl. S. 143f.). Benjamin Lee *Whorf* (1897–1941) wendet sich gegen die verbreitete Auffassung – er nennt sie die Einstellung der natürlichen Logik (Whorf, 1963, 8) –,

> das Denken verlaufe bei allen Menschen prinzipiell gleich, es gehorche den Gesetzen einer allgemeinverbindlichen Logik und die verschiedenen Sprachen dienten lediglich dem Ausdruck des unabhängig von ihnen Gedachten. (Gipper, 1972, 9)

> Aus der Tatsache der Strukturverschiedenheit der Sprachen folgt, was ich das „linguistische Relativitätsprinzip" genannt habe. Es besagt, grob gesprochen, folgendes: Menschen, die Sprachen mit sehr verschiedenen Grammatiken benützen, werden durch diese Grammatiken zu typisch verschiedenen Beobachtungen und Bewertungen äußerlich ähnlicher Beobachtungen geführt. Sie sind daher als Beobachter einander nicht ähnlich, sondern gelangen zu irgendwie verschiedenen Ansichten von der Welt. (Whorf, 1963, 20)

Die Verschiedenheit der Sprachen führt also nicht nur zu einer Verschiedenheit der Beschreibung, sondern auch der Weltbilder. Die Hopi-Indianer Nordamerikas haben eine ganz andere Sprache als die Europäer und bilden ein anderes, „ein indianisches Modell des Universums" (Whorf, 1963, 102). Sie kennen z. B. nicht unsere Raum-Zeit-Begriffe. Sie würden auch – wenn überhaupt – eine Wissenschaft entwickeln, die von der unsrigen stark abwiche.

Schließlich hat Noam *Chomsky* (*1928) in dieser sprachphilosophischen Diskussion eine neue Dimension eröffnet. In seiner Sprachtheorie greift er – wenigstens terminologisch – auf Descartes' „angeborene Ideen" zurück. Die Sprachkompetenz – jene Sprachkenntnis, über die jeder normale Sprecher verfügt – beruht auf einer *angeborenen* Struktur, einer genetisch bedingten Sprachfähigkeit, einer Art universeller Grammatik, der jede menschliche Sprache unterliegt. Beispiele solcher allgemeiner Regeln sind: die Bedingungen der Elidierung, das Prinzip der zyklischen Anwendung, das A-über-A-Prinzip.[13] Die Sprachfähigkeit schließlich ist konstitutiv für die Erkenntnisfähigkeit.

> Es ist demnach sehr wohl möglich, daß die generellen Merkmale der Sprachstruktur nicht so sehr den Verlauf individueller Erfahrung, sondern vielmehr den allgemeinen Charakter der Fähigkeit, Kenntnisse zu erwerben, spiegeln – also im traditionellen Verständnis die angeborenen Ideen und Prinzipien.
> (Chomsky, 1969, 83)

Die Untersuchung der universellen Grammatik ist, so verstanden, eine Untersuchung der menschlichen intellektuellen Fähigkeiten (Chomsky, 1970, 50). Chomsky jedenfalls ist der Überzeugung, daß es irgendeine naturwissenschaftliche Erklärung für diese Phänomene gibt (1970, 159). Wir werden in den folgenden Kapiteln versuchen, eine solche Erklärung zu geben.

B Erkenntnis und Wirklichkeit

> Wenn wir alles bezweifeln wollen, weil wir nicht alles mit Gewißheit erkennen können, so handeln wir ungefähr ebenso weise wie derjenige, der seine Beine nicht gebrauchen wollte, sondern still saß und zugrunde ging, weil er keine Flügel zum Fliegen hatte.
> (Locke, 1690, Buch I., Einleitung)

Beweisbarkeit

Erkenntnis ist das Ziel aller Wissenschaft und Philosophie. Wahrnehmung und Beobachtung, Experiment und wissenschaftliche Forschung, Denken und logisches Schließen, Meditation, Intuition und Offenbarung sollen zur Erkenntnis führen. Wie aber steht es mit der Sicherheit unserer Erkenntnis? Kann man alle oder wenigstens einige Erkenntnisse beweisen?

Das Begründungspostulat, nach dem alle Behauptungen bewiesen werden sollen, führt in eine dreifache Sackgasse, die Albert treffend das *Münchhausen-Trilemma* genannt hat. Man hat dabei nämlich nur die „Wahl" zwischen

a) einem infiniten Regreß, bei dem man auf der Suche nach Gründen immer weiter zurückgeht,

b) einem logischen Zirkel, wobei man auf Aussagen zurückgreift, die ihrerseits schon als begründungsbedürftig aufgetreten waren,

c) einem Abbruch des Verfahrens an einem bestimmten, selbstgewählten Punkt.[14]

Der infinite Regreß ist praktisch nicht durchführbar, der Zirkel ist logisch fehlerhaft; es bleibt also nur der Abbruch des Verfahrens. Gibt es aber absolut sichere (jedoch nicht-tautologische) Aussagen? Gibt es Feststellungen über die Wirklichkeit, die ihre Rechtfertigung „in sich selbst" tragen?

Jahrhundertelang war man überzeugt, daß es sie gebe. Geometrie und Physik schienen solche Sätze in Hülle und Fülle zu bieten. Bereits Aristoteles wollte die Wissenschaft auf Grundsätzen aufbauen, die unmittelbar evident und darum eines Beweises weder bedürftig noch fähig sind (Scholz, 1969, 29). Auch Pascal hielt es für möglich, geometrische Beweise auf selbstevidente und deshalb wahre Axiome zu stützen.

> Die Geometrie setzt nur Dinge voraus, welche durch die natürliche Einsicht klar und sicher sind, und deshalb ist sie vollkommen wahr.
> (Pascal, Vom Geiste der Geometrie)

Gleichzeitig versprachen Metaphysik und religiöse Offenbarung sicheres Wissen. Nachdem die Empiristen schon früh Einwände gegen diese Überzeugungen erhoben hatten, zerstörte zuerst Kant die Hoffnung auf beweisbare metaphysische Wahrheiten. Immerhin glaubte er, in den synthetischen Urteilen a priori wenigstens für die Erfahrungswirklichkeit unwiderleglich wahre Aussagen gefunden zu haben. Aber weder seine Beispiele noch seine Kriterien noch seine Begründung halten der kritischen Prüfung durch Wissenschaft und Wissenschaftstheorie stand.

Wissenschaftliche Hypothesen und Theorien sind nicht voraussetzungslos beweisbar. Es ist nur möglich, von unbewiesenen Prämissen auszugehen und zu prüfen, was aus ihnen folgt, wenn man bestimmte Schlußregeln zuläßt. Solche unbewiesenen Prämissen nennt man in der Mathematik Axiome, sonst auch Postulate, Prinzipien, Maximen, im Englischen primitive propositions. Ein Axiom ist somit (auch in der Mathematik!) kein unbeweisbarer oder gar selbstevidenter Satz, sondern ein Satz, auf dessen Beweis man verzichtet, weil man irgendwo anfangen muß. Ein Axiomensystem stellt zwar einen archimedischen Punkt einer Theorie, nicht jedoch der Wirklichkeitserkenntnis dar.

Ganz ähnliche Probleme (insbesondere das Münchhausen-Trilemma) bestehen auch für die Einführung von *Begriffen*. In jeder Theorie müssen einige Begriffe undefiniert bleiben. Man nennt sie Grundbegriffe oder Eigenbegriffe, im Englischen primitives oder basic concepts. Auch sie sind weder prinzipiell undefinierbar noch ist ihre Bedeutung intuitiv klar – wie es wieder Pascal für die Geometrie forderte –, sondern man verzichtet auf ihre Definition, weil man irgendwo anfangen muß.

Dieser eigentümliche Parallelismus zwischen Axiomatik und Definitionstheorie ist zuerst von Pascal gesehen worden. (Hierzu vgl. Scholz, 1967, 117.)

Daß Mathematik oder Naturwissenschaften sichere Erkenntnis über die Welt liefern könnten, ist somit eine Täuschung. Einstein hat das ganz knapp ausgedrückt:

[Die einer Theorie] zugrunde liegenden Begriffe und Grundgesetze ... sind freie Erfindungen des menschlichen Geistes, die sich weder durch die Natur des menschlichen Geistes noch sonst in irgendeiner Weise a priori rechtfertigen lassen ... Insofern sich die Sätze der Mathematik auf die Wirklichkeit beziehen, sind sie nicht sicher, und insofern sie sicher sind, beziehen sie sich nicht auf die Wirklichkeit.

(Einstein, 1972, 115, 119)

Ein anderer Versuch, zu unbezweifelbaren Aussagen zu kommen, geht aus von privaten Empfindungen, die in reinen Erfahrungssätzen, sogenannten Protokollsätzen (Neurath), Elementarsätzen (Wittgenstein), Konstatierungen (Schlick), Beobachtungssätzen (Carnap) oder Basissätzen (Popper) ihren sprachlichen Niederschlag finden. Solche Sätze sollen das Fundament der Erkenntnis bilden und entweder als Ausgangsmaterial für eine induktive Logik (Carnap) oder als letzte Instanz zur Überprüfung von Theorien (Popper) dienen. Dementsprechend nennt man diesen ganzen Fragenkreis das *Basisproblem* der erfahrungswissenschaftlichen Erkenntnis.

Obwohl das Basisproblem in einfacher Gestalt formulierbar ist und auch seine Behandlung keinen komplizierten technischen Apparat erfordert, gehen die Meinungen noch immer stark auseinander (Stegmüller, 1969b, 449). Immerhin hat sich herausgestellt, daß den Basissätzen jedenfalls keine absolute Gewißheit zukommt. Auch sie tragen entweder privaten oder konventionellen oder hypothetischen Charakter, sind aber weder unbezweifelbar noch evident (Stegmüller, 1969a, 345–373).

Man hat auch versucht, das Begründungspostulat dadurch zu erfüllen (zu retten), daß man auf die Alltags- oder Umgangssprache zurückgreift, die wir „immer schon" sprechen, und sie zum Aufbau einer Wissenschaftssprache und einer Wissenschaft verwendet. Man beginnt dabei also „vertrauensvoll inmitten" eines „Vorverständnisses" für Wörter und Sätze. Diese Richtung nennt man in Logik und Mathematik Konstruktivismus, in den Geisteswissenschaften *Hermeneutik*.

Ob dieser Weg eine wissenschaftliche Methode darstellt oder nur heuristischen Wert hat, ist umstritten.[15] Ein schwerwiegender Einwand ist jedenfalls die Tatsache, daß eine Wissenschaft, die ein hypothetisch-deduktives Stadium erreicht hat, gerade nicht von Alltagsbegriffen oder -erkenntnissen ausgeht, sondern von solchen, die mit der Alltagserfahrung besonders wenig zu tun haben, wie Hilbertraum (Quantenmechanik), ideale Population (Populationsgenetik), Nervenimpuls (Neurophysiologie), distinktives Merkmal (Phonologie). Es ist gar nicht daran zu denken, die axiomatische Quantenfeldtheorie oder die allgemeine Relativitätstheorie aus irgend einer Erfahrung „abzuleiten". Vielmehr zeichnen sich alle Wissenschaften dadurch aus, daß sie Hypothesen machen und ihre Folgerungen an der Erfahrung überprüfen. Gerade bei Textinterpretationen und Textergänzungen (Konjekturen), Paradebeispielen der Hermeneutik, ist dies besonders deutlich.

Für uns ist dieser Weg schon deshalb nicht gangbar, weil wir die Erkenntnisfähigkeit genetisch betrachten, also in ihrem Ursprung und ihrer phylogenetischen Entwicklung untersuchen wollen. Wir können deshalb in der *Sache* nicht von einem irgendwie gearteten Vorverständnis ausgehen (auch wenn wir das in der *Darstellung* bedenkenlos tun).

Bleibt also nur der absolute Skeptizismus?

> Wenn wir die Haltung des vollkommenen Skeptikers annehmen, einen Standpunkt außerhalb aller Erkenntnis beziehen und verlangen, von dieser Stelle aus durch einen wie immer gearteten Zwang in den Kreis der Erkenntnis zurückgeführt zu werden, dann verlangen wir etwas Unmögliches, und unser Skeptizismus kann niemals widerlegt werden. Denn jede Widerlegung muß mit einem Stück Wissen anfangen, in das sich die Streitenden teilen; auf dem kahlen Zweifel wachsen keine Gründe. Deshalb darf die Erkenntniskritik der Philosophie nicht auf diese Weise destruktiv sein, wenn sie zu Ergebnissen führen soll. (Russell, 1967, 132f.)

Wenn es auch keine im absoluten Sinne beweisbaren Sätze gibt, so gibt es doch eine relative Beweisbarkeit; d. h. manchmal läßt sich zeigen, daß die Aussage B richtig ist, *wenn* die Aussage A gilt. Dabei werden also zum Beweis von B gewisse Voraussetzungen gemacht, die ihrerseits nicht bewiesen, sondern als Annahmen, als Hypothesen, eingeführt werden. Diese unbewiesenen Voraussetzungen (Axiome und Schlußregeln) muß man streng von dem trennen, was man daraus auf logisch-deduktivem Wege als Folgerungen gewinnt. Da auch letztere somit nur relativ, aber nicht absolut bewiesen werden können, überträgt sich der hypothetische Charakter der Voraussetzungen auf die Folgerungen. In diesem Sinne ist all unser Wissen, ist insbesondere *alle Wissenschaft hypothetisch.*

Diese logisch-wissenschaftstheoretische Einsicht kann und soll uns allerdings nicht hindern, gewisse Sätze für wahr zu halten.

> Die hypothetische Annahme, daß gewisse Dinge einfach *wahr* seien, gehört zu den unentbehrlichen Verfahren menschlichen Erkenntnisstrebens.
> (Lorenz, 1973a, 88)

> Ich nenne solche Prinzipien Postulate, weil ich sie als wahr und für wissenschaftliche Forschung notwendig ansehe, obwohl ich ihre Gültigkeit nicht beweisen kann.
> (Rosenblueth, 1970, 65)

Heinrich Scholz hat darauf hingewiesen, daß diese Postulate in der Philosophie oft den Charakter von Bekenntnissen haben (1969, 20, 313). Statt in Voraussetzungen und Folgerungen könnte man also philosophische Aussagen in Bekenntnisse und Erkenntnisse einteilen. Welche Prinzipien (Axiome, Grundsätze, Postulate, Maximen, Voraussetzungen, Ausgangsthesen) man wählt, ist eine Frage persönlicher Entscheidung. Das bedeutet jedoch nicht, daß man in der Wahl seiner Prinzipien völlig frei sei. Sie müssen z. B. miteinander verträglich sein; auch dürfen ihre eigenen Folgerungen ihnen nicht widersprechen.

> Natürlich dürfen keine deutlichen Gründe dafür vorliegen, daß ein vermutetes Postulat als falsch anzusehen ist. Insbesondere sollte es sich selbst bestätigen, nicht widerlegen; d. h. Schlüsse, die sich auf das Postulat stützen, sollten zu Ergebnissen führen, die mit ihm verträglich sind.
> (Russell, 1952, 430)

Vor allem müssen sie sich als Hypothesen bewähren.

Um den hier vertretenen Standpunkt und die Argumentationsweise der folgenden Untersuchungen durchsichtig zu machen und eine Diskussion zu erleichtern, geben wir die Prinzipien an, von denen wir ausgehen. Sie sind ontologischer, erkenntnistheoretischer und methodologischer Natur. Es mag sein, daß sie auch in schwächerer Form ausreichen würden, den Argumentationszusammenhang zu erhalten. Wir werden auch nicht bei jedem Postulat eigens betonen, daß es weder evident noch beweisbar ist. Aber es sind auch keine aus der Luft gegriffenen Behauptungen, sondern es lassen sich Argumente angeben, die sie einleuchtend oder wenigstens vertretbar machen. Letztlich kann nur der Erfolg ihrer Anwendung sie rechtfertigen.

Postulate wissenschaftlicher Erkenntnis

1. Realitätspostulat: Es gibt eine reale Welt, unabhängig von Wahrnehmung und Bewußtsein.

Dieses Postulat schließt den erkenntnistheoretischen Idealismus aus, wendet sich also insbesondere gegen die Auffassungen Berkeleys, Fichtes,

Schellings oder Hegels, gegen den Fiktionalismus Vaihingers oder Machs Empfindungsmonismus.
Gelegentlich wird diese Auffassung für naiv erklärt. Dabei werden Tatsachen angeführt, die auch hier nicht in Frage gestellt werden sollen, z. B.

daß es optische und andere Sinnestäuschungen gibt;
daß sich die Welt nicht unabhängig von der Sprache in Tatsachen oder auch nur mögliche Sachverhalte gliedert;
daß es Halluzinationen, Traum und Wahn gibt;
daß also unsere Empfindungen, Wahrnehmungen, Vorstellungen, Erkenntnisse teilweise durch das Subjekt, durch unsere Sprache und die Strukturen unserer Erkenntnisapparatur bedingt sind.

Daraus wird bei dieser Kritik geschlossen, *alle* Erkenntnis sei subjektbezogen, und die Rede von einer objektiven Wirklichkeit und von objektiver Erkenntnis sei eine naive Fiktion. Hierzu ist zu sagen,

daß es auch für die Subjektbezogenheit aller Aussagen keinen Beweis gibt;
daß die Annahme der Außenwelt eine Hypothese ist, die sich hervorragend bewährt;
daß es Argumente gibt, die eine solche Hypothese plausibel machen (wir stellen sie auf S. 35 ff. zusammen);
daß schließlich diese Auffassung keineswegs identisch ist mit einem naiven Realismus, da über Struktur und Erkennbarkeit dieser „objektiven Realität" noch gar nichts gesagt wird.

2. Strukturpostulat: Die reale Welt ist strukturiert.

A priori sollte man doch eine chaotische Welt erwarten, die durch Denken in keiner Weise faßbar ist. Man könnte (ja sollte) erwarten, daß die Welt nur insoweit sich als gesetzlich erweise, als wir ordnend eingreifen. Es wäre eine Art Ordnung wie die alphabetische Ordnung der Worte einer Sprache. Die Art Ordnung, die dagegen z. B. durch Newtons Gravitationstheorie geschaffen wird, ist von ganz anderem Charakter. Wenn auch die Axiome der Theorie von Menschen gesetzt sind, so setzt doch der Erfolg eines solchen Beginnens eine hochgradige Ordnung der objektiven Welt voraus. (Einstein in Wickert, 1972, 119 f.)

Als Strukturen kommen in Frage: Symmetrien, Invarianzen, topologische und metrische Strukturen, Wechselwirkungen, Naturgesetze, Dinge, Individuen, Systeme. „So glaube ich zum Beispiel, daß das Universum von einem einzigen Satz von untereinander widerspruchsfreien Naturgesetzen regiert wird, die nie durchbrochen werden. Diese Überzeugung, die für mich persönlich geradezu axiomatischen Charakter hat, schließt außernatürliche Geschehnisse aus" (Lorenz, 1973a, 87). Die Ordnungsprinzipien (Strukturen) sind selbst real, objektiv, wirklich. Auch wir gehören mit unseren Sinnesorganen und kognitiven Funktionen zur realen Welt und haben eine gewisse Struktur. Erst für die Betrachtung des Erkenntnisprozesses unterscheiden wir Außenwelt und Bewußtsein (vgl. S. 42).

3. Kontinuitätspostulat: Zwischen allen Bereichen der Wirklichkeit besteht ein kontinuierlicher Zusammenhang.

Denkt man an Wirkungsquantum, Elementarteilchen, Mutationssprünge, Revolution und Fulguration (vgl. S. 82), so ist vielleicht *quasi-kontinuier-*

lich die angemessenere Bezeichnung. Jedenfalls besteht keine unüberbrückbare Kluft zwischen toter Materie und lebendem Organismus, zwischen Pflanze und Tier, zwischen Tier und Mensch oder zwischen Materie und Geist.

> Manche Geisteswissenschaftler legen Wert auf eine scharfe Gegenüberstellung; sie sagen: den Menschen verstehen wir, die unbelebte Natur verstehen wir nicht. Man sollte hier nicht um Worte streiten; wichtig ist mir aber, daß der kontinuierliche Zusammenhang nicht vergessen wird, der in der Wirklichkeit zwischen den begrifflich scharf geschiedenen Grenzfällen besteht. (v. Weizsäcker, 1970, 17)

Die Wissenschaftsgeschichte beweist, wie fruchtbar das Kontinuitätsaxiom gewirkt hat. Newtons Gravitationstheorie (1666/87) zeigte, daß „sublunare" und „supralunare" Gesetze dieselben sind. Durch die Harnstoffsynthese bewies Wöhler 1831, daß organische Substanzen aus anorganischen synthetisiert werden können. Schleiden und Schwann fanden 1838, daß alle Organismen aus Zellen bestehen. Auch der genetische Code ist nach den Forschungen der letzten Jahre universell. Es scheint nur eine Frage der Zeit zu sein, bis man biologisch aktive Organismen aus neutralen Stoffen wird aufbauen können. Bereits 1967 ist es gelungen, ein Virus zu synthetisieren, das sich vermehrt und Bakterien befällt. Es ist allerdings eine Frage der Grenzziehung, ob man Viren schon als Lebewesen ansehen will, da sie keinen Stoffwechsel haben und sich nur in lebender Substanz fortpflanzen.[16]

4. Fremdbewußtseinspostulat: Auch andere (menschliche und tierische) Individuen haben Sinneseindrücke und Bewußtsein.

Dieses Postulat steht im Einklang mit Annahmen der meisten Biologen, Physiologen und Psychologen. Seine Verneinung führt zu einem sterilen Solipsismus, der sich in Selbstbefragung erschöpft. Daß wir an ein subjektives Erleben auch bei Tieren „glauben", zeigt das Bestehen von Tierschutzgesetzen und -vereinen (vgl. S. 71 f.: Der Schluß auf das fremde Bewußtsein).

> Mein Wissen um das subjektive Erleben meiner Mitmenschen und meine Überzeugung, daß auch ein höheres Tier, etwa ein Hund, ein Erleben hat, sind miteinander nahe verwandt . . . Es ist eines der großen Verdienste meines verehrten, jüngst verstorbenen Lehrers, Karl Bühler, unwiderleglich gezeigt zu haben, daß die Annahme anderer, ebenfalls erlebender menschlicher Subjekte ein unentrinnbarer Denkzwang ist, eine echte apriorische Notwendigkeit des Denkens und der Anschauung, ebenso evident wie irgendein Axiom. Bühler hat daher von der „Du-Evidenz" gesprochen. (Lorenz, 1963, 360)

Eine Alternative wäre der Standpunkt des Behavioristen, die Forschung müsse sich auf die Beschreibung und Analyse von Verhaltensweisen beschränken und psychologische Termini vermeiden. Der Behaviorismus ist eine Art von psychologischem Positivismus. Zwar hat er (wie der Positivismus) dazu beigetragen, daß falsche Anthropomorphismen aus der Wissenschaft eliminiert wurden; aber ein ganz konsequenter Verzicht auf psychologische Begriffe ist weder nötig noch möglich. Er ist nicht nötig, weil alle

Wissenschaften hypothetisch sind und theoretische Begriffe enthalten. Rosenblueth (1970, 67) drückt das pointiert so aus: „Wenn ich mit einem Behavioristen uneins bin, so nicht mit seinem Redeverhalten, seiner Syntax oder seiner Wortwahl, sondern mit seinen Ideen und Urteilen." Der Verzicht ist aber auch gar nicht möglich, „weil die den komplizierten psychischen Vorgängen entsprechenden physiologischen Prozesse vielfach noch gar nicht oder noch ganz unzureichend geklärt sind" (Rensch, 1968, 191).

5. Wechselwirkungspostulat: Unsere Sinnesorgane werden von der realen Welt affiziert.

Das heißt, die Oberfläche unseres Körpers tauscht mit der Umgebung Energie aus. Von den Veränderungen in den Sinneszellen werden manche als Signale verarbeitet und weitergeleitet. Einige dieser Erregungen werden im Nervensystem und im Gehirn einer speziellen Verarbeitung unterzogen. Sie werden wahrgenommen, als Information über die Außenwelt interpretiert und bewußt gemacht. Mit dieser kausalen Theorie der Wahrnehmung (causal theory of perception) arbeitet im Grunde jeder Sinnesphysiologe. Schon Wahrnehmung besteht also in einer unbewußten *Interpretation* der Sinnesdaten und in der *Rekonstruktion* einer hypothetisch vorausgesetzten Außenwelt (darauf gehen wir auf S. 42 ff. ausführlich ein).

6. Gehirnfunktionspostulat: Denken und Bewußtsein sind Funktionen des Gehirns, also eines natürlichen Organs.[17]

Die Ergebnisse der Gehirnforschung, z. B. der Elektroenzephalographie (Aufzeichnung von Gehirnwellen), der Pharmakologie und der experimentellen Psychologie, z. B. der Schlaf- und Traumforschung, legen die Hypothese nahe, daß mit *allen* Bewußtseinserscheinungen physiologische Vorgänge verbunden sind. Diese Hypothese wird manchmal *psychophysisches Axiom* genannt. Wieweit eine derartige Zuordnung möglich ist, ist eine empirisch beantwortbare Frage, die im Kapitel „Bewußtsein und Gehirn" (S. 86 ff.) diskutiert wird.

> Sehr verbreitet ist heute eine Auffassung, die über die Parallelismusvorstellung noch hinausgeht und mit einer Identität von Leib und Seele rechnet, mit nur einem Zustand, der aber von der äußeren und der inneren Wahrnehmung auf verschiedene Weise, wie etwa von zwei verschiedenen Organen, wahrgenommen wird. So wie uns der gleiche Apfel als etwas Abtastbares und als optisches Bild gegeben ist, so ist nach der Identitätstheorie auch ein Gehirnzustand in doppelter Weise erfahrbar, einmal – wenigstens prinzipiell – durch Ermittlung der physikalisch-chemischen Struktur und einmal als Bewußtseinserlebnis.
>
> Nach dieser Theorie ist das Bewußtsein ein Begleitphänomen des Lebendigen, ein letztes und höchstes Organ, das die Lebewesen entwickelt haben und das ihnen eine zusätzliche ausführliche Information über den eigenen, inneren Zustand und seine Möglichkeiten gewährt. (Sachsse, 1968, 229)

7. Objektivitätspostulat: Wissenschaftliche Aussagen sollen objektiv sein.

Objektiv bedeutet hier *wirklichkeitsbezogen*. Wissenschaftliche Aussagen beziehen sich (außer vielleicht in der Psychologie) nicht auf den Bewußtseinszustand eines Beobachters, sondern auf die (hypothetisch postulierte) Realität. Diese Interpretation beruht also auf dem Realitätspostulat. 1 und 7 zusammen behaupten, daß objektive Aussagen prinzipiell möglich sind. (7 allein fordert sie nur.)[18]

Für die Objektivität einer Aussage lassen sich verschiedene *Kriterien* angeben, die notwendig, aber höchstens in ihrer Konjunktion hinreichend sind.

a) *Intersubjektiv verständlich:* Wissenschaft ist keine Privatangelegenheit. Wissenschaftlich relevante Aussagen müssen mitteilbar und deshalb in einer gemeinsamen Sprache formuliert sein.

b) *Unabhängig vom Bezugssystem:* Nicht nur die Person des Beobachters soll irrelevant sein, sondern auch sein Standort, sein Bewußtseinszustand, seine „Perspektive" (vgl. Invarianz, S. 39).

c) *Intersubjektiv nachprüfbar:* Jeder soll die Aussage kontrollieren, d. h. sich durch geeignete Maßnahmen von ihrer Richtigkeit überzeugen können.

d) *Unabhängig von der Methode:* Die Richtigkeit einer Aussage darf nicht von der Methode abhängen, die man zu ihrer Überprüfung verwendet. Nach diesem Kriterium ist die Behauptung „ein Elektron ist ein Teilchen" nicht objektiv (und deshalb wissenschaftlich falsch).

e) *Nicht konventionell:* Die Richtigkeit einer Aussage darf auch nicht auf einem Willkürakt (z. B. einem Beschluß, einer Konvention) beruhen.

8. Heuristikpostulat: Arbeitshypothesen sollen die Forschung anregen, nicht behindern.

Dies ist ein methodologisches Postulat. Es macht keine Aussage über die Welt oder über unsere Erkenntnis; es ist vielmehr ein Prinzip der Forschungs*strategie*. Es führt auch nicht konstruktiv zu neuen Vermutungen, sondern es hilft, zwischen gleichwertigen, aber einander ausschließenden, Hypothesen zu entscheiden. Heuristisch sinnvoll ist dabei jeweils *die* Hypothese, die ein Objekt als vorhanden und beobachtbar, eine Eigenschaft als meßbar, eine Tatsache als erklärbar ansieht.

Um so größere Bedeutung kommt dann allerdings Aussagen zu, welche die Beobachtbarkeit von Ereignissen, die Meßbarkeit von Größen, die Beweisbarkeit von Behauptungen *beweisbar* einschränken oder verneinen, z. B. den Äquivalenzprinzipien der Relativitätstheorie (Einstein), den Unschärferelationen der Quantenmechanik (Heisenberg) oder den Unvollständigkeits- und Unentscheidbarkeitssätzen der Logik (Gödel).

Es wäre dagegen heuristisch ungeschickt, eine prinzipielle Grenze zwischen unbelebten und lebendigen Systemen zu postulieren, weil man damit die (inzwischen sehr erfolgreiche) Forschung auf diesem Gebiet verhindern würde. Heuristisch unfruchtbar ist auch der strenge Positivismus, der nur Erscheinungen als wirklich gelten läßt und sich damit den Weg zur Mikrophysik oder zur Kosmologie unnötig erschwert. (Mach glaubte nicht an die Existenz von Atomen!) Somit widerspricht dem Heuristikpostulat auch der Behaviorismus, der psychologische Termini wie Bewußtsein, Aufmerksamkeit, Motivation verbietet.

Das Verbot, sich mit dem Bewußtsein zu beschäftigen, ist also in erster Linie eine Manifestation jenes „positivistischen" Geistes, den viele Gelehrte zuweilen mit „positiv" oder wissenschaftlich verwechseln und der sich darin erschöpft, der experimentellen Forschung Grenzen zu setzen oder sie mit Hindernissen zu umgeben, mit dem einzigen Ergebnis, daß die methodologischen Voraussagen mit schöner Regelmäßigkeit im Verlauf der Forschungsarbeiten widerlegt werden.

(Piaget, 1974, 49)

9. Erklärbarkeitspostulat: Die Tatsachen der Erfahrungswirklichkeit können analysiert, durch „Naturgesetze" beschrieben und erklärt werden.[19]

Dieses Postulat folgt eigentlich aus dem Heuristikpostulat. Einen Vorgang oder eine Tatsache als prinzipiell unerklärbar anzunehmen, ist aber nicht nur heuristisch ungeschickt, sondern bedeutet in vielen Fällen einen unverantwortlichen Wissensverzicht. Das Erklärbarkeitspostulat stellt deshalb eine Absage an jede Form von Irrationalismus, Teleologie oder Vitalismus dar. Solche Theorien behaupten beispielsweise, die Evolution, vor allem die biologische Evolution, sei unerklärlich, und geben dann dieser Nichterklärbarkeit einen Namen:

Demiurgische Intelligenz (Bennet); élan vital (Bergson); Zellbewußtsein (Buis); Entelechie (Driesch); Orthogenese (Eimer); Lebenskraft (J. Müller); Telefinalität (du Noüy); Aristogenesis (Osborn); vitale Phantasie (Palagyi, Buytendijk); Selbstdarstellung der Organismen (Portmann); Punkt Omega, evolutive Schwerkraft, Bewußtseinsdrang (Teilhard de Chardin) – man könnte die Liste beliebig verlängern.

Der élan vital erklärt aber die Evolution nicht besser, als ein élan locomotif die Dampfmaschine erklärt (J. Huxley).

Ganz allgemein lassen die Ausführungen der Vitalisten, Finalisten und Holisten leider erkennen, daß jeweils nur für die kausal noch nicht analysierten Vorgänge ein „Prinzip" konstruiert wurde, von dem aber keinerlei positive Angaben gemacht werden konnten ... Alle diese Hypothesen ließen sich aufstellen, solange noch zahlreiche Lebenserscheinungen unanalysierbar erschienen ... Die Vorstellung einer prinzipiell kausalen Deutungsmöglichkeit aller biologischen Abläufe hat sich jedenfalls ausnahmslos als heuristisches Prinzip bewährt.   (Rensch, 1968, 227)

Das Erklärbarkeitspostulat ist kein Erkennbarkeitspostulat. Ob, wie und warum objektive Erkenntnis (der realen Welt) möglich ist, werden wir noch diskutieren müssen.

10. Postulat der Denkökonomie: Unnötige Hypothesen sollen vermieden werden.

Dies ist ebenfalls eine methodologische Regel, kein ontologisches Prinzip; sie kann nur zur Auswahl, nicht zur Bildung von Hypothesen dienen. Auch Wilhelm von Ockham betrachtete sein Sparsamkeits-Prinzip: entia non sunt multiplicanda praeter necessitatem (im englischen Sprachraum „Occam's razor") als methodologische Regel für die Forschung. Mach dagegen deutete das Prinzip der Denkökonomie als das Wesen der Naturgesetze, ja als das Ziel der Wissenschaft überhaupt (vgl. S. 15).[20] Gegen diese Überzeugung äußert Max Born berechtigte Einwände:

> Der beste Weg, das Denken ökonomischer zu gestalten, wäre, ganz damit aufzuhören. Wie jeder Mathematiker weiß, hat ein solches Minimal-Prinzip nur einen Sinn, wenn es einer einschränkenden Bedingung unterworfen wird. Wir müssen uns erst darüber einigen, daß es unsere Aufgabe ist, nicht nur etwas Ordnung in einen ungeheuren Bereich angesammelter Erfahrung zu bringen, sondern diese Erfahrung fortwährend durch Forschung zu erweitern; dann werden wir auch bereitwillig zugeben, daß wir ohne äußerste Leistungsfähigkeit und Klarheit im Denken verloren wären.
> (Born, 1964, 207)

Das Ökonomiepostulat verlangt also *Minimalerklärungen:* Was ist an theoretischen Begriffen und Annahmen mindestens notwendig, damit die beobachtete Erscheinung vollständig und widerspruchsfrei erklärt wird? Es garantiert zwar nicht die Eindeutigkeit einer Erklärung, schränkt aber die Willkür der Deutungen erheblich ein.

Unnötig im Sinne dieses Postulats ist die Ätherhypothese, also die Annahme, daß sich elektromagnetische Wellen in einem Medium ausbreiten müßten, das schwingt. Der Begriff des Äthers ist deshalb aus der Physik verschwunden.

Die angegebenen Postulate sind nicht unabhängig voneinander. So erfüllt das Erklärbarkeitspostulat gerade die Forderung des Heuristikaxioms, und das Kontinuitätspostulat kann man aus 8 und 10 begründen. Um der Explizitheit willen sind diese weitreichenden Thesen jedoch eigens aufgeführt.

Hypothetischer Realismus

Den durch die Postulate 1 bis 7 charakterisierten, erkenntnistheoretischen Standpunkt werden wir unter der Bezeichnung *hypothetischer Realismus* zusammenfassen.[21] Seine Hauptthesen sind:

Hypothetischer Charakter aller Wirklichkeitserkenntnis; Existenz einer bewußtseinsunabhängigen (1), gesetzlich strukturierten (2) und zusammenhängenden Welt (3); teilweise Erkennbarkeit und Verstehbarkeit dieser Welt durch Wahrnehmung (5), Denken (6) und eine intersubjektive Wissenschaft (7).

Die Bezeichnung „hypothetischer Realismus" erfaßt also nur die wichtigsten Komponenten dieses Standpunktes. Sein hypothetischer Charakter spiegelt die wissenschaftstheoretische Einsicht, daß wir kein sicheres Wissen über die Welt haben können. Den realistischen Zug hat diese Position mit vielen anderen Auffassungen gemeinsam. Im Grunde macht jeder Realismus Aussagen sowohl über die Existenz als auch über die Erkennbarkeit einer (bewußtseinsunabhängigen) Außenwelt, ist also zugleich eine ontologische und eine erkenntnistheoretische Position. Unter diesem Gesichtspunkt lassen sich die verschiedenen Realismen folgendermaßen charakterisieren:

Naiver Realismus	Es gibt eine reale Welt; sie ist so beschaffen, wie wir sie wahrnehmen.
Kritischer Realismus	Es gibt eine reale Welt; sie ist aber nicht in allen Zügen so beschaffen, wie sie uns erscheint.
Streng kritischer Realismus	Es gibt eine reale Welt; aber keine ihrer Strukturen ist so, wie sie uns erscheint.
Hypothetischer Realismus	Wir nehmen an, daß es eine reale Welt gibt, daß sie gewisse Strukturen hat und daß diese Strukturen teilweise erkennbar sind, und prüfen, wie weit wir mit diesen Hypothesen kommen.

Der naive Realismus gilt mit Recht als widerlegt. Trotzdem hat dieser Standpunkt gute Dienste geleistet, indem er in seinem naiven Optimismus zu einer Erforschung des Gegebenen ermunterte, auch wenn die Ergebnisse dieser Forschung ihn schließlich ad absurdum führten (vgl. das Russell-Zitat auf S. 109).

Der kritische Realismus hat seit Demokrits Lehre von der Subjektivität der Empfindungen (Farbe, Wärme, Klang, Geschmack) immer Anhänger gefunden. Locke mit seiner Unterscheidung von primären und sekundären Qualitäten gehört ebenso dazu wie die marxistische Erkenntnistheorie (Widerspiegelungs- oder Abbildtheorie).

Nach dem streng kritischen Realismus können wir von *keiner* Qualität behaupten, sie sei identisch mit dem, was unabhängig von aller Sinneserfahrung existiert. Diese Position unterscheidet also (mit Recht) streng zwischen dem direkt Erfahrbaren und dem unabhängig davon Existierenden.

Der hypothetische Realismus ist hinsichtlich des Geltungsanspruchs seiner Aussagen über das Bestehen und die Struktur der Welt schwächer als die übrigen Realismen. Danach haben *alle* Aussagen über die Welt Hypothese-Charakter.

Diese Bescheidenheit ist jedoch nur eine logische. Die Einsicht, daß die Existenz der Welt „da draußen" nicht beweisbar ist, hindert auch den Logiker oder Wissenschaftstheoretiker nicht, an diese Welt zu *glauben*.

> Die Annahme, daß das ganze Leben ein Traum sei, in dem wir uns selber alle unsere Gegenstände schaffen, ist logisch nicht unmöglich. Aber es spricht auch nicht das mindeste dafür, daß diese Annahme wahr wäre. (Russell, 1967, 22)

Das Realitätspostulat (die Realitätshypothese) stützen dagegen zahlreiche Argumente:

a) Die psychologische Evidenz,

die uns als naiv Erlebende und Handelnde fortwährend von der Tatsächlichkeit einer solchen Welt überzeugt. Russell (1967, 24) nennt sie eine „instinktive Überzeugung". Sie wird vor allem durch Widerstandserlebnisse oder Schmerzen hervorgerufen, aber auch dadurch, daß andere Leute mit derselben Selbstverständlichkeit über die Dinge in der Welt reden wie wir.

b) Der Realismus der Sprache

Die menschliche Sprache ist wesentlich deskriptiv, und eine eindeutige Beschreibung ist stets realistisch: sie beschreibt *etwas* – einen Sachverhalt, der wirklich oder unwirklich sein kann ... Rationalität, Sprache, Beschreibung, Argument – alle handeln von einer Wirklichkeit und wenden sich an ein Publikum. All das setzt den Realismus voraus. Logisch ist dieses Argument für den Realismus natürlich nicht zwingender als irgendein anderes; ich könnte ja bloß träumen, daß ich eine deskriptive Sprache und Argumente gebrauche; doch dieses Argument ist trotzdem stark und *rational*. Es ist so stark wie die Vernunft selbst. (Popper, 1973, 53f.)

c) Die Einfachheit dieser Hypothese

Sie erklärt die Tatsachen unseres Alltagslebens viel einfacher als die Annahme, daß die Welt nur aus Gedanken, Gefühlen und Empfindungen bestünde. Russell gibt ein Beispiel:

Wenn die Katze existiert, ob ich sie sehe oder nicht, kann ich ihr aus eigener Erfahrung nachfühlen, wie sie zwischen einer Mahlzeit und der nächsten wieder hungrig wird; aber wenn sie nicht existiert, während ich sie nicht sehe, erscheint es merkwürdig, daß ihr Appetit während ihrer Nichtexistenz ebenso rasch zunimmt wie während ihrer Existenz. (Russell, 1967, 23)

d) Heuristischer Wert

Die Realitätshypothese ist auch mit dem Heuristikpostulat verträglich. Natürlich muß, wenn unsere Forschung überhaupt einen Sinn haben soll, die reale Existenz dessen vorausgesetzt werden, was wir zu erforschen trachten (Lorenz, 1973, 9). Ohne diese Voraussetzung würde der Forscher seine Suche nach neuen Erscheinungen und Gesetzen aufgeben, „da man das, was man sucht, auch als vorhanden annehmen muß" (Planck, 1970, 373). Teilchenbeschleuniger werden gebaut und physikalische Theorien werden entworfen, weil wir mehr über die Welt der Elementarteilchen wissen wollen, nicht (nur) über unser Bewußtsein.

e) Der Erfolg dieser Hypothese

Der Glaube an eine vom wahrnehmenden Subjekt unabhängige Außenwelt liegt aller Naturwissenschaft zugrunde (Einstein, 1972, 159). Und man kann nicht bestreiten, daß dieser Glaube der Wissenschaftler sie in vielen Fällen zum Ziel geführt hat. Die Realitätshypothese hat sich also im Popperschen Sinne „bewährt"; sie wird durch den Erfolg ihrer Anwendung bestätigt.

f) Die funktionelle Konvergenz von Erkenntnisapparaturen

Völlig verschiedene Strukturen dienen den Organismen dazu, sich erfolgreich mit den objektiven Gegebenheiten der Umwelt auseinanderzusetzen. So ermöglichen ganz verschiedene Sinnesorgane die Aufnahme von Licht, also von elektromagnetischen Wellen bestimmter Wellenlänge (Tab. 1).[22]

Man könnte hier geradezu von „intersubjektiver Überprüfung" sprechen, die ja ein wesentliches Kriterium für Objektivität ist (vgl. S. 32).

Tab. 1. Verschiedene Photorezeptoren in der Tierwelt

Augenart	bei	zum Sehen von
Lichtsinneszellen (Vakuolen)	Regenwurm	Helligkeit
becherförmige Pigmentzellen	Lanzettfischchen	Helligkeit
Grubenaugen	Napfschnecke	Richtung ungenau
Becheraugen	Qualle	Bewegung
Blasen-(Lochkamera-)Augen	Borstenwurm	Bild primitiv
Komplexaugen (Netz- oder Facettenaugen)	Krebse, Insekten	Bild, polarisiertes Licht
Linsenaugen	Kopffüßler, Wirbeltiere, Mensch	Bild
Fernsehauge (Rasterauge)	Copilia (Krebsart)	Bild

Verschiedene derartige Anpassungen an ein und dieselbe Gesetzmäßigkeit werden unseren Glauben an deren Realität mit der gleichen Berechtigung verstärken, wie der Glaube des Richters an die Tatsächlichkeit eines Vorgangs dadurch bestärkt wird, daß verschiedene, voneinander unbeeinflußte Zeugen zwar nicht gleiche, aber einander weitgehend entsprechende Schilderungen von ihm geben.

(Lorenz, 1941, 114)

g) Die Konstanzleistungen der Wahrnehmung

Der Datenstrom, der unsere Sinnesorgane erreicht, ist weitaus chaotischer, als die Weltbilder, die uns die Wahrnehmung oder die Wissenschaft liefern. In der Wahrnehmung sind es die sogenannten Konstanzmechanismen, welche die Invariantenbildung leisten. Dazu gehören vor allem die *Dingkonstanz* (Wiedererkennbarkeit der Gegenstände trotz verschiedener Entfernung und Perspektive; sie schließt Größen- und Formkonstanz ein); die *Richtungskonstanz* (Verschiebungen des Netzhautbildes infolge von Augenbewegungen werden *nicht* als Bewegungen unserer Umgebung interpretiert); schließlich die *Farbkonstanz* (ein Gegenstand hat für uns immer die gleiche Farbe, nahezu unabhängig davon, in welcher Beleuchtung die Szene liegt).

Wegen der Tatsache, daß unserer Wahrnehmung trotz wechselnder Umweltbedingungen etwas konstant erscheint, spricht man von einer „objektivierenden Leistung" der Konstanzmechanismen oder von ihrer „Objektivierungstendenz". Derselben Tendenz entspringt auch die Gestaltwahrnehmung, durch die nicht nur räumliche, sondern auch zeitliche und raumzeitliche „Gestalten" aus dem Erlebnisstrom herausgelesen werden. Die Gestaltwahrnehmung ist zweifellos auch eine unerläßliche Voraussetzung wissenschaftlicher Erkenntnis.

h) Die Konvergenz der Meßmethoden

Viele Meßgrößen, insbesondere die grundlegenden Naturkonstanten, können auf völlig verschiedene, voneinander unabhängige Weisen bestimmt werden. So kann man die Loschmidtsche Zahl L – die Zahl der Moleküle pro Mol eines beliebigen Gases – ableiten aus der kinetischen Gastheorie, der Brownschen Molekularbewegung, der Oberflächenspannung dünner Lösungen, den Gesetzen der Hohlraumstrahlung, der elektrischen Ladung von Öltröpfchen, der Lichtstreuung in der Atmosphäre, der Größe des Elementarwürfels von Kristallen, aus radioaktiven Prozessen und aus der Feinstruktur von Spektrallinien.[23] So verschieden diese physikalischen Methoden auch sind, sie liefern doch alle den *gleichen* Wert $L = 6 \cdot 10^{23}$ Moleküle pro Mol.

Kein unvoreingenommen denkender Physiker wird sich angesichts solcher Fälle die Richtigkeit seines unmittelbaren Gefühls ausreden lassen, daß diese Übereinstimmungen gerade nicht durch seine subjektiven Methoden, sondern eben ganz allein durch das Objekt selber erzwungen werden, das nur eines ist und daher auch selbstverständlich nur einen Wert der fraglichen Konstanten ergibt, einerlei, von welcher Seite man sich diesem zu nähern versucht. Diese Voraussetzung der Existenz der Wahrheit ist die Grundvoraussetzung aller Forschung überhaupt.

(Bavink, 1949, 266)

i) Die Konvergenz der Meßwerte

Auch scheinen sich alle Meßergebnisse für eine bestimmte Meßgröße einem „wahren" Wert zu nähern; Korrekturen erfolgen in immer höheren Dezimalen. Besser als aus Worten geht das aus Abb. 1 hervor, die den geschichtlichen Gang der Meßwerte für das mechanische Wärmeäquivalent wiedergibt.

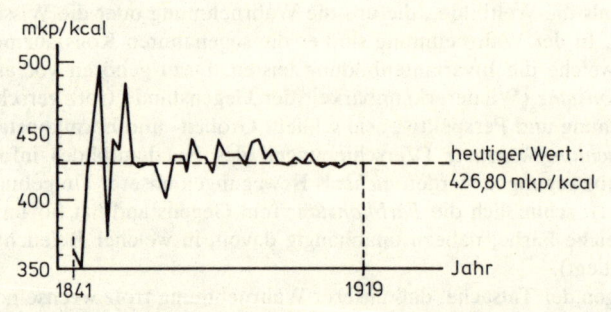

Abb. 1. Bestimmungen des mechanischen Wärmeäquivalents (in Meterkilopond pro Kilokalorie. Nach Bavink, 1949, 265)

Hier kann man sogar von Konvergenz in des Wortes mathematischer Bedeutung sprechen. In diesem Sinne hat auch Lichtenberg recht mit seiner Bemerkung, *die Wahrheit sei die Asymptote der Forschung.*

j) Die Konvergenz der Theorien

Die in h) und i) besprochene *Konvergenz der Forschung*[24] gilt nicht nur für meßbare Größen, sondern auch für das ganze System unserer theoretischen Erkenntnis. Bei neuen Forschungsgebieten scheint zwar zunächst eine gewisse Freiheit in der Wahl der Begriffe und Hypothesen zu bestehen; aber gerade diese scheinbare Willkür wird im Laufe weiterer Untersuchungen mehr und mehr eingeengt. „Die Entwicklung hat gezeigt, daß von allen denkbaren Konstruktionen eine einzige jeweils sich als unbedingt überlegen über alle anderen erwies" (Einstein, 1972, 109).

Hätte der Konventionalismus recht, so sollte es mehrere, empirisch äquivalente Physiksysteme geben. (Theorien heißen empirisch äquivalent, wenn sie dieselben Beobachtungsaussagen implizieren.) Vorläufig ist er aber den Beweis für die Existenz auch nur zweier Physiken schuldig geblieben. Die wissenschaftliche Erkenntnis scheint sich viel eher nach einer außersubjektiven Wirklichkeit zu richten, der sie immer näherkommt.

k) Invarianz in der Wissenschaft

Die Invariantenbildung der Wissenschaft geht noch weit über die der Wahrnehmung (vgl. g) hinaus. Auch hier soll der Einfluß der Betrachtungsweise durch Aufsuchen von Invarianten eliminiert werden. Man kann die Suche nach Gesetzen, in die der Beobachter *nicht* eingeht, geradezu als die Hauptaufgabe der Wissenschaft ansehen. Daß diese Suche erfolgreich ist, spricht für die Existenz einer beobachter-unabhängigen Realität. Mathematisch ausgedrückt: Ein Kennzeichen für Objektivität ist die Invarianz gegenüber Koordinatentransformationen. In diesem Sinne ist Einsteins allgemeine Relativitätstheorie zugleich eine Absoluttheorie, da sie mit koordinatenfreien Größen arbeitet, die gegenüber sehr allgemeinen Transformationen invariant sind.

l) Die Widerlegung von Theorien

Wären unsere Empfindungen ausschließlich Produkte unseres Geistes, so wäre nicht einzusehen, warum wir Erfahrungen machen, die unseren Theorien völlig widersprechen. Immer wieder jedoch erweisen sich Theorien als falsch (Phlogiston, Caloricum, Vererbung erworbener Eigenschaften u. a.), Erwartungen scheitern am Experiment (an den Tatsachen). So mißlangen bisher alle Versuche zum Bau eines Perpetuum Mobile, und das Michelson-Experiment zum Nachweis des Ätherwindes brachte Ergebnisse, mit denen niemand rechnete.

m) Die Entanthropomorphisierung unseres Weltbildes (vgl. S. 165 ff.)

Setzt man die Existenz einer realen Welt voraus, so kann man auch von einer allmählichen Objektivierung unseres Weltbildes sprechen. Sie zeigt sich z. B. im Übergang vom ptolemäischen (geozentrischen) zum kopernikanischen (heliozentrischen) System; sie zeigt sich auch darin, daß die klassische Einteilung der Physik nach Sinneserfahrungen (Bewegung, Licht, Schall, Wärme) bedeutungslos geworden ist; sie zeigt sich in der unverkennbaren Tatsache, daß in der modernen Wissenschaft die Anschaulichkeit einer Theorie kein Maßstab mehr für ihre Richtigkeit ist.

Diese Argumente sollten dazu führen, die Annahme einer bewußtseinsunabhängigen, strukturierten Welt als eine *wohlbegründete Hypothese* anzusehen.[25] Auch wenn diese Welt erlebnistranszendent ist (also jenseits allen Erlebens liegt), so liegt sie doch nicht jenseits aller *Erkenntnis!* Austeda bezeichnet die Annahme einer Außenwelt als Setzung, nicht als Hypothese, weil sie nicht empirisch widerlegbar sei.[26] Aber bei weitem nicht alle wissenschaftlichen Hypothesen lassen prinzipiell eine Widerlegung zu, z. B. Existenzaussagen. Es gibt sogar Hypothesen, die weder verifizierbar noch falsifizierbar und doch für die Wissenschaft unerläßlich sind. Zu diesen gehört das Realitätspostulat.

> Ich behaupte, daß der Realismus weder beweisbar noch widerlegbar ist ... (Diese Eigenschaft hat er mit vielen philosophischen oder „metaphysischen" Theorien gemeinsam, insbesondere auch mit dem Idealismus.) ... Aber man kann für ihn argumentieren, und die Argumente sprechen überwältigend für ihn. (Popper, 1973, 50)

Wie im Rahmen des hier vertretenen hypothetischen Realismus Erkenntnis zustande kommt, soll das nächste Kapitel untersuchen. Worauf sich allerdings ihr Anspruch gründet, *Wirklichkeitserkenntnis* zu sein (was ja z. B. nach Kant gar nicht möglich ist), kann erst später diskutiert werden.

Der Erkenntnisprozeß

In der Philosophiegeschichte fehlt es nicht an Versuchen, den Begriff „Erkenntnis" zu definieren. Sie bleiben jedoch immer unbefriedigend. So meint Locke (1690, 4. I. § 2): „Die Erkenntnis scheint mir nichts anderes zu sein als die Wahrnehmung (perception) des Zusammenhangs und der Übereinstimmung oder der Nichtübereinstimmung und des Widerstreits zwischen irgendwelchen von unseren Ideen." Aber schon 1704 kritisiert Leibniz diese Definition als nicht allgemeingültig.

Auch moderne Antworten bieten keine Definitionen, sondern Umschreibungen, Synonyma (z. B. Wissen), Kennzeichnungen, Beispiele; sie erläutern Voraussetzungen, Grundlagen, Weg, Ziel, Struktur und Grenzen der Erkenntnis.

> Worin Erkenntnis ihrem Begriff nach besteht, ist nicht selbst eine Erkenntnis; es kann nicht auf dem Weg des Erkennens ermittelt werden, nicht induktiv durch Verallgemeinerung der Art dessen, was als Erkenntnis tatsächlich gilt oder gegolten hat, auch nicht durch eine logische Analyse eines Begriffes solcher Erkenntnis noch durch ein anderes Erkenntnisverfahren. Die Präzisierung eines Erkenntnisbegriffes setzt eine Auswahl unter dem, was als Erkenntnis vorliegt, voraus und besteht in der Aufstellung einer Definition dessen, was als Erkenntnis gelten soll. Es ist die Festsetzung einer *Norm* für Erkenntnis. (Kraft, 1960, 34)

Eine Präzisierung des Erkenntnisbegriffes wird also immer eine konventionelle Komponente enthalten. In der Erkenntnistheorie erscheint es deshalb sinnvoll, ihn als Grundbegriff einzuführen. (Zum Problem der Grundbegriffe vgl. S. 26.) Trotzdem wollen wir eine vorläufige und unvollständige Charakterisierung der Erkenntnis geben. Aber erst durch das im folgenden Kapitel (und in F) umrissene erkenntnistheoretische Schema wird ihre Bedeutung schärfer hervortreten.

a) Erkenntnis bezeichnet sowohl ein Geschehen (einen Prozeß, das Erkennen) als auch ein Ergebnis (das Wissen). Der Erkenntnis-*Prozeß* spielt sich zwischen einem erkennenden Subjekt und einem zu erkennenden Objekt ab. Die Strukturen der Erkenntnis können deshalb sowohl durch das Objekt als auch durch das Subjekt bedingt sein, also auf Strukturen der Außenwelt oder unseres Erkenntnisapparates beruhen. Das Subjekt kann auch selbst zum Objekt werden; man spricht dann von Selbsterkenntnis.

Auch der Begriff der Erkenntnis als *Wissen* ist noch zweideutig: Es gibt die Einzelerkenntnis, zu der sich der Plural „Erkenntnisse" bilden läßt, und „Erkenntnis" als abstrakten Begriff wie in „die menschliche Erkenntnis", wozu es keinen Plural gibt.

b) Wir unterscheiden drei Arten von Erkenntnis: Wahrnehmungs-, vorwissenschaftliche und wissenschaftliche Erkenntnis.[27]

α) Die Mannigfaltigkeit der Empfindungen (z. B. „ich habe jetzt eine Rotempfindung") stellt noch keine Erkenntnis dar. Sie ist weder hinreichend strukturiert noch intersubjektiv prüfbar. Erkenntnis besteht also nicht in einer passiven Spiegelung der Welt im Bewußtsein, auch nicht im bloßen Erleben, sondern kommt erst durch eine geistige Bearbeitung (Strukturierung) von Erlebnisinhalten zustande. Aber schon *Wahrnehmungen* (z. B. „ich sehe einen roten Würfel") beruhen auf einer Verarbeitung und Synthese solcher Inhalte. Diese Synthesen sind aktive, wenn auch nicht notwendig bewußte, Beiträge des Subjekts.

β) Die vorwissenschaftliche Erfahrung oder „*Alltagserkenntnis*" stützt sich bereits auf einen (meist unkritischen) Gebrauch von sprachlichen Mitteln, Verallgemeinerungen und induktiven Schlüssen (z. B. „dieser Mann ist verheiratet; denn er trägt einen Ring") und übersteigt deshalb die Wahrnehmung. .

γ) Die höchste Stufe ist die *wissenschaftliche Erkenntnis* (z. B. „$E = mc^2$"). Sie beruht auf Beobachtung und Experiment, Abstraktion und Begriffsbildung, „Datenverarbeitung" und logischen Schlüssen, Bildung und Prüfung von Hypothesen. In ihren Theorien geht die Wissenschaft über die Erfahrung weit hinaus.

Die Zusammenhänge lassen sich grob in einem Diagramm darstellen (Abb. 2. Eine Erweiterung dieses Diagramms findet sich auf S. 120).

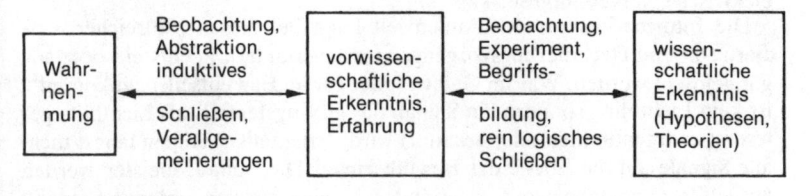

Abb. 2. Die drei Erkenntnisstufen

c) Erkennen ist keine zweigliedrige, sondern eine dreigliedrige Relation zwischen dem Subjekt S, dem Objekt O und dem, als was das Objekt erkannt wird. Es genügt zwar zu sagen, „S sieht O, S empfindet O, S kennt O", aber nicht, „S erkennt O", sondern nur, „S erkennt O *als* A". (Stegmüller, 1969b, 283, 364)

d) Absolute (voraussetzungslose) Erkenntnis gibt es nicht. Alle Erkenntnis ist hypothetisch. Diese relativierende Behauptung gilt nicht nur für wissenschaftliche Erkenntnis, sondern ebenso für die vorwissenschaftliche Erfahrung und die Wahrnehmungserkenntnis. Die Umkehrung gilt nicht: Nicht jede beliebige Hypothese kann als Erkenntnis gelten. Sie muß sich als Erkenntnis ausweisen können; dazu muß sie formulierbar, mitteilbar und überprüfbar sein.

e) Erkenntnis ist zwar nicht an Sprache gebunden; aber wenn sie sich als solche ausweisen, also mitgeteilt und intersubjektiv überprüft werden soll, muß sie sprachlich (nicht notwendig wortsprachlich!) formuliert werden. Die Sprache gewinnt damit eine überragende Rolle für die Erkenntnis, insbesondere für die wissenschaftliche Erkenntnis. Auf diese Rolle werden wir in G zurückkommen.

f) Bei der Analyse des Erkenntnisprozesses nehmen wir eine provisorische Zweiteilung der Welt in eine zu erkennende Wirklichkeit und ein erkennendes Bewußtsein vor. Da auch Empfindungen, Wahrnehmungen und andere Bewußtseinserscheinungen zu Objekten der Forschung gemacht werden können, ist diese Grenzziehung nur ein heuristisches Mittel: Letzten Endes gehören Sinnesorgane, Zentralnervensystem und Gehirn mit allen ihren Zuständen ebenso zur Wirklichkeit wie die Welt „da draußen". Deshalb ist auch der Vorwurf der Weltverdopplung, der dem erkenntnistheoretischen Realismus zuweilen gemacht wird, unberechtigt.

Wie kommt nun Erkenntnis über die Wirklichkeit zustande?
Nach dem Wechselwirkungspostulat (S. 31) werden alle unsere Sinnesorgane fortwährend mit Signalen der Außenwelt überflutet. Nur wenige dieser Signale werden sinnesspezifisch verarbeitet (vgl. S. 17f.). Die dabei übertragene Information wird mehrfach neu codiert; z. B. kann die Information eines Lichtblitzes, also eines räumlich und zeitlich begrenzten optischen Signals, „übersetzt" werden in Potentialdifferenzen, Ionenverschiebungen, Aktionsströme, chemische Reaktionen, Membranpolarisationen, elektrische Nervenimpulse usw.

Die Information aus der Außenwelt kann bei diesen zahlreichen Codierungs- und Decodierungsvorgängen stark verändert, ja entstellt oder sogar gelöscht werden. Was im Gehirn (oder gar im Bewußtsein) „ankommt", ist kein Lichtblitz, sondern ein Signal, das günstigstenfalls als Lichtblitz gelesen (wahrgenommen oder erkannt) wird. Jedenfalls gelangen längst nicht alle Signale auf die Ebene des Bewußtseins.[28] Die weitaus meisten werden ausgefiltert, manche werden verändert, einige werden „hinzuerfunden" (vgl. das Zitat von F. Bacon auf S. 5).

Anhand dieser Daten nimmt unser Erkenntnisapparat eine Konstruktion oder besser eine hypothetische Rekonstruktion der realen Welt vor. Diese Rekonstruktion erfolgt in der Wahrnehmung im wesentlichen unbewußt, in der Wissenschaft ganz bewußt. Beim Entstehen von Erfahrung und von wissenschaftlicher Erkenntnis sind logische Schlüsse beteiligt; Helmholtz glaubte deshalb, auch die Datenverarbeitung in der Wahrnehmung bestünde in (unbewußten) Schlüssen. Diese Bezeichnung ist zwar suggestiv und insofern berechtigt, als die geistige Verarbeitung der Signale aus den Sinnesorganen nach festen Prinzipien erfolgt, sie verschleiert aber doch den *hypothetischen Charakter der Wahrnehmungserkenntnis*. Auch in der Wahrnehmung werden Hypothesen über die Außenwelt aufgestellt, die mit deren tatsächlichen Strukturen in einer mehr oder weniger guten Entsprechung stehen können.

Wie gut ist diese Entsprechung? Liefern Wahrnehmung, Erfahrung und Wissenschaft getreue Abbilder der Wirklichkeit, besteht nur eine partielle Isomorphie (Strukturgleichheit), oder haben die Strukturen unseres „Weltbildes" etwa gar nichts mehr mit der Wirklichkeit gemeinsam?

Bevor man eine begründete Antwort auf diese Fragen geben kann, muß geklärt sein, in welcher Form das erkennende Subjekt überhaupt zur Erkenntnis beiträgt. Dieser subjektive Beitrag kann perspektiv[29], selektiv und konstruktiv sein. Er ist

perspektiv, wenn Standort, Bewegungs- oder Bewußtseinszustand des Subjekts in die Erkenntnis eingehen. (Beispiel: Parallele Eisenbahnschienen scheinen in der Ferne zu konvergieren.)

selektiv, wenn er nur eine Auswahl aus objektiv vorhandenen Möglichkeiten zur Erkenntnis zuläßt. (Beispiel: Sichtbares Licht bildet nur einen kleinen Ausschnitt aus dem elektromagnetischen Spektrum.)

konstruktiv, wenn er die Erkenntnis positiv mitbestimmt oder überhaupt erst ermöglicht (Beispiel: Die durch ihre Wellenlängen nur quantitativ unterscheidbaren Teile des sichtbaren Spektrums werden in der Wahrnehmung zu qualitativ verschiedenen Farben.)

Diese Möglichkeiten schließen einander natürlich nicht aus, sondern sie können alle zugleich vorliegen.

Zur *Perspektive* im hier angedeuteten Sinne tragen zunächst einmal die geometrisch-physikalischen Bedingungen des erkennenden Subjekts bei. Beispiele für solche standortvarianten Erscheinungen sind die Lage des Horizontes, der Ausschnitt des sichtbaren Sternhimmels, der Fußpunkt des Regenbogens, Effekte der Relativgeschwindigkeit auf Gleichzeitigkeit, räumliche und zeitliche Abstände (spezielle Relativitätstheorie) u. a. Aber auch die physiologischen Randbedingungen, denen wir unterliegen, beeinflussen die Struktur unserer Wahrnehmung. Farbenblinden erscheint die Welt nur in verschiedenen Graustufen; nicht jeder empfindet unter objektiv gleichen Bedingungen denselben Schmerz. Auch Aufmerksamkeit oder Drogen können Form und Inhalt der Wahrnehmung „perspektiv" (und selektiv) beeinflussen, ebenso frühere Erfahrungen, ästhetische Erziehung, Erwartung, emotionale und kulturelle Faktoren.

So wird die Art und Weise, in der wir Größe und Aussehen anderer Leute wahrnehmen, stark durch unsere persönliche Beziehung zu ihnen beeinflußt. Ähnlich gehen in der bildenden Kunst die Auffassungen über das, was „realistisch" heißen soll, auseinander: Europäern gilt eine photographisch getreue Abbildung als realistisch, japanischen oder chinesischen Zeichnern dagegen eine Darstellung ohne Perspektive und ohne Schatten. Auch Impressionismus und Expressionismus könnte man unter einen solchen Gegensatz subsumieren. Umgekehrt beeinflußt natürlich die Kunst unsere Art, die Welt zu sehen.[30]

Auf die *selektive Rolle* unseres Erkenntnisapparates hat Uexküll in seiner Umweltlehre deutlich und überzeugend hingewiesen.[31] Nach ihm filtert (selegiert, schneidet) jeder Organismus aus der realen Welt ein Stück heraus, das ihm zur „Umwelt" wird. Für das einzellige Pantoffeltierchen z. B. gibt es nur eine einzige Reaktion, mit der es auf alle möglichen Stimuli (chemische, thermische, Licht- oder Berührungsreize) antwortet, nämlich die Flucht. Räume, Gegenstände, Tiere existieren gar nicht für dieses Wesen (vgl. aber S. 119). Für die Seegurke macht es keinen Unterschied, ob eine Wolke, ein Schiff oder ein wirklicher Freßfeind die Sonne verdunkelt. Sie zieht sich bei jeder Verdunklung zusammen. So mag die Umgebung der Seegurke zwar recht vielfältig sein; ihre „Umwelt" enthält nur ein Merkmal; das Dunklerwerden.

> Das Froschauge meldet nur Veränderungen der Beleuchtung und bewegte und, gleichzeitig gekrümmte Objektgrenzen. Alles andere wird übersehen und erreicht niemals das Gehirn. Die Sehwelt des Frosches ist daher auf einige bewegte Objekte beschränkt. (Gregory, 1972, 94)

Die Umwelt des Hundes ist vor allem eine Riechwelt, die der Fledermaus eine Hörwelt, die des Menschen eine Sehwelt usw.

Die Meinungen über das Gewicht des subjektiven Beitrages überhaupt und über die *konstruktive* und selektive Funktion der subjektiven Erkenntnisstrukturen gehen weit auseinander. So setzt der Rationalismus den subjektiven Beitrag sehr hoch an. Da für ihn erfahrungsunabhängige Erkenntnisse möglich sind, müssen deren Strukturen subjektbedingt sein. Für die Transzendentalphilosophie steuert die Außenwelt (das Ding an sich) sogar nur den Inhalt der Erfahrung bei, während ihre Form allein dem Subjekt zu verdanken ist. Nach Kant (1781, A 20) „ist uns zwar die Materie aller Erscheinung nur a posteriori gegeben, die Form derselben aber muß zu ihnen insgesamt a priori im Gemüte bereitliegen". Die Strukturen der Erkenntnis sind danach nicht nur unabhängig von aller Erfahrung (a priori), sondern sie machen Erfahrung überhaupt erst möglich, sie sind Bedingungen der Möglichkeit von Erfahrung, also erfahrungskonstitutiv.

Andererseits gesteht der strenge Empirismus dem Subjekt höchstens eine „perspektive" Funktion zu; ein gemäßigter Empirist wird ihm auch eine beschränkte selektive Rolle zuerkennen. Im übrigen sind jedoch auch für ihn die Strukturen der Erkenntnis allein durch die Außenwelt bestimmt. Erfahrungsunabhängige Aussagen sind weder selbstevident noch angeboren, sondern tautologisch, also leer.

Aus der Kritik, die Rationalismus und Empirismus als philosophische Richtungen aneinander üben, ließe sich viel lernen. Aber auch die Einzelwisssenschaften (vor allem Logik, Physiologie, Verhaltensforschung, Wahrnehmungspsychologie, Sprachwissenschaft) und die Wissenschaftstheorie haben in der Frage der Erkenntnisstrukturen neue Einsichten gebracht. Im folgenden Kapitel stellen wir exemplarisch einige Tatsachen zusammen, die auf eine selektiv-konstitutive Komponente in den Wahrnehmungs- und Erkenntnisstrukturen verweisen. Dabei beschränken wir uns auf Farb-, Raum- und Gestaltwahrnehmung, und zwar aus mehreren Gründen:

a) Wahrnehmung bildet neben Erfahrung und logischem Denken einen grundlegenden Anteil der Erkenntnis überhaupt und enthält schon alle typischen Merkmale der Erkenntnis: Sie ist selektiv, erkenntniskonstitutiv und hypothetisch. Der Aufbau der Wahrnehmungserkenntnis erfolgt allerdings im wesentlichen unbewußt; sie kann deshalb durch wissenschaftliche Erkenntnis zwar abgelöst (ersetzt), aber nur bedingt korrigiert werden.

b) Über Strukturen, Leistung und Grenzen der Wahrnehmung ist eine intersubjektive Verständigung eher möglich als über allgemeinere oder höhere Leistungen wie Abstraktion, deduktives oder gar induktives Schließen. (Deshalb sind die Beispiele zu „perspektiv, selektiv, konstruktiv" auf S. 43 der Wahrnehmung entnommen.)

c) Die Wahrnehmung liefert nicht nur schon Erkenntnisse über die Welt, sondern steht auch mit den höchsten Leistungen des Gehirns in engstem Zusammenhang, so die Raumwahrnehmung mit dem Denken als einem „Hantieren im Vorstellungsraum", die Gestaltwahrnehmung mit Abstraktion und Begriffsbildung usw. (S. 104f.).

d) Für die genannten Wahrnehmungsformen lassen sich neurophysiologische Korrelate (Farbrezeptoren S. 49, Richtungsneuronen S. 88f.) nachweisen. Solche Entsprechungen sind auch schon bei Kindern auf ihre ontogenetische Entwicklung und damit auf ihr „Angeborensein" untersucht worden (S. 93f.). Schließlich gibt es auch über ihren biologischen Ursprung einige plausible Hypothesen (S. 104ff.).

Wahrnehmungsstrukturen

a) Farbwahrnehmung

Wie schon aus den Beispielen auf S. 43 hervorgeht, ist die Farbwahrnehmung ein Musterbeispiel für die selektive und konstruktive Funktion unseres Wahrnehmungsapparates. Vor allem zeigt die Anordnung der Farben im (physikalischen) Spektrum und im (psychologischen) Farbenkreis, daß die Wahrnehmungsstrukturen erheblich von den realen Strukturen abweichen können.

Physikalisch ist das für uns sichtbare Licht nur ein relativ kleiner Ausschnitt aus dem weiten elektromagnetischen Spektrum, das von den kurzwelligen und energiereichen γ-Strahlen bis zu den langen Radiowellen reicht (vgl. Abb. 3). Das Auge ist nur für Wellenlängen von 380 bis 760 nm empfindlich. Für die Farbwahrnehmung ist sogar nur der Bereich zwischen 400 (violett) und 700 nm (rot) maßgebend. An das violette Ende schließen sich Ultraviolett- und Röntgenstrahlen an, die vom menschlichen Auge nicht wahrgenommen werden, aber doch z. T. sehr deutlich spürbare Wirkungen zeigen: Sonnenbrand, Schneeblindheit, Verbrennungen oder Mutationen. Das rote Ende geht über in Infrarot-Strahlung (für die der Wärmesinn der Haut noch empfindlich ist), Mikrowellen usw.

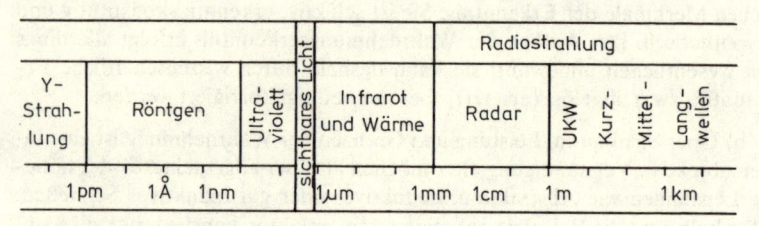

γ-Strahlung	Röntgen	Ultra-violett	sichtbares Licht	Infrarot und Wärme	Radiostrahlung			
					Radar	UKW	Kurz-	Mittel-	Lang-wellen
1 pm	1 Å	1 nm		1 μm	1 mm	1 cm	1 m	1 km

Abb. 3. Das elektromagnetische Spektrum

Unsere Farbwahrnehmung ist also sehr „wählerisch". Sie filtert aus den Signalen der Außenwelt ganz bestimmte Informationen heraus. Wir haben sozusagen nur ein schmales „Fenster" zur Welt. Genauso haben wir ein „akustisches Fenster" zwischen 16 und 16000 Hertz (Schwingungen pro Sekunde), ein Geschmacksfenster, ein Riechfenster usw. Verglichen mit den zehn Oktaven, die unser akustisches Fenster umfaßt, und mit dem breiten Angebot an elektromagnetischen Wellen, aus dem wir weniger als eine Oktave herauslesen, sind wir „fast blind".

Wie zum Ausgleich dafür ist im sichtbaren Bereich die Empfindlichkeit recht hoch (sogar nahezu optimal, vgl. S. 100). Sie ist allerdings nicht für alle Wellenlängen gleich, sondern sie zeigt für bestimmte Wellenlängen Maxima.

Nun sehen wir aber keine Wellenlängen, sondern Farben. Damit kommen wir zur konstruktiven Leistung der Farbwahrnehmung. Verschiedene Wellenlängen unterscheiden wir, weil sie verschiedene Farbeindrücke auslösen. Allerdings müssen sie sich um einen gewissen Minimalbetrag unterscheiden, damit wir sie „auflösen", d. h. als verschiedene Farben sehen können. Unter optimalen Bedingungen unterscheiden wir etwa 160 verschiedene *Farbtöne*. (Treten noch Helligkeit und Sättigung als Parameter hinzu, so unterscheiden wir bis zu 10000 Farb*nuancen*). Auch diese Farbunterscheidung, das „Auflösungsvermögen" des Auges, ist nicht über das ganze Spektrum konstant, sondern am größten bei Gelb und Blaugrün.

Nun wurde schon früh bemerkt, daß sich die Spektralfarben zusammen mit dem Purpur nach ihrem Empfindungswert zu einer geschlossenen Figur anordnen lassen (Abb. 4). In diesem *Farbenkreis* liegen Farbtöne, die sich gut unterscheiden lassen, weiter voneinander entfernt als empfindungsmäßig benachbarte Farben.

Farben, die wie Rot und Grün als polar (sich gegenseitig ausschließend) empfunden werden, liegen einander diametral gegenüber. Da sie, zu etwa gleichen Teilen gemischt, ein farbneutrales Grau ergeben, heißen sie auch „kompensativ" oder – weniger genau – „komplementär". Die Mischung nichtpolarer Farben ergibt einen neuen Farbton, der etwa in der Mitte, je-

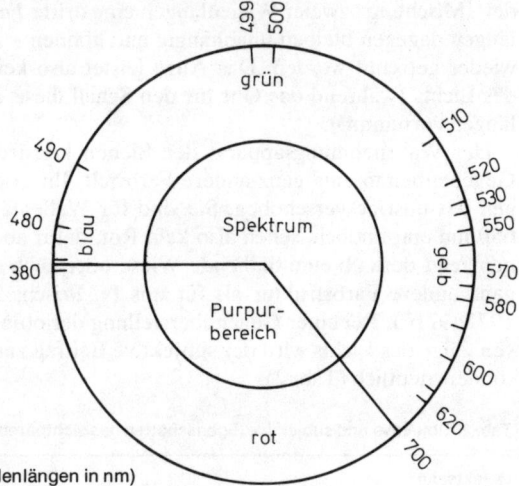

Abb. 4. Der Farbenkreis (Wellenlängen in nm)

denfalls „zwischen" den beiden liegt. Die Reihenfolge der Spektralfarben im Farbenkreis von Violett nach Rot entspricht gerade ihrer Anordnung nach wachsender Wellenlänge.[32]

Die Wahrnehmung von Farben an Körpern (Pigmentfarben, auch Malerfarben) ist jedoch viel komplizierter. Der Eindruck „rot" z. B. kann nämlich nicht nur durch eine bestimmte Wellenlänge, sondern auch durch ein ganzes Gemisch von Wellenlängen erzeugt werden, z. B. durch Sonnenlicht, dem durch ein Filter die grüne Komponente entzogen ist.

Besonders interessant sind in diesem Zusammenhang die Experimente von Land, bei denen schon durch Superposition *zweier* Wellenlängen oder *einer* Wellenlänge mit weißem Licht ein überraschender Farbenreichtum erzeugt wird.[33]

> Farben hängen nicht nur von der Reizung durch Wellenlängen und Intensität ab, sondern auch davon, ob die Muster als dargestellte Gegenstände akzeptiert werden. Das erfordert aber höhere Gehirnprozesse, die äußerst schwierig zu erforschen sind... Es ist klar, daß Lands Arbeit den komplizierten Beitrag des Gehirns zur sensorischen Information bei der Integration von Empfindungen zur Wahrnehmung von Gegenständen hervorhebt. (Gregory, 1972, 125)

An der Farbwahrnehmung läßt sich also nicht nur die selektive, sondern auch die *konstruktive* Leistung der subjektiven Wahrnehmungsstrukturen ablesen: Erstens werden die physikalischen Reize (Wellenlängen) mit ganz neuen Qualitäten (Farben) belegt. Zweitens ist der Farbenkreis – wie der Name sagt – topologisch geschlossen; das Spektrum der Regenbogenfarben ist dagegen linear und zweiseitig offen. Drittens lassen sich zwar die Spektralfarben durch einzelne Wellenlängen erzeugen, nicht aber Weiß und Purpur, die nur durch Farbmischung entstehen. Aber auch alle Regenbogenfarben können durch Farbmischung erhalten werden. Viertens entsteht bei der „Mischung" zweier Wellenlängen eine dritte *Farbe*. Die beiden Wellenlängen dagegen bleiben unabhängig und können – z. B. durch ein Prisma – wieder getrennt werden. Das Auge leistet also keine spektrale Zerlegung des Lichts (während das Ohr für den Schall diese Zerlegung nach Wellenlängen vornimmt!).

Der Wahrnehmungsapparat der Bienen konstruiert aus den sinnlichen Gegebenheiten eine ganz andere Farbwelt. Ihr „optisches Fenster" ist gegen das unsrige verschoben. Sie sind für Wellenlängen zwischen 300 und 650 nm empfindlich, sehen also kein Rot, dafür aber Ultraviolett. Für Bienen zeigt deshalb eine blühende Wiese oder auch eine einzelne Blüte eine ganz andere Farbstruktur als für uns (v. Frisch, 1969, 62ff.; Burkhardt, 1972, 92ff.). Bei einer Gegenüberstellung der objektiven und der subjektiven Züge des Lichts wird der subjektive Beitrag zur Farbwahrnehmung besonders deutlich (Tab. 2).

Tab. 2. Objektive und subjektive Eigenschaften des sichtbaren Lichts

Objektseite	≙	Subjektseite
elektromagnetische Wellen (Photonen)		Wahrnehmungsapparat für Licht
verschiedene Wellenlängen		verschiedene Farben
Superposition verschiedener Wellenlängen		Mischfarben, aber auch psychologisch reine Farben!
gewöhnliches Sonnenlicht (viele Wellenlängen, also zusammengesetzt)		farbneutral (farblos, also einfach)
spektrale Zusammensetzung		————
Lichtintensität		Helligkeit (nach dem Weber-Fechnerschen Gesetz)
Polarisation		————
Reihenfolge der Spektralfarben		Reihenfolge im Farbenkreis
Anordnung linear, offen		Farbenkreis geschlossen
————		Farbenpolarität (z. B. rot % grün)
kontinuierlich		diskontinuierlich

Dieser Vergleich zeigt deutlich, warum man bei der Untersuchung der Farbwahrnehmung zwischen physikalischen und psychologischen Fragestellungen streng unterscheiden muß. Er erklärt, warum ein Blinder sich niemals vorstellen kann, was „Farbe" ist, auch wenn er sehr gut verstehen lernt, was elektromagnetische Wellen sind. Auch die ungerechtfertigte Polemik von Goethes Farbenlehre gegen Newton ist z. T. auf die Vernachlässigung dieser Trennung zurückzuführen. Newton hat – wie nach ihm Huygens, Fresnel, Maxwell, Einstein – die *physikalische* Natur des Lichtes untersucht; Goethe, Ostwald, Hering haben vor allem Hypothesen über die *psychologische* Seite der Farbwahrnehmung aufgestellt.[34]

Die *physiologische* Erforschung des Farbensehens schließlich war – nach Theorien von Young, Helmholtz, Ostwald und ersten Experimenten von Studnitz – erst in den letzten Jahrzehnten erfolgreich. Viele psychologische Befunde des Farbensehens und seiner Anomalien (z. B. Rot-Grün-Blindheit) lassen sich durch die Struktur der Netzhaut gut erklären.

Danach enthält die Retina neben den schwarz-weiß-empfindlichen Stäbchen drei Arten von *Zäpfchen,* die in verschiedenen Bereichen des sichtbaren Spektrums über photochemische Prozesse Licht absorbieren. Entsprechend der spektralen Zusammensetzung des jeweils auftreffenden Lichts werden diese Rezeptoren verschieden gereizt; ihr Erregungszustand führt zu Nervenimpulsen, die den Sehnerv entlang ins Sehzentrum wandern. Bereits in der Retina, aber auch unterwegs und vor allem im Gehirn werden diese Signale einer Datenverarbeitung unterzogen, deren mögliche Struktur wir erst jetzt durch kybernetische Methoden zu begreifen beginnen.

b) Raumwahrnehmung

Wir glauben, in einem dreidimensionalen Raum zu leben. Zur Orientierung dienen uns vor allem Gesicht, Gehör und Tastsinn. Jeder dieser Sinne kann zum Aufbau eines zentralen Raummodells dienen. Die Psychologie unterscheidet deshalb Sehraum, Hörraum, Tastraum u. a. Alle diese Räume sind wieder dreidimensional und scheinen zu einem einheitlichen Vorstellungsraum zu verschmelzen. Im folgenden beschäftigen wir uns mit dem Aufbau des Sehraums.

Das Bild eines dreidimensionalen Gegenstandes auf der Netzhaut ist nur zweidimensional. Daraus läßt sich direkt nur die Richtung, nicht jedoch die Entfernung von Objekten, erschließen. Trotzdem sehen wir die Dinge dreidimensional, „plastisch". Unser Wahrnehmungssystem muß diese dreidimensionale Welt aus einer im wesentlichen zweidimensionalen Information aufbauen. Diese Rekonstruktion dreidimensionaler Gegenstände in der Wahrnehmung ist eine Leistung der zentralnervösen Datenverarbeitung, ein konstruktiver Beitrag des Subjekts zur Raumwahrnehmung. Sie bedient sich dabei gewisser Tiefenkriterien, nach denen Entfernung und räumliche Anordnung der Gegenstände erschlossen werden. Solche Kriterien sind (Lorenz, 1943, 345):

Konvergenz: der Winkel zwischen den Sehachsen der beiden auf denselben Zielpunkt gerichteten Augen;
Querdisparation: geringe Verschiedenheit der Netzhautbilder, da jedes aus einer etwas anderen Raumrichtung aufgenommen ist;
Parallaxe: Scheinbewegung verschieden weit entfernter Gegenstände zueinander bei seitlicher Augenbewegung;
Größer- und Kleinerwerden des Netzhautbildes bei Annäherung und Entfernung;
Akkommodation: verschieden starke Kontraktion des Ziliarmuskels beim „Scharfeinstellen" auf nahe oder weite Ziele;
Bildgröße: ein bekannter großer Gegenstand, der klein erscheint, muß weit weg sein;

Perspektive und Überschneidung von Konturen;
Bildschärfe und *Strukturdichte;*
Helligkeit und *Farbton;*
Schattenbildung bei seitlicher Beleuchtung.

Diese Kriterien haben nicht alle gleiches Gewicht. Am wichtigsten ist das stereoskopische Sehen durch Konvergenz und Querdisparation. Doch ruft jedes der Kriterien auch bei isolierter Einwirkung eine Tiefenwahrnehmung hervor (Lorenz, 1943, 346 f.). Nur die beiden ersten beruhen auf der Zweiäugigkeit, und sie sind auch nur bei relativ nahen Objekten verwertbar. „Für Entfernungen von mehr als 6 m sind wir effektiv einäugig" (Gregory, 1972, 53). Es ist also nicht wahr, daß dreidimensionales Sehen mit einem Auge nicht möglich sei. Auch dem Maler stehen nur die monokularen Entfernungsmerkmale zur Verfügung.

> Die binokularen Schlüssel durch Konvergenz und Disparation sind ihm ebenso wie die Bewegungsparallaxe verwehrt. Diese Merkmale würden gegen ihn arbeiten. Gemälde besitzen daher gewöhnlich bei monokularer Betrachtung und still gehaltenem Kopf eine zwingendere Räumlichkeit. (Gregory, 1972, 169)

So kommt uns die Fähigkeit des Gehirns, das zweidimensionale Netzhautbild dreidimensional zu interpretieren, vor allem in der darstellenden Kunst zugute. Daß wir die Figur in Abb. 5 als das Bild eines Würfels interpretieren und nicht als zwei in der Papierebene gegeneinander verschobene Quadrate, ist dieser Fähigkeit zu verdanken. Als Tiefenkriterium dienen hier die verkürzten, schrägen Linien.

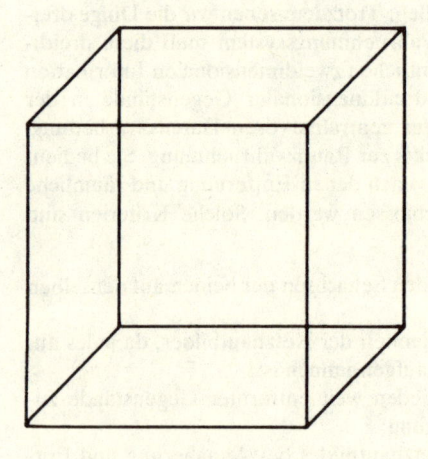

Abb. 5. Der Neckerwürfel

Zu einer *Fehlleistung* führt diese Fähigkeit bei dem Dreieck in Abb. 6, das zu den unmöglichen Figuren gehört. Man kann sie zwar zeichnen, aber sie können nicht als räumliche Gegenstände existieren und auch nicht als solche gesehen werden.[35] Hier werden dem Auge unvereinbare Informationen aus der dritten Dimension übermittelt, für die es keine eindeutige Interpretation gibt. Hält man eine Kante (oder auch nur eine Ecke) zu, so gibt es keine Schwierigkeiten. *Wie* das menschliche Gehirn die Bildvarianten in Tiefe

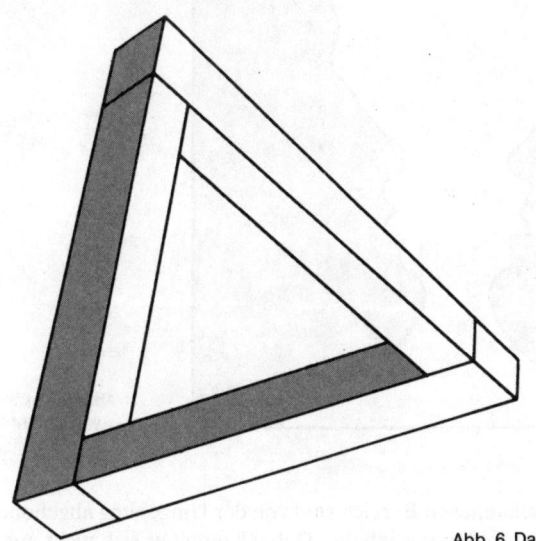

Abb. 6. Das unmögliche Dreieck

umsetzt, ist allerdings unbekannt. Es geschieht jedenfalls ohne bewußtes Zutun. Jedoch spielt die Erfahrung dabei zweifellos eine wichtige Rolle. Dafür spricht z. B., daß manche nicht-westlichen Völker nur wenig oder gar nichts mit Zeichnungen oder Photographien von vertrauten Objekten anfangen können.

> Menschen, die in einer besonders ausgeprägten aperspektivischen Welt leben, sind die Zulus. Ihre Welt wurde als eine „Kreis-Kultur" beschrieben – ihre Hütten sind rund und haben runde Türen; sie pflügen ihr Land nicht in geraden Furchen, sondern in Kurven, und wenige ihrer Besitzungen haben Ecken oder gerade Begrenzungen.
> (Gregory, 1972, 162)

Obwohl sie ihre Welt dreidimensional sehen, haben sie nicht gelernt, die perspektivischen Merkmale der *Darstellung* als Tiefenkriterien zu benutzen. Sie unterliegen deshalb auch weniger den perspektivischen Täuschungen.

c) Gestaltwahrnehmung

> Vielleicht das erstaunlichste Merkmal menschlicher Wahrnehmung ist ihre Neigung, Ganzheiten und Muster zu bilden, indem sie unvollständige Konturen ergänzt, verschiedenartige Schlüsselreize integriert und ganz allgemein die Beiträge verschiedener Stimuli so bewertet, als ob sie eine „gute Gestalt" erreichen wollte.
> (Shimony, 1971, 579)

Abb. 7. Pokal oder zwei Gesichter?

Gestalten im anschaulichen Bereich sind von der Umgebung abgehobene, transponierbare Wahrnehmungsinhalte. Dabei handelt es sich nicht nur um räumliche Muster, sondern auch um zeitliche (z. B. musikalisches Motiv), raumzeitliche (z. B. Bewegung) oder abstrakte (z. B. informationelle) Strukturen, die als Einheit wahrgenommen werden, obwohl sie sich bei genauer Analyse als zusammengesetzt erweisen. Die Fähigkeit, im räumlichen und zeitlichen Vielerlei der Eindrücke übergeordnete und einheitliche Strukturen zu erkennen, nennt man Gestaltwahrnehmung. Informationstheoretisch gesehen, entspricht sie dem Verzicht auf subjektiv redundante Information, also der Bildung von „Superzeichen" (Frank, 1970, 31, 254).

Läßt man im Dunkeln ein Rad rollen (nicht nur drehen), auf dessen Umfang leuchtende Punkte befestigt sind, so beschreibt jeder dieser Punkte (objektiv) eine Zykloide. Bei ein bis vier Punkten sieht man diese Zykloide tatsächlich, bei sechs Punkten ist das nicht mehr möglich; man sieht dann einen rollenden Kreis. Die leuchtenden Punkte sind also zu einer Gestalt verschmolzen. Wenn die Achse beleuchtet ist, scheint sich sogar ein einziger Punkt auf einem Kreis zu bewegen.[36]

Bekannte Beispiele räumlicher Gestaltwahrnehmung sind die doppeldeutigen Figuren, deren einfachste der „Necker-Würfel" (Abb. 5) ist. Die Zeichnung verrät dabei nicht, welches der Quadrate die vordere bzw. die hintere Wand des Würfels bilden soll. Damit die Darstellung eindeutig würde, müßten die Gesetze der Perspektive oder andere Kriterien berücksichtigt sein. Das Umschalten kann sogar bewußt erfolgen, doch immer entscheidet sich unser Wahrnehmungsapparat für *eine* Interpretation, und zwar für eine räumliche.

Ähnlich doppeldeutig ist zuweilen die Figur-Hintergrund-Beziehung wie in Abb. 7, die entweder einen Pokal oder zwei Gesichter zeigt; oder die Drehrichtung eines Schattenbildes. Auch hier zieht unsere unbewußte Reizverarbeitung der Zweideutigkeit eine Entscheidung vor, die wenigstens zu 50% richtig ist. Man spricht von einer „Prägnanztendenz", die eine konstruktive Komponente der Gestaltwahrnehmung ist und meist sinnvoll ergänzende, mitunter aber auch verfälschende Funktion hat.[37]

Die konstruktive Leistung der Gestaltwahrnehmung zeigt sich vor allem bei Gestalten, die „in Wirklichkeit" gar nicht da sind. Selbst dort, wo vordergründig keine Ordnung zu erkennen ist, in Felsenmeeren oder Tintenklecksen, erfindet unsere Einbildungskraft Strukturen: Wir entdecken einen Mann im Mond und Gesichter im Feuer. Sehr lange glaubte man, auf dem Mars riesige Kanäle zu erkennen (Schiaparelli), woraus man auf die Existenz intelligenter Marswesen schloß. Erst bei den modernsten Beobachtungsinstrumenten lösen sich die Kanäle in unregelmäßige Strukturen auf.

Bekannt ist auch die Bewegungsillusion, die Film, Fernsehen oder Leuchtreklame erzeugen. Diese konstruktive Leistung der Wahrnehmung können wir auch wider besseres Wissen nicht ausschalten.

Die Gestaltwahrnehmung kann durch Information über die wahrzunehmende Gestalt und durch Training beeinflußt werden. Wir finden einen auf dem Boden verlorenen Gegenstand schneller, wenn wir wissen, wie er aussieht, also seine Form und Farbe mit einem höheren „Erwartungswert" belegen. „Cocktailparty-Effekt" nennt man die Tatsache, daß wir aus einer Geräuschkulisse eine bestimmte Stimme oder aus einem Konzert ein spezielles Instrument „heraushören" können. Auch die Musikwahrnehmung besteht ja nicht im Hören einer bloßen Tonfolge, sondern wir verbinden mehrere oder alle Töne des Stückes zu Akkorden, Rhythmen, Melodien, Motiven und Themen, die wir als ganze wiedererkennen.

> Angenommen, ein präpariertes Gewebe wird unter dem Mikroskop studiert . . . Wo für den Laien nur ein Chaos von Formen und Farben ist, sieht der Histologe Zellen mit ihren verschiedenen Komponenten, verschiedene Gewebe und Zeichen bösartigen Wachstums. Sogar das hängt noch von seinem Interesse und seiner Ausbildung ab. (v. Bertalanffy, 1955, 253)

Auf solche und andere empirische Fakten haben die Gestaltpsychologen schon früh hingewiesen (Ehrenfels, Koffka, W. Köhler, Wertheimer, Lewin). Als wesentliche Merkmale der Gestalt betrachten sie ihre Übersummativität (das Ganze ist mehr als die Summe seiner Teile) und ihre Transponierbarkeit (die Gestalt bleibt auch in transponierter Form erkennbar). Darüber hinaus haben sie auch Deutungen und Erklärungen für die Gestaltwahrnehmung gegeben (Intentionalität, Primat der Ganzheit, Gestaltgesetze, phänomenales Feld), auf die wir hier nicht eingehen.

Die Fähigkeit der Gestaltwahrnehmung, mehr oder weniger komplexe Strukturen aus dem Ereignisstrom herauszulesen oder selbständig zu bilden, kommt uns nicht nur in der Alltagserfahrung, sondern auch in der Wissenschaft zugute. Auf die Rolle der „Gestaltwahrnehmung als Quelle wissenschaftlicher Erkenntnis" hat in neuerer Zeit vor allem Konrad Lorenz hingewiesen:

Ich komme zu dem Schlusse, daß die Wahrnehmung komplexer Gestalten eine völlig unentbehrliche Teilfunktion im Systemganzen aller Leistungen ist, aus deren Zusammenspiel sich unser stets unvollkommenes Bild der außersubjektiven Wirklichkeit aufbaut. Sie ist damit eine ebenso legitime Quelle wissenschaftlicher Erkenntnis wie jede andere an diesem System beteiligte Leistung. Sie ist sogar, in jeglicher Reihe von Schritten, die zu einer Erkenntnis führen, der Anfang und das Ende, das Alpha und das Omega, allerdings nur im ganz buchstäblichen Sinne, denn zwischen diesen beiden Lettern liegt das ganze Alphabet der anderen, „apriorischen" Formen unseres Denkens und unserer Anschauung, in dessen Chiffren die Phänomene geschrieben sein müssen, sollen wir imstande sein, sie als Erfahrungen zu lesen. (Lorenz, 1959, 299f.)

Die Eignung der Erkenntnisstrukturen

Unabhängig von den zuletzt zusammengestellten Ergebnissen moderner physiologischer und psychologischer Forschung hat die *Erkenntnistheorie* sich schon immer bemüht, das Verhältnis von Erfahrungswirklichkeit und subjektiver Erkenntnis zu bestimmen. Dabei hat sie sich natürlich nicht auf die Wahrnehmung beschränkt, sondern auch Alltags- und wissenschaftliche Erkenntnis einbezogen. Auch dort hat sie Strukturen der Erkenntnis (z. B. „Kategorien") aufgedeckt, die erkenntniskonstitutiv und zugleich subjektiv sind. Für die meisten Erkenntnistheorien besteht dabei das Hauptproblem notwendig darin zu erklären, warum unsere Erkenntnisstrukturen überhaupt auf die Wirklichkeit passen.

Zwar werden die Begriffe subjektiv und objektiv, Wirklichkeit und Erfahrungswelt, Anschauung und Erkenntnis in verschiedenen Theorien ganz verschieden definiert – man bedenke nur, was objektiv für Kant bedeutet, verglichen z. B. mit der Definition auf S. 31 f. –; aber die Grundfrage läßt sich doch überall formulieren:

Wie kommt es, daß Erkenntnisstrukturen und reale Strukturen (teilweise) übereinstimmen?

Wie schon Kapitel A deutlich machte, sind im Laufe der Philosophiegeschichte grundverschiedene Antworten auf diese Frage gegeben worden. Bei dem Versuch, sie übersichtlich zusammenzufassen, nehmen wir eine Zweiteilung vor, die auf erkenntnistheoretischen Gesichtspunkten beruht (und z. B. in metaphysischer Hinsicht nur bedingt brauchbar wäre).

Die *erkenntnis-monistischen* Positionen beruhen auf folgendem Schluß: Natur und Geist sind letztlich identisch, nämlich Manifestationen eines absoluten Seins; also (?) sind auch Real- und Erkenntniskategorien dieselben (Seinsprinzipien). So lautet z. B. das Argument von Peirce:

Der Mensch ist mit gewissen natürlichen Überzeugungen ausgestattet, die wahr sind, weil gewisse Gleichförmigkeiten im gesamten Universum vorherrschen und der vernünftige Geist selbst ein Produkt dieses Universums ist. Diese selben Gesetze sind somit mit logischer Notwendigkeit in seinem Wesen selbst inkorporiert.

(Zitiert nach Chomsky, 1970, 158)

Die Beantwortung der oben gestellten Frage ist also in diesen Systemen trivial. Solche Stimmen (Spinoza, Fichte, Schelling, Hegel, Peirce, N. Hartmann, Diamat) haben wir deshalb in A auch nicht aufgeführt.

Zu den *erkenntnis-dualistischen* Positionen gehören nicht nur die dualistischen Philosophien, sondern auch solche monistischen Philosophien, die *nicht* aus der prinzipiellen Gleichartigkeit von Natur und Geist auf die Gleichheit der jeweilgen Gesetze (Prinzipien, Kategorien) schließen. Hier steht die Grundfrage in engem Zusammenhang mit der psychophysischen Frage (dem Leib-Seele-Problem), und entsprechend vielgestaltig sind die vorgeschlagenen Lösungen:

Beispiel: Warum ist die Welt (der physikalische Raum) dreidimensional?

a) die occasionalistische (Geulincx, Malebranche):
Gott sorgt für die Übereinstimmung, indem er bei Gelegenheit (occasio) meines Willens meine Hand bewegt oder, wenn ein Vogel vorüberfliegt, in mir die entsprechende Vorstellung weckt.

Jedesmal, wenn ich etwas Dreidimensionales betrachte, weckt Gott in mir eine dreidimensionale Vorstellung.

b) die prästabilierte (Leibniz):
Gott hat von Anbeginn jede der beiden Substanzen (Körper – Geist, Leib – Seele) so geschaffen, daß sie für alle Zeiten in Übereinstimmung bleiben, als ob sie in Wechselwirkung stünden (Uhrengleichnis).

Gegenstände und Anschauung sind immer schon dreidimensional.

c) die empiristische (Locke, Hume):
Die Realkategorien formen und bestimmen die Erkenntniskategorien bei jedem Individuum neu.

Der Anschauungsraum ist dreidimensional, weil es die Welt um uns ist.

d) die aprioristische (Kant, Eddington):
Die Erkenntnisstrukturen (Anschauungsformen und Kategorien) bestimmen die Formen der Erfahrung und damit die Realkategorien.

Die Erfahrungswelt ist dreidimensional, weil unsere apriorische Form der Raumanschauung dreidimensional ist.

e) die transzendental-linguistische (Wittgenstein, Whorf):
Die Struktur der Welt ist mit der Struktur der Sprache identisch. Die Formen der Erfahrung werden durch die Sprache festgelegt.

Die Erfahrungswelt ist dreidimensional, weil die Sprache ihr diese Dreidimensionalität zuschreibt.

f) die konventionalistische (Poincaré):
Mit welchen Gesetzen wir die Welt bzw. unsere Erfahrungen beschreiben, ist eine Frage willkürlicher Vereinbarung.

Die Welt ist dreidimensional, weil wir übereingekommen sind, sie so zu beschreiben.

g) die ökonomistische (Spencer, Mach):
Es gibt keine objektive Wahrheit, sondern nur zweckmäßigste Beschreibungen der Phänomene.

Die Erfahrungswelt wird dreidimensional beschrieben, weil diese Beschreibung die ökonomischste ist.

h) die evolutionistische (Lorenz):
Manche Erkenntniskategorien sind in Anpassung an die Realität entwickelt worden, also phylogenetisch erworben. Für das Individuum, also ontogenetisch, sind sie angeboren.

Die Erfahrungswelt ist dreidimensional, weil unsere Raumanschauung sich phylogenetisch in Anpassung an eine dreidimensionale Welt entwickelt hat.

Die Vielzahl der Stimmen zeigt, daß das angedeutete Problem viele Denker herausgefordert hat. Die Divergenz der Auffassungen beweist aber auch, daß die Lösung nicht trivial ist. Jede solche Position hat natürlich auch Konsequenzen in ihren Aussagen über die Realität und Erkennbarkeit der Welt, über Struktur und Umfang der Erkenntnis, über Charakter und Bedeutung der Wissenschaft. Sie sollte jedenfalls in der Lage sein, folgende Fragen zu beantworten:

Wenn es subjektive Strukturen der Wahrnehmung, der Erfahrung, der Erkenntnis gibt, woher kommen sie, warum sind sie bei allen Menschen gleich, woher wissen wir, daß und warum sie auf die Welt passen? Wie weit geht die Übereinstimmung?

Wenn alle Erkenntnis hypothetisch ist, worauf stützt sich unsere Gewißheit, daß es eine reale Welt gibt, worauf die Zuverlässigkeit wissenschaftlicher Aussagen?

Warum liegt der sichtbare Ausschnitt des Spektrums gerade zwischen 380 und 760 nm? Warum können wir uns vierdimensionale Gebilde nicht vorstellen? Und warum liefert der Wahrnehmungsapparat bei zweideutigen Figuren immer nur *eine* Interpretation?

Betrachtet man die bereits erwähnten und die noch darzustellenden wissenschaftlichen Ergebnisse als „Randbedingungen" (Zusatzforderungen), denen eine moderne Erkenntnistheorie genügen sollte, so scheint auf diese Fragen nur eine *evolutionistische* Antwort vertretbar. Darin werden nicht nur das Organ „menschliches Gehirn", sondern – entsprechend dem Gehirnfunktionspostulat – auch seine Funktionen (Bewußtsein, Denken, Begriffsbildung usw.) als Ergebnisse der phylogenetischen Entwicklung angesehen.

> Wir können unser Wissen über den Apparat, der unser Weltbild aufnimmt und in unser Erleben projiziert, nicht fördern, ohne gleichzeitig unser Wissen über die „gespiegelten" Gegebenheiten der außersubjektiven Wirklichkeit voranzutreiben, mit denen er in realer Wechselwirkung steht. Selbstverständlich ist dieser Satz umkehrbar. Erkenntnistheorie treiben heißt daher für den hypothetischen Realisten, den Weltbild-Apparat des Menschen in seiner Funktion und als organisches System untersuchen.
> (Lorenz, 1954, 258; ähnlich 1973, 12)

Erkenntnistheoretische Fragen werden hier also über naturwissenschaftliche (biologisch-anthropologische) Theorien, vor allem über die Evolutionstheorie, beantwortet. Dazu würde prinzipiell der Nachweis genügen, daß die Evolutionstheorie für solche Fragen relevant ist. Wir werden jedoch – sozusagen induktiv – auch zeigen, daß sich der Entwicklungsgedanke infolge seiner universellen Gültigkeit in der wissenschaftlichen Forschung auch der Erkenntnistheorie geradezu aufdrängt.

C Universelle Evolution

> *Mangel an historischem Sinn ist der Erbfehler aller Philosophen* . . . *Alles aber ist geworden; es gibt keine ewigen Tatsachen: sowie es keine absoluten Wahrheiten gibt.* − *Demnach ist das historische Philosophieren von jetzt ab nötig und mit ihm die Tugend der Bescheidung.*
> (Nietzsche, 1878, § 2)

Es gibt wissenschaftliche Disziplinen, die schon von ihrem Selbstverständnis her die Zeit in ihre Betrachtungen einbeziehen: die *historischen* Wissenschaften. So beschäftigen sich Geschichtsschreibung und Geschichtswissenschaft schon seit über 2000 Jahren mit Ereignissen, die Menschen in ihrer Umwelt oder an sich selbst erlebt haben. Ähnlich beziehen sich Paläontologie, Archäologie oder Etymologie von vornherein auf unwiederholbare Ereignisse und somit auf die Zeit als die Hauptdimension ihrer Forschungen.

Dies ist bei anderen Wissenschaften nicht der Fall. Mathematik, Physik und Chemie, auch Psychologie und Soziologie, suchen ja ihre Sätze gerade so zu formulieren, daß sie überall und jederzeit gelten. Sie finden Gesetze, Naturkonstanten, Invarianzen, Erhaltungssätze. Die biologische Systematik (Linné) sah ihr Ziel in der vollständigen Beschreibung und Einordnung aller auffindbaren Pflanzen und Tiere. Aufgabe eines Grammatikers war es, alle gleichzeitig *(synchron)* geltenden „Regeln" einer Sprache zu sammeln und zu ordnen.

Die Einbeziehung der Zeit in die Fragestellungen dieser Forschungsgebiete erweitert ihren Horizont, ihre Aussagekraft und ihre Kohärenz beachtlich. In der Astronomie sind es Kant und Laplace, in der Geologie Buffon und Lyell, die erste brauchbare Hypothesen über eine Entwicklung des Planetensystems bzw. der Erde machen. In der Biologie führt der Entwicklungsgedanke durch Lamarck und Darwin zur Evolutionstheorie. Die Entdeckung der Lautgesetze (eigentlich Lautwandelgesetze, Rask 1818, J. Grimm 1822) und die historisch-vergleichende Methode (Bopp 1816 u. a.) eröffnen der Sprachwissenschaft mit der *diachronischen* Betrachtungsweise eine neue Dimension.

Der Entwicklungsgedanke führt meist zu ganz neuen Betrachtungsweisen. Das sei exemplarisch am Begriff der *Verwandtschaft* gezeigt. Für Linnés „Systema Naturae" waren wegen der angenommenen Konstanz der Arten die Prädikate „ähnlich" und „verwandt" (extensional) gleichwertig. Heute werden sie streng unterschieden: Verwandte Tiere haben tatsächlich gemeinsame Vorfahren. Ähnliche Tiere brauchen nicht verwandt, verwandte nicht ähnlich sein. Ebenso unterscheidet man bei Körperbau und Verhalten analoge und homologe Merkmale. Analoge Strukturen haben sich zufällig oder in Anpassung an eine objektive Wirklichkeit konvergent entwickelt (z. B. Augen, S. 37); homologe Strukturen lassen sich dagegen auf einen gemeinsamen stammesgeschichtlichen Ursprung zurückführen, sind also verwandt (z. B. Flosse, Flügel, Vorderlauf, Oberarm). Diese Unterscheidung gilt auch für Kulturelemente wie Schriften, Symbole und Riten. Auch Sprachen sind nicht nur ähnlich, sondern verwandt im genealogischen Sinne – sie besitzen sogar ganze „Stammbäume", verzweigen sich und sterben aus.

Man kann die Phasen, die viele Wissenschaften durchlaufen, in Analogie zur Physik statisch, kinematisch, dynamisch nennen. Die Statik untersucht die Gesetze, die für das ruhende System gelten, die Kinematik sein zeitabhängiges Verhalten, die Dynamik die Kräfte, die in dem System wirken. Das dynamische ist das letzte und schwierigste Stadium einer Theorie.

So besteht Darwins Leistung entgegen einer verbreiteten Auffassung nicht darin, die Entwicklung der Arten *behauptet* zu haben; das hatten vor ihm schon Empedokles, Buffon, Lamarck, E. Geoffroy Saint-Hilaire und andere getan, und zu Beginn seines Hauptwerkes „Die Entstehung der Arten" zählt Darwin seine Vorgänger in einem „geschichtlichen Überblick über die Entwicklung der Ansichten vom Entstehen der Arten" eigens auf. Was wir Darwin verdanken, ist die Entdeckung der *Ursachen* für die Evolution. Er hat als erster eine brauchbare und im wesentlichen richtige Theorie über die Faktoren der Evolution aufgestellt und sie durch umfangreiches Material belegt. Er hat also die Biologie aus einem statischen in ein dynamisches Stadium übergeführt.

Evolution im Kosmos

Den Übergang aus dem statischen in das kinematische oder gar dynamische Stadium haben viele Wissenschaften erst innerhalb der letzten zwei Jahrhunderte vollzogen. Die *Kosmologie* wird sogar erst in unserem Jahrhundert zu einer Wissenschaft. Richtige Gedanken über den Aufbau der Welt werden zwar schon im Altertum geäußert. So berechnet Erastosthenes (290–215) den Erdumfang, und Aristarch von Samos (310–230) entwirft sogar ein heliozentrisches Weltsystem. Aber es fehlt einfach die Erfahrungsbasis, die ein solches geniales System stützen könnte.

Erst mit Beginn der Neuzeit werden Theorie und Beobachtung durch Kopernikus, Tycho, Kepler, Galilei und Newton zu einem befriedigenden Bild vom Aufbau des Planetensystems vereint. Das Wissen der Astronomen erstreckt sich allmählich auf immer größere Entfernungen, auf weitere Sonnen, Milchstraßen, Spiralnebel, Galaxienhaufen ... Die weitesten, bisher erfaßten Objekte (Quasare) sind nach dem Kriterium der Rotverschiebung mehr als zehn Milliarden Lichtjahre entfernt.

Die Möglichkeit, Theorien über die Welt im Großen zu machen, verdanken wir vor allem Einsteins allgemeiner Relativitätstheorie (1916) und der Entdeckung der Nebelflucht durch Hubble (1924/1929). Seitdem diskutieren nicht nur Philosophen, sondern auch Wissenschaftler über Endlichkeit und Unendlichkeit der Welt, über die Materieverteilung im Raum, über das Alter des Kosmos.[38]

Damit rühren sie aber auch an die *Kosmogonie,* also an Fragen über die Entstehung und die Geschichte der Welt. Wir dürfen heute annehmen, „daß die Grundzüge des Universums, wie wir es kennen, das Ergebnis einer evolutionären Entwicklung sind, die vor einigen Jahrmilliarden begonnen haben muß" (Gamow, 1970, 18). Somit wird auch die Zeit in die Betrachtung einbezogen. Die Kosmogonie ist die kinematische Erweiterung der Kosmologie. Sie betrachtet die Gestalt des Kosmos als eine Funktion der Zeit, während die Kosmologie die Welt nur zu einem einzigen Zeitpunkt beschreibt. Deshalb ist in der Kosmogonie viel Spielraum für Spekulationen. Davon zeugt die eindrucksvolle Vielfalt kosmogonischer Mythen in den verschiedenen Kulturkreisen. Auch die wissenschaftlichen Erklärungsversuche arbeiten mit den verschiedensten Hypothesen. (Zum Beispiel nehmen Dirac, Jordan und Dicke an, daß die Gravitations-„Konstante" zeitabhängig ist und langsam abnimmt.)

Die *Schwierigkeiten* bei solchen Theorien liegen auf der Hand.

Erstens können wir keine Experimente zur Kosmologie machen.

Zweitens haben wir nicht mehrere Welten zum Vergleich, sondern nur eine, unsere Welt.

Drittens ist der Zeitraum, den wir durch unsere Beobachtung erfassen, verschwindend gering, gemessen an den Jahrmilliarden, die das mutmaßliche Alter der Welt ausmachen; wir besitzen vom Kosmos sozusagen nur eine Momentaufnahme.

Allerdings sehen wir jedes astronomische Objekt so, wie es zum Zeitpunkt der Lichtemission beschaffen war, da das Licht wegen seiner endlichen Geschwindigkeit je nach Entfernung eines Sterns oder einer Galaxie verschieden lang braucht, bis es die Erde erreicht. Also zeigt die „Momentaufnahme" jedes Objekt in einem anderen Moment. Auf diese Weise können wir in die Vergangenheit des Universums blicken.

Zwei dieser Schwierigkeiten bestehen für uns auch in der *Astrophysik,* der Wissenschaft von Aufbau und Entwicklung der Galaxien und Sterne. Aber hier haben wir wenigstens nicht nur ein Exemplar, sondern viele, und der Gedanke liegt nahe, daß diese Exemplare verschiedene Stadien einer Galaxien- bzw. Sternentwicklung darstellen. Tatsächlich gibt es Hypothesen über die Galaxien-Entwicklung (Baade 1944/1960; Burbidge et al. 1957) und seit den Arbeiten Eddingtons von 1926 über den inneren Aufbau der Sterne eine Theorie der Sternentwicklung.[39]

Danach sind die Fixsterne keineswegs so unveränderlich, wie es ihr Name vermuten läßt. Es gibt junge Sterne (weiße Riesen) und alte Sterne (rote Riesen); wir erleben sogar die Entstehung von Sternen mit und finden „tote" Sterne (weiße Zwerge, Neutronensterne, Planeten). Allerdings geht die Entwicklung eines solchen Sterns so langsam vor sich, daß es – von Nova-Ausbrüchen abgesehen – fast unmöglich ist zu beobachten, wie er sich verändert.

Zum Lebenslauf eines Sterns gehört die Geschichte seiner Satelliten, also der Himmelskörper, die ihn begleiten. Wir können vermuten, daß die meisten Fixsterne solche Satelliten besitzen. Da sie jedoch sehr weit von uns weg sind und nicht selbst leuchten, können wir sie kaum beobachten.

Auch unser *Planetensystem* hat zweifellos eine Entwicklung erlebt. Die frühesten ernsthaften Versuche, diese Entwicklung nachzuzeichnen, stammen von Buffon 1749, Kant 1755 und Laplace 1796. Eine überzeugende Theorie haben jedoch erst von Weizsäcker 1943 und nach ihm Ter Haar, Chandrasekhar und Kuiper geschaffen. Die Theorie von Weizsäckers erklärt nicht nur die Entstehung des Planetensystems aus einer Gasscheibe, sondern auch die Größe, Dichte und Zusammensetzung der Planeten und ihre Abstände von der Sonne (Titius-Bodesche Regel). Man weiß auch, daß die Bildung des Planetensystems rund zehn Millionen Jahre in Anspruch genommen hat. Die Magnetohydrodynamik (Plasmaphysik) und die Theorien der Sternentstehung haben entscheidend neue Gesichtspunkte in diese Diskussion getragen. Danach besteht kein Zweifel, daß der Entwicklungsgedanke auch auf das Planetensystem anwendbar ist.

Dies gilt erst recht für unsere *Erde* und ihren Trabanten, den Mond. Für die Erforschung der Erdgeschichte stehen uns Daten zur Verfügung, wie wir sie nicht einmal für Spiralnebel oder Sterne besitzen (vgl. S. 59 die dritte Schwierigkeit für Kosmogonien). Wir erkennen nämlich nicht nur den jetzigen Zustand unseres Planeten, sondern der Geologe findet auch Zeugen aus früheren Jahrmillionen. So läßt sich zum Beispiel das Alter der Erde, der Gesteine, der Meere oder des Systems Erde-Mond nach mehreren, voneinander unabhängigen Methoden bestimmen (Tab. 3).

Tab. 3 Geologische und astronomische Methoden zur Altersbestimmung

Objekt	Methode	errechnetes Alter in Jahrmilliarden
Gesteine	Uran 238-Zerfall	mehr als 3
Ozeane	Salzgehalt	mehr als 2
Atmosphäre	Kalium-Argon-Zerfall	4,6
System Erde–Mond	zunehmender Abstand	4,5
Meteoriten	radioaktiver Zerfall	mehr als 5
chemische Elemente	relative Mengen	7 bis 15
zum Vergleich:		
Sonne, Sterne der Milchstraße	Energie-Verbrauch	5
Milchstraße	Energie-Verteilung	mehr als 5
Galaxien, Kugelhaufen	älteste Sterne	10 bis 15
Kosmos	Nebelflucht	10 bis 15

Aber nicht nur das Alter, sondern auch die Geschichte der Erde, wenigstens der Erdoberfläche (Mantel) und der atmosphärischen Hülle, lassen sich rekonstruieren. So ist es heute erwiesen, daß die Kontinente einst einen zusammenhängenden Block bildeten, der durch eine Expansion der Erde, durch hervorquellende Lavamassen oder infolge anderer Kräfte aufbrach.[40]

Man kann auch Ursprung, Entwicklung und Zusammensetzung der Gesteine, der Meere und der Atmosphäre nachzeichnen.
Diese Probleme sind eng verknüpft mit der *Entstehung des Lebens*.[41] Aus paläontologischen Forschungen geht hervor, daß es Lebewesen auf der Erde seit mindestens drei Milliarden Jahren gibt. Schon relativ bald nach der Bildung des Erdmantels vor etwa 4,5 Milliarden Jahren müssen demnach Lebensvorstufen entstanden sein. Damals herrschten ganz andere thermische, atmosphärische und geologische Verhältnisse als heute. Über die Zusammensetzung der Uratmosphäre und des Urmeeres und über die Energiequellen der Frühzeit wissen wir neuerdings recht gut Bescheid.

Man kann diese Bedingungen experimentell imitieren. Überraschenderweise gelingt es dann ziemlich leicht, die biochemisch wichtigsten Bausteine (Aminosäuren, Zucker usw.) herzustellen und sie zu Eiweißen und Nukleinsäuren zu verbinden. Diese Experimente stützen die Annahme, daß sich die abiotische Synthese der wichtigsten organischen Verbindungen unter den Bedingungen der Uratmosphäre geradezu zwangsläufig ereignet hat. Solche in der „Ursuppe" gelösten Makromoleküle können dann auf mannigfache Weise miteinander kombinieren und eine biologische Evolution in Gang setzen. Der biologischen Evolution ist jedoch ein eigenes Kapitel gewidmet.

Evolution des Lebendigen

a) Hat die Biologie eine Sonderstellung?

Im letzten Kapitel haben wir zunächst den Kosmos als Ganzes betrachtet. Dann haben wir die Optik zunehmend verschärft, haben Galaxien, Fixsterne, Planetensystem und Erde in ihrer Entwicklung behandelt. Diese Vorgänge beschreibt man durch physikalische, in wenigen Fällen auch durch chemische Gesetze. Kosmologie, Astronomie, Astrophysik, Geologie sind physikalische Wissenschaften.

Bei der Entwicklung des Organischen stoßen wir auf eine neue Klasse, die biochemischen und biologischen Gesetze. Nun ist es keineswegs so, daß die physikalischen Gesetze hier keine Gültigkeit mehr hätten; sie sind ja gerade so formuliert, daß sie für alle Systeme, auch biologische, gelten. So können auch Organismen nicht gegen den Energiesatz verstoßen; ein Muskel, der Arbeit leistet, muß ebenso irgendwoher Energie beziehen (z. B. aus der Nahrung) wie ein Neuron im Gehirn, das Nervenimpulse aussendet. Aber die physikalischen Gesetze müssen durch biologische und biochemische Gesetze *ergänzt* werden.

> Die Eigenständigkeit der Biologie als Wissenschaft beruht nicht darauf, daß die lebendigen Systeme irgendwelche metaphysischen, der Wissenschaft nicht zugänglichen Komponenten enthielten, sondern ausschließlich darauf, daß lebendige Systeme so hochgradig kompliziert sind, daß für die Theorienbildung in der Biologie

Begriffe gebraucht werden, welche in den Theorien der Physik, etwa der Quantentheorie, keine Rolle spielen ... Die Verfeinerung der Theorienbildung in der modernen Biologie geht zwar Hand in Hand mit der Eliminierung solcher spezifisch biologischer Begriffe; es scheint aber zweifelhaft, ob der Versuch überhaupt zweckmäßig ist, die Theorie der ungeheuer komplizierten lebendigen Systeme aus einer Theorie der Atome zu deduzieren. (Mohr, 1967, 24 f.)

Zu den spezifisch biologischen Gesetzen gehören folgende (Mohr, 1967, 30f., Rensch, 1968, Kap. 3):

Leben ist eine *Systemeigenschaft* (vgl. S. 82). Zum Verständnis der Lebenserscheinungen genügt es deshalb nicht, die Bauelemente eines Organismus zu untersuchen, sondern wesentlich sind gerade deren Beziehungen untereinander, die *Struktur* des Systems.

Lebendige Systeme sind hochgradig *strukturiert*. Sie zeigen Zweckmäßigkeit, physiologisch erklärbar durch ihre Regulationsfähigkeit.

Die biochemischen Vorgänge werden durch *Enzyme* (Biokatalysatoren) reguliert. Die Regelung erfolgt durch Regelkreise (Homöostasen), die das biologische Gleichgewicht aufrechterhalten.

Lebendige Systeme befinden sich nicht im thermodynamischen Gleichgewicht ($\triangleq$ Tod); dazu bedürfen sie der ständigen Zufuhr freier Energie. Bei ihrer Untersuchung muß deshalb auch die Wechselwirkung mit der *Umwelt* berücksichtigt werden.

Sie sind – kybernetisch gesehen – *offene Systeme* im sogenannten Fließgleichgewicht (v. Bertalanffy), bei dem trotz des fortwährenden Austauschs von Materie und Energie mit der Umwelt ein quasistationärer (nicht statischer!) Zustand erhalten bleibt.

Lebendige Systeme sind durch *Vererbung* ausgezeichnet. Dieses Prinzip betrifft jede Zellteilung und deshalb auch die Nachkommen.

Sie sind in beständiger *Entwicklung*. Die Ontogenien sind zeitlich begrenzt (d. h. alle Individuen müssen sterben).

Diese Besonderheiten biologischer Gesetze haben immer wieder als Stützen für vitalistische Spekulationen herhalten müssen, nach denen das Leben etwas Übernatürliches und dem Verstande Unzugängliches sei. Während dieser metaphysische Vitalismus unter Wissenschaftlern ausgestorben ist, werden Eigenart und systematische Bedeutung der biologischen Fragestellungen und Methoden noch heftig diskutiert. *Wie?* und *Warum?* sind die typischen Fragen in den physikalischen Disziplinen. Sie werden natürlich auch in der Biologie gestellt und, wenn möglich, beantwortet. Dort spielen jedoch auch Funktion und arterhaltender Wert beobachtbarer Eigenschaften, Strukturen und Prinzipien eine Rolle, also die Fragen *Wozu nützlich?* und *Wie entstanden?*

> Die typischen Fragen der Erforschung alles Organischen [sind] die Fragen Wozu, Woher und Warum, mit anderen Worten: erstens die Frage nach dem arterhaltenden Sinn, zweitens die Frage nach der stammesgeschichtlichen Entstehung und drittens die Frage nach den natürlichen Ursachen der Erscheinung. (Lorenz, 1941, 98)

Die biologischen Disziplinen beziehen also auch Überlebenswert und phylogenetische Entstehung in ihre Erklärungen ein. Solche Erklärungen enthalten dann eine historische (evolutionistische) Komponente.

Evolution des Lebendigen 63

Auf eine ähnliche Unterscheidung der Erklärungsweisen zielen die Begriffspaare[42]

funktional	– evolutionär	(Mayr)
Kausalgesetze	– Systemgesetze	(Rensch)
mechanistisch	– organismisch	(Nagel, Elsasser)
reductionist	– compositionist	(Simpson)
cartesisch	– darwinistisch	(Dobzhansky)
atomistisch	– integristisch	(Jacob)

Diese Kontrastierung kann nur Schwerpunkte kennzeichnen, sie impliziert keinen grundsätzlichen Unterschied. Die verschiedenen Erklärungsarten schließen einander nicht aus, sondern ergänzen sich. Vor allem wird kein teleologisches Element in evolutionistische Erklärungen aufgenommen.

Bei der Betrachtung des Lebendigen wird allerdings eine begriffliche Differenzierung notwendig. Sie hängt damit zusammen, daß, wie erwähnt, höhere lebende Wesen (Organismen) eine endliche Lebensdauer besitzen. Dadurch wird der Entwicklungsgedanke in zweifacher Weise relevant: für die Ontogenese des Individuums und für die Phylogenese der Art. Zur Unterscheidung in kritischen Fällen werden wir im ersten Fall von *Entwicklung* (development), im zweiten von *Evolution* (evolution) sprechen. So behandelt dieses Buch die Evolution der menschlichen Erkenntnisfähigkeit, nicht ihre Entwicklung beim Einzelwesen, wie sie etwa Piaget vor allem bei Kindern untersucht. Zwischen Ontogenese und Phylogenese bestehen natürlich wichtige Beziehungen, z. B. das biogenetische Grundgesetz (S. 18).

b) Evolutionsfaktoren[43]

Die Aufgabe der Evolutionstheorie ist die Erklärung der Existenz, der Veränderung und der Neuentstehung biologischer Arten (natürlicher, kontinuierlicher Fortpflanzungsgemeinschaften). Daß neue Formen möglich sind, war durch die Züchtung von Nutzpflanzen und Haustieren schon vor dem 19. Jahrhundert bekannt. Die Ursache dafür war auch leicht in der „künstlichen Zuchtwahl" zu finden. Die Auffassungen über die *natürliche* Entstehung neuer Arten standen aber lange im Brennpunkt wissenschaftlicher und weltanschaulicher Auseinandersetzungen. Die älteren Theorien sind monistisch; sie betonen vorwiegend oder sogar ausschließlich einen einzigen Evolutionsfaktor, z. B.:

Lamarck anfangs (1744–1829)	aktive Selbstanpassung der Organismen durch eigenen Willen,
E. Geoffroy Saint-Hilaire (1772–1844)	Bauplanänderung durch Umwelteinflüsse
Cuvier (1769–1832)	Vernichtung durch Naturkatastrophen und kompliziertere Neuschöpfung
Wagner (1813–1887)	räumliche Isolation
de Vries (1848–1935)	sprunghafte Erbänderung

Die jüngeren Auffassungen kombinieren die Faktoren zu pluralistischen Evolutionstheorien:

Lamarck	individuelle Anpassung (durch Gebrauch und Nichtgebrauch), Wille, Finalität
moderner Lamarckismus	individuelle Anpassung, Selektion, Mutationsbegrenzung, Wille
Darwin (1809–1882)	Überproduktion, Selektion, individuelle Anpassung
früher Darwinismus	Überproduktion, Mutation, Selektion
moderner Darwinismus	Überproduktion, Mutation, Selektion, Isolation

Seit 1942 gilt die *synthetische Theorie* nach Julian Huxley, erweitert durch die moderne Genetik, als am besten begründet. Danach sind die Faktoren der Evolution:

Mutabilität: Durch richtungslose Abwandlungen der Erbfaktoren entsteht eine Tendenz zur Ungleichförmigkeit des innerartlichen Genbestandes (genepool), ein Mutationsdruck. Die Mutationen stellen den Motor der Entwicklung dar. Sie werden durch Temperaturschock, chemische Substanzen (Mutagene), ultraviolettes Licht und ionisierende Strahlung hervorgerufen. Neuerdings glaubt man, daß Mutationen auch durch Viren ausgelöst werden können, die ganze Gene einer fremden Art mitschleppen und auf die Wirtszelle übertragen.

Populationswellen: Die Individuenzahl einer Population und ihre Schwankungen beeinflussen das Tempo der Evolution. In kleineren Populationen sterben Anlagebestandteile leichter aus; sie ändern sich deshalb schneller als große. Mutationen und Populationsschwankungen sind zufallsbedingte Faktoren der Evolution.

Ökologische Nischen (Annidation): Manche Mutanten beanspruchen und nutzen im Verbreitungsgebiet andere Existenzbedingungen (Wohnraum, Nahrung) als der Hauptbestand. Selbst benachteiligte Varianten können so überleben und sind bei Umweltänderungen möglicherweise begünstigt.

Isolation: Durch die räumliche Trennung wird auch die Fortpflanzungsgemeinschaft aufgehoben. Die vorhandene Artenfülle wird überwiegend auf diese Differenzierungsform zurückgeführt. Auch ökologische, fortpflanzungsbiologische und genetische Isolation führen zu Rassen- und Artenbildung.

Selektion: Die natürliche Auslese an den Trägern unterschiedlicher Erbfaktoren spielt eine entscheidende Rolle als Evolutionsfaktor. Klimatische Bedingungen, Feinde, Parasiten, Konkurrenz und geschlechtliche „Zuchtwahl" können eine Auslese bewirken. Während diese Auslese zunächst am Phänotypus (Individuum) angreift, wirkt sie durch das Überleben und die Fortpflanzung der Geeignetsten auch auf den Genotypus (Erbgut).

c) Evolutionsgesetze

Mit Hilfe dieser Evolutionsfaktoren lassen sich die Gesetze der Evolution formulieren. Mutations- und Selektionsdruck sind mathematisch präzisierbare Kräfte. Zusammen mit der Zahl der möglichen Kreuzungskombinationen und der Größe der Nachkommenschaft bestimmen sie den *Evolutionsdruck,* der ebenfalls mathematisch erfaßt wird.

Der Selektionsdruck drängt untaugliche Mutanten zurück und begünstigt das Überleben jener Genotypen, die den Umweltbedingungen am besten angepaßt sind (survival of the fittest). Jedoch gibt es *keine ideal angepaßte Population,* weil sich die Umweltbedingungen laufend ändern und vor allem, weil dem Selektionsdruck beständig ein Mutationsdruck entgegenwirkt. Die evolutive Anpassung ist also nie ideal.

Die Gesetze der Populationsgenetik, z. B. das zweite und dritte Mendelgesetz (1865), das Hardy-Weinberg-Gesetz (1908) über die Genhäufigkeit in idealen Populationen, und die Gesetze der Evolution, z. B. biogenetisches Grundgesetz, Vermehrungsraten, Evolutionsgeschwindigkeiten usw., sind *statistischer* Natur. Phylogenetische (stammesgeschichtliche) Aussagen beziehen sich also auf *durchschnittliche* Veränderungen, auf den „over all"-Effekt einer organischen Struktur. Sie geben nicht das Verhalten eines Individuums wieder; dieses kann nur mit einer gewissen Wahrscheinlichkeit vorausgesagt werden. Dagegen kann man das Verhalten genügend großer Populationen mit großer Genauigkeit prognostizieren.

Alle diese Evolutionsgesetze gelten nicht nur für die Entstehung neuer Variationen, Rassen und Arten (infraspezifische Evolution), sondern auch für die stammesgeschichtliche Fortentwicklung (transspezifische Evolution). Während man bis in die Mitte unseres Jahrhunderts glaubte, das Auftreten neuer Organe und Baupläne, also neuer Familien, Ordnungen, Klassen usw., nur durch Evolutionssprünge oder durch besondere, autonome, zielstrebig wirkende Kräfte (Teleologie, Orthogenese, vgl. S. 33) erklären zu können, sieht die synthetische Theorie darin nur eine weitergreifende Wirksamkeit der besprochenen Faktoren. Insbesondere arbeiten auch hier Mutation und Selektion in charakteristischer Weise zusammen (dtv-Biologie, 1967, 487):

Die Zufälligkeit der Mutationen bewirkt eine *Richtungslosigkeit,* die sich außer in unschädlichen Konstruktionsfehlern und „Luxusbildungen" vor allem darin äußert, daß alle biologisch tragbaren Entwicklungsrichtungen durchprobiert werden. Nur durch diese Richtungslosigkeit wird die Vielfalt der Formen verständlich.

Andererseits wird den Organismen durch die Selektion ein stammesgeschichtlicher *Entwicklungszwang* auferlegt. Wirken dieselben Umweltbedingungen über viele Generationen, so erscheint die Entwicklung zielstrebig, weil die Auslese richtend eingreift.

> Jedes durch Mutation und Selektion erhaltene System ist hinsichtlich seiner individuellen Struktur unbestimmt, trotzdem ist der resultierende Vorgang der Evolution zwangsläufig – also Gesetz ... Der Optimierungsvorgang der Evolution ist somit im Prinzip unausweichlich, hinsichtlich der Auswahl der individuellen Route jedoch nicht determiniert.
> (Eigen, 1971, 521)

Diese Mischung von Zufall und Nicht-Zufall verleiht der Evolution gleichzeitig eine große Biegsamkeit und scheinbar eine Zielstrebigkeit. Der Selektionsdruck kann dabei auch bei völlig verschiedenen Arten zu ähnlichen oder sogar gleichen Strukturen führen (Konvergenz). So wurden Linsenaugen entwickelt von Ringelwürmern, Stachelhäutern, Schnecken, Tintenfischen und den Wirbeltieren (vgl. S. 37).

Weitere Prinzipien der transspezifischen Evolution (Rensch, 1968, 111–114, zählt 58 auf!) sind die Prinzipien der Stammverzweigung (Formenaufspaltung, Spezialisierung) und der Höherentwicklung (Differenzierung, Arbeitsteilung, Zentralisierung). Wie wirksam diese Gesetze sind, kann man daran ablesen, daß in den drei Milliarden Jahren Stammesgeschichte mehr Tierarten ausgestorben sind, als heute noch auf der Erde leben.

> Wenn auch noch sehr viele einschlägige Studien nötig sein werden, um die Abläufe exakter beurteilen zu können, wird es doch immer deutlicher, daß die Evolution ein zwangsläufiger Vorgang ist, d. h. daß sie sich dem lückenlosen kausalen Geschehen einfügt, das die Geschichte unseres Planeten und des uns bekannten Universums beherrscht. (Rensch, 1968, 115)

d) Einwände gegen die Evolutionstheorie

Die Evolutionstheorie ist heute eine wissenschaftliche Theorie wie die Genetik oder die Verhaltensforschung. Bis zu ihrer Anerkennung hatte sie jedoch – wie viele andere Theorien auch – zahlreiche Hindernisse zu überwinden. Die Gründe dafür sind sachlicher und weltanschaulicher Natur:[44]

Die *naive Erfahrung* lehrt die Konstanz der Arten: Aus Sonnenblumenkernen wachsen wieder Sonnenblumen hervor, und aus Hühnereiern schlüpfen Hühnerküken. Die Evolutionslehre mußte die Schranken der natürlichen Erfahrung durchbrechen. Wie schwer das ist, zeigen z. B. die Ablehnung der Kugelgestalt der Erde oder die Widerstände gegen das kopernikanische Weltbild. Daß Arten sich wandeln, ist eben keine Erfahrung, die sich im Laufe weniger Generationen machen ließe.

Jede junge Wissenschaft leidet zunächst unter einem *unvollständigen Kenntnismosaik*. Das Variieren der Arten z. B. mußte man als ein unerklärtes Faktum hinnehmen, bis die Genetik die Möglichkeit von Mutationen erklärte. Viele Tatsachen und Probleme müssen auch erst aus dem Verband herkömmlicher Interpretationen herausgelöst werden. So diente die Zweckmäßigkeit vieler Strukturen zunächst als Argument für das Wirken eines teleologischen Faktors, und die Vererbung erworbener Eigenschaften schien den langen Hals der Giraffe bestens zu erklären.

Schließlich gibt es *Tatsachen,* die der Evolutionstheorie zwar nicht widersprechen, die durch sie jedoch auch heute noch *nicht erklärt* werden können. Dazu gehören das Aussterben verschiedener Arten und die Existenz sogenannter „lebender Fossilien" (Reliktfauna), heute lebender Arten, die in fast identischer Form bereits in weit zurückliegenden Erdperioden existierten (Gingkobaum, Nautilus, Brückenechse, Quastenflosser). Andererseits gibt es häufig Umbildungen von Organen trotz konstant bleibender Funktion und konstanter Umweltanforderungen. Die Gründe für den Evolutionsstop und für die zuletzt genannten Veränderungen sind nicht bekannt, auch nicht die für die rasche Augenreduktion bei Höhlentieren oder den Verlust der Regenerationsfähigkeit bei höheren Tieren.

Es war ein wichtiger sachlicher Einwand, die *Evolutionsgeschwindigkeit* sei zu klein, als daß die bestehende Artenvielfalt durch zufällige Mutationen (die dazu noch überwiegend rezessiv sind!) entstanden sein könnte. Diese Bedenken sind heute hinfällig. Einmal ist die Erde viel älter, als man noch vor hundert Jahren annahm (vgl. S. 60). Ferner verringert sich die Zahl der (zur Durchsetzung einer rezessiven, aber vorteilhaften Genmutation) notwendigen Generationen erheblich, wenn Mutations- und Selektionsdruck gleichsinnig wirken. Berücksichtigt man weitere Evolutionsfaktoren, so steigt die Evolutionsgeschwindigkeit noch einmal beachtlich.

Direkte *Beweise fehlten.* Eine experimentelle Genetik gab es noch nicht. Sogar die von Mendel 1865 entdeckten Gesetze gerieten in Vergessenheit und wurden erst 1900 wiederentdeckt (Correns, Tschermak, de Vries). Züchtungsversuche wurden zwar schon im 18. Jahrhundert durchgeführt; sie erfolgen jedoch gerade nicht durch „natürliche" Auslese. Auch ist die Voraussagekraft der Evolutionstheorie sehr beschränkt.

Religiöse und ideologische Einwände richteten sich gegen die Evolutionstheorie. Die biblischen Berichte über Genesis und Sintflut sprachen eindeutig dagegen, „obwohl sich einige Naturforscher darüber wunderten, wie die Faultiere es angefangen haben, vom Berge Ararat mit der Zeit nach Südamerika zu gelangen und warum keine von ihnen unterwegs zurückgeblieben sind" (Russell, 1952, 42).

Wie mächtig ideologische Strömungen werden können, hat die Geschichte der sowjetischen Genetik zwischen 1937 und 1964 mit erschreckender Deutlichkeit gezeigt. Eine ganze Generation von Wissenschaftlern mußte vor einem politisch begünstigten Scharlatan (Lyssenko) kapitulieren.[45]

Die philosophische Ansicht der *Präformationstheorie,* die zunächst die Individualentwicklung als Entfaltung eines inneren Planes auffaßte, wurde auch auf Probleme der Stammesgeschichte ausgedehnt. Demnach schafft die Evolution nicht echte Veränderungen, sondern besteht nur in der reifenden Vollendung innewohnender Potenzen. (Diese Auffassung hatte auch Leibniz vertreten.) Die gebräuchlichen Begriffe *Evolution* und *Entwicklung* legen leider vom Wortsinn her eine solche Deutung nahe.

Eine weitere hinderliche philosophische Vorstellung ist *das typologische Denken,* dem Platons Ideen- und Aristoteles' Typenlehre zugrunde liegen. Die bis ins 19. Jahrhundert weitverbreitete Annahme, daß die den sichtbaren Variationen zugrunde liegenden Ideen allein real und außerdem unwandelbar seien, mußte jeden kontinuierlichen Zusammenhang zwischen zwei Typen leugnen und war mit evolutionärem Denken unvereinbar.

Die Anerkennung des Evolutionsgedankens bezieht bei konsequenter Anwendung auch den Menschen in die Abstammungslehre ein (vgl. S. 77 ff.). Die damit verbundene Verneinung einer Vorzugsstellung des Menschen findet *emotionale Widerstände,* die auch heute noch nicht abgebaut sind. Gerade diese Erweiterung auf den Menschen kann nicht zur experimentellen Disziplin werden. Fast jedes Experiment am Individuum oder an der menschlichen Bevölkerung verbietet sich von vornherein aus ethischen Gründen.

e) Belege für die Evolutionstheorie

> Evolution ist eine unausweichliche Konsequenz, falls 1. Nachkommen ihren Eltern ähnlich sind, 2. Änderungen in der Umwelt irgendwelchen Gesetzen folgen und 3. individuelle Unterschiede sich in der Wahrscheinlichkeit, mit der das Einzelindividuum zur Fortpflanzung kommt, auswirken. Unter diesen Umständen ist sogar ein adaptiver Prozeß unausweichlich, das heißt eine Anpassung der Lebewesen an die Bedingungen ihrer Umwelt.
> (Wickler, 1973, 39)

Zwar bieten nur *Züchtungsversuche* und experimentelle *Genetik* direkte Beweise und auch diese nur auf dem Gebiet der Mikroevolution, also zwischen Rassen ein und derselben Art oder zwischen nahe verwandten Arten. Indirekte Beweise jedoch liefern die biologischen Teilwissenschaften in überwältigender Fülle.[46] Hier ist auch die Fähigkeit der Evolutionstheorie zur Retrodiktion (nicht zur Prognose!) sehr fruchtbar geworden.

Die *Paläontologie* findet Beispiele für den Formwechsel der Organismen, manchmal lückenlose Ahnenreihen (z. B. für Pferde) und besonders „fossile Brückentiere", die in sich Merkmale heute scharf geschiedener Gruppen vereinigen (der Urvogel hat z. B. Reptilien- und Vogelmerkmale).

Die *Embryologie* verweist auf embryonale Strukturen, die für die heutigen Arten überflüssig und nur als Überbleibsel stammesgeschichtlich verständlich sind (z. B. menschliche Kiemenspalten, Zahnanlagen bei den zahnlosen Bartenwalen). Sie bestätigen Haeckels biogenetisches Grundgesetz von der embryonalen Wiederholung phylogenetischer Entwicklungsstadien.

Eine der stärksten Stützen liefern *Morphologie* und *vergleichende Anatomie* in funktionslos gewordenen, rückgebildeten Strukturen. Durch Wechsel der Umweltbedingungen kann der Selektionsdruck auf bisher lebenswichtige Konstruktionen nachlassen, und sie verkümmern. So hat der Wal als Meeressäugetier Reste eines Beckengürtels, obwohl er keine Hinterbeine mehr hat.

Die *Biochemie* erweist nicht nur den gemeinsamen Ursprung alles Lebendigen (Universalität der Zellstruktur, der DNS-Rechtsschraube, des genetischen Code), sondern der Vergleich organismischer Stoffe erlaubt auch Rückschlüsse auf den Grad der biologischen Verwandtschaft. Ein Beispiel findet sich auf S. 78 (Protein-Taxonomie).

Zu einem ausgesprochenen Prüfstein der Lehre Darwins wurden schon früh die von Bates 1862 entdeckten Nachahmungserscheinungen bei Tieren und Pflanzen: *Mimikry* und Tarnung (vgl. Wickler, 1973). In beiden Fällen wird ein Signalempfänger durch ein gefälschtes Signal getäuscht, das für ihn eine bestimmte (abschreckende oder anziehende) Bedeutung hat. Die Mimikry-Forschung ist deshalb ein ideales Prüffeld der Evolutionstheorie, weil sich hier einfach zeigen läßt, wohin die Evolution geht (da man das Vorbild der Imitation kennt) und wie die Selektion arbeitet (daß sie z. B. unter Um-

ständen sogar die „dümmeren" Tiere mit geringerem Unterscheidungsvermögen bevorzugt).
Wichtige Hinweise geben auch Systematik, Parasitenkunde, Blutuntersuchungen, Physiologie (vgl. S. 77 f.) und Biogeographie.
Auch die Verbreitung vieler Instinkthandlungen läßt sich nur stammesgeschichtlich verstehen. Ähnlichkeiten im Verhalten sind – wie die strukturellen Ähnlichkeiten – (mit gewissen Einschränkungen) proportional der phylogenetischen Verwandtschaft. Diese Beobachtung verleiht ihnen eine besondere Bedeutung als Kriterium für die biologische Systematik und ist in vielen Fällen ausschlaggebend, wenn die anderen Belege zweideutig sind oder sich widersprechen (Roe/Simpson, 1969, 237). Der Erforschung dieser Probleme widmet sich seit 1930 besonders die vergleichende *Verhaltensforschung* oder Ethologie. Ihnen ist auch das nächste Kapitel gewidmet.

Evolution des Verhaltens und höherer Tierleistungen

Fragt man den Tierfreund, woran er die Verwandtschaft verschiedener Rassen oder Arten erkennt, so wird er vor allem morphologische Merkmale nennen. Für den Biologen sind jedoch die Kriterien aus anderen Teildisziplinen nicht weniger überzeugend. Wie schon angedeutet, gehört auch die Verhaltensforschung zu diesen Disziplinen.[47]

> Wir dürfen heute annehmen, daß Verhaltensweisen sich nach den gleichen phylogenetischen Regeln entwickeln wie morphologische Merkmale und daß sie den gleichen systematischen Wert haben wie diese. Man kann sie deshalb vom evolutionistischen Gesichtspunkt her unter den Oberbegriff Struktur fassen.
> (Wickler, 1970, 18)

Das Verhalten ist also nicht eine sekundäre, oberflächliche Erscheinung, die durch die morphologischen und physiologischen Strukturen eindeutig bestimmt wäre. Seine Bedeutung liegt darin, daß es im allgemeinen das tatsächliche Mittel der Wechselwirkung zwischen der physischen Organisation und der Umwelt ist (Roe/Simpson, 1969, 232). Deshalb greift die Auslese durch die Umwelt am Verhalten ebenso an wie an den somatischen Strukturen. Es gibt viele Beispiele, in denen eine Variation im Verhalten (z. B. eine neue Freßgewohnheit) auch eine Änderung der physischen Strukturen erzwingt. „Ziemlich häufig verläuft die körperliche Evolution im Schlepptau des Verhaltens" (Wickler, 1970, 167). So wie morphologische Strukturen neue Funktionen annehmen können (die Vordergliedmaßen von Säugetieren dienen als Vorderlauf, Arm, Flügel, Flosse), so können nach den Forschungen der Tinbergen-Schule auch angeborene Verhaltensmuster im Laufe der Evolution neue Funktionen übernehmen, sogar ohne ihre Form zu ändern. Lorenz bezeichnet sie deshalb als das „Skelett des Verhaltens".

Morphologie, Physiologie und Verhalten gehören also in ihrer Funktion und Evolution so eng zusammen, daß die meisten der allgemeinen Konzepte und Prinzipien der Evolution auf alle drei Gebiete anwendbar sind. Das hat bereits Darwin erkannt.

> Ich sehe keine Schwierigkeit darin, daß die natürliche Auslese auch Varianten im Instinkt beibehält und beständig vermehrt, soweit es nützlich sein mag. Ich glaube, auf diese Weise sind alle höchst komplizierten und wunderbaren Instinkte entstanden.
> (Darwin, 1859, 339)

Insbesondere gilt auch für das Verhalten die Unterscheidung zwischen genetisch bedingten und individuell erworbenen Komponenten.

a) Angeborene und erworbene Verhaltensstrukturen

Das Verhalten eines Individuums oder aller Vertreter einer Population kann ganz *stereotyp* sein. So gibt es Nachtschmetterlinge, die ein ultraschallempfindliches Hörorgan besitzen und nicht auffliegen, wenn sie vom Peillaut einer Fledermaus getroffen werden. Man kann diese Tiere wirksam bekämpfen, indem man sie durch Ultraschall dauernd am Fliegen (und damit an Paarung und Vermehrung) hindert.

Das Verhalten kann aber auch sehr *variabel* sein. Nach Erkenntnissen der Kybernetik sind lernende Systeme mit erworbenen Strukturen in der Selbstbehauptung überlegen. Sie verhalten sich zweckmäßiger und sind oft einfacher; sie sind vor allem entwicklungs- und anpassungsfähiger (Sachsse, 1968, 82ff.). Die Flexibilität dient selbst der Anpassung und wird deshalb durch die Selektion begünstigt. Sie findet sich nur bei höheren Tierarten, vor allem bei den Säugetieren.

Es kommt vor, daß Instinktives und Erlerntes in der Lenkung des Verhaltens miteinander konkurrieren.

> Einem zahmen Neuntöter zeigt ein Pfleger einen Leckerbissen an einer der offenen Käfigtür abgewandten Seite. Der Vogel versucht leidenschaftlich, aber natürlich vergeblich, durch das Netz an den Mehlwurm zu gelangen. Bringt aber der Pfleger das Futter in größeren Abstand, so dreht sich bei einer bestimmten Entfernung der Vogel plötzlich um, fliegt durch die rückwärtige Tür und zum Pfleger, wo er den Bissen erhält.
>
> Dieses Spiel läßt sich beliebig oft wiederholen. Es zeigt die Konkurrenz zwischen unmittelbar triebhaftem und erfahrungsbedingtem Verhalten besonders eindrucksvoll, weil hier beide Verhaltensweisen dasselbe Ziel haben, nämlich die Nahrung. Aber erst die Abschwächung des Triebes gibt dem Tier die „Freiheit", seine Erfahrung einzusetzen.[48]

Meistens liegt ein kompliziertes Zusammenspiel von genetischer Determinierung und individueller Anpassungs- und Lernfähigkeit vor *(Instinkt-Dressur-Verschränkung)*.

> Daß die genetische Konstitution direkt und allein irgendein Verhalten bestimmt, ist sicherlich falsch... Daß irgendein Verhalten von den genetischen Grenzen gänzlich unabhängig sei (also ohne jegliche genetische Determination), ist ebenso falsch... Die These, das Verhalten sei entweder angeboren oder erlernt, kann ebenso sinnlos sein, wie es entweder-oder-Feststellungen oft sind; hier jedenfalls spielen sicherlich zwei Faktoren eine Rolle. Keiner schließt den anderen aus, sie variieren jedoch in Art und Ausmaß ihres Einflusses auf gegebene Einzelheiten des Verhaltens.
> (Roe/Simpson, 1969, 243 ff.)

Die Verhaltensforschung bemüht sich mit großem Erfolg, angeborene und erlernte Bestandteile des Verhaltens zu trennen. Dazu bedient sie sich mehrerer Methoden, deren wichtigste hier erwähnt seien.

Im *Isolierungsexperiment* wird dem heranreifenden Organismus die Möglichkeit vorenthalten, durch Lernen Information über bestimmte Umweltgegebenheiten zu gewinnen. Ein solcher „Versuch mit Erfahrungsentzug" (Lorenz, 1965, 342) kann unmittelbar nur darüber aufklären, was ganz sicher angeboren ist, also nicht erlernt zu werden braucht; denn natürlich können extreme Versuchsbedingungen (Aufzucht im Dunkeln, ohne Bewegungsmöglichkeit oder ohne sozialen Kontakt) die Reifung genetisch festgelegter Verhaltensmuster verhindern. Da aber gerade der Begriff des Angeborenen nicht nur früher, sondern auch heute noch heftigen Angriffen ausgesetzt ist, stellt das Isolierungsexperiment eine der wichtigsten Methoden dar.

Ebenfalls aufschlußreich für die Abgrenzung angeborener Verhaltenskomponenten sind *Kreuzungsversuche* zwischen verwandten Arten mit verschiedenen Verhaltensmustern. Tilapia zilli (eine Cichlidenart) sind Fische mit dicken Lippen, die Maulzerren als Kampfspiel betreiben.[49] Kreuzt man sie mit nahen Verwandten, die weder den Lippenwulst noch das Maulzerren haben, so entstehen Tiere, die das Maulzerren ausführen, aber keine verdickten Lippen haben. Diese Mischlinge, bei denen Körperbau und angeborenes Verhalten nicht aufeinander abgestimmt sind, beißen sich beim Spiel zu Tode.

Beim *Attrappenversuch* führt man den Tieren einfache Ersatzobjekte vor, deren wenige Merkmale leicht variiert werden können. So kann man herausfinden, auf welche Reize oder Reizkombinationen das Individuum besonders gut anspricht. Dabei gilt die Faustregel: Wenn das Tier auf einfache Attrappen reagiert, also darauf „hereinfällt", handelt es sich um ein Ansprechen angeborener Auslösemechanismen; sonst um andressiertes Wiedererkennen (Lorenz). Dabei ist man erstaunt, wie wenig Ähnlichkeit die „optimale" Attrappe mit dem natürlichen Objekt der Reaktion für menschliches Empfinden hat. Die besonderen Eigenschaften der angeborenen Auslösemechanismen lassen sich an solchen Attrappenversuchen besonders gut studieren: Zerlegbarkeit, Reizsummenregel, Übertreibbarkeit, Schwellenerniedrigung, Unbelehrbarkeit u. a.

b) Der Schluß auf das fremde Bewußtsein

Das Zusammenspiel zwischen angeborenen und erworbenen Strukturen, zwischen phylogenetischer Information und ontogenetischem Lernen ist besonders eng bei den höheren Leistungen der Tiere, bei den Bewußtseinserscheinungen.

Als „höhere" Fähigkeiten können gelten:

Empfindung, Wahrnehmung, Vorstellung und Aufmerksamkeit;
Gedächtnis, Lernen aus Erfahrung, Einsicht, Voraussicht;
Abstraktion, Generalisation, averbale Begriffsbildung;
Ichgefühl, Selbstbewußtsein, Wahlvermögen, Kommunikation.

Dies ist ein so weites Feld mit so vielen (auch umstrittenen) Forschungsergebnissen[50], daß wir uns auf weniges beschränken müssen.

Nun scheint es kein stichhaltiges Kriterium zu geben, nach dem man bei anderen Lebewesen auf die Existenz von Bewußtseinsprozessen schließen könnte. Die Zweckmäßigkeit des Verhaltens reicht dazu jedenfalls nicht aus; denn zweckmäßige Funktionen und Strukturen weist jedes Lebewesen auf, und die natürliche Auslese liefert dafür auch eine kausale Erklärung. Ferner können Fähigkeiten wie Gedächtnis, Wahlvermögen, logisches Schließen oder Handeln nach Voraussicht durch Computer oder Automaten simuliert werden, denen wir Bewußtsein gleichwohl absprechen. Auch bei den Kriterien, die Morphologie, Physiologie und Verhaltensforschung liefern, handelt es sich immer nur um Analogieschlüsse.

> Damit soll nun keineswegs gesagt sein, daß der Analogieschluß jeglicher Tragfähigkeit entbehre. Selbstverständlich berechtigt die physiologisch-psychologische Parallelität oder „Isomorphie" der Vorgänge, die ich objektiv und subjektiv an mir selbst beobachte, zu dem Schluß, daß der Mitmensch, dessen physiologische Funktionen den meinen analog sind, bei dem gleichen physiologischen Geschehen auch Analoges erlebt wie ich. Auf Tiere angewandt wird der Analogieschluß schon weniger tragfähig. Je unähnlicher die Struktur von Sinnesorganen und Nervensystemen derjenigen meiner eigenen ist, desto unähnlicher werden ihre Funktionen sein, und wie das Erleben sein mag, das mit ihnen einhergeht, ist mir grundsätzlich verschlossen und bleibt es, selbst wenn die Du-Evidenz mich zwingt, meinem Hund ein irgendwie geartetes Erleben zuzuschreiben. (Lorenz, 1963, 360 f.)[51]

Hinsichtlich der Bewußtseinsprozesse gibt es also – wie in der Wissenschaft allgemein – nur hypothetisches Wissen (vgl. das Fremdbewußtseinspostulat, S. 30). Unter diesem theoretischen Vorbehalt stellen wir einige relevante Tatsachen zusammen.

c) Empfindungen, Vorstellungen, Aufmerksamkeit

Empfindungen haben wohl alle Tiere mit Sinnesorganen und Sinnesreaktionen.

> Vergleichend-anatomische, vergleichend-embryologische und stammesgeschichtliche Befunde machen es sehr wahrscheinlich, daß die verschiedenen Empfindungsqualitäten und -modalitäten sich mit den entsprechenden Sinnesorganen durch Mutation und natürliche Auslese allmählich herausgebildet haben. Sinnesreaktionen wurden nur gegenüber Reizen entwickelt, die biologisch bedeutungsvoll waren. (Rensch, 1968, 154)

Natürlich war es dabei von Vorteil, die von den Sinnesorganen vermittelten Sinnesqualitäten möglichst scharf voneinander zu unterscheiden; denn Lichtreize, die von entfernten Objekten kommen, haben ja eine ganz andere Bedeutung für das Tier als Berührungsreize oder Geschmacksempfindungen. Andererseits hat sich bei Reizen, auf die ähnlich reagiert wird, nur eine geringe Trennung der Empfindungen entwickelt. So verschmelzen beim Menschen Geschmacks-, Geruchs- und Tastqualitäten für Speisen weitgehend (Rensch, 1968, 155). Die Verschiedenheit der Empfindungen und Wahrnehmungen ist also den Gegebenheiten der Umwelt und den Bedürfnissen des Organismus angepaßt.

Zu den *Vorstellungen* gehören vor allem Raum- und Zeitvorstellung. Es besteht kein Zweifel, daß Affen und viele weitere höhere Wirbeltiere bereits eine einheitliche Raumvorstellung haben.

> Ein Affe, der auf der Flucht durch die Baumkronen eilt, sieht fast niemals auf die Aststelle hin, wo seine vier Hände jeweils zugreifen. Mit den Augen beurteilt er den Fluchtweg und schätzt nur die Sprünge auf erreichbare Äste ab. Diese Zusammenarbeit der Augen und der Tastorgane an den vier Händen wäre nicht möglich, wenn nicht aus Sehraum und Tastraum eine einheitliche Raumvorstellung gebildet worden wäre ...
> Der geistige Aufstieg in der tierischen Stammesgeschichte hat also wahrscheinlich eine zunehmende Anpassung der nervösen Strukturen und ihrer parallel zugeordneten psychischen Komponenten an einen physikalischen „objektiven" Raum und eine „objektive" Zeit mit sich gebracht. (Rensch, 1965, 103 f.)

Als *Aufmerksamkeit* bezeichnet man die willentlich-aktive oder auch zwangsläufig-passive Ausrichtung des Bewußtseins auf spezielle Empfindungen, Wahrnehmungen, Vorstellungen. Sie ist gekennzeichnet durch das Hervortreten oder die Fixierung einzelner Phänomene. Sie hängt zusammen mit der „Enge des Bewußtseins". Man bezeichnet mit diesem bildlichen Begriff die Tatsache, daß jeweils immer nur *ein* Erlebnisinhalt klar bewußt sein kann (Rohracher, 1953, 91). Diese Tatsache war schon Aristoteles bekannt. Heute wissen wir, daß durch den Ansturm der Signale von den Sinneszellen in unserem Bewußtsein ein unübersehbares Chaos entstünde, wenn nicht ein Teil des Stammhirns (die formatio reticularis) wie ein Filter wirkte, das nur einen Bruchteil der Erregungen zur Hirnrinde durchläßt.

> Wahrscheinlich haben sich derartige Strukturen ... bei der Evolution höherer Tiere durch natürliche Auslese entwickelt. Ohne solche Filtermechanismen wäre ein höheres Wirbeltier wohl gar nicht funktionsfähig. Bei niederen Tieren genügt anscheinend die Stärke einzelner Erregungen und der damit verbundene [positive oder negative] Gefühlston, um den zentralen Erregungsablauf sinnvoll zu steuern.
> (Rensch, 1968, 167 f.)

Die Informationspsychologie ist sogar in der Lage, die Bewußtseinsenge informationstheoretisch zu erklären (Frank, 1970, 248).

d) Gedächtnis, Lernen, Einsicht, unbenanntes Denken

Von *Gedächtnis* sprechen wir, wenn das Zentralnervensystem in der Lage ist, Information zu speichern. Man kann Kapazität und Dauer des Gedächtnisses messen. Bei Tieren mit gut entwickelten Augen belohnt man von optischen Musterpaaren (z. B. rund—eckig) je ein Merkmal (z. B. rund) mit Futter. Ein Tintenfisch (wirbellos!) lernt, gleichzeitig drei Merkmalspaare zu beherrschen. Kleine Fische bringen es auf vier, Forellen und Mäuse auf sechs Paare. Ratten lernen acht, Esel vierzehn, Pferde und Elefanten zwanzig Paare. Die Gedächtniskapazität hängt im wesentlichen von der absoluten Gehirngröße ab.

Ähnlich variiert auch die Dauer des Behaltens. Versuche mit einem Tintenfisch zeigten, daß er eine Erfahrung 27 Tage lang in seinem Gedächtnis aufbewahrte. Bei einer Forelle reichte das Gedächtnis über 5 Monate, bei einer Ratte über 15, bei einem Karpfen sogar über 20 Monate.[52]

Gedächtnis ist eine Voraussetzung für die Fähigkeit, aus Erfahrung zu lernen. Nun lassen sich mehrere *Lernvorgänge* unterscheiden. Es ist eine Streitfrage, ob die Unterschiede quantitativer oder qualitativer Natur sind, ob ihre Evolution also auf einer bloßen Steigerung der Lernkapazität, des Lerntempos, der Behaltensdauer beruht, oder ob sie jeweils echte „Errungenschaften" in der evolutiven Leiter darstellen. Es scheint jedoch, als ob der Gegensatz quantitativ-qualitativ bei Lernprozessen gar keine echte Alternative darstellte (vgl. S. 81 f.). Folgende Lernvorgänge werden beobachtet:[53]

Lernen durch Bildung *bedingter Reflexe* (Pawlow): Es dient der klassischen Konditionierung und ist nur bei Einzellern umstritten.

Instrumentelle *Konditionierung* (Skinner): Das Tier führt in einer künstlich geschaffenen Umgebung (z. B. Skinnerbox) selbst eine Handlung aus, die belohnt oder bestraft wird (reinforcement).

Lernen durch *Übung und Gewöhnung*, z. B. Vervollkommnung des Flugvermögens (Segeln, Landen gegen den Wind).

Lernen durch *Versuch und Irrtum* (trial and error) ist vermutlich der wichtigste Lernmodus bei höheren Tieren und beim Menschen.

Lernen durch *Nachahmung* ist sehr selten. Es tritt bei einigen Vögeln auf (Erwerbung des Artgesangs), bei hochentwickelten Säugetieren und beim Menschen.

Lernen durch *Einsicht* kommt fast nur beim Menschen vor.

In der Frage nach dem *Lerninhalt* müßte man unterscheiden zwischen dem, was Tiere von sich aus lernen und dem, was man ihnen beibringen kann. Sowohl Freilandbeobachtungen als auch Dressur bringen dabei immer noch Überraschungen. Bei Tieren gibt es ausgesprochen sensible Phasen der Lernfähigkeit. Das Erkundungs- und Neugierverhalten ist auf die Jugendphase beschränkt; das erwachsene Tier lernt nur noch unter dem Druck besonderer Situationen (z. B. Feindbedrohung). Beim Menschen dagegen besteht die Neugier bis ins hohe Alter.

Einsicht ist das Erfassen von logischen und kausalen Zusammenhängen und äußert sich manchmal in einer plötzlichen adaptiven Reorganisation von Verhaltensweisen. Über einsichtiges Verhalten bei Tieren sind besonders viele Beobachtungen gemacht worden; es ist aber noch unbekannt, welche Vorgänge im Gehirn ihm zugrunde liegen. Als einsichtig gelten z. B. folgende, nicht andressierte Leistungen:

Ein Affe steckt zwei Stöcke ineinander oder türmt Kisten aufeinander, um an eine Banane zu gelangen (Werkzeugherstellung und -benutzung). Ein Hund umgeht ein räumliches Hindernis, z. B. einen Zaun (Umwegleistung). Affen öffnen durch komplizierte Riegelsysteme verschlossene Türen. Freilebend streifen sie von kleinen Ästen die Blätter ab, stecken den Zweig in die Löcher eines Termitenbaus und fressen die Tiere, die sich daran festbeißen.

Ein Operieren mit Vorstellungen, Begriffen und Urteilen, die auf Anschauung beruhen, aber keine Namen tragen, weil eine Wortsprache fehlt, nennt Otto Koehler *unbenanntes Denken*. Es ist eine Leistung vorbegrifflicher Abstraktion. Damit erklärt er folgende Beobachtungen: Eine Maus lernt, ein Labyrinth fehlerfrei zu durchlaufen, das an zwanzig T-förmigen Weggabelungen eine richtige Entscheidung erfordert. Dann wird ihr das Labyrinth in neuen, „transponierten" Formen geboten, nämlich linear verdoppelt, verzerrt, d. h. mit schiefen statt mit rechten Winkeln, krummlinig und schließlich spiegelbildlich. In den neuen Labyrinthen macht die Maus ohne Neudressur fast ebensowenig Fehler wie im alten.

Tauben lernen vier von fünf Körnern zu unterscheiden oder von einem Körnerhaufen nur fünf Körner zu picken und den Rest liegenzulassen. Sie können demnach Anzahlen sehen und Anzahlen abhandeln. Sie besitzen also simultanes und serielles Vermögen zum unbenannten Zählen. Es reicht bei Wellensittichen und Dohlen bis sechs, bei Kolkraben, Papageien, Elstern und Eichhörnchen bis sieben, bei Graupapageien sogar bis acht. Wenn man ihn hindert, seine Zahlwörter zu gebrauchen, leistet auch der Mensch nicht mehr als diese Tiere. Ein Schimpanse lernte, die von 0 bis 7 wechselnde Anzahl von Figuren, z. B. Dreiecken, als binäre Zahlen wiederzugeben, und zwar durch entsprechendes Ein- und Ausschalten von drei in einer Richtung angeordneten Lampen.[54]

e) Kommunikation

Die Erforschung tierischer Kommunikationssysteme und ihrer Entwicklung (Zoosemiotik) gehört weitgehend zu Verhaltens- und Evolutionsforschung. Wie kompliziert und vielfältig sie sind, haben erst die letzten Jahrzehnte gezeigt. Besonders eindrucksvoll sind die Forschungen an Bienen, Delphinen und Affen.

Die wunderbaren Beobachtungen und Experimente Karl von Frischs beweisen, daß der Tanz der *Honigbienen* genaue Informationen über Ergiebigkeit und Art, Lage und Entfernung einer Futterquelle enthält.[55]

> Die Bienensprache ist ein Beweis dafür, daß sich im Tierreich die Fähigkeit, komplizierte Sachverhalte mitzuteilen, mindestens zweimal an ganz verschiedenen Stellen herausgebildet hat. Von der menschlichen Sprache unterscheidet sich die Bienensprache allerdings grundlegend: Sie wird in allen Einzelheiten vererbt, während beim Menschen nur die Anlage zum Sprechen vererbt, die Sprache selbst aber erlernt wird. (Franke, 1967, 233)

Der Biologe wird natürlich bei der Insektensprache nach stammesgeschichtlichen Vorstufen suchen. Tatsächlich hat man an tropischen Verwandten unserer Biene solche primitiveren Verständigungsmethoden nachweisen können. Manche (stachellose) Arten laufen, wenn sie einen Futterplatz entdeckt haben, erregt auf der Wabe herum, andere legen eine Duftspur, wieder andere machen über die Frequenz eines Summtons eine grobe Entfernungsangabe; manche kennen sogar den Schwänzeltanz, müssen aber die Sonne sehen, um die Richtung zur Futterquelle angeben zu können. Nur die indische Biene ist wie unsere Honigbiene in der Lage, den Winkel zur Sonne in den Winkel zur Schwerkraft zu übertragen, so daß sie auch im dunklen Stock an senkrechten Waben die Richtung zur Futterquelle angeben kann.

Delphine galten schon im Altertum (z. B. bei Aristoteles) als intelligent. 1956 wurde entdeckt, daß sie sich akustisch (durch Echolot) orientieren; später stellte man durch Unterwassermikrophone fest, daß sie neben der Echo-Ortung über ein umfangreiches Vokabular zur innerartlichen Verständigung verfügen. Diese Delphinsprache ist eine Pfeifsprache. Man kann unter den Pfiffen verschiedene Lauttypen unterscheiden: den Suchruf („ist dort jemand?"), die Kennung („hier spricht..."), schließlich zwei weitere Gruppen mit stets variierenden Tonfolgen. Diese sind allerdings noch nicht entschlüsselt, könnten sich aber sehr gut zum Nachrichtenaustausch eignen.

Die aufsehenerregenden Studien Lillys zur *zwischenartlichen Verständigung* haben (unter anderem) gezeigt, daß Delphine menschliche Laute und Wörter sprechen und richtig anwenden lernen.[56]

Auch *Affen* besitzen ein ausgeprägtes Kommunikationssystem, das auf Mimik, Gestik und Lauten beruht. Sie sind jedoch nicht fähig, ihre Vokalisationen in erlernte Klangmuster umzuformen, die von den natürlichen nennenswert abweichen. Deshalb versucht man, ihnen optische Zeichensprachen beizubringen.

Die Schimpansin Washoe lernte bei Versuchen mit dem Psychologen-Ehepaar Gardner bis 1970 weit über hundert vereinfachte Elemente der amerikanischen Zeichensprache (ASL), die auch von Taubstummen benützt wird. Dabei kombiniert sie auch in eigener Erfindung.

Zu ganz erstaunlichen Leistungen brachte das Ehepaar Premack bis 1972 die Schimpansin Sarah. Etwa 130 Wörter werden durch Plastikstückchen symbolisiert, die weder in Form noch in Farbe mit dem dargestellten Gegenstand (Mary, Banane, Teller) oder der dargestellten Eigenschaft (rot, rund, verschieden) übereinstimmen. Sarah bildet und versteht neue Sätze, beantwortet Fragen und vollzieht dabei auch den Übergang vom Objekt zum Symbol. Auf die Frage nach der Farbe eines Apfels antwortet sie richtig „rot", obwohl kein Apfel in der Nähe und das Plastikzeichen für Apfel nicht rot ist. Es ist sogar möglich, neue Zeichen durch Definition einzuführen.[57]

Da es sich in allen Fällen um erste Versuche handelt, darf man annehmen, daß weitere Experimente mit verbesserten Methoden noch erstaunlichere Leistungen erbringen werden. Solche Ergebnisse fordern dazu heraus, die menschliche Sprache nicht als isoliertes Phänomen, sondern in ihren phylogenetischen und psychologischen Zusammenhängen zu untersuchen.

> Was wir wissen, ist indirekt und mit extremer Unsicherheit erschlossen. Diese indirekten Beobachtungen freilich zeigen, daß der Hiatus zwischen Tier und Mensch nicht so groß zu sein scheint, wie man bislang annahm. Die menschenähnlichen Eigenschaften der Tiere sind überraschend, vom primitiven Werkzeuggebrauch bis zur Fähigkeit, einfache Abstraktionen zu bilden. Vor einer Überschätzung des Bewußtseins warnt uns auch die Tatsache, daß es beim Menschen Vorgänge gibt, welche nur als „unbewußtes Denken" bezeichnet werden können.
>
> (Schaefer/Novak, 1972, 33 f.)

Evolution des Menschen

a) Zeugnisse für die menschliche Abstammungslehre

Die Hauptthese der Abstammungslehre lautet: Pflanzen, Tiere und Menschen haben sich aus andersgestalteten Urformen entwickelt. Ähnlichkeit zwischen Organismen ist ein Ergebnis ihrer Verwandtschaft, zumeist sogar ein Maß für ihre engere oder weitere Zusammengehörigkeit. Biologie und Anthropologie wenden die Evolutionstheorie also auch auf den Menschen an. Die Wissenschaft besitzt keine Anhaltspunkte dafür, daß der Mensch irgendwie außerhalb biologischer Gesetze stünde.

1856 werden im Neandertal bei Düsseldorf Skeletteile gefunden, die man als Reste eines Urmenschen deutet. In seinem Hauptwerk *Der Ursprung der Arten* erwähnt Darwin 1859 die Anwendung der Abstammungslehre auf den Menschen nur mit einem einzigen Satz: Viel Licht wird fallen auf den Ursprung des Menschen und seine Geschichte. Th. H. Huxley, für den die Stellung des Menschen in der Natur die Frage aller Fragen bedeutet, trägt 1863 *Zeugnisse für die Stellung des Menschen in der Natur* zusammen. 1871 veröffentlicht Darwin *Die Abstammung des Menschen*, 1874 Haeckel seine *Anthropogenie.*

Aber erst 1900 wird die *Paläanthropologie* eine methodisch gesicherte Wissenschaft. Inzwischen wurden viele weitere Funde gemacht, die es gestatten, „eine naturwissenschaftliche Menschheitsgeschichte"[58] zu schreiben. Die Ansichten Huxleys, Darwins und Haeckels sind zwar modifiziert, aber im wesentlichen doch bestätigt worden.

Allerdings hat man die früher vielfach vertretene Stufenhypothese aufgegeben, nach der Menschenaffe, Frühmensch, Altmensch, Jetztmensch die einzelnen Stufen der Entwicklung zum Gegenwartsmenschen bilden. Man gibt heute der Radiationshypothese den Vorzug, die diese „Stufen" als Äste eines Stammbaumes ansieht. Danach trennen sich die Linien für Affen und Menschen bereits vor dreißig (Präbrachiatoren-Hypothese) oder wenigstens zwölf Millionen Jahren (Brachiatoren-Hypothese). Das Tier-Mensch-Übergangsfeld liegt um 6 000 000 im Pliozän; Frühmensch und Altmensch sind erloschene Zweige des Homininen-Astes (nach 3 000 000, Pleistozän).

Nach den neuesten Funden in Afrika (1960) haben bereits die Australopithecinen vor zwei bis drei Millionen Jahren Knochengeräte hergestellt und benützt. Demnach steht nicht dem Neandertaler (ca. 100 000), sondern dem Australopithecinen der Name „Urmensch" zu. Der Mensch in seiner jetzigen Form (homo sapiens) existiert seit etwa 30 000 Jahren.

Es ist aber nicht die Paläanthropologie allein, die Zeugnisse für die Abstammung des Menschen liefert. Wichtige Argumente stammen auch aus anderen biologischen Teilwissenschaften, z. B. Verhaltensforschung, Physiologie, Biochemie, Serologie, Embryologie, vergleichende Morphologie (dtv-Biologie, 1967, 493; Dobzhansky, 1965, Kap. 7).

Physiologie: Die nahezu vollständige Übereinstimmung der Organ-, Gewebe- und Zellfunktionen weist den Menschen als Teil eines evolutionären

Verbandes der höheren Organismen aus. Mit den übrigen Primaten teilt er z. B. die Fähigkeit zu Raum- und Farbsehen, die Reduktion des Geruchssinnes, die Unbeweglichkeit der Ohren, Ersetzung der Schnauze durch ein Gesicht, Auftreten eines Menstruationszyklus, das Fehlen besonderer Paarungszeiten.

Morphologie: Der menschliche Körper ist nach einem Bauplan konstruiert, der mit wachsender Ähnlichkeit dem der Wirbeltiere, Säuger, Primaten und Menschenaffen entspricht. Einzigartige Strukturen konnten beim Menschen nicht entdeckt werden. Sogar die Broca'sche Windung (das Sprachzentrum) ist z. B. im Gehirn von Pinsel- und Seidenaffen nachgewiesen.

Protein-Taxonomie: Besonders aufschlußreich sind Untersuchungen über die Zusammensetzung von Proteinen.[59] Beispielsweise besteht ein bestimmtes Ferment bei allen Tieren aus gut hundert verschiedenen Aminosäuren und Eiweißen. Je mehr dieser Bestandteile bei verschiedenen Tierarten übereinstimmen, desto näher sind sie stammesgeschichtlich verwandt. Der Unterschied beträgt von den Säugern zu den Vögeln 10 bis 15, zu den Fischen 20, zur Hefe 43–49 Aminosäuren. Zwischen Mensch und Rhesusaffe beträgt der Unterschied 1!

Es geht hier nicht darum, das Tier im Menschen zu zeigen oder umgekehrt; aber es ist zu prüfen, welche Stellung die Wissenschaft dem Menschen zuweist. Bei dieser Fragestellung fallen unbeweisbare Kriterien, wie Nähe zu Gott, Fähigkeit zur Sünde, Endziel der Evolution, von vornherein aus. Eine Vorzugsstellung in irgendeinem metaphysischen Sinne ist hierfür jedenfalls irrelevant.

> Solange man noch das eine Wesen vom anderen her visierte, mußte man es notwendig verfehlen ... Die monistische Deszendenztheorie [läßt den Menschen] zunächst ein Tier sein, bei dem dann, eben durch Entwicklung, noch etwas, nämlich die Vernunft, „dazukommt" ... Genauso wie der Mensch, vom Tier her beleuchtet, ein bloßes unvollkommenes Tier wird, so wird aber auch das Tier, vom Menschen aus beleuchtet, ein bloßer unvollkommener Mensch, dem wiederum die Vorzüge, die dieser aufweist, abgehen.   (Landmann in Heberer, 1965, 429f.)

b) Zur Sonderstellung des Menschen

Trotz der auffallenden und unleugbaren Kontinuität, die den Menschen mit der Tierwelt, insbesondere mit den übrigen Primaten, verbindet, gibt es doch Kennzeichen, die den Menschen von den Tieren, auch von den Affen, abheben. Das hat manche Denker dazu verleitet, ein besonderes Merkmal hervorzukehren und als das *Typische* am Menschen zu sehen. So begegnen wir in der Geistesgeschichte Charakterisierungen wie

homo erectus, homo sapiens (beide Biologie, Linné);
homo faber (Anthropologie, Max Frisch);
homo politicus (Aristoteles), homo sociologicus (Dahrendorf);
homo metaphysicus (Schopenhauer), homo religiosus (Theologie);
homo loquens (Sprachphilosophie), homo grammaticus (Palmer);
homo ludens (Huizinga), homo symbolicus (Cassirer), homo excentricus (Plessner).

Allein die Vielzahl der als entscheidend angepriesenen Merkmale zeigt, daß keines von ihnen genügen kann. Es ist auch keines ganz zutreffend.

> Sooft man versucht hat, die Eigenart des Menschen durch ein einziges passendes Adjektiv auszudrücken, fanden sich Ausnahmen. Linnés homo sapiens will zum Beispiel für sogenanntes Stimmvieh, für Schwachsinnige und auch für den gesunden Säugling nicht wohl passen. Für den homo faber, den Werkzeuggebraucher, beginnen die Vorstufen schon bei Insekten: die Sandwespe macht ihre Brutnesteingänge durch glättendes Beklopfen mit einem in den Kieferzangen gehaltenen Steinchen unsichtbar... Noch weniger eindeutig ist homo ludens... An den Spielen junger Hunde, Füchse, Goldhamster oder Kätzchen kann man sich nicht satt sehen. Selbst alte Schimpansenmänner tun noch mit, wenn ein noch respektloses Kind es ihnen anträgt. Erkundende Neugierspiele sind echte Vorstufen der Naturforschung.
> (Koehler in Altner, 1973, 239 ff.)

Es ist nicht einmal gelungen, typisch menschliche *Krankheiten* zu finden, mit denen man einen medizinisch begründeten Unterschied zwischen Mensch und Tier definieren könnte. Unterwirft man Tiere den entsprechenden Umweltbedingungen, so leiden sie an ganz „menschlichen" Krankheiten, z. B. an Arteriosklerose oder unter psychischem Streß an Magengeschwüren (Schaefer/Novak, 1972, 51).

Darwin u. a. zeichnen den Menschen dadurch aus, daß er ein *Gewissen* besitzt.

> Aber „Gewissen" ist ein anerzogenes, aufgeprägtes Verhaltensmuster, das beim Menschen fehlen und beim Tier anscheinend vorhanden sein kann. Moralisches Verhalten zeigt dieselbe Ambivalenz. Man findet „moralanaloges Verhalten" der Tiere wie Gattentreue, Gemeinschaftssinn, Opferstolz, Mut, Tapferkeit, Brutpflege, Kinderliebe und Herrentreue... Weder Gewissen noch „Moral" sind auf den Menschen beschränkt.
> (Schaefer/Novak, 1972, 51 f.)

Auch Gehlens Deutung des Menschen als *Mängelwesen,* als das „riskierte Wesen mit der konstitutionellen Chance zu verunglücken", ist perspektivisch verzerrt.[60] Gehlen übersieht z. B., daß das Gehirn des Menschen ein Organ ist, das bestens an die Aufgabe des Menschenlebens angepaßt ist (Lorenz, 1973, 232). Richtig ist aber Gehlens Auffassung, daß der Mensch weniger spezialisiert und dadurch vielseitiger ist als andere Arten.

> Wollte der Mensch die ganze Klasse der Säugetiere zu einem sportlichen Wettbewerb herausfordern, der auf Vielseitigkeit ausgerichtet ist und beispielsweise aus den Aufgaben besteht, 30 km weit zu marschieren, 15 m weit und 5 m tief unter Wasser zu schwimmen, dabei ein paar Gegenstände gezielt heraufzuholen und anschließend einige Meter an einem Seil emporzuklettern, was jeder durchschnittliche Mann kann, so findet sich kein einziges Säugetier, das ihm diese drei Dinge nachzumachen imstande ist.
> (Lorenz, 1973, 200)

Diese Vielseitigkeit, verbunden mit einer lebenslangen Neugier, ermöglicht es dem Menschen, sich auf der ganzen Erde durchzusetzen, sie macht ihn zum Kosmopoliten. Seine „Spezialisation auf Nichtspezialisiertsein" ist also *eine* der Voraussetzungen, die erfüllt sein mußten, damit der Mensch entstehen konnte.

c) Voraussetzungen der Menschwerdung

Es ist kein Zufall, daß gerade die Verhaltensforschung die Suche nach den Voraussetzungen der Menschwerdung so erfolgreich aufnahm. Besonders durch ihre Mittelstellung zwischen Physiologie und Psychologie kann sie wesentliche Beiträge zu diesem Teil der Anthropologie leisten. Die Analyse einiger solcher Faktoren verdanken wir Konrad Lorenz (1943, 362 ff.; 1965, 224–246; dtv-Biologie, 1967, 501).

Raumvorstellung und Greifhand: wie alle heutigen Affen mit Greifhänden mußten auch die Vorfahren der Hominiden die Fähigkeit besitzen, Richtungen, Entfernungen und genaue Lagebeziehungen zentral zu erfassen. Diese zentrale Repräsentation des Raumes ermöglicht den Primaten, im Vorstellungsraum nicht nur sich selbst zu bewegen, sondern auch die Objekte der Umwelt. Statt durch Versuch und Irrtum handelnd eine Lösung zu suchen, probieren sie die Operation energie- und risikosparend in ihrer Vorstellung durch. Dadurch ergeben sich bereits Ansätze zum Denken und planmäßigen Verfertigen von Geräten. Im Laufe der Menschwerdung förderten sich Geräteherstellung, Handfertigkeit, Denkvermögen und aufrechte Haltung wechselseitig.

Sexualität und Familienintegration: Die nicht-hominiden Vorfahren des Menschen hatten wahrscheinlich eine ähnliche soziale Ordnung wie die heutigen Menschenaffen. Bei polygamen Beziehungen werden aber die Energien der aktivsten und ranghöchsten Männchen durch das Fernhalten von Rivalen und Feinden verbraucht. Diese Organisation war nur im tropischen Wald mit seiner Nahrungsfülle haltbar und mußte beim Übergang zur alles- oder fleischfressenden Lebensart in Baumsteppe und Steppe durch eine andere Arbeitsteilung ersetzt werden. Erst die (auf den Menschen beschränkte) dauernde weibliche Sexualbereitschaft machte ein monogames Familienleben möglich und befreite damit den Mann von der steten Notwendigkeit, Rivalen abzuwehren. Er konnte sich auf die Tätigkeiten außerhalb des Wohnplatzes spezialisieren. Die Zusammenarbeit erforderte Nachrichtenaustausch und regte die Entwicklung der Sprache an.

Elterliche Fürsorge und Selbstdomestikation: Die hohe Sterblichkeit bei Jungtieren wird durch elterliche Fürsorge eingeschränkt. Diese Fürsorge scheint mit der Gehirnevolution kausal verknüpft zu sein: Mit wachsender Gehirngröße nimmt die Entwicklungsgeschwindigkeit des Kindes ab, die Dauer seiner Pflegebedürftigkeit daher zu; dies wiederum erhöht den Selektionswert der elterlichen Fürsorge und damit die Auslese in Richtung auf ein leistungsfähigeres Gehirn. Als Folge der Entwicklungshemmung beim Kind findet man ein Fortdauern von Jugendmerkmalen (Neotenie): Der Mensch erhält sich eine weltoffene Neugier nahezu über sein ganzes Leben.

Instinktreduktion und Freiheit des Handelns: Im Zusammenhang mit der Domestikation wurden vermutlich auch erblich fixierte und daher starre Verhaltensweisen von plastischeren, adaptiven und individuellen Reaktionen verdrängt. Mit schrumpfender Instinktsicherheit erweiterte sich der

Freiheitsgrad des Handelns. Durch Auslese wurde die Fähigkeit begünstigt, übernommene oder persönliche Erfahrungen zu sammeln, zu verbinden und auf neue Fälle zu übertragen. Schließlich entwickelte der Mensch einen an das Großhirn gebundenen Erkenntnisapparat, der es ihm gestattete, eine Theorie der realen Welt zu formulieren und damit diese Welt auch im zielgerichteten Handeln zu beherrschen.

Diese Voraussetzungen der Menschwerdung wurden im Tier-Mensch-Übergangsfeld natürlich nicht in einem Sprung und nicht unabhängig voneinander verwirklicht, sondern sie förderten sich gegenseitig. Das Ergebnis dieser kontinuierlichen Entwicklung ist der heutige homo sapiens. Die folgende Tabelle versucht, seine wichtigsten Merkmale in Gruppen zusammenzufassen.[61]

Lange Embryonalperiode, hohes Geburtsgewicht, lange Jugendphase und späte Geschlechtsreife, hohes Alter, langes Neugier- und Spielverhalten;
schwache Körperbehaarung („nackter Affe"), lange Beine, breites Becken, aufgerichtete Köperachse, Hände frei zum Tragen und Werkzeugverfertigen;
bessere Abstützung des Kopfes unter seinem Schwerpunkt, dadurch relativ großer Schädel möglich, großes Gehirn mit starker Differenzierung, Vermehrung der Ganglienzellen;
hohe Gedächtniskapazität, gesteigerte Fähigkeit zu Wahlhandlungen auf Grund von Erfahrungen, Abbau der Instinkte, Lernvermögen;
Ausbildung einer motorischen Sprachregion, Entwicklung von Sprache und abstrakten Begriffen, Generalisierung, Plan und Einsicht, logisches und kausales Denken;
Gemeinschaft, Tradition und Kultur, Veränderung der Umwelt, ethische und religiöse Normen, Wissenschaft und Kunst.

d) Quantitative oder qualitative Höherentwicklung?

Biologen, Anthropologen und Verhaltensforscher betonen immer wieder, daß viele der zuletzt genannten Merkmale nur *quantitative* Unterschiede zu Tierleistungen darstellten, und es ist zumindest eine gute Arbeitshypothese (und im Einklang mit dem Kontinuitätspostulat S. 29), eine solche Höher- oder Weiterentwicklung für alle Bereiche annehmen.

Andererseits schließen viele Denker bei einigen dieser Eigenschaften auf echte Entwicklungssprünge, die zu *qualitativ* neuen Phänomenen geführt hätten. Einen qualitativen Sprung sieht z. B. Chomsky (1970, 117) im Auftreten der Sprache. Solche Auffassungen lassen sich auch leicht in ein philosophisches Gewand kleiden, wie N. Hartmanns Schichtenlehre oder Whiteheads Ganzheitsphilosophie zeigen.

Ein Ausweg aus diesem Dilemma wäre natürlich die Auffassung des dialektischen Materialismus, nach der quantitative Veränderungen bei genügender Anhäufung zu qualitativen Sprüngen führen. Dieses dialektische Gesetz ist zwar psychologisch richtig – starke quantitative Unterschiede *erscheinen* uns nämlich häufig als qualitativ[62] – aber sachlich falsch; denn von einem Umschlagen kann in den wenigsten Fällen gesprochen werden.

Die richtige Lösung liegt wohl an anderer Stelle. Für Physiker, Chemiker, Kybernetiker, Systemtheoretiker und Gestaltpsychologen ist nämlich das

Auftreten völlig neuer Systemeigenschaften durch die Vereinigung von Untersystemen etwas ganz Natürliches.

Elektron und Proton sind *geladene* Elementarteilchen; zusammen bilden sie ein *neutrales* Atom (Wasserstoff). Die *Gase* Sauerstoff und Wasserstoff verbinden sich zu der *Flüssigkeit* Wasser. Kohlenstoff C und Stickstoff N sind *harmlose* Stoffe, Cyan C_2N_2 ist *hochgiftig*. Ein Stromkreis mit einer Spule und einer mit einem Kondensator ergeben zusammengeschaltet einen *Schwingkreis* (Lorenz, 1973, 49). Auch die Regeln eines Fußballspiels lassen sich nicht auf einen einzelnen Menschen, sondern nur auf mehrere Spieler anwenden (Russell).

Die Eigenschaften eines Systems können sich also wesentlich (qualitativ!) von denen seiner Teile unterscheiden. Diese Tatsache ist für einige der wichtigsten zur Zeit diskutierten Probleme relevant: für die Frage der Entstehung des Lebens, für das Reduktionsproblem (Rückführbarkeit der Biologie auf Physik und Chemie), für die Gestaltpsychologie (das Ganze ist mehr als die Summe seiner Teile), für die Evolution des Bewußtseins oder auch für die psychophysischen Probleme. Leben, Bewußtsein, Erkenntnisfähigkeit sind nämlich Systemeigenschaften und nur als solche verständlich.

Es ist auch bei der Entwicklung zum Menschen nicht nötig, echte Entwicklungssprünge oder gar außernatürliche Einflüsse zu postulieren. Wie schon auf S. 67 erwähnt, werden aber die üblichen Begriffe *Evolution* oder *Entwicklung* diesen Verhältnissen nicht gerecht. Auch das vielfach verwendete Wort *Emergenz* weckt zu leicht die Assoziation, etwas Vorhandenes erscheine plötzlich an der Oberfläche. Lorenz (1973, 48) verwendet deshalb für das Auftreten neuer Systemeigenschaften den scholastischen Begriff *Fulguration*. Er soll daran erinnern, daß wie bei einem Blitz (fulgur) oder – besser noch – wie bei einem Kurzschluß schlagartig etwas Neues auftritt, eine völlig neue Verbindung geschaffen wird, die vorher nicht, auch nicht in Andeutungen, vorhanden war.

Die Erklärung der Höherentwicklung durch Fulguration erspart uns den *Panpsychismus*, wie ihn z. B. Rensch vertritt. Die panpsychistische Auffassung schreibt nicht nur allen Lebewesen, sondern auch der unbelebten Natur, ja sogar den Molekülen, Atomen und Elementarteilchen protopsychische Eigenschaften zu, um den angeblich unmotivierten und übergroßen Sprung vom physiologischen Bereich zu den Bewußtseinserscheinungen zu vermeiden. Sie kann jedoch nicht erläutern, was unter protopsychischen Eigenschaften zu verstehen sein soll, und gerade die Hauptargumente zugunsten des Panpsychismus (Rensch, 1968, 238) lassen sich durch die kybernetisch-systemtheoretische Deutung neuer Eigenschaften (Qualitäten) widerlegen.

Was bleibt nun eigentlich von den typisch menschlichen Merkmalen noch übrig?

> Wenn ein späteres Lebewesen die fossilen Reste eines Menschen fände, würde es ihn zu den Affen stellen. Neben dem aufrechten Gang, der auch noch recht häufig ist, würde ihm die abnorm vergrößerte Hirnkapsel auffallen; aber es käme kaum auf den Gedanken, daß dieses Wesen die Welt umgestaltet hat wie kein anderes in den Jahrmilliarden des Lebens. (nach Remane in Gadamer/Vogler, 1972, 319)

Tatsächlich beruhen die meisten Merkmale des Menschen auf der ungewöhnlichen Leistungsfähigkeit seines Gehirns.[63] Sie ist das eigentlich Menschliche am Menschen. Auf die höchsten Gehirnleistungen geht deshalb das nächste Kapitel ein.

D Evolutionäre Erkenntnistheorie

> *Auch die Wissenschaft vom menschlichen Geiste, vor allem die Erkenntnistheorie, beginnt zu einer biologischen Naturwissenschaft zu werden.*
>
> (Lorenz, 1973a, 100)

Biologische und kulturelle Evolution

Die Betrachtungen in C haben deutlich gemacht, daß das Prinzip der Evolution universell ist. Es gilt sowohl für den Kosmos als Ganzes wie für Spiralnebel, Sterne mit ihren Planeten, für den Erdmantel, Pflanzen, Tiere und Menschen, für das Verhalten und die höheren Fähigkeiten der Tiere; es gilt aber auch für Sprache und Sprachen und für die historischen Formen menschlichen Zusammenlebens und Wirkens, für Gesellschaften und Kulturen, für Glaubenssysteme und Wissenschaften.

Natürlich können die Faktoren und Gesetze der Evolution auf den einzelnen Ebenen sehr verschieden sein. So sind für die Entwicklung eines Sterns ausschließlich physikalische Gesetze maßgebend; bei biologischen Systemen kommen jedoch weitere Prinzipien hinzu (ohne daß auch nur ein physikalisches Gesetz außer Kraft gesetzt würde, vgl. S. 61). Von Mutation und Selektion oder Anpassung zu sprechen, ist wiederum erst sinnvoll bei Organismen, die sich fortpflanzen und eine gewisse Variabilität besitzen. Bei anderen Systemen können diese Begriffe zunächst nur zu Analogien dienen, oder sie müssen ganz neu definiert werden.[64]

Man unterscheidet deshalb auch mit Recht zwischen biologischer, sozialer und kultureller Evolution des Menschen und entsprechend zwischen biologischer, Sozial- und Kulturanthropologie. Dabei werden jedoch die biologischen Gesetze nie ungültig, sondern nur *ergänzt* durch weitere Faktoren.

> Es hat sich nämlich in historischer Zeit – beginnend vor einigen Jahrtausenden – die Art der Selektion wesentlich geändert. Die genetische Evolution der Hominiden, welche über sehr lange Zeiträume hinweg schließlich zum Homo sapiens führte, wurde vermutlich ausschließlich von der „natürlichen Selektion" beherrscht. Eine natürliche Selektion ist dann gegeben, wenn die Populationsglieder mit der jeweils geeignetsten Genkombination die höchste Reproduktionsrate aufweisen. Seit einigen Jahrtausenden ist jedoch immer mehr innerhalb der menschlichen Populationen eine „künstliche Selektion" wirksam geworden.
>
> (Mohr, 1967, 56)

Charakteristisch für die Änderung der Ausleseprinzipien sind folgende Neuerungen:

a) Der Mensch erkennt und heilt Krankheiten, die unter natürlichen Umständen zum Tode führen bzw. die Nachkommenschaft vermindern oder verhindern würden. Durch die Erfolge der Medizin werden also defekte Gene häufig nicht mehr aus den menschlichen Populationen eliminiert.

b) In der natürlichen Evolution wird die Fortpflanzungsrate nicht durch die Individuen *kontrolliert*. Schon das Wissen um den Zusammenhang von Zeugung und Geburt kann jedoch die Zahl der Nachkommen beeinflussen. (Es soll primitive Stämme geben, die diesen Zusammenhang nicht kennen.) Die aktive Geburtenkontrolle ändert die Auslesebedingungen noch drastischer.

c) Als einziges Wesen der Erde *weiß* der Mensch, daß er ein Produkt der Evolution ist und ihr weiterhin unterliegt. Er wird also versuchen, die Evolution zu lenken. Neuerdings eröffnet sich sogar die Möglichkeit, das Erbgut direkt zu beeinflussen.

d) Der Mensch ist in der Lage, seine Umwelt aktiv, willentlich und geplant zu *verändern*. Dabei kehrt sich das Verhältnis von Organismus und Umwelt um. Nicht die Gene müssen sich nach den äußeren Bedingungen richten, sondern der Mensch paßt die Umwelt seiner genetischen Konstitution an.

e) Durch die Fähigkeit, *Symbole* (Sprache) zu erfinden und zu gebrauchen, gewinnt der Mensch die Möglichkeit, Wissen zu sammeln und weiterzugeben. Daraus erwächst ihm ein Mittel der innerartlichen Informationsübertragung, das in Konkurrenz zum biologisch-genetischen Transfer tritt und die kulturelle Evolution einleitet.

f) Kulturelle Neuerungen werden durch Lernen erworben und durch *Belehrung* und *Tradition* vermittelt. Sie können nicht nur an die Nachkommenschaft, sondern an „jedermann" weitergegeben werden. Der Austausch dieser erworbenen Information erfolgt deshalb wesentlich schneller und effektiver.

g) Jeder kulturelle Fortschritt steigert wiederum die Notwendigkeit, sich der kulturellen Umgebung besser anzupassen und sie zu nützen. Auf diese Weise übt die Kultur einen starken Selektionsdruck auf die genetische Evolution des Menschen aus. So ist auch die *Kulturfähigkeit* ein Instrument, das der Anpassung an die Umwelt und ihrer Beherrschung dient.

Aus dieser Zusammenstellung geht schon hervor, daß die biologische Evolution nicht dort endet, wo eine kulturelle Evolution einsetzt. Bei der Evolution des Menschen wirken vielmehr biologische und kulturelle Faktoren *zusammen*.[65]

> Menschliche Evolution kann weder als rein biologischer Prozeß verstanden noch adäquat als Kulturgeschichte beschrieben werden. Sie besteht in der Wechselwirkung von Biologie und Kultur. Zwischen biologischen und kulturellen Vorgängen besteht eine Rückkopplung. (Dobzhansky, 1965, 34)

Ein besonders lehrreiches Beispiel für diese Rückkopplung ist wieder die menschliche Sprache. Offenbar besitzt ein solches hochsymbolisches Kommunikationssystem für den sozialen und jagenden Hominiden einen großen Auslesevorteil. Deshalb werden Individuen mit besserer angeborener Sprachfähigkeit durch die Selektion bevorzugt, und solche Individuen werden auch dieses Kommunikationssystem benützen und vervollkommnen.

Die Entwicklung muß also als eine biologisch-kulturelle Einheit gesehen werden. Jedenfalls behalten auch hier die Gesetze der biologischen Evolution ihre Gültigkeit. Wie der Energie-Erhaltungssatz „der Physik" auch für die lebende Zelle gilt, so wirken die Gesetze der Evolution auf den Menschen, seine morphologischen, physiologischen und Verhaltensstrukturen, auf seine Organe, ihre Funktion und ihre Leistungen, auch wenn diese Gesetze nicht ausreichen mögen, ihn in seinen psychischen, kognitiven, sozialen und kulturellen Bezügen zu „erklären" oder zu verstehen.

Nun sind Denken und Bewußtsein Funktionen des Gehirns, also eines natürlichen Organs. Wie alle anderen Organe und ihre Funktionen dienen sie der Auseinandersetzung des Individuums mit seiner Umwelt und müssen sich in dieser Auseinandersetzung bewähren. Deshalb kann und muß auch die Ausbildung des Gehirns und seiner Leistungen unter dem biologisch-evolutiven Aspekt gesehen werden. Diesen Gedanken werden wir in den nächsten Kapiteln weiterverfolgen.

Zunächst befassen wir uns mit den neurophysiologischen Grundlagen des Bewußtseins. Sie zeigen jedenfalls, wieviel enger die Beziehung zwischen physischen und psychischen Komponenten ist, als die Verfechter des cartesianischen Leib-Seele-Dualismus glauben.

Bewußtsein und Gehirn

Die Frage, inwieweit sich den psychischen Erscheinungen physiologische Korrelate zuordnen lassen, hängt eng zusammen mit dem Leib-Seele-Problem, das schon Generationen von Philosophen beschäftigt hat. Der erste, der das Gehirn als Zentralorgan der Wahrnehmung und als stoffliche Grundlage des Denkens entdeckt, ist Alkmaion von Kroton (um 500 v. Chr.).

> Ist es das Blut, mit dem wir denken, oder die Luft oder das Feuer? Oder ist es keines von diesen, sondern vielmehr das Gehirn, das die Tätigkeit des Hörens, Sehens und Riechens verleiht? Und daraus entsteht dann Gedächtnis und Meinung, und aus Gedächtnis und Meinung ... das Wissen ... Solange das Gehirn unversehrt ist, solange hat auch der Mensch seinen Verstand ... Daher behaupte ich, daß das Gehirn es ist, das den Verstand sprechen läßt. (Alkmaion[66])

Nerven- und Hirnphysiologie, experimentelle Psychologie, Kybernetik und Automatenforschung haben für die Beziehung zwischen Bewußtsein und Gehirn besonders wichtige Ergebnisse geliefert.

a) Je höher eine Tierart in der phylogenetischen Evolution steht, desto größer ist die relative Masse und die physiologische Kompliziertheit ihres Gehirns. Bewußtes Verhalten tritt erst bei Arten mit hochentwickeltem und stark differenziertem Nervensystem auf. Im allgemeinen entspricht eine Vielfalt bewußten Verhaltens auch einem hohen Organisationsgrad des Zentralnervensystems.

Auch während der Ontogenie eines Tierorganismus entsprechen sich die Entwicklung des Gehirns und die des bewußten Verhaltens. Verglichen mit der Hirnrinde eines Erwachsenen, ist diejenige eines Säuglings nur wenig strukturiert (wenige Dendriten und Neuronen-Verbindungen). Besonders auffällig ist diese Parallelität bei geschädigten Individuen:

> Alle Mißbildungen, die anatomische Abnormalitäten der Hirnrinde und der höheren Zentren einschließen, führen zu bedeutenden Fehlleistungen. Umgekehrt lassen sich bei allen angeborenen Defekten, die Schwachsinn oder Entwicklungsverzögerungen einschließen, auch Gehirn-Abnormalitäten nachweisen. Diese Abnormalitäten beruhen häufig auf genetisch bedingten Stoffwechselstörungen im Zentralnervensystem. (Rosenblueth, 1970, 27)

b) Bereits leichte Abweichungen vom physiologischen Gleichgewicht rufen erhebliche Störungen der psychischen Prozesse hervor. Bewußtlosigkeit tritt z. B. schon ein bei leichtem und vorübergehendem Mangel an Sauerstoff oder Zucker oder bei Absinken der Körpertemperatur. Gerade wegen ihrer großen Bedeutung für das Überleben sind diese Mangelerscheinungen auch von starken subjektiven, „psychologischen" Komponenten – Erstickungsgefühl, Hunger, Frieren – begleitet (vgl. Lorenz, 1963, 363).

Ebenso besteht ein großer Einfluß des Hormonhaushaltes auf die geistigen Prozesse; die emotionalen und personalen Veränderungen in Pubertät und Klimakterium sind mit erheblichen Umstellungen der Drüsenfunktionen verbunden. Noch radikaler wirken Drogen: Anästhetika; Alkaloide wie Morphium, Heroin, Kokain; Alkohol, Beruhigungs- und Schlafmittel, Halluzinogene.

c) Die Methoden der *Zentrenlokalisation* haben gezeigt, daß das Zentralnervensystem, besonders aber die Großhirnrinde, funktionell gegliedert ist, d. h. daß verschiedenen Hirnteilen völlig verschiedene Aufgaben zugeordnet sind[67] (was übergreifende Prozesse wie Lernen und Gedächtnis keineswegs ausschließt). So gibt es ein motorisches Sprachzentrum mit Feldern zur Tonlautbildung, Melodiebildung, zum Wortsprechen, Satzsprechen usw. Deshalb können Verletzungen der Hirnrinde oder auch lokale Strychnin-Injektionen zu ganz spezifischen Ausfallerscheinungen führen, z. B. zur Unfähigkeit zu erkennen bei wenig gestörter Wahrnehmungsfähigkeit (Seelenblindheit).

d) Die Aktivität von Neuronen und Nervenleitungen ist begleitet von elektrischen Impulsen, die registriert und analysiert werden können. Umgekehrt löst die elektrische Reizung gewisser Hirnteile mentale Prozesse aus, z. B. Farb- oder Tonwahrnehmungen, Erinnerungsbilder oder Halluzinationen, sogar Lustgefühle oder Aggressionen.

e) Die erstaunlichsten und deutlichsten physiologischen Anzeichen für die Aktivität des Gehirns sind jedoch die *Gehirnwellen,* beim Menschen 1924 durch Berger entdeckt. Ihre Aufzeichnung (Elektro-Enzephalogramm, EEG) ist sehr hilfreich für die Diagnose von Epilepsie und Geisteskrankheiten, die Lagebestimmung von Tumoren und anderen Hirnschäden. Nach ihrer Frequenz unterscheidet man Alpha-, Beta-, Delta- und Thetawellen. Jeder dieser Rhythmen ist mit bestimmten psychologischen Vorgängen verknüpft.[68]

Der δ-Rhythmus (Frequenz 0,5 bis 3,5 Hertz [= Schwingungen pro Sekunde]) findet sich vor allem bei Kindern (schon vor der Geburt); er ist verbunden mit tiefem Schlaf, Krankheit und Degeneration und mit der Mobilisierung einer organisierten Abwehr.

Der ϑ-Rhythmus (4 bis 7 Hertz) tritt vor allem bei Zwei- bis Fünfjährigen auf und zwar bei der Suche nach Annehmlichkeiten, bei Vergnügen, bei Lust und Unlust.

Der α-Rhythmus (8 bis 13 Hertz) ist bei allen Menschen verschieden und erreicht bei Vierzehnjährigen seine endgültige Form. Er ist angeboren und vermutlich erblich. Offenbar entspricht er einem Abtastmechanismus, der Suche nach Mustern; visuelle Vorstellungen und α-Rhythmus schließen sich gegenseitig aus.

Der β-Rhythmus (14 bis 30 Hertz) tritt bei Spannungs- und Angstzuständen auf.

Diese Tatsachen haben schon W. G. Walter, einen der Pioniere auf dem Gebiete der Hirnphysiologie, zu der Prognose bewogen, daß „keine Auffassung über den Geist von Bestand sein wird, welche die durch die Physiologie enthüllten Grundsätze über Hirnfunktionen nicht ebenso in Rechnung setzt, wie es die medizinische Praxis bei anderen körperlichen Funktionen tut" (Walter, 1961, 275).

f) Einige Entdeckungen der Gehirnforschung lassen eine *physiologische Erklärung der Gestaltwahrnehmung* (vgl. S. 51 ff.) erhoffen:

In der funktionellen Gliederung des Gehirns liegt die Sehregion an der Rückseite der Großhirnrinde.

Die Bezeichnung „zentrales Projektionsgebiet" für diese Region ist etwas irreführend, da sie die Vorstellung weckt, das Netzhautbild würde auf dieses Gebiet der Hirnrinde „projiziert" und von einer Art inneren Auges angeschaut. Diese „Isomorphie-Theorie" einiger Gestaltpsychologen ist widerlegt. Genau wie Laute, Gerüche, Farben im Gehirn nur verschlüsselt repräsentiert sind, müssen auch gestalthafte Eindrücke in der Aktivität von Nervenzellen codiert sein. Die Elektrophysiologie beginnt, diesen Code zu entschlüsseln.

Hubel und Wiesel zeichneten die Aktivität von Sehrindenzellen bei Katzen auf, denen sie einfache Gestaltreize in Form von Lichtbalken auf einem Projektionsschirm boten. Einige Zellen antworten mit einer langen Impulsserie, wenn der Lichtbalken an einer bestimmten Stelle des Gesichtsfeldes und in einem ganz bestimmten Winkel projiziert wird. Die zur Aktivierung erforderlichen Reize wechseln von Zelle zu Zelle. Manche Zellen „feuern" nur auf Bewegungsreize, eventuell nur auf solche in einer bestimmten Richtung. Andere reagieren auf Kanten oder dunkle Balken auf hellem Grund.

Es gibt aber nicht nur Zellen, die man einer bestimmten Stelle der Netzhaut zuordnen kann, sondern auch *komplexe* Zellen, die auf gewisse Reize unabhängig von ihrer Position ansprechen. Eine solche komplexe Zelle erhält ihre Signale von einer großen Zahl einfacher Zellen, die für verschiedene Netzhautstellen, aber für die gleiche Orientierung zuständig sind. Derartige komplexe Zellen werden z. B. bei Betrachtung einer geraden Kante fortwährend gereizt, auch wenn sie sich seitlich bewegt oder größer oder kleiner wird.[69]

Diese Entdeckungen zeigen, daß im Gehirn Analysatoren tätig sind, die nur auf ganz bestimmte Objekteigenschaften ansprechen. Sie sind deshalb zumindest für die räumliche Gestaltwahrnehmung von großer Bedeutung. Sie könnten erklären, warum unsere Wahrnehmung bereit oder sogar „bemüht" ist, Muster zu bilden, warum sie ein unvollständiges Quadrat ergänzt usw.

g) Während über die Phänomene der *Gedächtnisleistungen* schon erstaunlich viel bekannt ist (vgl. S. 73 f.), wissen wir über ihre Neurophysiologie weit weniger. Einerseits bleibt das Gedächtnis trotz ausgedehnter Gehirnverletzungen (Wunden, Abszeß, Tumor, operative Entfernung) ungestört. Es darf also nicht als eine Bibliothek aufgefaßt werden, in der jede Information einen genau ihr zukommenden Platz hat.

Andererseits werden z. B. Ratten auf einen Irrgarten trainiert, und anschließend auf sehr tiefe Temperaturen eingefroren, so daß alle Lebenserscheinungen wie Herzschlag und Gehirnaktivität zum Stillstand kommen. Nach dem Auftauen finden sich die Ratten sofort wieder im Labyrinth zurecht. Daß Gedächtnis mehr ist als eine kontinuierliche nervöse Aktivität, zeigen noch deutlicher die Versuche mit trainierten und verfütterten Plattwürmern oder mit trainierten Ratten, deren Gehirnsubstanz anderen Nagetieren injiziert wird, die daraufhin „spontan" die Lektion beherrschen.

Offenbar sind bei der Bildung von Engrammen (Gedächtnis-Spuren) sowohl lokal-chemische Faktoren (Bildung spezieller RNS-Moleküle) als auch integrative Vorgänge (elektrochemische Erregungskreise) beteiligt. Möglicherweise beruhen die Unterschiede zwischen Lang- und Kurzzeitgedächtnis gerade auf diesen verschiedenen Speichermethoden.[70]

h) In vielen Fällen ist es gelungen, Computerprogramme zu entwerfen oder Automaten zu konstruieren, die *Intelligenzleistungen simulieren*. Auf die Fragen, wie genau die künstliche der natürlichen Intelligenz entspricht, ob es sich um funktionelle oder strukturelle Isomorphie von Maschine und Organismus handelt, ob Computer „denken", Bewußtsein haben und eines Tages auch Kreativität zeigen, können wir hier nicht eingehen. Um mindestens phänomenologische Gleichwertigkeit handelt es sich bei folgenden Leistungen, die heute von Computern erbracht werden:[71]

Gedächtnis (bei Computern heute bis 10^9 bit, beim Gehirn etwa 10^{12} bit);
logisches Schließen, Treffen einer Wahl;
Lernen durch Abspeichern, bedingte Reflexe, Versuch und Irrtum oder durch Verallgemeinerung;
Zeichenerkennung, Spracherkennung, Sprachübersetzung;
Problemlösen, Zielsetzung, Planen;
Selbstreparieren, Selbstreproduktion.

Die psychophysischen Entdeckungen legen die Vermutung nahe, daß jedem Bewußtseinszustand eindeutig ein Gehirnzustand entspricht oder daß überhaupt nur ein Zustand vorliegt, der verschieden – nämlich psychologisch und physiologisch – wahrgenommen wird.

> Naturwissenschaftlich betrachtet ist das eine Hypothese, die offenbar von ihrer Verifikation noch sehr weit entfernt ist . . . Immerhin konnten bislang auch keine durchschlagenden Gegenargumente vorgebracht werden. Es ist vielfach behauptet worden, die räumlich strukturelle Mannigfaltigkeit des Gehirns sei viel zu klein, um der Mannigfaltigkeit all dessen entsprechen zu können, was gefühlt und gedacht werde . . . Aber hier wird irrtümlicherweise die strukturelle Vielfalt unseres Gehirns außerordentlich unterschätzt, sie ist im Gegenteil noch sehr viel mannigfaltiger als alles, was wir uns vorstellen können. Auch die Tatsache, daß sich Gehirnzustände in völlig verschiedener Weise der naturwissenschaftlichen Erfassung und den Bewußtseinserlebnissen darbieten, ist kein logischer Einwand gegen die Identitätstheorie. In diesem Sinne sind auch die haptischen und optischen Eindrücke [eines] Apfels inkommensurabel, und wir schreiben sie trotzdem dem gleichen Objekt zu. Die Identitätstheorie ist naturwissenschaftlich denkbar, und sie ist bis jetzt logisch nicht widerlegt worden. (Sachsse, 1968, 229 f.)

Außerdem ist diese Hypothese ein fruchtbares heuristisches Prinzip – im Einklang mit dem Heuristik-Postulat (S. 32). Denn nur wenn man an eine derartige Korrelation physischer und psychischer Vorgänge glaubt, wird man danach suchen. Trotzdem darf man die Identitätstheorie nicht überfordern. „Zwar hat alles, was sich in unserem Erleben abspielt, sein Korrelat auf der Seite der nervenphysiologischen Vorgänge, aber keineswegs alles, was in unserem Nervensystem geschieht, hat sein Abbild in unserem subjektiven Erleben" (Lorenz, 1963, 362). Es sind auch keineswegs die komplexesten, auf der höchsten Integrationsebene verlaufenden zentralnervösen Prozesse, die im Bewußtsein aufleuchten.

> Es gibt sehr einfache Nervenvorgänge, ja solche, die sich im vegetativen Nervensystem abspielen, die von intensivstem Erleben begleitet sind. [Z. B. Seekrankheit, Wollust, Schmerz] . . . Auf der anderen Seite gibt es hochkomplizierte, in ihrer Funktion den schwierigsten logischen und mathematischen Operationen analoge Leistungen, z. B. die des Verrechnungsapparates unserer Wahrnehmung, die nicht nur völlig unbeseelt ablaufen, sondern auch bei größter Willensanstrengung unserer Selbstbeobachtung grundsätzlich unzugänglich sind. (Lorenz, 1963, 362)

Angeborene Strukturen

Ist der menschliche Geist wirklich zuerst die tabula rasa des strengen Empiristen? Oder weist er schon bei Geburt gewisse Strukturen auf? In der Auseinandersetzung um diese Alternative spielen von Demokrit und Platon bis zu Hume und Kant die „angeborenen Ideen" eine Schlüsselrolle. Im historischen Kapitel A wurde diese Frage besonders berücksichtigt. Die

Antworten hängen vor allem davon ab, was unter angeborenen Ideen jeweils verstanden wird. Das können Vorstellungen sein oder Begriffe, Kategorien, Urteile und Vorurteile, Wahrheiten, Schlußgewohnheiten, logische, moralische oder Naturgesetze, Instinkte, Anschauungsformen, Erlebnismuster (Archetypen) oder Erkenntnisstrukturen. So gelten als angeboren bei

	Seite		Beispiele
Platon		alle abstrakten Ideen	das Gute; Gleichheit
Aristoteles		Axiome der Logik	Satz vom Widerspruch
F. Bacon	5	idola tribus	„Gestaltwahrnehmung"
Hume	7	Instinkte, Schlußregeln	Folgern aus Erfahrung
Descartes	8	erste Prinzipien	eigene Existenz; Gott
Leibniz	9	alle notwendigen Wahrheiten	Mathematik und Logik
		viele intellektuellen Ideen	Einheit, Substanz
		einige praktische Prinzipien	Lust suchen, Unlust vermeiden
Kant	10	der „Grund" für die Anschauungsformen und Kategorien	Möglichkeit der Raumanschauung
Helmholtz	12	Raumanschauung	Dreidimensionalität
Lorenz	19	Verhaltensmuster	Balzverhalten
		Anschauungsformen	Raumanschauung
		Kategorien	Kausalität
Piaget	20	Reaktionsnormen	
		kognitive Strukturen	Flächenwahrnehmung
Jung	21	Archetypen	Anima, Dualität
Lévi-Strauss	23	Strukturen	kulinarisches Dreieck
Chomsky	24	universale Grammatik	A-über-A-Prinzip

Bis auf Locke sehen alle in A zitierten Denker – soweit sie das Problem überhaupt behandeln – gewisse Strukturen als angeboren an. Trotzdem konnte nicht präzisiert werden, was denn unter *angeboren* zu verstehen sei. So gerieten der Begriff des Angeborenen und der des Instinktes in Verruf, weil beide meist als Ausflucht oder als Namen für etwas Unerklärbares, schlechthin Mysteriöses dienten.

> Es gab eine Zeit, in der „Angeborensein" auf dem Index der verbotenen Begriffe stand. Inzwischen hat sich in der offiziellen Zensur der Begriffe vieles geändert, aber es gibt noch immer Wissenschaftler, die die Annahme von irgend etwas Angeborenem als einen geschickten Trick ansehen, der den Taschenspieler von „wirklich wissenschaftlichen" Untersuchungen entbindet. (Lenneberg, 1972, 479)

So erschien im 19. und 20. Jahrhundert die Frage der angeborenen Ideen als überholt, unbeantwortbar, im negativen Sinne entschieden oder als Scheinproblem. In den letzten Jahrzehnten hat sich diese Situation jedoch grundlegend geändert. Durch die Biologie, vor allem durch Genetik und Verhaltensforschung, wissen wir heute besser, was angeboren bedeutet. So sind die Instinkte als *Erb*koordinationen, als *angeborene,* artspezifische Handlungsschemata, Verhaltensmuster, Auslöse- und Reaktionsnormen erkannt und der empirischen Forschung zugänglich. „Die Entdeckung und

Beschreibung angeborener Mechanismen ist ein durchaus empirisches Verfahren und ein integraler Teil moderner wissenschaftlicher Forschung" (Lenneberg, 1972, 479).

Genaugenommen müßte man die Begriffe angeboren und ererbt unterscheiden. Ein Merkmal ist angeboren, wenn es von Geburt an vorhanden ist; es ist ererbt, wenn es sich auf Grund der Erbanlagen entwickelt. Es gibt Mißbildungen, die durch Verletzung oder Medikamente in der intrauterinen Phase hervorgerufen werden. Sie sind angeboren, aber nicht erblich. Umgekehrt ist etwa Schizophrenie erbbedingt, aber nicht angeboren im strengen Sinne, da sie sich meist erst nach der Kindheit einstellt. Da jedoch die meisten angeborenen Eigenschaften auch erblich sind und man umgekehrt erbliche Eigenschaften als „in latentem Zustand angeboren" ansehen kann, wird diese Unterscheidung nicht so streng gehandhabt. Wir werden deshalb i. a. von angeborenen Strukturen und nur im Zweifelsfalle von *angeboren im strengen Sinne* sprechen.

Fragen nach ererbten, also genetisch bedingten Strukturen werden auch – und zwar immer häufiger – auf ethischem, sozialem oder ästhetischem Gebiet angeschnitten. So vertreten im ethischen Bereich viele Verhaltensforscher (Lorenz, Ardrey, Morris) und Psychoanalytiker (Freud, Adler, Mitscherlich) die These, es gebe eine angeborene Aggressivität, einen Aggressionstrieb, der das Verhalten wesentlich beeinflußt; andere bestreiten das aber.[72] Hierher gehören auch Fragen moralanalogen Verhaltens bei Tieren und einer „Biologie der zehn Gebote" (Wickler). Im sozialen Bereich diskutiert man Gruppenbindung, Brutpflegeinstinkt, Imponiergehabe, Hackordnung, Naturrecht u. a. In die Ästhetik reichen Fragen des goldenen Schnitts, der Symmetrie, der Informationspsychologie und -ästhetik; auch die Malversuche mit Affen und Kleinkindern sind hierfür relevant.

Ebenso gehören manche Themen der Tiefenpsychologie prinzipiell in diesen Problemkreis, z. B. Jungs Archetypenlehre (vgl. S. 21 f.). Sie sind allerdings schwieriger einzuordnen.

Grundsätzlich kann man also in allen Bereichen geistiger Aktivität nach angeborenen Strukturen fragen. Wir beschränken uns jedoch auf den kognitiven Bereich, also auf das Erkenntnisvermögen. Gibt es angeborene Strukturen der Erkenntnis? Die Antwort ist *bei Tieren* einfach und eindeutig.

Küken, die im Dunkeln ausgebrütet wurden und noch keine Erfahrung mit Futter haben, picken zehnmal so oft nach kugel- als nach pyramidenförmigem Futter; eine Kugel ziehen sie einer flachen Scheibe vor. Sie haben also eine angeborene Fähigkeit, Dreidimensionalität, Gestalt und Größe wahrzunehmen.[73] Ein frischgeschlüpftes Fasanenküken „versteht" den Lockton einer führenden Mutter seiner Art und antwortet auf ihn (und nur auf ihn) mit intensiven hinwendenden Bewegungen. Eine Stockente, die isoliert von ihresgleichen aufgezogen wurde, reagiert auf den Anblick eines Stockerpels (und nur auf diesen) mit ihrem Balzverhalten. Ein junger Mauersegler, der keinerlei Erfahrung über Raumausdehnung, optische Tiefenkriterien usw. haben kann, weil er in einer engen Höhle aufwuchs, in der er nicht einmal die Flügel breiten konnte, ist vom Augenblick an, da er sich erstmals ins Luftmeer wirft, in vollendeter Weise fähig, Entfernungen abzuschätzen, verwickelte räumliche Anordnungen zu verstehen und zwischen Hochantennen und Schornsteinen seinen Weg zu steuern. (Lorenz, 1943, 239; 1965, 315)

> Es gibt bereits eine unbewußte, durch die Veranlagung, durch die Wahrnehmungsorgane festgelegte Klassifikation der Umwelt aufgrund des Bedeutungsgehaltes ihrer allgemeinen Merkmale für das Individuum ... Ein großer Teil dieser Klassifikation ist dem Tier angeboren, sie sind ein Teil seiner Gehirnstruktur, mit der es, wie mit anderen Organen, in die Umwelt eingefügt ist.
> (Sachsse, 1967, 32/30)

Wie steht es *beim Menschen?* Auf S. 41 ff. wurde betont, daß schon jede Wahrnehmung weit über die bloße Empfindung hinausreicht. Sie liefert nicht ein strukturloses Reizmosaik, sondern gibt bereits eine Interpretation der jeweils verfügbaren Daten. Diese Interpretation ist eine erkenntniskonstitutive Leistung. Die Wahrnehmung ist hierin beispielhaft für sämtliche Erkenntnisweisen.

Nun ist es doch merkwürdig, daß diese konstitutive Leistung des Erkenntnisapparates bei allen Menschen gleich ist (von Ausnahmen wie Farbenblindheit einmal abgesehen), also zwar subjektiv, aber in einem gewissen Sinne doch auch intersubjektiv. Das wäre zu erklären, wenn alle subjektiven Erkenntnisstrukturen nur objektive Strukturen nachbildeten. Dieses empiristische Argument steht uns aber nicht zur Verfügung. Zwar *kann* der konstruktive Beitrag des Subjekts zur Erkenntnis in einer Rekonstruktion *außersubjektiver* Strukturen bestehen, z. B. im Aufbau dreidimensionaler Gegenstände; er kann aber auch *eigene,* der „Realität" nicht entsprechende Strukturen, wie Farbenkreis, unmögliche Figuren oder die Bewegungsillusion beim Film, in die Erfahrung einbringen.

Woher kommen diese „echt subjektiven" Erkenntnisstrukturen, und warum sind sie bei allen Menschen gleich? Der Nachweis, daß einige dieser Strukturen schon beim Kind, ja beim Neugeborenen vorhanden sind, böte nicht nur eine Antwort auf diese Frage, sondern auch eine endgültige Widerlegung des streng empiristischen Standpunktes. Hat der Empirismus recht, so ist die optische Welt eines Säuglings ein schreckliches, zweidimensionales Chaos, in dem praktisch nichts konstant bleibt, in dem Größen, Gestalten, Konturen, Helligkeiten, Farben, sich fortwährend ändern. Die Ergebnisse der Psychologie beweisen das Gegenteil.

Ob Kinder *Farben* unterscheiden können, prüft man, indem man einen farbigen Lichtfleck auf einem andersfarbigen Hintergrund gleicher Helligkeit hin und her bewegt, z. B. rot auf grün, gelb auf blau usw. Sogar Säuglinge, die erst 15 Tage alt sind, folgen dem Lichtfleck mit den Augen, können also Farben unterscheiden. (Gleichzeitig zeigt dieses Experiment, daß Kinder Bewegung wahrnehmen.) Drei Monate alte Kinder betrachten länger farbiges Papier als ebenso helles graues Papier.

Wie steht es mit der *räumlichen Wahrnehmung?* Versuche mit einem Graben zeigen, daß im Kriechalter (vorher ist dieser Test nicht durchführbar) die meisten Kinder Tiefe abschätzen können. Auch zur Tiefenwahrnehmung von Kleinstkindern (sechs bis acht Wochen) gibt es Experimente, die auf Skinners Methode der instrumentellen Konditionierung beruhen.

Diese Kinder unterscheiden Gegenstände, die dasselbe Netzhautbild hervorrufen, aufgrund ihrer Entfernung! Als Tiefenkriterien dient ihnen vor allem die Parallaxe, außerdem die binokularen Kriterien (vgl. S. 49 f.).

Die angeborenen Strukturen der *Gestaltwahrnehmung* sind für optische Muster wieder leichter zu testen, da dem Experimentator wie beim Farbensehen die Augenbewegung als Kriterium des Interesses dienen kann. Neugeborene reagieren vom ersten Tag an auf gemusterte Karten stärker als auf einfarbige. Kinder zwischen einer und fünfzehn Wochen widmen komplexen Mustern mehr Aufmerksamkeit als einfachen. Sie betrachten Gesichter länger als andere Bilder, usw. Es scheint, daß ein Gesicht für sie ohne vorheriges Lernen ein bedeutungsvolles Objekt ist.

Die Experimente zeigen klar, daß gewisse Fähigkeiten, z. B. Bewegungssehen, Farbwahrnehmung, Tiefen- und Gestaltwahrnehmung im strengen Sinne angeboren sind.[74]

> Diese modernen Entdeckungen geben somit in einem neuen Sinne Descartes und Kant gegen den radikalen Empirismus recht, der indessen seit zweihundert Jahren eine fast ununterbrochene Vorherrschaft in der Wissenschaft behauptet und den Verdacht der Unwissenschaftlichkeit gegen jegliche Hypothese geschleudert hat, die das „Angeborensein" der Kategorien der Erkenntnis unterstellte.
> (Monod, 1971, 186)

Das bedeutet jedoch keineswegs, daß physiologisches Wachstum und Lernen aus Erfahrung keine Rolle spielten. Vielmehr liegt schon in der Wahrnehmung ohne Zweifel ein kompliziertes Zusammenspiel von angeborener Fähigkeit, Reifung und Lernen vor. Auch diese Tatsachen müssen in einer Erkenntnistheorie, die mit den Ergebnissen der Wissenschaft verträglich sein soll, berücksichtigt werden.

Vererbung kognitiver Fähigkeiten

Es herrscht allgemeine Übereinstimmung, daß Fähigkeiten wie Gedächtnis, Abstraktion, Intelligenz, Sprachvermögen, Musikalität usw. geistiger Natur sind, nicht nur weil sie „da oben im Kopf" zuhause sind, sondern wohl auch, weil sie wenig an Stoffliches wie Muskeln, Nahrung usw. gebunden zu sein scheinen.

Andererseits ist die Genetik eine rein biologische Wissenschaft, die die physikalisch-chemischen Grundlagen und die Gesetze der Vererbung erforscht. Daß es 1953 gelungen ist, das DNS-Molekül als den biochemischen Träger der Erbinformation zu identifizieren, bestätigt diese Behauptung endgültig.

Die Frage, ob „geistige" Eigenschaften vererbt werden können, betrifft deshalb ein besonders wichtiges Gebiet der psycho-physischen Verschränkung. Nun kann diese Frage heute eindeutig bejaht werden.

Zwar ist im Bereich des psychisch *Normalen* keine Eigenschaft bekannt, die durch ein einziges Gen bestimmt wäre, die also „rein mendelte"; aber solche Merkmale sind ja überhaupt sehr selten (weswegen auch die Mendelschen Gesetze über die konstanten Zahlenverhältnisse bei der Vererbung von Merkmalen lange nicht entdeckt bzw. anerkannt wurden). Der Normalfall ist die Polygenie: Zahlreiche Gene mit geringer spezifischer Wirksamkeit wirken bei der Merkmalausbildung additiv oder komplementär zusammen. Es leuchtet ein, daß gerade so komplexe und integrative Fähigkeiten wie Intelligenz oder Sprache durch mehrere Gene bedingt sind.

Dagegen können Ausfallserscheinungen durch Fehlen oder Mutation eines einzigen Gens hervorgerufen werden, z. B. Schwachsinn als Folge der Stoffwechselkrankheit Phenylketonurie, nach neueren Untersuchungen auch Schizophrenie und manisch-depressives Irresein. Über die Erblichkeit psychischer *Krankheiten* ist deshalb viel mehr bekannt als über die Vererbung normaler Fähigkeiten.

Tierversuche sind zwar nicht ohne weiteres auf den Menschen übertragbar; aber sie geben doch wichtige Hinweise. So zeigen Ratten bei Futtersuchexperimenten eine erhebliche Schwankungsbreite der Lernfähigkeit: Kreuzt man nun mehrere Generationen hindurch die jeweils „klügsten" Tiere untereinander und ebenso die „dümmsten", so rücken die Durchschnittsleistungen und Variationsbreiten beider Gruppen immer weiter auseinander (Schwidetzky, 1959, 36).

Beim Menschen sind solche Versuche natürlich nicht möglich. Wir können weder Zuchtexperimente machen noch eine totale Kontrolle der Umwelt erreichen. Ein unerschütterlicher Verfechter der Milieutheorie kann deshalb Unterschiede im Verhalten zweier Individuen immer auf besonders feine, dem Beobachter unsichtbare Unterschiede in der Behandlung zurückführen. Eine Vererbung von Verhaltensstrukturen ist deshalb beim Menschen nur schwer nachzuweisen.

Die wichtigsten Methoden dabei sind Familienanalyse, Zwillingsforschung (seit 1875) und neuerdings (seit 1961) Chromosomenuntersuchung. Natürlich genügt es dazu nicht, in einer Familie viele musikalische Begabungen zu registrieren; denn die Musikalität könnte ja trotz genetischer Neutralität durch Gewohnheit (Hausmusik, frühen Unterricht) erworben sein. Man benötigt immer neutrale Vergleichsfälle (Kontrollgruppen) und muß sich auch meistens auf statistische Aussagen aufgrund ganzer Versuchsreihen beschränken.

Für die *Sprachfähigkeit* hat Lenneberg Forschungen zur Vererbungsfrage zusammengefaßt.

> Wenn die Annahme von der Erblichkeit der Sprachfähigkeit nur auf *einer* Art von Evidenz beruhte, dürften wir kaum hoffen, starke Beweise für sie zu finden. Glücklicherweise stützen jedoch alle Arten von Evidenz, die gewöhnlich für Erblichkeit beim Menschen angeführt werden, zugleich die These, daß für unsere Fähigkeit zu sprechen genetische Übermittlung eine Rolle spielt.
>
> (Lenneberg, 1972, 304)

Sowohl umfassende Sprachgewandtheit wie umfassende Sprachschwäche können ererbten Faktoren zugeschrieben werden. Viele Sprachstörungen pflegen familienweise aufzutreten, z. B. Dyslexie (eine Schwierigkeit beim Lesenlernen), Stottern, Wort-Taubheit, Sprachlaut-Taubheit. Durch Stammbäume gut dokumentiert ist eine angeborene Sprachunfähigkeit mit folgenden Symptomen:

> deutlich verzögerter Sprachbeginn (bei sonst normalen Entwicklungsstufen), schlechte Artikulation oft bis zur Pubertät, kaum ausgeprägte Bevorzugung einer Hand oder ausgesprochene Linkshändigkeit, auffällige Leseschwierigkeiten, entweder vollständige Unfähigkeit oder große Schwierigkeit, nach der Pubertät eine zweite Sprache zu lernen; gewöhnlich keine Beeinträchtigung der Intelligenz.
>
> (Nach Lenneberg, 1972, 305)

Die angeborene Sprachunfähigkeit scheint ein dominantes und geschlechtsgebundenes Merkmal zu sein.

Zweieiige Zwillinge (ZZ, verschiedenes Erbgut) zeigen viel stärkere Unterschiede in der Sprachentwicklung als eineiige (EZ, identisches Erbgut). Bei 25% der ZZ liegt der Sprachbeginn (das Alter, in dem die ersten Wörter erscheinen) zu unterschiedlichen Zeitpunkten, während EZ sich simultan entwickeln. Auch die weitere Entwicklung erfolgt nur bei 40% der ZZ, jedoch bei 90% der EZ gleichartig. Die Sprachfähigkeit ist also wenigstens teilweise genetisch bedingt.

Für die *Intelligenz* bestätigen folgende Tatsachen die Erblichkeit:[75]

a) Eineiige Zwillinge sind ähnlicher als zweieiige. Quantitative Angaben über die beobachtete Übereinstimmung und die Erblichkeit macht Tab. 4. Man vergleicht also nicht Eltern und Kinder, sondern Kinder miteinander. Ein Vergleich der beiden EZ-Spalten ergibt die Umwelteinwirkung, der ersten EZ- mit der ZZ-Spalte die Bedeutung des Erbgutes.

Tab. 4. Erblichkeit einiger Intelligenzfaktoren. Die Zahlen sind Korrelationskoeffizienten: + 1 bedeutet volle Übereinstimmung; bei Null besteht keine aufweisbare Beziehung.

Merkmal	Umwelt:	EZ gleich	EZ verschied.	ZZ gleich	Erblichkeit
Körpergröße		0,93	0,97	0,64	0,81
Gewicht		0,92	0,89	0,63	0,78
Intelligenz					
Binet: geistiges Alter		0,86	0,64	0,60	0,65
Binet IQ		0,88	0,67	0,63	0,68
Otis IQ		0,92	0,73	0,62	0,80
Wortverständnis		0,96	–	0,56	0,68
Rechnen		0,73	–	0,64	0,12
Rechtschreibung		0,87	–	0,73	0,53

b) Verwandte stehen sich in Testleistungen um so näher, je enger die Verwandtschaft ist.

c) Adoptiv- und Pflegekinder zeigen geringere Ähnlichkeit mit den Pflegeeltern als deren leibliche Kinder, die unter denselben Verhältnissen aufwachsen.

d) In Waisenhäusern erzogene uneheliche Kinder ähneln in ihrer Intelligenz den natürlichen Vätern, mit denen sie nie zusammengekommen sind.

Bei diesen Betrachtungen ist grundsätzlich zu beachten, daß die Erbanlagen das Individuum natürlich nie restlos determinieren, sondern nur eine gewisse Reaktionsbreite, innerhalb deren die Entwicklung durch Umwelteinflüsse bestimmt ist (vgl. S. 20). So ist der Intelligenzquotient eines Menschen nicht als unveränderliche Größe angeboren, sondern er kann durch angemessene Erziehung innerhalb der Reaktionsbreite modifiziert (erhöht, aber auch erniedrigt) werden.

> Die Feststellung, daß die Intelligenz zum Teil erblich bedingt ist, bedeutet nicht, daß einige Leute gescheit und andere einfältig geboren werden. Es bedeutet nur, daß einige Personen dazu gelangen, einen höheren IQ zu besitzen, als andere, wenn sie in entsprechende Umwelten versetzt werden ... Die beobachtete Variation in der Intelligenz hat eine genetische und eine umweltbedingte Komponente.
> (Dobzhansky, 1965, 38)

Die Tatsache, daß kognitive Fähigkeiten vererbt werden können, ist für die Beantwortung der Hauptfrage (S. 54) besonders bedeutsam. Erstens liefert sie einen weiteren Hinweis auf die physiologische („materielle") Bedingtheit unserer psychischen Strukturen, die wir schon vielfach belegen konnten. Zweitens lassen diese Schlüsse prinzipiell eine *empirische* Nachprüfung erhoffen (vgl. S. 115 f.). Drittens erklärt die Erblichkeit geistiger Fähigkeiten auch, warum sie teilweise schon bei Kleinkindern anzutreffen, also im strengen Sinne *angeboren* sind. Viertens unterliegt vererbbare, also genetisch fixierte Information grundsätzlich der *Evolution,* also muß es auch eine Evolution der Erkenntnisfähigkeit geben. Fünftens müssen evolutiv entstandene Strukturen zur und auf die Umwelt *passen.* Den Passungscharakter der Wahrnehmungsstrukturen untersucht das folgende Kapitel.

Der Passungscharakter der Wahrnehmungsstrukturen

> Die menschliche Wahrnehmungsfähigkeit ist genauso ein Ergebnis der natürlichen Auslese wie jedes andere Merkmal von Organismen. Dabei begünstigt die Selektion im allgemeinen ein besseres Erkennen der objektiven Züge der Umwelt, in der unsere vormenschlichen Ahnen lebten. (Shimony, 1971, 571)

Wenn sich unser Erkenntnisapparat in evolutiver Anpassung an die Umwelt entwickelt hat, dann sollte sich diese Tatsache in gewissen Passungen zeigen. Daß dies der Fall ist, wird am Beispiel der optischen Wahrnehmung besonders deutlich. Die Intensitätsverteilung des Sonnenlichts über die verschiedenen Wellenlängen folgt etwa dem Planckschen Strahlungsgesetz (Abb. 8, Kurve 1). Bei einer Temperatur der Sonnenoberfläche von 5800 K liegt das Maximum der Verteilung bei 510 nm.

98 *Evolutionäre Erkenntnistheorie*

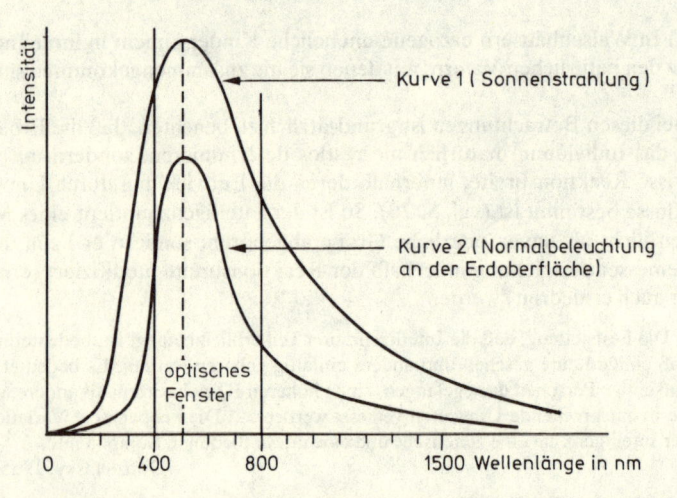

Abb. 8. Das Intensitätsmaximum der Sonnenstrahlung liegt im Bereich des sichtbaren Lichts (im Grünen).

Die Atmosphäre ist für diese Strahlung nur bedingt durchlässig. So werden die Röntgen- und UV-Strahlen bereits in den höheren, die Infrarot-Strahlen in erdnahen Luftschichten stark absorbiert. Nur für die Strahlung zwischen 400 und 800 nm (und für Radiowellen) hat die Atmosphäre ein „Fenster" (Abb. 8, Kurve 2). Dieses Fenster stimmt mit dem „optischen Fenster" unserer Wahrnehmung (380–760 nm, vgl. S. 46) praktisch überein. Unser Auge ist also gerade für den Ausschnitt empfindlich, in dem das elektromagnetische Spektrum ein Maximum zeigt. Nach dem Farbenkreis von S. 47 liegt dieses Maximum für uns im Gelbgrün, also etwa in der Mitte der Spektralfarben.

> Es ist nicht so, daß „ausgerechnet" der sichtbare Ausschnitt des Sonnenspektrums unsere Atmosphäre durchstrahlen kann. Natürlich ist es genau umgekehrt so, daß der vergleichsweise winzige Ausschnitt aus dem breiten Frequenzbereich der Sonnenstrahlung, der zufällig in der Lage ist, die irdische Atmosphäre zu durchstrahlen, eben aus diesem Grunde für uns zum sichtbaren Bereich dieses Spektrums, zu „Licht" geworden ist. (v. Ditfurth, 1972, 100)

Es ist allerdings ein glücklicher Zufall, daß optische Transparenz und mechanische Penetrabilität praktisch zusammenfallen (Campbell, 1974, 414). Feste Körper sind undurchsichtig und undurchdringlich, Luft und Wasser dagegen durchsichtig und durchdringbar. Diese Übereinstimmung gilt bei anderen Wellenlängen nicht, stellte also einen starken zusätzlichen Selektionsfaktor dar. Glas und Nebel haben unter diesem Gesichtspunkt paradoxe Eigenschaften: Glas ist hart, aber durchsichtig, für Nebel gilt gerade das Gegenteil. Glas spielte aber für die Evolution sicher keine, Nebel nur eine untergeordnete Rolle.

Das Auge hat sich jedenfalls auf die optimale Ausnützung des Tageslichtes eingestellt. Vor der menschlichen Kultur war ja die Sonne die einzige in der Selektion wirksame Lichtquelle; Feuer, Mond- und Sternenlicht hatten sicher nur geringe Bedeutung. Auch bei Tieren liegt das „optische Fenster" im gleichen Bereich. Es mag etwas verschoben sein wie bei Bienen (S. 48); aber immer wird der günstigste Wellenlängenbereich des Tageslichtes ausgenützt.

An dieser Feststellung ändert auch die Tatsache nichts, daß Pythons (Riesenschlangen) und Klapperschlangen neben gewöhnlichen Augen noch „Infrarotaugen" besitzen, mit denen sie Wärmestrahlung, vor allem die ihrer warmblütigen Opfer, „erspüren"; denn diese Augen dienen ja gerade nicht dem Sehen von Tageslicht.[76]

Nur diese *Passung* bleibt übrig von der alten Auffassung, das Auge sei sonnengleich, wie sie Plotin, die Lichtmetaphysiker oder Goethe vertreten haben: Wär nicht das Auge sonnenhaft, die Sonne könnt es nie erblicken (Goethe: Zahme Xenien 3, und Einleitung zur Farbenlehre).

Nicht weil das Auge primär sonnenhaft ist, kann es die Sonne erblicken, sondern weil es sich in jahrmilliardenlanger Stammesentwicklung in einer Welt herausgebildet hat, in der eine reale Sonne schon Äonen vor dem Vorhandensein von Augen ihre Strahlen aussandte.   (Lorenz, 1943, 236)

Man weiß von mehreren Insekten (Bienen, Libellen), von einigen Fischen, Reptilien, Vögeln, Affen und vom Menschen, daß sie *Farben* unterscheiden können. Über die Evolution des Farbenkreises hat Schrödinger schon 1924 eine einleuchtende Vermutung geäußert:[77]

Zunächst wird Licht überhaupt, d. h. noch ohne jede farbliche Differenzierung, wahrgenommen.

Eine neue Stufe der Entwicklung wird erreicht sein, wenn das Sehorgan beginnt, auf verschiedene Wellenlängen qualitativ verschieden zu reagieren. Dieser Stufe der Dichromasie entspricht nach Schrödinger eine Gelb-Blau-Differenzierung der Empfindung, wie sie auch bei partiell Farbenblinden und bei Tieren (Insekten) nachgewiesen ist. Der Umschlagspunkt dieser ersten polaren Differenzierung wäre die Empfindung Weiß, die das primitivste Empfindungsmerkmal der niedersten Stufe geblieben sein mag. Zur Trichromasie muß dann ein weiterer, der polaren Spaltung von Weiß analoger Schritt geführt haben. Auf dieser dritten Entwicklungsstufe spaltet Gelb polar in die Grundempfindungen Rot und Grün, ganz ebenso wie auf der zweiten Stufe Weiß in Gelb und Blau . . . Die Wurzel der empfindungsmäßigen Einfachheit von Weiß und Gelb sowie des Vorhandenseins farbiger Polaritäten liegt nach Schrödinger somit in der Phylogenese des Sehorgans. „Weiß und Gelb sind echte Grundempfindungen, die eine aus dem monochromatischen, die andere aus dem dichromatischen Stadium." Dies würde auch erklären, weshalb die weitaus häufigste Störung der normalen Farbentüchtigkeit des Auges die Rot-Grün-Blindheit ist, sie entspräche einem Atavismus des Tagesapparates „erster Art". Völlige Farbindifferenz des Tagessehens – ein Atavismus „zweiter Art" – ist zwar nachgewiesen, sie ist aber weit seltener als die häufige Rot-Grün-Blindheit. Am seltensten ist ein Ausfall der Blauempfindung.   (Hönl, 1954, 523 f.)

Daß uns die Mischung aller Regenbogenfarben als „weißes" Licht, genauer farblos erscheint, zeigt gerade den Passungscharakter unserer Farbwahrnehmung. Für den Wahrnehmungsapparat war es eben biologisch sinnvoll, die normale Beleuchtung an der Erdoberfläche als farblich neutral zu interpretieren und nur Abweichungen von der normalen Zusammensetzung des Lichtes als Farbe bewußt zu machen.

Auch für die *spektrale Empfindlichkeit* der Lichtsinneszellen (verschiedene Wellenlängen werden trotz gleicher Reizintensität verschieden stark empfunden) und für das Farbunterscheidungs-(Auflösungs-)Vermögen des Auges gibt es evolutionistische Erklärungen.[77]

Die untere *Empfindlichkeitsschwelle* eines Photorezeptors in der Retina liegt bei einem einzigen Lichtquant (10^{-18} Joule). Das Nervensystem meldet aber nur dann eine Lichtempfindung, wenn innerhalb kurzer Zeit mehrere benachbarte Sehzellen gereizt werden. Diese Einrichtung ist eine Schutzmaßnahme gegen die unvermeidlichen Störungen und statistischen Schwankungserscheinungen (das sog. „Rauschen"), wie sie wegen des Quantencharakters der Strahlung auch bei hochempfindlichen Geräten immer auftreten. Würde nun jedes Quant registriert, so hätten wir fortwährend regellose Lichteindrücke ohne jeden Informationsgehalt. Diese bedeutungslosen Signale werden also durch die Zensur des Nervensystems ausgeschieden.

Analog verhindert beim Ohr ein „Filter", daß die aufgrund der Brownschen Molekularbewegung gegen das Trommelfell prasselnden Moleküle als Geräusche interpretiert werden. Das erinnert sehr an Ciceros Behauptung im „Somnium Scipionis" (De re publica), wir könnten die Harmonie der Sphären nicht vernehmen, weil unsere Ohren sich zu sehr daran gewöhnt hätten!

Ein schönes Beispiel ist auch das *zeitliche Auflösungsvermögen* unseres Bewußtseins. Den Zeitabstand, den zwei Ereignisse haben müssen, damit sie noch sicher als aufeinanderfolgend (also nicht als gleichzeitig) wahrgenommen werden, nennt man das subjektive Zeitquant (SZQ). Das SZQ beim Menschen beträgt etwa $1/16$ Sekunde. Folgen einander mehr als 16 Lichtblitze pro Sekunde, so kann sie unser Auge nicht mehr getrennt wahrnehmen, sondern sie erzeugen den Eindruck dauernder Helligkeit. Diese Tatsache benützen ja gerade Film und Fernsehen, um eine kontinuierliche Szene und Bewegung vorzutäuschen. Periodische akustische Reize, die rascher aufeinander folgen als 16mal pro Sekunde, verschmelzen subjektiv zu einem Ton. Analoges gilt für Berührungsreize.

Die Informationspsychologie deutet das SZQ als das Intervall, in dem die Informationseinheit (ein bit) in das Kurzzeitgedächtnis fließt (Frank, 1970, 245).

Das SZQ ist von Tierart zu Tierart verschieden. Der Kampffisch z. B. greift sein eigenes Spiegelbild an, wenn es ihm – durch eine geschickte mechanische Vorrichtung – öfter als 30mal pro Sekunde vorgeführt wird; unterhalb dieser Frequenz erkennt er sein Bild nicht als Gegner an, es „flimmert" für ihn. Er verarbeitet also eine größere Zahl von optischen Eindrücken pro Sekunde. Man nennt solche Tiere deshalb bildhaft „Zeitlupen-Tiere". Das SZQ der Biene ist noch wesentlich kürzer. Gäbe es im Bienenstaat ein Kino, so müßte der Filmprojektor sehr schnell arbeiten.

> Mehr als 200 Einzelbildchen in jeder Sekunde müßten den Bienen vorgeführt werden, damit sie sich nicht über „Flimmern" beklagen. Das Auge der Bienen kann in der gleichen Zeit etwa 10mal so viele Einzeleindrücke wahrnehmen als unser

Auge. Es ist dadurch zum Sehen von Bewegungen besonders tauglich und glänzend geeignet, die rasch wechselnden Eindrücke zu erfassen, wenn an sich ruhende Dinge im Fluge an ihren Augen vorüberziehen. (v. Frisch, 1969, 83)

Andererseits ist das SZQ einer Schnecke länger als $^1/_4$ Sekunde. Ein Stock, der sich ihr viermal pro Sekunde nähert, erscheint ihr in Ruhe, und sie versucht, ihn zu besteigen. Sie ist also ein „Zeitraffer-Tier".

> Die sensorischen Systeme der Tiere sind so angepaßt, daß sie im großen und ganzen die Informationen übermitteln, welche für die Lebensweise ihrer Besitzer wichtig sind. (Gregory, 1972, 229)

Dieser Passungscharakter der Sinneswahrnehmung wird besonders deutlich an *Fehlleistungen* und Verfälschungen, die in einer fremden Umgebung auftreten. Ein Frosch verhungert inmitten toter Fliegen, weil sie sich nicht bewegen (zur optischen Wahrnehmung des Frosches vgl. S. 44). Unter Wasser sehen wir alles verzerrt, weil unser Auge dem Brechungsindex der Luft angepaßt ist. Um den „normalen" Übergang Auge-Luft wiederherzustellen, müssen wir Taucherbrillen benützen.

Ähnlich ist das Trommelfell auf die großen Amplituden der Luftschwingungen eingerichtet. In Wasser, wo die Schallschwingungen viel geringere Amplituden haben, hören wir deshalb alles viel leiser. Daraus entstand auch die irrige Annahme, Fische seien stumm. In Wahrheit gibt es kaum einen Fisch, der keine Laute von sich gibt. Da die Atemluft eines Tauchers unter Wasser stark verdichtet ist, klingt seine Stimme näselnd und gepreßt, wie Meeresforscher (z. B. Cousteau) berichten. Aber nicht nur an die Dichte, sondern auch an die *Zusammensetzung* der Luft sind Ohr und Stimme angepaßt:

> Bekanntlich nimmt die Stimme eines Menschen, der in einer Sauerstoff-Helium-Atmosphäre spricht, wie sie für Tieftauchversuche verwendet wird, ganz unvermeidbar einen quäkenden, „mickymaus-artigen" Klang an. In einer solchen Atmosphäre, in der Helium den normalerweise in der Atmosphäre enthaltenen Stickstoff ersetzt, ändert sich vor allem die Geschwindigkeit des Schalls. Damit ändern sich auch die Resonanzeigenschaften der Luft, welche beim Sprechen mit den im Kehlkopf befestigten Stimmbändern in Schwingungen versetzt wird. Bau und Abmessungen unseres Kehlkopfes sind aber nun eben an die Eigenschaften der normalen Atmosphäre angepaßt. (v. Ditfurth, 1972, 347)

Der Passungscharakter unserer dreidimensionalen *Raumwahrnehmung* spiegelt sich vor allem in der Entdeckung der Verhaltensforschung, daß manche Tiere eine „schlechtere" Raumwahrnehmung besitzen als wir.

> Organismen aus wenig strukturierten Lebensräumen bedürfen eines weniger genauen und differenzierten Orientierungsverhaltens als solche, die sich auf Schritt und Tritt mit komplizierten räumlichen Gegebenheiten auseinandersetzen müssen. Der homogenste aller Lebensräume ist die Hochsee, und in dieser gibt es denn auch einzelne freibewegliche Lebewesen, die eigentlicher Orientierungsreaktionen völlig entbehren [z. B. Quallen ...]
> In zwei Dimensionen ist die Steppe gewissermaßen das, was die Hochsee in dreien ist. Es gibt selbst unter den steppenbewohnenden Vögeln und Säugetieren solche, die ein senkrechtes Hindernis nicht verstehen und nicht einmal durch Lernen zu bewältigen vermögen. (Lorenz, 1954, 225 f.)

Die Tiere, die auf ihren täglichen Wegen die kompliziertesten räumlichen Strukturen meistern, sind die Baumbewohner und unter diesen wieder diejenigen, die nicht mit Krallen oder Haftscheiben, sondern mit Greifhänden klettern. Bei ihnen müssen nicht nur Richtung, sondern auch Entfernung, Lage und Form des Sprungzieles schon vor dem Absprung ganz genau im zentralen Nervensystem des Tieres repräsentiert sein. Denn die Greifhand muß sich in der richtigen Raumlage und genau im richtigen Moment schließen.[78] Der Mensch verdankt seine vergleichsweise gute Raumwahrnehmung also eigentlich seinen Vorfahren, die als Baumbewohner und Greifkletterer auf eine gute zentrale Repräsentation ihrer dreidimensional strukturierten Umgebung angewiesen waren. Diese Tatsache führt aber unmittelbar auf eine noch weiter gehende Vermutung, die im nächsten Kapitel als Hypothese formuliert werden soll.

Evolution der Erkenntnisfähigkeit

In B haben wir gesehen, daß die Leistung des Subjekts bei der Erkenntnisgewinnung in der Konstruktion oder Rekonstruktion einer (hypothetisch postulierten) realen Welt besteht. Daß diese Rekonstruktionsleistung sich als eine Funktion des Gehirns verstehen läßt, machen die zahlreichen Nachweise *psychophysischer Entsprechungen* durch Neurophysiologie und Psychologie besonders deutlich. Dafür spricht ferner, daß Tiere Vorstufen typisch menschlicher, *„geistiger"* Leistungen aufweisen, daß viele Wahrnehmungsstrukturen *angeborene* Komponenten enthalten und daß auch kognitive Fähigkeiten in gewissem Grade der *Vererbung* unterliegen. Schließlich zeigt die Ausweitung unseres Erfahrungsbereichs durch Meßgeräte nicht nur, daß unsere Wahrnehmungsstrukturen sehr beschränkt, sondern auch, daß sie unserer biologischen Umwelt besonders gut *angepaßt* sind.

Damit stellt sich erneut die Hauptfrage, wie es kommt, daß die subjektiven Strukturen der Wahrnehmung, der Erfahrung und (möglicherweise) der wissenschaftlichen Erkenntnis mit den realen Strukturen wenigstens teilweise übereinstimmen bzw. überhaupt auf die Welt passen. Nachdem wir ausführlich auf den Entwicklungsgedanken und die Evolutionstheorie eingegangen sind, können wir diese Frage jetzt beantworten:

Unser Erkenntnisapparat ist ein Ergebnis der Evolution. Die subjektiven Erkenntnisstrukturen passen auf die Welt, weil sie sich im Laufe der Evolution in Anpassung an diese reale Welt herausgebildet haben. Und sie stimmen mit den realen Strukturen (teilweise) überein, weil nur eine solche Übereinstimmung das Überleben ermöglichte.

Hier wird eine erkenntnistheoretische Frage durch eine naturwissenschaftliche Theorie – die Evolutionstheorie – beantwortet. Wir nennen diese Position *biologische Erkenntnistheorie* oder (sprachlich inkorrekt, aber suggestiv) *evolutionäre Erkenntnistheorie*.[79] Sie ist aber nicht nur verträglich mit biologischen Tatsachen und Theorien, sondern auch vereinbar mit den neuesten Ergebnissen der Wahrnehmungs- und Erkenntnispsychologie. Außerdem trägt sie den Postulaten des hypothetischen Realismus Rechnung: Sie setzt die Existenz einer realen Welt voraus (in der und an die eine Anpassung erfolgte) und versteht sich ebenfalls als eine Hypothese, die höchstens relativ beweisbar ist. *Wenn* nämlich die Evolutionstheorie richtig ist und es angeborene und erbliche Erkenntnisstrukturen gibt, dann unterliegen sie den „beiden großen Konstrukteuren des Artenwandels, Mutation und Selektion" (Lorenz), ebenso wie morphologische, physiologische und Verhaltensstrukturen.

So wie sich alle Organe im Wechselspiel mit der Umwelt und zur Umwelt passend entwickelt haben, so hat sich das Wahrnehmungs- und Erkenntnisorgan in Bezug auf eine ganz bestimmte Umwelteigenschaft entwickelt; es *paßt* zu der Tatsache, daß trotz des ewigen Flusses und Wandels klassifikatorische Merkmale konstant bleiben. Das Erkenntnisvermögen ist das Korrelat des Konstanten in der Umwelt. (Sachsse, 1967, 32)

Ansätze zur Bildung falscher Hypothesen über die Welt werden in der Evolution schnell eliminiert.

Wer auf Grund seiner falschen Erkenntniskategorien eine falsche Theorie der Welt machte, der ging im „Kampf ums Dasein" zugrunde – jedenfalls zu jener Zeit, als die Evolution der Gattung Homo vonstatten ging. (Mohr, 1967, 21)

Um es grob, aber bildhaft auszudrücken: Der Affe, der keine realistische Wahrnehmung von dem Ast hatte, nach dem er sprang, war bald ein toter Affe – und gehört daher nicht zu unseren Urahnen. (Simpson, 1963, 84)

Dagegen bietet die Ausbildung eines Denkvermögens, welches die Strukturen der realen Welt zu erfassen gestattet, einen ungeheuren Selektionsvorteil. Dabei ist es für die Erhaltung und den Erfolg der Art aus Gründen *natürlicher Ökonomie* eindeutig vorteilhafter, den grundlegenden und konstanten Umweltbedingungen schon in der genetischen Ausstattung Rechnung zu tragen, als die Aufgabe der Anpassung und der Internalisierung invarianter Umweltstrukturen jedem Individuum einzeln zu überlassen.

Heute gibt es keinen Grund mehr, ernsthaft einer Vorstellung anzuhängen, die eine komplexe menschliche Errungenschaft insgesamt einigen Monaten (oder höchstens Jahren) individueller Erfahrung zuschreibt, statt den Jahrmillionen der Evolution oder statt den Prinzipien der Nervenorganisation, die womöglich noch tiefer in physikalischen Gesetzen begründet sind. (Chomsky, 1969, 82)

Der „Passungscharakter" erstreckt sich nicht nur auf die physischen, sondern auch auf die logischen Strukturen der Welt (wenn solche existieren).

Schon während der stammesgeschichtlichen Entwicklung der Tierwelt fand eine stete Anpassung an die logische Gesetzlichkeit statt, denn alle erblichen Reaktionen, die nicht mit ihr übereinstimmten, wurden wegen der damit verbundenen Nachteile allmählich im Konkurrenzkampf ausgemerzt. (Rensch, 1968, 232)

Die Gesetze der Evolution besagen, daß nur überlebt, wer hinreichend angepaßt ist. Einfach daraus, daß wir noch leben, können wir also schließen, daß wir „hinreichend angepaßt" sind, d. h. daß unsere Erkenntnisstrukturen hinreichend „realistisch" sind. Es ist somit unter evolutionstheoretischen Gesichtspunkten zu erwarten, daß die an das Großhirn gebundene „Erkenntnisfähigkeit", die sich während der Hominidenevolution entwickelt hat, geeignet ist, die Strukturen der realen Welt wenigstens „überlebens-adäquat" zu erfassen.

> Die Auffassung, daß die Erfahrungsformen einen durch Anpassung entstandenen Apparat darstellen, der sich in Jahrmillionen langem Kampf ums Dasein bewährt hat, stellt sicher, daß zwischen „Erscheinung" und „Realität" eine hinreichende Entsprechung besteht. Schon die Tatsache, daß Tiere und menschliche Wesen noch existieren, beweist, daß ihre Erfahrungsformen der Realität einigermaßen entsprechen.
> (v. Bertalanffy, 1955, 257)

Die Entdeckung der Verhaltensforschung, daß manche Tiere eine nur unvollkommene Raum- oder Gestaltwahrnehmung besitzen, macht nicht nur den Anpassungscharakter unserer Wahrnehmungsstrukturen deutlich (S. 97 ff.), sondern gibt auch Hinweise auf ihre *stammesgeschichtlichen Vorstufen* und führt auf eine evolutionistische Erklärung höherer Fähigkeiten, z. B. des Denkens und der Abstraktion. Denn der zentrale Apparat, der schon bei untermenschlichen Primaten eine genaue *Raumerfassung* möglich macht, leistet noch mehr.

> Die Intention zum Handeln konnte sich von ihrer unmittelbaren Umsetzung in Motorik ablösen, und diese Aufhebung... machte im Gehirn selbst ein *Modell* des äußeren Raumes frei verfügbar, an dem es nunmehr möglich war, vorstellungsmäßig anschaulich „herumzugreifen", „zu hantieren", „Operationen zu vollziehen"... Das Tier konnte auf einmal *denken,* ehe es handelte! Der biologische Wert dieser Fähigkeit, rein vorstellungsmäßig Lösungsmöglichkeiten durchzuprobieren, ist leicht einzusehen: Das Tier kann die Folgen verschiedener Handlungsweisen „erfahren", ohne etwaige üble Konsequenzen in Kauf nehmen zu müssen.
> (Lorenz, 1943, 343)

Das *Hantieren im Vorstellungsraum* ist zweifellos die ursprüngliche Form des Denkens. Schon auf S. 74 f. haben wir Beispiele für solch einsichtiges Verhalten bei Tieren angegeben. Diese Frühform des Denkens ist unabhängig von einer Wortsprache. Aber auch die Sprache spiegelt diesen Zusammenhang: Wir haben nicht nur *Einsicht,* sondern auch *Überblick* und *Vorausschau,* wir *erfassen* oder *begreifen* einen *Zusammenhang,* und der wichtigste Weg zur Gewinnung von Erkenntnis ist die *Methode (= Umweg).* „Es gelingt mir nicht, irgendeine Form des Denkens zu finden, die vom zentralen Raummodell unabhängig wäre" (Lorenz, 1954, 230). So zeigen gerade die höchsten Leistungen des theoretischen Denkens beim Menschen ihre Abkunft vom Raumerfassungsvermögen des Greifkletterers.

> Angesichts der engen Verbundenheit, die unsere Anschauungsform des Raumes zu vor-menschlichen Methoden der Raumorientierung zeigt, und besonders in Anbetracht der nahezu kontinuierlichen Kette, die von einfachsten richtenden Reflexmechanismen bis zu den höchsten einsichtigen Leistungen des Menschen heraufführt, erscheint es uns als völlig unberechtigt, außernatürliche Entstehungsweisen für die wichtigste und grundlegende Vorformung unseres rationalen Denkens zu postulieren.
> (Lorenz, 1943, 344)

Ein weiterer Fall, in dem die graduelle Höherentwicklung einer klar definierten Gehirnfunktion zu einer qualitativ neuen Leistung führte, ist die *Gestaltwahrnehmung.* Die (räumliche) Gestaltwahrnehmung integriert die verschiedenen Konstanzleistungen unseres Wahrnehmungssystems (vgl. S. 37) und läßt uns einen Gegenstand trotz wechselnder Entfernung, Perspektive und Beleuchtung wiedererkennen. Sie sieht also von zufälligen oder unwesentlichen Nebenumständen ab und gewährleistet die Konstanz der Umweltdinge. Diese Abgliederungsleistung ermöglicht es nun aber auch, weitere Merkmale eines Gegenstandes als unwesentlich wegzulassen und zu noch allgemeineren „Gestalten" vorzustoßen. Dieser Vorgang ist aber nichts anderes als eine vorbegriffliche *Abstraktion.*

> Der gleiche neurale Apparat der Gestaltwahrnehmung, der den konkreten, individuellen Umweltgegenstand in unserer Erscheinungswelt erst schafft und damit die Grundlage aller höheren Objektivierungsleistungen herstellt, schafft damit in unserer Innenwelt die Grundlage zur Bildung abstrakter, überindividueller Gattungsbegriffe... Niemand wird die engen Beziehungen leugnen wollen, die zwischen den hier besprochenen Leistungen gestalteter Wahrnehmung und echter Begriffsbildung bestehen. (Lorenz, 1943, 322)

Allerdings ist auch die Abstraktionsleistung der Gestaltwahrnehmung vorsprachlicher Natur. Beispiele dafür sind die Fähigkeit des Kunstkenners, an einem ihm unbekannten Werk den Komponisten, Maler oder Dichter zu erkennen, oder das „systematische Taktgefühl" des Biologen, der ein nie gesehenes Tier der richtigen Gattung oder Familie zuordnet. Beide können auch bei genauer Selbstbeobachtung nicht wirklich die Merkmale angeben, die für die Zuordnung maßgebend waren. Diese „abstrahierende" Leistung der Gestaltwahrnehmung geht der Bildung eines Begriffs wohl immer voraus. Auch in der Stammesgeschichte dürfte zwischen Gestaltwahrnehmung und Begriffsbildung ein ähnliches Verhältnis bestehen (Lorenz, 1943, 324).

Ein drittes Beispiel für das Entstehen einer qualitativ neuen Leistung durch Intensivierung einer auch im Tierreich vertretenen Fähigkeit ist der Übergang vom *Neugierverhalten* zur Selbsterfahrung und zum Selbstbewußtsein (vgl. Lorenz, 1973, 201 ff.). Wieder sind es die Anthropoiden, die diesen entscheidenden Schritt taten. Sie verfügen nicht nur über eine gute Raumerfassung und über ausgebildete Willkürbewegungen, sondern ihre Hand agiert auch dauernd in ihrem Gesichtsfeld. Das ist bei den meisten Säugetieren, auch bei vielen Affen, nicht der Fall.

> Schon die schlichte Einsicht in die Tatsache, daß der eigene Körper oder die eigene Hand ebenso ein „Ding" in der Außenwelt sei und genauso konstante, kennzeichnende Eigenschaften habe wie jedes andere Umweltding auch, muß von tiefster, im wahrsten Sinne epochemachender Bedeutung gewesen sein... In dem Augenblick, in dem unser Ahne zum ersten Male die eigene, greifende Hand und den von ihr ergriffenen Gegenstand gleichzeitig als Dinge der realen Außenwelt erkannte und die Wechselwirkung zwischen beiden durchschaute, wurde sein Verständnis für den Vorgang des Greifens zum Begreifen, sein Wissen um die wesentlichen Eigenschaften des ergriffenen Dinges zum Begriff. (Lorenz, 1973, 203)

Schließlich beantwortet die evolutionäre Erkenntnistheorie auch die auf S. 56 gestellte Frage, warum sich unser Wahrnehmungssystem bei zweideutigen Figuren immer für *eine* Interpretation entscheidet und nicht etwa die Meldung „unbestimmt" liefert (vgl. S. 52): Die Wahrnehmung dient ja außer der Orientierung auch dazu, eine sofortige Reaktion auf Umweltreize zu ermöglichen. Es ist deshalb biologisch *zweckmäßiger,* sich mit 50% Erfolgsaussicht sofort für eine spezielle Interpretation zu entscheiden, als langwierige Statistik zu treiben oder eine sinnlose Kompromißlösung zu versuchen. Daß man die Wahrnehmung dabei willkürlich umschlagen lassen kann, ist vielleicht ein gewisser Ausgleich für die grundsätzliche Unbelehrbarkeit der Gestaltwahrnehmung. Die Auflösung des Dilemmas wird sozusagen den höheren Zentren überlassen.

Durch die evolutionäre Erkenntnistheorie sind also mehrere wichtige Fragen beantwortet. Erstens wissen wir, woher die subjektiven Strukturen der Erkenntnis kommen (sie sind ein Produkt der Evolution). Zweitens wissen wir, warum sie bei allen Menschen nahezu gleich sind (weil sie genetisch bedingt, also erblich sind und – wenigstens als Anlage – angeboren). Drittens wissen wir, daß und warum sie zumindest teilweise mit den Strukturen der Außenwelt übereinstimmen (weil wir die Evolution sonst nicht überlebt hätten).

Die Antwort auf die Hauptfrage ergibt sich somit aus dem Passungscharakter unseres Erkenntnisapparates, ist also eine zwanglose und unmittelbare Folgerung der These von der Evolution der Erkenntnisfähigkeit. Es wäre lohnend, wenn auch zweifellos schwierig, hier eine genaue Bestimmung und Untersuchung des Systems der Erkenntnisstrukturen anzuschließen und damit den durch die evolutionäre Erkenntnistheorie gespannten erkenntnistheoretischen Rahmen auszufüllen. Das ist jedoch nicht das Ziel der vorliegenden Untersuchungen. Sie möchten vielmehr zeigen, daß die evolutionistische Betrachtungsweise für die Erkenntnistheorie tatsächlich relevant ist, weil sie zu sinnvollen Antworten auf alte und neue Fragen führt. Doch kann es nicht unsere Aufgabe sein, alle diese Antworten zu *geben.*

E Bewertung von Theorien

Es ist eine ungelöste und wohl unlösbare Aufgabe, einen Algorithmus (ein Regelsystem) anzugeben, nach dem eine sinnvolle oder gar richtige neue Hypothese oder Theorie gefunden werden könnte. (Die Hypothesenbildung gehört deshalb zu den Tätigkeiten, in denen der menschliche Geist nicht so bald durch Maschinen ersetzt werden wird.) Ein ganz anderes Problem ist es, eine bestehende Hypothese (oder Theorie) auf ihre Richtigkeit zu prüfen. Dazu gibt es verschiedene – mehr oder weniger ernst zu nehmende – Möglichkeiten, bei denen zur Begründung jeweils eine andere „Instanz" herangezogen wird:

1.a) Man bezeichnet die Aussage als selbstverständlich, unmittelbar einleuchtend oder anschaulich. (Intuition)
b) Man zitiert jemanden, der dasselbe sagt. (Autorität)
c) Man beruft sich auf den allgemeinen Konsensus in dieser Frage. (Mehrheit)
d) Man wiederholt die Behauptung so oft, bis sie geglaubt wird. (Gewöhnung)

2.a) „Was denn sonst?" (Konkurrierende Theorien müssen vorher widerlegt werden.)
b) „Es spricht nichts dagegen." (Einwände müssen vorher entkräftet sein.) (Vorläufigkeit)
c) Man zeigt, daß konkurrierende Theorien komplizierter sind (z. B. mehr Hypothesen benötigen). (Einfachheit)

3. Man führt einen deduktiven Beweis. (Logik)

4. Andere Kriterien (vgl. S. 108 ff.) (Induktion, Bestätigung ...)

Wie wir durch die Gruppierung bereits angedeutet haben, sind diese Möglichkeiten nicht alle gleichwertig. Die Argumente in (1) sind nicht stichhaltig, da sie die Begründungsforderung umgehen; die aus (2) können bestenfalls zeigen, daß eine Theorie nicht deutlich falsch oder schlechter als andere ist. Von den „legitimen" Methoden wäre natürlich der deduktive Beweis (3) die Ideallösung. Wie wir jedoch gesehen haben, gibt es keine absolute, sondern nur eine relative Beweisbarkeit, bei der man sich auf gewisse Voraussetzungen einigen muß, so daß das Begründungsproblem nur verschoben wird.

Konsistenz und andere Kriterien

Sind Hypothesen und Theorien auch nicht (absolut) beweisbar, so gibt es doch andere Kriterien, nach denen sie geprüft und beurteilt werden können.[80] Für *formale Theorien*, z. B. solche der Mathematik, ist nur die interne Konsistenz (innere Widerspruchsfreiheit) eine notwendige Bedingung. Unabhängigkeit und Vollständigkeit der Axiome, Exaktheit und Umfang (Stärke) der Theorie werden allerdings ebenfalls als wichtig angesehen.

Im Bereich der *Wirklichkeitswissenschaften* kommen zu den formalen Kriterien noch viele weitere hinzu. Als notwendig betrachten wir externe Konsistenz, Prüfbarkeit und Erklärungswert. Nützliche Eigenschaften sind aber auch Offenheit gegenüber neuen Erkenntnissen, begriffliche und systematische Einheitlichkeit, Ökonomie der Grundbegriffe und Axiome, Formalisierbarkeit, heuristische und prognostische Kraft, Einfachheit und Fruchtbarkeit. Wir sehen sie bei der Bewertung von Theorien als wünschenswert an, aber nicht als unabdingbar. Auf die Bedingungen, die wir für notwendig halten, gehen wir etwas ausführlicher ein.

a) Interne Konsistenz

Eine Theorie, die in ihren Voraussetzungen oder Folgerungen einen Widerspruch aufweist, ist mit Sicherheit falsch. Widerspruchsvolle Theorien können nämlich zu beliebigen Folgerungen führen. „Ex contradictione quodlibet" lautet ein klassischer Grundsatz der Logik (Albert von Sachsen). Die *Widerspruchsfreiheit* ist deshalb das erste und wichtigste Kriterium für die Richtigkeit einer Theorie. Sie läßt sich dadurch *widerlegen,* daß man einen Widerspruch aufzeigt.

Zu einem Widerspruch führt z. B. die Regel: Keine Regel ohne Ausnahme. Denn wäre sie richtig, so müßte sie auch für sich selbst gelten, also eine Ausnahme zulassen. Dann gäbe es mindestens eine Regel ohne Ausnahme, und die Regel wäre falsch.

Eine widerspruchsvolle Theorie kann höchstens vorläufig akzeptiert werden. Der Widerspruch wird aber die Forschung anregen, nach einer besseren Theorie zu suchen. So haben Antinomien und Paradoxien immer sehr stimulierend gewirkt.

Beispiele sind
die Paradoxien des Zenon in Mathematik und Physik,
das Bertrandsche Paradoxon in der Wahrscheinlichkeitsrechnung,
das Olberssche Paradoxon in der Kosmologie,
das Zwillings- oder Uhrenparadoxon in der speziellen Relativitätstheorie,
das Einstein-Podolski-Rosen-Paradoxon in der Quantentheorie.[81]

Meistens führten sie zu neuen Theorien. Die Antinomie der Cantorschen Mengenlehre führte z. B. zu Russells Typentheorie und zur Theorie der Nichtelemente von Quine, die Antinomie vom Lügner zur Tarski-Semantik, das Bohrsche Atommodell zur Quantenmechanik. Widerspruchsvolle Theorien sind demnach zwar falsch, können aber trotzdem sehr wertvoll sein.

Manchmal kann der Widerspruch lokalisiert und beseitigt werden. Das ist vor allem dann der Fall, wenn aus einem System von Voraussetzungen (Axiomen) eine Aussage folgt, die einer der Voraussetzungen (z. B. A) widerspricht. In einem solchen Falle wird man A versuchsweise aus dem Axiomensystem streichen. Ist das Restsystem widerspruchsfrei, so ist A widerlegt, und man wird endgültig darauf verzichten.[82] Dieser günstige Fall des lokalisierbaren Widerspruchs liegt z. B. vor bei der Hypothese des *naiven Realismus*.

> Geschichtlich gesehen sind die Physiker vom naiven Realismus ausgegangen, d. h. von dem Glauben, daß die äußeren Gegenstände gerade so sind, wie sie erscheinen. Auf der Grundlage dieser Annahme haben sie eine Theorie entwickelt, welche die Materie zu etwas gemacht hat, das dem ganz unähnlich ist, was wir wahrnehmen. Somit widerspricht ihre Folgerung ihrer Prämisse, obwohl doch niemand außer ein paar Philosophen dies bemerkte. (Russell, 1952, 197)

Solche Widersprüche können demnach beseitigt werden, und es ist beweistechnisch durchaus legitim, derartige „falsche" Hilfsannahmen einzuführen. (Widerspruchsbeweise sind Spezialfälle dieses Prinzips.)

Wir können insbesondere bei der Anwendung des Erklärbarkeitspostulates (S. 33) von diesem „Lokalisationsprinzip" Gebrauch machen, falls sich herausstellen sollte, daß nicht alle Tatsachen der Erfahrungswirklichkeit erklärbar sind.

b) Externe Konsistenz

Eine Theorie muß mit den allgemein akzeptierten Ergebnissen der Wissenschaft *verträglich* sein. Sie soll ihnen nicht widersprechen, sondern sie berücksichtigen und, soweit sie relevant sind, verarbeiten. Die externe Konsistenz kann also nur relativ auf ein *Hintergrundwissen* überprüft werden, das in diesem Moment nicht in Frage gestellt wird. Dazu gehört insbesondere die jeweilige Rahmen- oder Basiswissenschaft, wie es die Physik für die Chemie oder die Verhaltensforschung für die Psychologie ist.

Bei neuen oder gar „revolutionären" Theorien ist es meistens schwierig zu entscheiden, welche Teile des „etablierten" Wissens beibehalten und als Hintergrundwissen herangezogen werden sollen.

So war die externe Konsistenz ein wichtiges Argument gegen das heliozentrische System, das schon Aristarch von Samos (310–230) lange vor Kopernikus aufstellte. Es trug zwar der Behauptung des Aristoteles Rechnung, daß die Himmelskörper sich „natürlich", nämlich auf Kreisbahnen, bewegen müßten; es hätte aber erwarten lassen, daß die Sterne von verschiedenen Stellen der Erdbahn aus unter verschiedenen Winkeln erscheinen (Fixsternparallaxe) und daß die Wolken hinter der Erdbewegung zurückbleiben. Beides wurde aber nicht beobachtet. Daß letzteres nicht geschieht, konnte auch Kopernikus nicht erklären, sondern erst Newton durch seine Mechanik und Gravitationstheorie. Die Fixsternparallaxe konnte sogar erst im 19. Jahrhundert gemessen werden; sie ist aber wegen der wahrhaft „astronomischen" Entfernungen im Weltraum so klein, daß sie ohne genaue Meßinstrumente nicht beobachtet werden kann. Das heliozentrische

System besaß also weder bei Aristarch noch bei Kopernikus externe Konsistenz. Es war eine wissenschaftliche Revolution (eine kopernikanische Wendung) notwendig, damit es akzeptiert wurde.

c) *Prüfbarkeit* (testability)

Als prüfbar gilt eine Theorie (oder Hypothese), wenn sie selbst oder Folgerungen, die sich aus ihr ableiten lassen, durch die *Erfahrung* bestätigt oder widerlegt werden können. Die betreffende Theorie (oder Hypothese) muß dabei für die jeweiligen Folgerungen *relevant* sein, d. h. letztere sollten nicht ohne die Theorie ableitbar sein. Von Prüfbarkeit sprechen wir auch dann, wenn sie nur im Prinzip besteht, wenn z. B. die Meßgenauigkeit oder die technischen Mittel nicht ausreichen, um den behaupteten Effekt wirklich zu messen.

Der logische Empirismus verwendete die Prüfbarkeit als *Sinn*kriterium; unprüfbare Aussagen wurden für sinnlos erklärt. „Prüfbar" wurde dabei zunächst mit „verifizierbar" gleichgesetzt, später auch toleranter interpretiert. Alle diese Auffassungen haben sich als unhaltbar erwiesen.[83] Popper will die potentielle Widerlegbarkeit (refutability) wenigstens als Kriterium zur *Abgrenzung* wissenschaftlicher von metaphysischen Aussagen verwenden. Ob sie diesen Zweck erfüllen kann, ist ebenfalls umstritten.[84] Trotzdem stellt die Prüfbarkeit einen wertvollen Beurteilungsmaßstab für Hypothesen und Theorien dar.

Auch die Prüfung erfolgt grundsätzlich relativ zum akzeptierten Hintergrundwissen (vgl. b).

d) *Erklärungswert* (explanatory power)

Eine Theorie muß bestehende Probleme lösen, beobachtete Tatsachen erklären und richtige Voraussagen machen können. Der Erklärungswert einer Theorie wird also an ihren Folgerungen gemessen. An ihren Früchten sollt ihr sie erkennen! Die Folgerungen selbst können dabei auch längst bekannt oder trivial sein; wichtig ist nicht ihr Gehalt, sondern die Tatsache, daß die Theorie sie erklärt. Sind die Folgerungen richtig oder im obigen Sinne vernünftig, so gilt die Theorie als bestätigt, als brauchbar, fruchtbar, als hypothetisch richtig. Der Erklärungswert einer Theorie ist – abgesehen von ihrer Widerspruchsfreiheit, die ja ein logisches Kriterium ist – ihre wichtigste Eigenschaft. Die deduktiv gewonnenen Folgerungen müssen den Beweis für eine Theorie (oder Hypothese) gewissermaßen ersetzen. Auch für die Erklärung gilt die Relevanzforderung, die schon für die Prüfbarkeit maßgebend war.

Der hier verwendete allgemeine Begriff des Erklärungswertes könnte (wie auch die anderen Kriterien) noch weiter analysiert werden.[85] Beispielsweise ist die logische Struktur der Erklärung dieselbe wie die der Voraussage: Aus allgemeinen Gesetzen in Verbindung mit speziellen Einzelaussagen werden Folgerungen abgeleitet. Trotzdem hat die Erklärung *bekannter* Tatsachen bei der Beurteilung von Theorien nicht dasselbe Gewicht wie die Voraussage noch nicht beobachteter Fakten. Der Voraussagewert zeichnet

z. B. die allgemeine Relativitätstheorie gegenüber den konkurrierenden Theorien aus, die erst nach Bestätigung der allgemein-relativistischen Effekte aufgestellt wurden (u. a. durch Whitehead, Birkhoff, Belinfante). Daß prognostische Kraft jedoch kein notwendiges Kriterium ist, zeigt die Evolutionstheorie, die als wissenschaftliche Theorie anerkannt ist, obwohl sie nahezu keine Voraussagen machen kann.

Die weiteren, zu Beginn dieses Kapitels (S. 108) genannten Kriterien sind zwar wichtig zur Bewertung von Theorien, sie werden aber meistens erst dann herangezogen, wenn zwei Theorien hinsichtlich der notwendigen Kriterien äquivalent sind. Das gilt insbesondere für die Einfachheit, die häufig zu Unrecht als wesentlich für die Theorienbeurteilung bezeichnet wird.[86]

Die hier behandelten Kriterien wurden zunächst vor allem für naturwissenschaftliche Theorien aufgestellt, einfach deshalb, weil der Hypothesecharakter unseres Wissens hier am augenfälligsten ist, so daß man zuerst für solche Theorien nach Bewertungskriterien suchte. Nach welchen Kriterien aber soll man philosophische Theorien beurteilen? Kann man logische und wissenschaftstheoretische Kriterien überhaupt auf erkenntnistheoretische Hypothesen anwenden? Das nächste Kapitel versucht zu zeigen, warum wir diese Frage bejahen sollten.

Erkenntnistheorie als Metadisziplin

Welche systematische Stellung nimmt die Erkenntnistheorie innerhalb der Gesamtheit wissenschaftlicher und philosophischer Bemühungen um Erkenntnis ein? In A haben wir zahlreiche Stellungnahmen zu erkenntnistheoretischen Fragen zusammengestellt, die wir später nach verschiedenen Gesichtspunkten verglichen, aber nicht auf ihre Konsistenz oder ihren Erklärungswert geprüft haben. Schon eine oberflächliche Musterung der Positionen auf ihre Herkunft zeigt, daß sie den verschiedensten wissenschaftlichen Disziplinen entstammen. Es ist geradezu ein Kennzeichen moderner Erkenntnistheorien, daß sie mit Ergebnissen der Wissenschaften eng zusammenhängen.

Es wäre jedoch voreilig, die Erkenntnistheorie daraufhin als ein Zwischengebiet zu charakterisieren. Sie ist nicht ergänzendes Glied einer linearen oder auch verzweigten Kette von Einzelwissenschaften. Solch ein Zwischengebiet wäre z. B. die Molekularbiologie, die in einem Bereich zwischen Chemie und Biologie arbeitet, der erst vor dreißig Jahren „entdeckt" und vor fünfzehn Jahren erschlossen wurde. Eine noch größere Lücke, nämlich zwischen Biologie und Psychologie, füllt seit vierzig Jahren die Verhaltensforschung (Ethologie), die so die traditionelle Trennung von Naturwissenschaften und Geisteswissenschaften aufhebt, ja unmöglich macht.[87]

Die Erkenntnistheorie kann nicht in dieser Weise zwischen die einzelnen *Wirklichkeitswissenschaften*, sondern ihnen bestenfalls vor- oder nachgestellt werden. Nun gibt es aber noch mehr Disziplinen, die keineswegs in eine solche Wissenschaftskette passen. Wohin gehören z. B. Systemtheorie, Kybernetik, Informationstheorie? Auch sie sind in gewisser Weise interdisziplinär, aber doch in einem übergreifenden Sinne.

So begründet Norbert Wiener 1948 die Kybernetik als die Lehre von „Informationsübertragung und Regelung in Lebewesen und Maschine". Sie findet gemeinsame oder analoge *Strukturen* (z. B. Regelkreise) in physikalischen, physiologischen oder soziologischen Systemen. Deshalb definiert Steinbuch Kybernetik als die „Wissenschaft von den informationellen Strukturen", von Cube als die „Erforschung, mathematische Darstellung und Anwendung von Strukturen (Funktionen, Theorien), die in verschiedenen Wirklichkeitsbereichen realisiert sind". Auch hier bietet sich also – wie bei der Mathematik (vgl. S. 13) – die Bezeichnung *Strukturwissenschaft* an.

Ist die Erkenntnistheorie eine Strukturwissenschaft? Auch diese Auffassung wäre noch zu eng. Die Erkenntnistheorie beschäftigt sich mit Entstehen, Geltung, Reichweite und Bedeutung, auch mit der Struktur von Erkenntnissen, z. B. solchen der Mathematik, der Physik oder der Hirnphysiologie. Sie betrachtet aber weniger die Welt und den Menschen als seine Erkenntnisse *über* die Welt. Sie ist also vor allem eine *Metatheorie*. Ähnlich metadisziplinären Charakter hat die Wissenschaftstheorie. Die Philosophie umschließt heute diese Metatheorien und natürlich weitere (z. B. normative und historische) Bereiche. Daraus ergibt sich eine Einteilung der wichtigsten Wissenschaften in Wirklichkeitswissenschaften, Strukturwissenschaften und Metadisziplinen (Tab. 5). Der englische Begriff „science" würde hier genau die beiden ersten Spalten umfassen.

Tab. 5. Erkenntnis- und Wissenschaftstheorie sind Metadisziplinen.

Wirklichkeitswissenschaften (von Tatsachen)	Strukturwissenschaften (von formalen Systemen)	Metatheorien (von Erkenntnissen und Theorien)
Physik	NW	
physik. Chemie	Logik	
Chemie Biophysik	Mathematik	
Biochemie Bionik	Informationstheorie	Erkenntnistheorie
Biologie	Automatentheorie	
Verhaltensforschung	Kybernetik	
Anthropologie	Systemtheorie	Wissenschaftstheorie
Psychologie	Spieltheorie	
Sprachwissenschaft	Theorie formaler Sprachen	Semiotik
Soziologie	GW	

Nicht berücksichtigt sind dabei u. a.:
normative Wissenschaften	(Rechtswissenschaft; Ethik, Ästhetik)
historische Wissenschaften	(Geschichte, Archäologie; Interpretation philosophischer Texte)
angewandte Wissenschaften	(Medizin, Technik, Psychiatrie, Pädagogik).

Die traditionelle Unterscheidung in Natur- und Geisteswissenschaften (oder Natur- und Kulturwissenschaften) läßt sich hier nur noch andeuten (durch NW, GW). Ziel dieser Einteilung ist nicht, die Gesamtheit der Wissenschaften in ein Schema zu bringen – das ist eine Aufgabe für Bibliothekare –, sondern die Stellung der Erkenntnis- und der Wissenschaftstheorie zu verdeutlichen. Die metatheoretische Stellung beruht allein auf den Objekten dieser Disziplinen. Nach ihren *Methoden* stehen sie dagegen neben den Einzelwissenschaften und können sich deshalb selbst und gegenseitig in ihre Untersuchungen einbeziehen, ohne daß ein logischer Zirkel auftreten müßte.

> Das Verhältnis von Theorie und Wissenschaftstheorie enthält keine prinzipielle Komplikation. Denn die Methoden, welche der Wissenschaftstheoretiker anwendet, sind immer logische Methoden. Die Grundlegung der Logik allerdings ist eine komplizierte Angelegenheit für sich. Im übrigen ähnelt wissenschaftstheoretische Forschung in dem Sinn der einzelwissenschaftlichen, daß sie nur Rekonstruktionsversuche machen kann, die prinzipiell revisionsbedürftig sein können.
>
> (Stegmüller[88])

Wenn man eine solche Charakterisierung anerkennt, wird man auch verstehen, warum Erkenntnis- und Wissenschaftstheorie weder von den Einzelwissenschaften noch voneinander unabhängig bleiben können.

> Die gegenseitige Beziehung von Erkenntnistheorie und Science ist von merkwürdiger Art. Sie sind aufeinander angewiesen. Erkenntnistheorie ohne Kontakt mit Science wird zum leeren Schema. Science ohne Erkenntnistheorie ist – soweit überhaupt denkbar – primitiv und verworren. (Einstein, 1955, 507)

Die Erkenntnistheorie muß die Wissenschaftstheorie in ihre Betrachtungen einschließen, weil ja auch die Wissenschaftstheorie Erkenntnisse – über die Wissenschaften – gewinnt. Umgekehrt tritt auch die Erkenntnistheorie mit dem Anspruch auf Wissenschaftscharakter auf, da sie sich auf ein gewisses Objekt – die menschliche Erkenntnis – bezieht, Hypothesen und Theorien darüber aufstellt und sie zu begründen versucht. Damit gehört die Erkenntnistheorie als theoretische Disziplin ebenso in den Bereich wissenschaftstheoretischer Untersuchungen wie die Einzelwissenschaften und kann nach wissenschaftstheoretischen Kriterien beurteilt werden. Allerdings bemerkt Russell:

> Noch ist es niemandem gelungen, eine Philosophie zu erfinden, die zugleich glaubhaft und konsistent wäre. Locke bemühte sich um Glaubwürdigkeit und erreichte sie auf Kosten der Konsistenz. Die meisten großen Philosophen haben es umgekehrt gemacht. Eine inkonsistente Theorie kann nicht ganz richtig, aber eine konsistente Philosophie kann sehr wohl völlig falsch sein. (Russell, 1961, 592)

Daß es nicht nur möglich, sondern auch sinnvoll ist, in der Erkenntnistheorie mit wissenschaftstheoretischen Kriterien zu arbeiten, zeigen wir exemplarisch an der Kantischen Erkenntnislehre. Sie besitzt externe Konsistenz: Sie verarbeitet die Mathematik ihrer Zeit und die Newtonsche Mechanik, die einzige damals existierende, einigermaßen geschlossene Theorie. Sie besitzt auch Erklärungswert; denn sie macht begreiflich, wie wir erkennen; sie erklärt, warum wir einigen unserer Erkenntnisse Notwendigkeit und Allgemeinheit zuschreiben, obwohl unsere Erfahrungen doch zufällig und beschränkt sind.

Kants Erkenntnistheorie ist aber nicht widerspruchsfrei. Die Dinge an sich affizieren unsere Sinne, sind also Ursache, obwohl doch die Kategorien der Vielheit und der Kausalität gar nicht auf das Ding an sich anwendbar sind, sondern nur auf die Erscheinungswelt. Auf diese Inkonsistenz haben schon Zeitgenossen Kants hingewiesen (Jacobi, Schulze, Maimon, Beck); auch der logische Empirismus hat diesen Einwand wieder aufgegriffen.

Nach Kants Meinung ist seine Theorie nicht einmal widerlegbar. Er behauptet, Erkenntnisse, die ihr widersprechen, seien überhaupt nicht möglich. Wir wissen aber heute, daß er sich hierin geirrt hat, daß also seine Theorie in Wahrheit widerlegbar war. Es gibt Erscheinungen (z. B. den Teilchenzerfall), die nach dem heutigen Wissen der Quantenphysik keine Ursache haben (trotzdem sind sie nicht regellos!). Die externe Konsistenz von Kants Lehre gilt also nur relativ auf das damals bestehende Wissen.

Kant betont mehrfach die Konstanz, die Allgemeingültigkeit und die Vollständigkeit seines Systems.

> Was die Erfahrung unter gewissen Umständen mich lehrt, muß sie mich jederzeit und auch jedermann lehren, und die Gültigkeit derselben schränkt sich nicht auf das Subjekt oder seinen damaligen Zustand ein. (Kant, 1783, § 19)

> Das Systematische, was zur Form einer Wissenschaft erfordert wird, ist hier vollkommen anzutreffen, weil über die genannten formalen Bedingungen aller Urteile überhaupt, mithin aller Regeln überhaupt, die die Logik darbietet, keine mehr möglich sind. (Kant, 1783, § 23)

Kants Erkenntnistheorie ist also auch nicht erweiterungsfähig. Die Neukantianer haben sich über diese Beschränkung freilich hinweggesetzt und andere Kategoriensysteme geschaffen. Sie haben also die transzendentale Auffassung vom Zustandekommen der Erkenntnis übernommen, haben aber Kants Kategoriensystem aufgegeben.

Anwendung auf die Evolutionäre Erkenntnistheorie

Das letzte Kapitel hat gezeigt, daß die wissenschaftstheoretischen Kriterien zur Beurteilung von Theorien auf die Erkenntnistheorie angewendet werden können. Im Falle der evolutionären Erkenntnistheorie ist dies schon deshalb sehr wichtig, weil hier erkenntnistheoretische Fragen mit Hilfe naturwissenschaftlicher Ergebnisse, vor allem der Evolutionstheorie, beantwortet werden. Ähnliches ist bei philosophischen Problemen ja immer wieder geschehen. Wir überschreiten also die Grenzen der Philosophie, um Lösungen für philosophische Probleme zu suchen. Eine Rechtfertigung für diesen Schritt in andere Gebiete ergibt sich dann, wenn die Lösungen dort zu finden sind. Solche Lösungen müssen sich natürlich erst recht an wissenschaftstheoretischen Kriterien messen lassen.

Diese Einsicht bildet einen logischen Grundpfeiler für die vorliegenden Betrachtungen. Beweisen können wir die Theorie von der Evolution der Erkenntnisfähigkeit nicht. Wir können aber untersuchen, ob sie konsistent und prüfbar ist und welchen Erklärungswert sie besitzt.

Beweise für Widerspruchsfreiheit lassen sich in Strenge nur für voll formalisierte Systeme durchführen. Da wir weder den Anspruch erheben noch in der Lage sind, eine formalisierte Erkenntnistheorie zu liefern, darf die Konsistenzforderung nicht in diesem beweistechnischen Sinne verstanden werden. Wir können jedoch versuchen, die Konsistenz hinsichtlich des Evolutionscharakters plausibel zu machen.

Läßt sich für die evolutionäre Erkenntnistheorie ein Widerspruch konstruieren, indem man sie oder ihre Folgerungen auf sie selbst anwendet? Aus der Evolution der menschlichen Erkenntnisfähigkeit folgt natürlich auch eine Entwicklung der menschlichen Erkenntnis. Alle Erkenntnisse haben eine Geschichte, eine Vergangenheit. Auch die Erkenntnisse der Philosophie, insbesondere der Erkenntnistheorie, müssen eine solche Geschichte haben. Somit muß auch die evolutionäre Erkenntnistheorie der Evolution unterliegen. Dies ist nun tatsächlich der Fall; es ist sogar möglich, eine solche Geschichte zu schreiben. Sie ist allerdings recht kurz, da sie nur etwa 100 Jahre umfaßt. Die Folgerungen dieser Theorie sind also durchaus mit ihren Aussagen vereinbar: Sie ist auf sich selbst anwendbar.

Ein ähnliches Konsistenzproblem tritt für den hypothetischen Realismus auf. Wenn all unser Wissen über die Welt (ihre Existenz und ihre Struktur) hypothetisch ist, dann müssen auch Aussagen über ihre Erkennbarkeit hypothetisch sein. Dieser Tatsache wird aber im hypothetischen Realismus dadurch Rechnung getragen, daß auch die Erkennbarkeit der Welt als Annahme eingeführt wird. „Ist der Realismus wahr, dann liegt der Grund für seine Unbeweisbarkeit auf der Hand" (Popper, 1973, 54). Dabei entsteht somit kein Widerspruch.

Wenn also die evolutionäre Erkenntnistheorie in dieser Hinsicht keinen inneren Widerspruch aufweist, steht sie vielleicht mit relevanten Aussagen der Wissenschaft in einem äußeren Widerspruch? Ihre *externe Konsistenz* wird nun gerade daran deutlich, daß sie sich zwanglos in ein Netz von Fakten und Theorien einordnen läßt, das in B bis D, wenn auch nur unvollständig, dargestellt ist. Dieses Netz erhält seine bindende Kraft einerseits („diachronisch") aus dem Entwicklungsgedanken, andererseits („synchronisch") aus der Konvergenz vieler wissenschaftlicher Disziplinen (Verhaltensforschung, Anthropologie, Physiologie, Genetik, Psychologie) in ihren Aussagen über die Erkenntnisfähigkeit bei Tieren und Menschen. Deshalb war es auch notwendig, Beiträge und Antworten der Einzelwissenschaften anklingen zu lassen.

Die evolutionäre Erkenntnistheorie ist also keine isolierte Theorie, sondern steht im Zusammenhang mit den Ergebnissen vieler Wissenschaften (vgl. dazu S. 180 bis 183). Diese Vernetzung mit dem relevanten Hintergrundwissen ist ein wichtiges Argument zugunsten dieser Theorie.

Ferner ist die evolutionäre Erkenntnistheorie – wie schon auf S. 97 angedeutet – *prüfbar:*Sie hat Folgerungen, die empirisch verifizierbar oder falsifizierbar sind. Hat sich nämlich die Erkenntnisfähigkeit in der Evolution herausgebildet, so muß es genetisch bedingte, also angeborene Strukturen der Erkenntnis geben. Dazu schreibt Monod:

> Wenn das Verhalten Elemente enthält, die durch Erfahrung erworben wurden, so wurden sie nach einem Programm erworben, das seinerseits angeboren, das heißt genetisch festgelegt ist... Es gibt keinen Grund zu der Annahme, daß es sich mit den Grundkategorien der Erkenntnis beim Menschen nicht genauso verhält und vielleicht ebenfalls mit vielen weiteren, weniger grundlegenden, aber für den einzelnen und die Gesellschaft sehr bedeutsamen Elementen des menschlichen Verhaltens. Derartige Probleme sind dem Experiment grundsätzlich zugänglich. Die Verhaltensforscher führen solche Experimente tagtäglich durch.
>
> (Monod, 1971, 186 f.)

Angeboren ist also ein empirisch signifikanter Begriff. Es ist zu erwarten, daß auch die angeborenen Ideen in der Form der angeborenen Erkenntnisstrukturen eine empirische Rechtfertigung erfahren werden.

Die Antwort auf die Frage nach dem *Erklärungswert* müssen wir noch etwas zurückstellen. Wir haben uns zwar bemüht, die evolutionäre Erkenntnistheorie induktiv plausibel zu machen, sind jedoch – von Andeutungen abgesehen – auf ihre Konsequenzen nicht eingegangen, da zuerst deren systematischer Wert geklärt werden sollte.

Man kann die folgenden Kapitel als eine Reihe von Folgerungen ansehen, die in die verschiedensten Gebiete reichen. Natürlich bedeutet das nicht, daß die evolutionäre Erkenntnistheorie alle diese Folgerungen logisch implizierte. Sie erlaubt vielmehr, Tatsachen dieser Disziplinen zu verstehen oder in einer neuen Perspektive zu sehen. Insbesondere beantwortet sie Fragen, die in diesen Wissenschaften gestellt werden. Dadurch erfährt sie umgekehrt eine gewisse Bestätigung; sie „bewährt" sich. Man sollte also von einer wechselseitigen Relevanz sprechen.

Zunächst kann die evolutionäre Erkenntnistheorie die Fragen der Einleitung nach Ursprung, Geltung, Umfang und Grenzen unserer Erkenntnis beantworten. So führt der evolutionäre Standpunkt zu einer erkenntnistheoretischen Position, die wir „projektive Erkenntnistheorie" nennen. Sie erklärt insbesondere, in welchem Sinne objektive Erkenntnis über die Welt möglich ist. Zu vielen philosophischen Streitfragen ermöglicht sie zwar keine endgültige Lösung – eine solche Hoffnung hat sich gar zu oft als trügerisch erwiesen[89] und würde auch der Grundhaltung des hypothetischen Realismus widersprechen –, aber doch eine Stellungnahme oder ein salomonisches Urteil. Das gilt für die Frage nach dem synthetischen Apriori, für den Streit zwischen Empirismus und Rationalismus und für das Problem, ob es Grenzen der Erkenntnis gibt. Es gilt aber auch für sprachphilosophische, anthropologische und wissenschaftstheoretische Probleme.

Der Überlebenswert der angeborenen Erkenntnisstrukturen erklärt, warum sie dem Bereich der Alltagserfahrung durchaus angepaßt sind, also brauchbar für den Makrokosmos der vor- und frühwissenschaftlichen Erfahrung, für die „Welt der mittleren Dimensionen", warum sie sonst aber versagen. Diese Passung gilt nicht nur für die Leistungen der Sinnesorgane und der Wahrnehmung, sondern auch für allgemeinere Erkenntnisstrukturen, unsere Anschauungsformen, Schlußprinzipien und für die Sprache.

Wir können nur einige dieser Probleme kurz andeuten. Eine ausführliche

Diskussion würde jeweils eine eigene Untersuchung erfordern. Es geht jedoch nicht darum, möglichst viele Probleme zu lösen, sondern es soll auf die Tragfähigkeit und die Tragweite des evolutionären Standpunktes hingewiesen werden und auf die Möglichkeit, viele Fragen unter diesem Aspekt zu sehen. Daß darunter philosophische Probleme sind, widerlegt endgültig die Behauptung, daß Erkenntnistheorie mit den Wirklichkeitswissenschaften nichts zu tun hätte. Eine empirisch-wissenschaftliche Theorie, die Antwort auf erkenntnistheoretische Fragen gibt, ist für die Erkenntnistheorie auch direkt relevant!

F Die Erkennbarkeit der Welt

Die Übereinstimmung zwischen Natur und Vernunft kommt nicht dadurch zustande, daß es in der Natur vernünftig zugeht, sondern in der Vernunft natürlich. (Klumbies, 1956, 766)

Es ist eines der wichtigsten Gesetze der Evolutionstheorie, daß die Anpassung einer Spezies an ihre Umwelt nie ideal ist (S. 45). Somit erscheinen sowohl die allgemein anerkannte Tatsache, daß unser (biologisch bedingter) Erkenntnisapparat nicht vollkommen ist, als auch ihre Erklärung als unmittelbare Folgerungen der evolutionären Erkenntnistheorie. Unser Erkenntnisapparat wird nur den Umweltbedingungen gerecht, unter denen er sich entwickelt hat. Er „paßt" auf die Welt der mittleren Dimensionen, kann aber bei ungewohnten Erscheinungen zu Fehlleistungen führen. Für die Wahrnehmung ist das leicht zu zeigen und vor allem durch die optischen Täuschungen schon lange bekannt (vgl. S. 50, 101). Die moderne Wissenschaft – vor allem die Physik unseres Jahrhunderts – hat aber gezeigt, daß es auch für die anderen Strukturen der Erfahrung gilt.

Die Anwendbarkeit der klassischen Auffasssung von *Raum* und *Zeit* findet eine deutliche Grenze in der Relativitätstheorie. Nicht nur der euklidische Charakter des Raumes, sondern auch die wechselseitige Unabhängigkeit von Raum und Zeit und ihr Absolutcharakter werden aufgehoben. Anschaulichkeit ist spätestens damit kein Kriterium mehr für die Richtigkeit einer Theorie. Kategorien wie *Substanz* und *Kausalität* erfahren in der Quantentheorie eine tiefgehende Kritik. Der Zerfall eines Teilchens erfolgt zwar nach (stochastischen) Gesetzen, aber daß und warum es *gerade jetzt* zerfällt, kann die Quantentheorie nicht voraussagen oder erklären. Sowohl die *Alltagssprache* als auch die Wissenschaftssprache, insbesondere der begriffliche Aufbau der klassischen Physik, führen zu Inkonsistenzen, die nur durch eine grundlegende Revision behoben werden können. Sogar die Anwendbarkeit der klassischen *Logik* wird gelegentlich in Zweifel gezogen.

An diesen wenigen Beispielen wird schon deutlich, daß die Strukturen unserer Erfahrung gerade in den ungewohnten Dimensionen versagen: Im Mikrokosmos (Atome und Elementarteilchen, Quantentheorie), im Megakosmos (allgemeine Relativitätstheorie), bei hohen Geschwindigkeiten (spezielle Relativitätstheorie), bei hochkomplizierten Strukturen (Regelkreise, Organismen) usw.

Aus all dem würde nun eine sehr pessimistische Einstellung bezüglich der Zuverlässigkeit unserer Erfahrungsstrukturen folgen. Schon Demokrit und Locke hatten Farbe, Klang, Geschmack usw., also die „sekundären Qualitäten", als subjektiv erkannt und verworfen. Aber auch die „primären Qualitäten" Masse, Undurchdringlichkeit, Ausdehnung können in der modernen Naturwissenschaft, insbesondere in der Feldtheorie, nicht als

„objektiv" gelten. Schließlich verlieren sogar der euklidische Raum und die Newton-Zeit ihren Absolutcharakter.
Was bleibt eigentlich an Objektivem noch übrig? Wir glauben, die Welt zu erforschen, und finden nichts als Subjektivität. Kommen wir denn nur immer weiter weg vom Ziel? Landen wir zuletzt doch bei der Kantischen Position, nach der wir sämtliche Strukturen der Erkenntnis selbst beisteuern? Diese skeptischen Fragen lassen sich im Rahmen der evolutionären Erkenntnistheorie beantworten.

Die Möglichkeit objektiver Erkenntnis

Aus dem Passungscharakter des Erkenntnisapparates erklären sich nicht nur seine Beschränkungen, sondern auch seine *Leistung*. Sie besteht offenbar darin, daß er geeignet ist, die realen Strukturen „überlebensadäquat" zu erfassen. Das ist aber nur dadurch möglich, daß er den konstanten und grundlegenden Umweltbedingungen Rechnung trägt. Er kann jedenfalls nicht gänzlich „danebenliegen"; die Strukturen der Wahrnehmung, der Erfahrung, des Schließens, der wissenschaftlichen Erkenntnis können nicht völlig beliebig, zufällig oder restlos falsch sein, sondern müssen denen der Realität einigermaßen entsprechen. Diese Beziehung braucht nicht in einer Identität zu bestehen.

> Man kann nicht erwarten, daß die Kategorien der Erfahrung der realen Welt voll entsprechen, und noch weniger, daß sie diese vollständig wiedergeben ... Sie brauchen nicht den Zusammenhang der wirklichen Ereignisse zu spiegeln, sondern müssen ihm nur – mit einer gewissen Toleranz – isomorph sein.
> (v. Bertalanffy, 1955, 257)

Diese *partielle Isomorphie* (Strukturgleichheit) läßt sich durch Vergleich verschiedener Weltbildapparaturen erforschen. Sie besteht im Prinzip bereits für ein Pantoffeltierchen. Wechselt ein solcher Einzeller nach dem Stoß an ein Hindernis die Richtung, so hat er zwar keine genaue Einsicht in seine Umgebung, aber er hat doch darin „recht", daß da etwas ist, dem man ausweichen muß.

> Es gibt in seiner Umwelt also zwar sehr viel weniger Gegebenheiten als in der unseren, die wenigen aber, die es gibt, sind genauso wahr wie die entsprechenden, die auch in unserem Weltbilde sichtbar sind. (Lorenz, 1943, 356; ähnlich 1973, 16)

Sehen wir an einem Gegenstand zwei verschiedene Farben, so sind zwar die Farbempfindungen subjektiv, aber der Eindruck beruht doch auf der objektiven Verschiedenheit der spektralen Zusammensetzung des Lichtes. Eine bessere Weltbildapparatur wird demnach die primitiveren Einzelmeldungen normalerweise nicht als falsch erweisen, sondern mehr Bestimmungsstücke verarbeiten.

Jeder Erkenntnisapparat liefert also auch Information über die objektive Wirklichkeit! Je mehr Bestimmungsstücke er verarbeiten und je mehr verschiedene Reize er voneinander unterscheiden kann, je größer also sein

„Auflösungsvermögen" ist, desto näher kommt er der außersubjektiven Realität. Daß die evolutionäre Erkenntnistheorie in Verbindung mit dem hypothetischen Realismus die *Möglichkeit objektiver Erkenntnis* sicherstellt und begründet, ist zweifellos eine ihrer wichtigsten Folgerungen. Sie rechtfertigt somit in einem gewissen Maße unsere intuitiven Überzeugungen von der Existenz einer realen Welt und ihrer Erkennbarkeit. Wir dürfen uns viel mehr auf unsere Sinneseindrücke, Wahrnehmungen, Erfahrungsurteile und wissenschaftlichen Erkenntnisse verlassen, als der hypothetische Charakter aller Erkenntnis zunächst vermuten ließ.

Wir können jetzt das erkenntnistheoretische Schema von S. 41 ergänzen durch die Beziehungen der Erkenntnis zum Subjekt und zur realen Welt (Abb. 9).

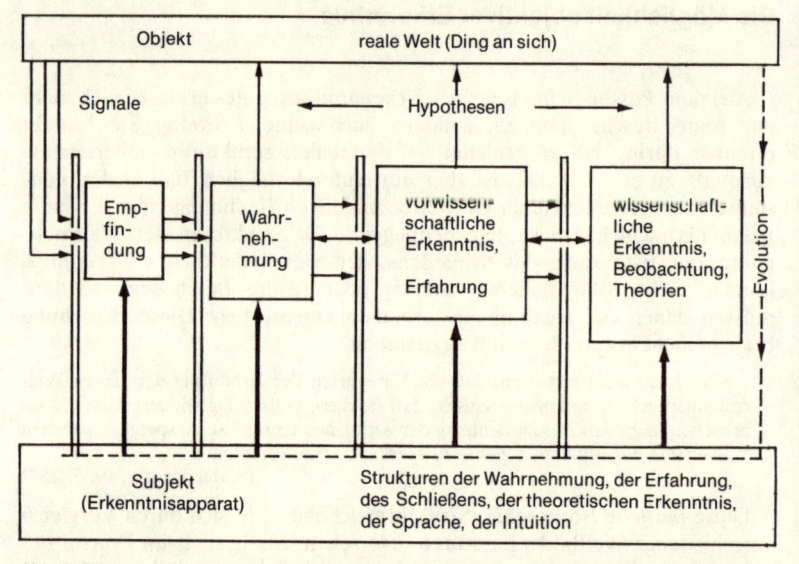

Abb. 9. Erkenntnistheoretisches Schema nach der evolutionären Erkenntnistheorie

Die selektive Wirkung der Sinnesorgane, der Wahrnehmungsfähigkeit usw. ist darin durch „Filter" ⊓ angedeutet, die natürlich auch subjektiver Natur sind. Der konstruktive Beitrag des Subjektes zur Erkenntnis ist durch dicke Pfeile dargestellt. Die einzige direkte (empirische!) Verbindung der realen Welt zur Erkenntnis läuft über die Sinnesorgane und Empfindungen. Eine indirekte Verbindung (gestrichelt) führt aber auch von der realen Welt über das Subjekt zur Erkenntnis: Die evolutive Anpassung der subjektiven Erkenntnisstrukturen!

In einem Schema der Kantischen Auffassung würde diese Verbindung fehlen, und deshalb sind dort keine Schlüsse auf das Ding an sich möglich. Der Wunsch nach objektiver Erkenntnis ist dann unerfüllbar. Deshalb bleibt im Kantischen System menschliche Erkenntnis auf die Erfahrung beschränkt. Auch wissenschaftliche Erkenntnis kann sich dort immer nur auf die durch die subjektiven Erkenntnisstrukturen (Anschauungsformen,

Die Möglichkeit objektiver Erkenntnis 121

Kategorien und Grundsätze) konstituierte und strukturierte Erfahrungswelt beziehen. Darüber hinaus ist keine Erkenntnis möglich.

Daran bleibt nach der evolutionären Erkenntnistheorie richtig, daß unsere Erfahrung durch unsere Wahrnehmungs- und Erfahrungsstrukturen mitbestimmt wird (wir haben z. B. keine natürliche Wahrnehmung für magnetische Felder, und wir können uns keine vierdimensionalen Räume anschaulich vorstellen).

> Der richtige Kern des Kantschen Apriorismus ist, ... daß der Mensch heute tatsächlich mit gewissen Anschauungs- und Denkformen an die Erscheinungen herangeht und sie ihnen gemäß ordnet. (Bavink, 1949, 237)

Unsere Erkenntnis bleibt jedoch nicht auf die Erfahrung eingeengt. Wir gewinnen auch Erkenntnis über die reale Welt (das Ding an sich). Die Kantische Kritik behält zwar soweit recht, als diese Erkenntnis nicht sicher ist, aber sie ist doch möglich und darüber hinaus prüfbar.

Hier könnte die Frage auftauchen, wie biologisch ein Erkenntnistrieb entstehen konnte, dessen Ziele über die biologischen Bedürfnisse der Umwelt so weit hinausgehen. Wenn der Mensch den Trieb zur Erkenntnis von der Natur bekommen hat, dürfte er dann nicht nur auf biologisch nützliche Erkenntnis gerichtet sein?

Dieser Einwand widerlegt sich zum Teil selbst. Die objekt-unabhängige Neugier des Kindes, des primitiven Menschen und der höheren Tiere (!) beweist ja gerade, daß hier ein biologisch zweckmäßiges Verhalten vorliegt. Daß sich diese Neugier beim Menschen bis ins hohe Alter erhält, während sie bei Tieren meist nur in der Jugendphase auftritt, hängt mit der *Neotenie* des Menschen zusammen, mit der Beibehaltung von Jugendmerkmalen, die zu den Voraussetzungen der Menschwerdung gehört (vgl. S. 80).

Schwerwiegender als die Frage, wie der *Trieb* zu abstrakter Erkenntnis zu erklären sei, ist die Frage, wie und warum im Laufe der Evolution die *Fähigkeit* zu solch abstrakter Erkenntnis entstehen konnte.

> Es ist in der Tat erstaunlich genug, daß wir in der Lage sind, in solche Bereiche der Natur, die uns als biologische Organismen gewissermaßen gar nichts „angehen", überhaupt eindringen zu können. (v. Ditfurth, 1973, 165)

Wir haben aber schon an Raum- und Gestaltwahrnehmung gesehen, daß die quantitative Weiterentwicklung einer biologisch wichtigen Gehirnfunktion zu neuen, qualitativ höheren Leistungen führen kann: zu Frühformen des Denkens und der Abstraktion. Dazu kommt, daß die verschiedenen Funktionen des Gehirns zusammenwirken und gerade dadurch auf einer höheren *Integrationsstufe* auch neue Leistungen ermöglichen (vgl. S. 81f.).

Was der Mensch entwickelte, war also nicht „das mathematische Denken", sondern ein allgemeines Abstraktions- und Generalisationsvermögen, das einen ungeheuren Selektionsvorteil bot. Dieser Vorteil gilt natürlich sowohl für die biologische als auch für die kulturelle Evolution. Daß Abstraktionsvermögen und richtiges Schließen gleichzeitig – sozusagen als Nebenprodukt – die Fähigkeit zur Mathematik mit sich brachten, wurde erst im Laufe der kulturellen Entwicklung „entdeckt" und ausgenützt. Auch die Landung auf dem Mond ist insofern lediglich eine Folge der biologisch wertvollen Neugier und der in Auseinandersetzung mit den Gegebenheiten der biologischen und kulturellen Umwelt entwickelten Fähigkeiten.

Anscheinend können wir in unseren Theorien alle *logisch* möglichen Strukturannahmen (Geometrien, Axiomensysteme usw.) durchprobieren und auf ihre Brauchbarkeit untersuchen. Tatsächlich hat ja die moderne Physik diese Freiheit benützt und ist über die dreidimensionalen Räume, über euklidische Geometrie, über das Kausalprinzip hinausgegangen. Wie weit ein Forscher in seiner Theorie von den erfahrungskonstitutiven Strukturen (z. B. von der Anschauung) abzuweichen kühn genug oder fähig ist, ist eine psychologische Frage. Ob sich seine Theorie dann bewährt, ist allerdings wieder eine wissenschaftliche und wissenschaftstheoretische Frage. Genialität zeigt sich offenbar darin, beiden Anforderungen gerecht zu werden.

Wenn die evolutionäre Erkenntnistheorie somit auch die grundsätzliche Möglichkeit objektiver Erkenntnis aufzeigt, ist und bleibt es doch ein erstaunliches (sozusagen empirisches) Faktum, daß die Wissenschaft der Neuzeit *tatsächlich* und mit Erfolg so weit über die menschliche Erfahrung hinausgegangen ist. Offenbar ist die hoch entwickelte Erkenntnisfähigkeit nur eine von mehreren Bedingungen, die für das Entstehen einer solchen Wissenschaft notwendig sind. Weitere Voraussetzungen sind zweifellos die kulturelle Arbeitsteilung, die Entwicklung einer leistungsfähigen Mathematik und überhaupt die Annahme, daß die Erscheinungen erklärbar sind. Auch die strenge Unterscheidung zwischen „heilig" und „profan", die das Christentum im Gegensatz zu anderen Religionen vornimmt, könnte eine Voraussetzung gewesen sein für ein wissenschaftliches Denken, das nicht verkündet und glaubt, sondern zweifelt und forscht.

Projektive Erkenntnistheorie

Das Verhältnis von Realität und Erkenntnis läßt sich am Modell der graphischen *Projektion* illustrieren. Die Struktur eines durch Projektion entstandenen Bildes hängt ab von der

Struktur des Gegenstandes, z. B. Würfel, Kugel;
Art der Projektion, z. B. Parallel-, Zentralprojektion;
Struktur des auffangenden Schirmes, z. B. Farb- oder Schwarzweiß-Film.

Kennt man diese drei Bestimmungsstücke, so kann man das Bild bestimmen (konstruieren). Das Bild wird dabei nicht in allen Zügen mit dem Original übereinstimmen. Es bleibt jedoch immer eine gewisse *partielle Isomorphie* bestehen. Kennt man nur das Bild, so kann man deshalb „umgekehrt" versuchen, aufgrund von Annahmen (Hypothesen!) über den eigentlichen Gegenstand, den Projektionsmechanismus und den Aufnahmeschirm das Bild zu „erklären". Auf diese Weise ist es möglich, aus dem Bild hypothetische (!) Information über das projizierte Objekt zu gewinnen (Abb. 10).

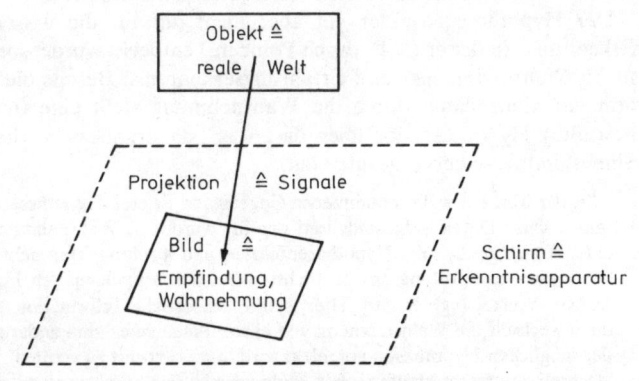

```
           Objekt ≙
           reale  Welt


    Projektion    ≙ Signale

         Bild      ≙
                              Schirm ≙
       Empfindung,          Erkenntnisapparatur
       Wahrnehmung
```

Abb. 10. Projektion der realen Welt auf unsere Erkenntnisapparatur

Diesem Verfahren ist der Weg der Erkenntnisgewinnung völlig analog. Dabei entspricht dem projizierten Gegenstand die Wirklichkeit (die reale Welt, das Objektive, das Ding an sich); dem Projektionsmechanismus entsprechen die Signale (elektromagnetische oder mechanische Schwingungen, Moleküle usw.), die unsere Sinnesorgane erreichen und auch objektiv, aber doch vom Erkenntnisobjekt verschieden sind; dem Aufnahmeschirm entspricht unsere (subjektive) Erkenntnisapparatur (von der wir aus der evolutionären Erkenntnistheorie wissen, daß sie geeignet ist, die Signale der Außenwelt wenigstens „überlebens-adäquat" zu erfassen und zu verarbeiten); dem Bilde schließlich entspricht die Wahrnehmung oder die einfache Erfahrung.

So versuchen wir schon in der vorwissenschaftlichen Erfahrung mit jeder Wahrnehmung (vgl. S. 42), jeder Verallgemeinerung, jeder Voraussage, eine reale Welt zu rekonstruieren. Natürlich geht die Wissenschaft über diese „Alltagsverfahren" hinaus. Sie ergänzt die Sinnesorgane durch hochempfindliche Geräte, die auch auf Signale ansprechen, von denen wir durch unsere Sinne direkt nichts erfahren. Im Experiment gewinnt sie gezielt Information (Daten) über das Bild der Projektion und bildet zur Erklärung dieser Daten Modelle und Theorien, deren Folgerungen sie wiederum überprüft. Sie nimmt also Rekonstruktionen vor, die der Wirklichkeit viel näher kommen (als die Erfahrung), weil sie über einen größeren Erfahrungsbereich, mehr Information und genauere Daten verfügt.

Wir werden diese Auffassung *projektive Erkenntnistheorie* nennen. Die Analogie zur geometrischen Projektion drückt auf kürzeste Weise aus, in welchem Verhältnis Wirklichkeit und Erfahrungswelt stehen und wie und warum Erkenntnis der Wirklichkeit möglich ist.

Die Projektionsanalogie spiegelt auch den hypothetischen Charakter grundsätzlich aller Erkenntnis. Es gibt nämlich keinen deduktiven Schluß vom Bild auf die Bedingungen, unter denen es zustande kam, sondern nur umgekehrt. Insbesondere läßt sich der projizierte Gegenstand nicht deduktiv „erschließen", eine Aussage, deren erkenntnistheoretisches Analogon auch ein Ergebnis der modernen Wissenschaftstheorie ist.

Der Hypothesecharakter gilt aber nicht nur für die wissenschaftliche Erkenntnis, an der er (z. B. durch Poincaré) entdeckt wurde, sondern ebenso für Wahrnehmungs- und Erfahrungserkenntnis. Bereits die Interpretation der Sinnesdaten durch die Wahrnehmung stellt eine (natürlich unbewußte) Hypothese dar über das, was „da draußen" vorliegt und die Sinneseindrücke hervorgerufen hat.

> In der Tat, ein wahrgenommener Gegenstand *ist* eine Hypothese, die aufgrund sensorischer Daten aufgestellt und geprüft wurde ... Wahrnehmung wird so zu einer Angelegenheit der Hypothesenbildung und -prüfung. Man sieht den Vorgang der Hypothesenprüfung am deutlichsten bei der doppeldeutigen Figur wie beim Necker-Würfel [vgl. S. 50]. Hier ist die sensorische Information konstant, und doch wechselt die Wahrnehmung von einem Augenblick zum anderen, sowie eine der möglichen Hypothesen vorgelegt wird, um überprüft zu werden. Jede wird abwechselnd aufrechterhalten, aber keine vermag sich durchzusetzen, da die eine so gut wie die andere ist. (Gregory, 1972, 12, 223)

Auch in der Wissenschaft stellen wir Hypothesen über die Welt auf, prüfen sie auf ihre Brauchbarkeit und werden durch falsche Hypothesen irregeführt. In ihrem Hypothesecharakter ist also die Wahrnehmung beispielhaft für alle Arten der Erkenntnis. Gregory bezeichnet die Wissenschaft sogar als *kooperative Wahrnehmung*. Diese Analogie von Wahrnehmung, vorwissenschaftlicher Erfahrung und wissenschaftlicher Erkenntnis rechtfertigt nachträglich die Verwendung vor allem der Wahrnehmungsstrukturen als Beispiele für die subjektiven Strukturen der Erkenntnis. Das hatte andererseits den Vorteil, daß wir aus Erfahrung und Wissenschaft die Leistungsbeschränkung, die biologische Bedingtheit und den Passungscharakter der Wahrnehmung besonders gut kennen. Grundsätzlich treffen diese Eigenschaften aber auch auf alle anderen Erkenntnisarten zu.

In anderer Hinsicht bestehen allerdings wesentliche Unterschiede: Die Rekonstruktion der realen Welt erfolgt in der Wahrnehmung unbewußt, in der vorwissenschaftlichen Erfahrung bewußt, aber noch unkritisch, und erst in der Wissenschaft *bewußt und kritisch*. Die unkritische Haltung ist zugleich die des naiven Realisten, für den die Welt so beschaffen ist, wie sie ihm erscheint. Die Hypothesen der Wahrnehmung sind zwar als solche erkennbar, aber, weil angeboren und unbewußt, nahezu unkorrigierbar. Wissenschaftliche Hypothesen sind dagegen prinzipiell korrigierbar, wenn auch nur gegen große psychologische Widerstände.

Die Projektionsanalogie trägt sogar noch weiter. Sie zeigt, daß bereits eine Unterscheidung von Eigenschaften des projizierten Gegenstandes und des Projektionsschirmes nur versuchsweise möglich ist. Sie ist deshalb jedoch nicht unmöglich; durch systematische Variation der Parameter (Auswechseln des Objektes bei gleichem Schirm, anderes Licht, Aufnahme desselben Objektes mit einem anderen Schirm) läßt sich ihr anteiliger Beitrag hypothetisch erschließen.

Genau dasselbe Verfahren sollte auch zu einer Trennung der „objektiven" und der „subjektiven" Anteile der Erkenntnis führen.

Einen Wechsel des *Objekts* vollziehen wir fortwährend – im Alltag wie in der Wissenschaft. Besonders markant sind die Fälle, in denen das Objekt so ungewohnt ist, daß unsere Weltbildapparatur zu Fehlleistungen führt (optische Täuschungen, große Geschwindigkeiten, extreme Entfernungen). Aus solchen Fehlleistungen können sowohl der Wahrnehmungspsychologe als auch der Erkenntnistheoretiker besonders viel lernen.

Die Variation des *Subjekts* ist etwas schwieriger, da es nicht genügt, andere Menschen zum Vergleich heranzuziehen. Unter Umständen führt das nämlich nicht weiter, als wenn man die Lupe wechselt, statt zum Mikroskop zu greifen. Hier sind die Objektivitätskriterien heranzuziehen, die wir beim Objektivitätspostulat (S. 31 f.) angegeben haben: Unabhängigkeit einer Aussage von Person, Mitteilungssprache, Bezugssystem, Methode, Konvention. Einige der Argumente für die Existenz einer realen Welt (S. 35 ff.) beruhen auf diesen Kriterien und können zur Objektivitätsprüfung dienen: die Konvergenz verschiedener Erkenntnisapparaturen (f), die Konvergenz der Forschung (h, i, j), die Konstanzleistung der Wahrnehmung (g), die Invarianz in der Wissenschaft (k) und die Widerlegung von Theorien (l). Nach diesen Kriterien können wir versuchen, subjektive und objektive Anteile in unserer Erkenntnis zu trennen. Daß wir dabei sowohl die subjektiven als auch die objektiven Strukturen „erschließen" müssen, bedeutet nicht, daß wir in der Wahl irgendeiner dieser Komponenten frei wären: Die Hypothesen müssen wieder die Forderungen von S. 108 ff. erfüllen (vgl. Abb. 11):

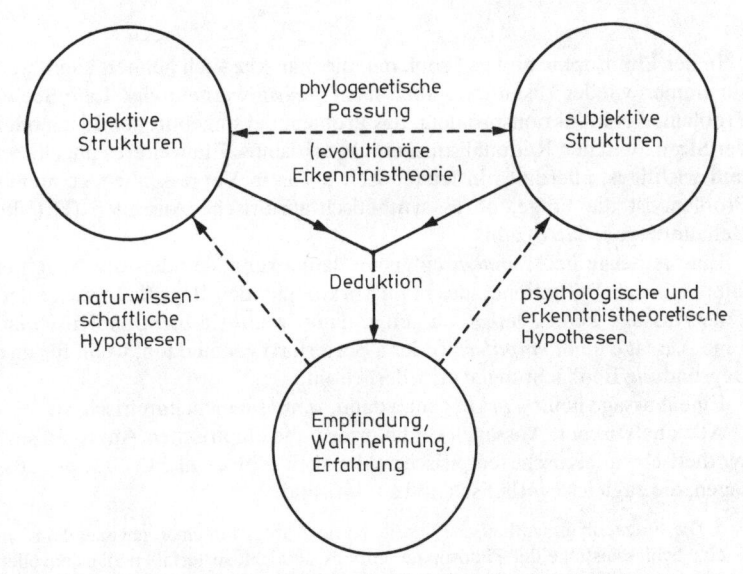

Abb. 11. Zusammenwirken objektiver und subjektiver Strukturen bei der Wahrnehmung

a) sie müssen miteinander verträglich sein (interne Konsistenz);

b) sie müssen Passungscharakter haben; denn die subjektiven Strukturen müssen in evolutiver Anpassung an die objektiven Strukturen entstanden sein (externe, hier „evolutive" Konsistenz);

c) sie müssen zusammen die Strukturen unserer Wahrnehmung und unserer Erfahrung erklären (Erklärungswert);

d) es müssen Fälle denkbar sein, durch welche diese Hypothesen verifiziert oder falsifiziert würden (Prüfbarkeit).

Die projektive Erkenntnistheorie wurde hier zwar im Anschluß an die evolutionäre Erkenntnistheorie behandelt; im Grunde setzt sie aber nur den hypothetischen Realismus voraus und ist von Betrachtungen über die Phylogenese der Erkenntnisfähigkeit unabhängig, weil man das Verhältnis von Realität und Erkenntnis ganz statisch sehen kann, wie das ja bisher meistens geschehen ist, oder auch dynamisch, aber unter rein ontogenetischen Aspekten, wie es Piaget in seiner „genetischen Erkenntnistheorie" tut.[90] Auch dabei lassen sich sehr wichtige Betrachtungen über die erkenntniskonstitutive Leistung des Subjektes anstellen. Es ist jedoch nicht zu sehen, wie dann die Hauptfrage nach der Eignung der Erkenntnisstrukturen und nach dem Grund für ihre Übereinstimmung mit den realen Strukturen sinnvoll beantwortet werden kann.

Angeborene Strukturen und Kantisches Apriori

In der Philosophie gibt es Probleme, die man klassisch nennen kann, weil sie immer wieder diskutiert, aber nicht gelöst werden: das Leib-Seele-Problem, das Induktionsproblem, das Problem der angeborenen Ideen oder der Streit zwischen Rationalismus und Empirismus. Ein weiteres ungelöstes und wichtiges, allerdings in letzter Zeit etwas in Vergessenheit geratenes Problem ist die Frage, ob es synthetisch-apriorische Aussagen (Urteile, Behauptungen, Sätze) gibt.

Eine Aussage heißt *analytisch* genau dann, wenn sie oder ihre Negation allein aus den Definitionen der in ihr vorkommenden Begriffe logisch folgt. Eine Aussage heißt *synthetisch* genau dann, wenn sie nicht analytisch ist. Eine Aussage heißt *empirisch* (oder a posteriori) genau dann, wenn für ihre Begründung Beobachtungen erforderlich sind.

Eine Aussage heißt *a priori* genau dann, wenn sie nicht empirisch ist.[91]

Alle analytischen Aussagen sind a priori; alle empirischen Aussagen sind synthetisch; analytische empirische Aussagen gibt es nicht. Gibt es Aussagen, die zugleich synthetisch und a priori sind?

> Die Frage, ob es synthetische Urteile a priori gibt, ist in einer gewissen Hinsicht eine Schicksalsfrage der Philosophie. Gibt es sie nicht, so zerfallen alle sinnvollen wissenschaftlichen Aussagen in die beiden Gruppen der rein logischen (analyti-

schen oder kontradiktorischen) Sätze und der Tatsachenaussagen (empirischen Sätze). Den ersten fehlt jeder Wirklichkeitsgehalt, die letzteren werden ausschließlich von den einzelnen Erfahrungswissenschaften gefällt. (Stegmüller, 1954, 535)

Das Verdienst, dieses Problem entdeckt und formuliert zu haben, gebührt Kant. Seither wird die Existenz synthetischer Urteile a priori von manchen Denkern behauptet, von anderen bestritten.[92] Wie Stegmüller mit Hilfsmitteln der modernen Logik gezeigt hat, ist die Antwort auf diese Streitfrage abhängig von einer präzisen Definition des synthetischen Apriori relativ auf eine bestimmte Sprache. (Wir haben in unserer Definition den Bezug auf die jeweils verwendete Sprache oder vorliegende Situation unterschlagen.) Was synthetische Urteile a priori sind, läßt sich danach zwar definieren; es gibt aber kein Kriterium, nach dem ein Satz als synthetisch a priori erkannt werden kann. Das erklärt zum Teil schon die Uneinigkeit unter den Philosophen. Ein anderer und vielleicht wichtigerer Grund ist die jeweilige – logisch meist nicht widerlegbare – philosophische Grundhaltung. Man kann den Empirismus definieren als die erkenntnistheoretische Richtung, die behauptet, es gebe kein synthetisches Apriori.

Kant selbst hat die synthetischen Urteile a priori weder genau definiert, noch hat er präzise Kriterien oder gute Beispiele für solche Urteile angegeben. Er war von ihrer Existenz in reiner Mathematik und reiner Naturwissenschaft so tief überzeugt, daß er sich weniger darum kümmerte, ob sie wirklich, als darum, wie sie möglich seien. Nach Kant sind sie es aufgrund der apriorischen Anschauungsformen Raum und Zeit und der apriorischen Begriffe, der Kategorien. Diese sind nicht nur unabhängig von aller Erfahrung (a priori), sondern sie machen Erfahrung überhaupt erst möglich, sie sind erfahrungskonstitutiv oder „Bedingungen der Möglichkeit von Erfahrung".

Woher kommen die apriorischen Anschauungsformen und Begriffe? Wie wir auf S. 10 gesehen haben, hat auch Kant diese Frage vorsichtig zu beantworten versucht, ist dabei aber über Andeutungen nicht hinausgegangen. Die Antwort läßt sich aber als eine direkte Folgerung der evolutionären Erkenntnistheorie geben!

Danach gibt es Strukturen der menschlichen Erkenntnisfähigkeit, die den grundlegenden Umweltbedingungen (z. B. der Dreidimensionalität) Rechnung tragen. Diese Strukturen sind ein Produkt der Evolution, sie gehören zur genetischen Ausstattung, zum kognitiven „Inventar" des Individuums, sind also vererbt oder angeboren im weiten Sinne. Sie sind deshalb nicht nur unabhängig von aller (individuellen!) Erfahrung, sondern sie liegen vor aller Erfahrung, sie machen Erfahrung (z. B. dreidimensionale Erfahrung) überhaupt erst möglich. Sie sind zwar nicht denknotwendig, aber erfahrungskonstitutiv.

In diesem Sinne gibt es also ein synthetisches Apriori!

Es bestimmt zwar unsere Wahrnehmungen und Erfahrungen, nicht aber unsere Erkenntnis (vgl. S. 121). Denn wie unsere bewußte Erfahrungserkenntnis Wahrnehmungsirrtümer erkennen kann, so können unsere hypothetisch gewonnenen wissenschaftlichen Theorien die Erfahrungserkenntnis (nicht die Erfahrung!) korrigieren. Dieses synthetische Apriori kann also auch durch die von der Erfahrung ausgehende theoretische Erkenntnis widerlegt werden! In diesem Sinne gibt es also eine Widerlegung der Erfahrung durch die Theorie, nicht nur eine Widerlegung von Theorien durch die Erfahrung, wie sie Popper beschreibt.

Offenbar hat auch Kant an eine solche Möglichkeit gedacht. Er betont zwar mehrfach, es gebe „nur zwei Wege, auf welchen eine *notwendige* Übereinstimmung der Erfahrung mit den Begriffen von ihren Gegenständen gedacht werden kann: entweder die Erfahrung macht diese Begriffe, oder diese Begriffe machen die Erfahrung möglich" (Kant, 1787, B 166); aber in der transzendentalen Deduktion der reinen Verstandesbegriffe der Ausgabe B erwähnt er doch eine dritte Möglichkeit für die Kategorien:

> Wollte jemand zwischen den zwei genannten einzigen Wegen noch einen Mittelweg vorschlagen, nämlich daß sie weder selbstgedachte erste Prinzipien a priori unserer Erkenntnis, noch auch aus der Erfahrung geschöpft, sondern subjektive, uns mit unserer Existenz zugleich eingepflanzte Anlagen zum Denken wären, die von unserem Urheber so eingerichtet worden, daß ihr Gebrauch mit den Gesetzen der Natur, an welchen die Erfahrung fortläuft, genau stimmte (eine Art von Präformationssystem der reinen Vernunft), so würde (außer dem, daß bei einer solchen Hypothese kein Ende abzusehen ist, wie weit man die Voraussetzung vorbestimmter Anlagen zu künftigen Urteilen treiben möchte) das wider gedachten Mittelweg entscheidend sein: daß in solchem Falle den Kategorien die Notwendigkeit mangeln würde, die ihrem Begriffe wesentlich angehört ... Ich würde nicht sagen können: Die Wirkung ist mit der Ursache im Objekte (d. i. notwendig) verbunden, sondern ich bin nur so eingerichtet, daß ich diese Vorstellung nicht anders als so verknüpft denken kann. (Kant, 1787, B 167/168)

Nach den Ergebnissen aus B und D scheinen wir aber tatsächlich „so eingerichtet" zu sein und „mit unserer Existenz zugleich eingepflanzte Anlagen zum Denken" zu haben. Gemäß dem Zitat hat Kant gegen diese Annahme zwei Einwände:

Erstens wüßten wir nicht, wie groß der subjektive („eingepflanzte") Anteil an unseren Urteilen und Erkenntnissen ist, und zweitens würde sie den Kategorien ihre Notwendigkeit nehmen. Beide Einwände lassen sich aber im Rahmen der evolutionären Erkenntnistheorie widerlegen.

Zunächst ist der erste Einwand weder ein logischer noch ein erkenntnistheoretischer, sondern er weist nur auf einen bedauerlichen Nachteil des „Mittelweges" hin: Wir können subjektive und objektive Bestandteile der Erkenntnis nicht mehr so klar trennen, wie es Kants System tut. Aber welches Argument (außer dem dringenden Wunsch, das zu können) garantiert uns denn, daß eine solche Trennung überhaupt möglich ist? Ein solches Argument kann offenbar nicht einmal Kant liefern. (Wohl deshalb vermerkt er diesen Einwand nur in Parenthese.)

Aber auch der Nachteil, auf den Kant hier hinweist, wird durch die evolutionäre Erkenntnistheorie teilweise behoben. Die Antwort auf die Frage, welche Strukturen bei dem „Mittelweg" nun als subjektiv zu gelten haben, lautet schlicht: genau die Strukturen, die der Mensch brauchte, um sich in der Evolution durchzusetzen. Diese Strukturen aufzufinden, ist schwierig, aber doch nicht prinzipiell unmöglich. Natürlich bleibt es auch in dieser Frage beim hypothetischen Charakter unseres Wissens.

Dem zweiten Einwand, den Kant offenbar ernster genommen hat, liegt folgender Gedankengang zugrunde: Es gibt synthetische Urteile a priori. Sie besitzen Notwendigkeit und Allgemeinheit. Ihre Notwendigkeit läßt sich nur dadurch erklären, daß auch die Anschauungsformen und Kategorien Notwendigkeitscharakter haben. So besitzt laut Zitat die Kategorie der Kausalität Notwendigkeit. Für „eingepflanzte Anlagen" gäbe es dagegen keinen logischen Grund, daß sie mit den Gesetzen der Natur übereinstimmen müßten, sondern bestenfalls eine prästabilierte Harmonie zwischen den Naturgesetzen und der Einrichtung des Geistes, schlimmstenfalls „trügliche Grundsätze", da „man niemals sicher wissen kann, was der Geist der Wahrheit oder der Vater der Lügen uns eingeflößt haben möge" (Kant, 1783, § 36). Ein solches Präformationssystem würde jedenfalls die absolute Geltung (Notwendigkeit) der Kategorien nicht garantieren können. Kant hat deshalb den Mittelweg ausgeschlossen.

Nun ist aber der Begriff der Notwendigkeit bei Kant äußerst unklar.[93] Er ist zunächst einmal zweideutig, da er „notwendig wahr" und „notwendig für Erfahrung" bedeuten kann. Wie aus dem Kant-Zitat auf S. 128 hervorgeht, handelt es sich hier um die erste Bedeutung. Wann aber ist ein Satz notwendig wahr? Ist er logisch wahr, so ist er analytisch (vgl. die Definition auf S. 126), also niemals synthetisch a priori. Ist er aber notwendig, weil er unter ein Naturgesetz fällt, so bezieht er seine Notwendigkeit aus den Kategorien, die ja der Natur ihre Gesetze a priori vorschreiben. Damit geraten wir aber in einen Zirkel: Die Kategorien sind notwendig, weil es (notwendige) synthetische Urteile a priori gibt, die ihren Notwendigkeitscharakter selbst erst durch die Kategorien bekommen. Notwendigkeit ist also nicht nur als Apriotitätskriterium, sondern als Eigenschaft synthetischer Aussagen überhaupt hinfällig.

Damit wird aber die ganze Kantische Argumentation unhaltbar. Weder die synthetischen Urteile a priori noch die Kategorien haben Notwendigkeitscharakter. Notwendige Wahrheiten über die Welt gibt es nicht. Für den hypothetischen Realismus haben vielmehr alle Aussagen über die Welt Hypothesecharakter. Vor der Scylla einer metaphysischen prästabilierten Harmonie und der Charybdis trügerischer Grundsätze bewahrt uns aber nur die evolutionäre Erkenntnistheorie. Wenn Kant fragt:

> Wollte man im mindesten daran zweifeln, daß beide [Raum und Zeit] gar keine den Dingen an sich selbst, sondern nur bloße ihrem Verhältnisse zur Sinnlichkeit anhängende Bestimmungen sind, so möchte ich gern wissen, wie man es möglich finden kann, a priori und also vor aller Bekanntschaft mit den Dingen, ehe sie nämlich uns gegeben sind, zu wissen, wie ihre Anschauung beschaffen sein müsse.
> (Kant, 1783, § 11)

so ist die Antwort einfach: Die Anschauungsformen und Kategorien passen auch als subjektive, uns eingepflanzte Anlagen auf die Welt, so daß „ihr Gebrauch mit den Gesetzen der Natur genau stimmt", einfach deshalb, weil sie sich in *Anpassung* an diese Welt und an diese Gesetze evolutiv herausgebildet haben. Auch die angeborenen Strukturen machen so verständlich, daß wir zutreffende und zugleich erfahrungsunabhängige Aussagen über die Welt machen können.

> Unsere vor jeder individuellen Erfahrung festliegenden Anschauungsformen und
> Kategorien passen aus ganz denselben Gründen auf die Außenwelt, aus denen der
> Huf des Pferdes schon vor seiner Geburt auf den Steppenboden, die Flosse des Fi-
> sches, schon ehe er dem Ei entschlüpft, ins Wasser paßt. Bei keinem derartigen Or-
> gan glaubt irgendein vernünftiger Mensch, daß seine Form dem Objekte seine Ei-
> genschaften „vorschreibe", sondern jedermann nimmt als selbstverständlich an,
> daß das Wasser seine Eigenschaften völlig unabhängig von der Frage besitzt, ob
> Fischflossen sich mit ihnen biologisch auseinandersetzen oder nicht ... Aber aus-
> gerechnet bezüglich der Struktur und Funktionsweise seines eigenen Gehirnes
> nimmt der Transzendentalphilosoph grundsätzlich anderes an.
>
> (Lorenz, 1941, 99; vgl. S. 19)

Daß die Anschauungsformen und Kategorien uns „eingepflanzt" sind und Erfahrung erst möglich machen, erklärt, warum wir uns auch keine anderen Erfahrungen vorstellen können, macht sie also *psychologisch notwendig*. Und diese psychologische Notwendigkeit erklärt schließlich auch, warum Kant glaubte, ihnen absolute Notwendigkeit zuschreiben zu müssen. Sie sind aber weder aus logischen Gründen noch aufgrund von Naturgesetzen notwendig, so daß wir uns von ihnen unabhängig machen und Theorien entwerfen können, die über sie hinausgehen.

> Kant hatte damit recht, daß unser Verstand der Natur die Gesetze vorschreibt –
> nur beachtete er nicht, wie oft unser Verstand dabei scheitert: die Regelmäßigkei-
> ten, die wir vorschreiben möchten, sind psychologisch a priori, doch es gibt nicht
> den geringsten Grund dafür, daß sie a priori gültig wären, wie Kant glaubte. Das
> Bedürfnis, solche Regelmäßigkeiten unserer Umwelt vorschreiben zu wollen, ist
> deutlich angeboren, beruht auf Trieben oder Instinkten. (Popper, 1973, 36)

Der Versuch Kants, die Strukturen der Erfahrung und die Strukturen der Erkenntnis in eins zu setzen und daraus die Gesetze der Erfahrungswelt zu begründen, ist somit gescheitert. Er hinterläßt aber der Forschung zwei wichtige Aufgaben: Einerseits sind die *subjektiven* Strukturen aufzufinden, die unsere Erfahrung mitbestimmen und überhaupt erst möglich machen. Zur Ausführung dieses Programms hat Kant ein wesentliches Stück beigetragen, wenn auch sein Kategoriensystem revisionsbedürftig und dessen transzendentale „Deduktion" unbrauchbar ist. Synthetische Urteile a priori im Kantischen Sinne gibt es jedenfalls nicht. Ob man in einer neueren Untersuchung „angeboren" und „synthetisch a priori" zu Synonymen erklären will, ist deshalb mehr eine Frage der Terminologie. Es ist wohl aus historischen Gründen angemessener, von einer evolutionistischen *Deutung* oder *Interpretation* des Kantischen synthetischen Apriori zu sprechen, wie es z. B. Campbell (1959, 160) tut.

Andererseits sind die *objektiven* Strukturen herauszuarbeiten, die unsere Welt aufweist. Das ist eine Aufgabe der (experimentellen und theoretischen) Wirklichkeitswissenschaften. Tatsächlich kann man Kants System auch als einen Versuch deuten, die Voraussetzungen der zeitgenössischen Wissenschaft, d. h. im wesentlichen der Newtonschen Mechanik, zusammenzustellen. Was er gewollt hat, war eine Analyse der Vernunft, was er gegeben hat, wurde eine Analyse der Naturwissenschaft seiner Zeit (Reichenbach, 1933, 626).

Der tiefere Zusammenhang dieser beiden Fragestellungen ist durch die evolutive Deutung unserer Erkenntnisfähigkeit gegeben. Die Hoffnung Kants bzw. der Neukantianer, ein Kategoriensystem für alle möglichen Erfahrungen und wissenschaftlichen Erkenntnisse aufzufinden, wird dabei zwar enttäuscht; aber schon die Suche nach den Voraussetzungen der *jeweiligen* Erkenntnis ist Aufgabe genug.

Rationalismus und Empirismus

Rationalismus und Empirismus nehmen zur Frage nach dem Ursprung der Erkenntnis in verschiedener Weise Stellung. Für den Empiristen entstammt alle Erkenntnis der Erfahrung; Beobachtung, Messung und Experiment sind seine wichtigsten Methoden. Für den Rationalisten entspringt alle (oder mindestens einige) Erkenntnis über die Welt dem reinen Denken (der Vernunft); wichtigste Hilfsmittel sind Intuition, Logik und Mathematik. Den Streit zwischen diesen beiden erkenntnistheoretischen Positionen haben wir (auf S. 126) als ein klassisches Problem der Philosophie bezeichnet.

Daß dieses Problem nicht gelöst werden konnte, liegt wohl daran, daß beide Positionen in gewisser Weise richtig, aber auch falsch sind. Der Rationalismus ist nicht korrekt; denn keine Aussage über die Welt läßt sich unabhängig von aller Erfahrung als Erkenntnis ausweisen. Aber auch der strenge Empirismus ist widerlegbar:

a) Die Erfahrung gibt uns keine Garantie dafür, daß die Naturgesetze unverändert bleiben und sich nicht eines Tages ändern.

b) Sie ist auch kein ausreichender Garant für die Richtigkeit einer Erfahrungsaussage, da wir in unserem Urteil über das Erlebte betrogen, träumend, betrunken oder einfach im Irrtum sein könnten.

c) Kein Satz, der sich auf unendlich viele Individuen oder Ereignisse bezieht, kann durch die Aufzählung partikulärer Sätze, die ja alle nur Beispiele darstellen, bewiesen werden.[94]

In diesem Sinne muß zugegeben werden, daß der Empirismus als Erkenntnistheorie versagt. Hätte der Rationalismus also doch recht?

Alternativen sind verführerisch, aber selten korrekt. Oft liegt die richtige Lösung in einer kritischen Synthese der beiden Möglichkeiten (Lorenz, 1973, 63f.). Das gilt z. B. für die Gegensätze angeboren – erworben (vgl. S. 70f.); Lokalisation – Integration beim Gedächtnis (vgl. S. 89f.); biologische – kulturelle Evolution (vgl. S. 84ff.). Es gilt auch für die Alternative Rationalismus – Empirismus. Die evolutionäre Erkenntnistheorie kann den Streit zwar nicht entscheiden, aber sie fällt in gewissem Sinne ein „salomonisches Urteil": Beide, Rationalismus und Empirismus, haben ihre Berechtigung, aber auf verschiedenen Stufen.

In den bisherigen Überlegungen ist die *rationalistische* Komponente mehr zur Sprache gekommen. Zunächst mußte gezeigt werden, daß unsere Erkenntnis tatsächlich nichtempirische Elemente enthält. Das war bereits für verschiedene Formen der Wahrnehmung möglich. Biologische und psychologische Forschungsergebnisse beweisen außerdem, daß diese nichtempirischen Elemente z. T. genetisch determiniert sind, so daß man (mindestens für Wahrnehmungs- und Erfahrungserkenntnis) von angeborenen Erkenntnisstrukturen sprechen kann. Nur innerhalb und mit Hilfe dieser Strukturen kann das Einzelwesen (Tier oder Mensch) Erfahrungen machen. Sie bilden das Netz (Eddington, vgl. S. 16), das Sieb (Jeans), die Brille (Reichenbach), die Gußform (Boutroux), die Schachtel (Lorenz), das Filter (vgl. S. 120), durch die unsere Erfahrung erst möglich und in ihrer Struktur teilweise (bei Kant restlos) bestimmt wird. Eine kritische Analyse wird dann diese Strukturen, die wir selbst in die Erfahrung einbauen, darin wieder entdecken und möglicherweise als subjektiv „entlarven". Jeder Erkenntnisfortschritt bedeutet das Ablegen einer Brille (Lorenz).

Eine zweite rationalistische Komponente unserer Erkenntnis bilden *Logik und Mathematik*. Beide sind zwar bei der Beschreibung der Welt anwendbar, aber sie sagen nichts über die Welt. Von den unendlich vielen Geometrien, welche die Mathematik entworfen hat, kann höchstens eine der Geometrie unseres physikalischen Raumes entsprechen; die Geometrie sagt uns aber nicht, welche. (Vielleicht ist die richtige noch nicht einmal entwickelt.) Logische und mathematische Theorien sind formale Systeme, die durch Erfahrung weder bestätigt noch widerlegt werden können. Ihre Sätze sind a priori, weil für ihre Begründung keine Beobachtungen erforderlich sind (vgl. die Definition auf S. 126). Sie sind aber auch analytisch (tautologisch), da ihre Richtigkeit allein aus den Definitionen der in ihnen vorkommenden Begriffe folgt.

Ein dritter rationalistischer Zug unserer Erkenntnis liegt in der hypothetisch-deduktiven Methode, durch die wir theoretische Erkenntnis gewinnen, die weit über die reine Erfahrungserkenntnis hinausgeht. Hypothesen werden nicht aus der Erfahrung „erschlossen", sondern bestenfalls durch sie angeregt. Sie sind, wie Einstein sagt, freie Schöpfungen des menschlichen Geistes. Auch zu ihrer Überprüfung werden logische Methoden herangezogen. So muß bewiesen werden, daß ein System von Hypothesen *widerspruchsfrei* und daß es synthetisch ist (daß es sich also auf eine mögliche Welt bezieht). Auch zur Ableitung von Folgerungen brauchen wir die Logik.

Wie wir aber auf S. 108 ff. gesehen haben, reicht das allein nicht aus, um eine Aussage als Erkenntnis über unsere Welt auszuweisen. Und hier kommt nun der Empirist zu seinem Recht; denn die weiteren Forderungen an ein theoretisches System von Aussagen über unsere Welt beziehen die *Erfahrung* ein.

Das System muß nämlich nicht nur eine *logisch mögliche Welt,* sondern eine *Welt möglicher Erfahrung* darstellen, muß also derart entworfen sein, daß es prüfbar ist bzw. Folgerungen hat, die prüfbar sind. Und schließlich muß das System richtig sein, d. h. es muß sich vor anderen Systemen dadurch auszeichnen, daß es *unsere Erfahrungswelt* beschreibt.[95] Wie uns der Mathematiker eine Anzahl von Geometrien zur Verfügung stellt, unter denen wir die eine „physikalische" Geometrie empirisch bestimmen sollen, so läßt die Logik einen Fächer theoretisch möglicher Welten offen, aus dem wir unsere eine Welt heraussuchen müssen. Welche Hypothese, welche Theorie, welches Axiomensystem unsere Welt richtig beschreibt, kann dabei nur durch die Erfahrung entschieden werden. Die Empirie spielt also eine unersetzliche Rolle für die wissenslchaftliche Erkenntnis. Es ist allerdings vorstellbar, daß sich zwei Theorien als empirisch äquivalent erweisen, so daß die Erfahrung nicht zwischen ihnen entscheiden kann. Dann müssen wieder rationalistische oder pragmatische Kriterien zur Auswahl herangezogen werden (vgl. Stegmüller, 1970, 152 f.)

Die evolutionäre Erkenntnistheorie zeigt, daß es einen wichtigen zweiten Weg gibt, auf dem die Erfahrung unsere Erkenntnis bestimmt: über die angeborenen Strukturen der Erkenntnis. Diese zunächst paradoxe Behauptung erklärt sich daraus, daß die angeborenen Strukturen ja phylogenetisch erworben sind (vgl. das erkenntnistheoretische Schema auf S. 120). Sie sind zwar unabhängig von aller Erfahrung des Individuums, demnach *ontogenetisch a priori,* aber doch nicht unabhängig von *aller* Erfahrung, sondern sie mußten sich im Laufe der Evolution an der Erfahrung bewähren, sind also *phylogenetisch a posteriori.*[96]

> Es ist vollkommen richtig, daß bei den Lebewesen alles aus der Erfahrung stammt, auch das erblich Angeborene, sei es nun das stereotype Verhalten der Bienen, sei es der angeborene Rahmen der menschlichen Erkenntnis. Doch kommt es nicht aus der gegenwärtigen Erfahrung, die jeder einzelne in seiner Generation von neuem macht, sondern aus der im Laufe der Evolution von allen Generationen angehäuften Erfahrung. (Monod, 1971, 188)

> Die Veranlagung, alle Ereignisse in Begriffen eines dreidimensionalen Raumes zu interpretieren, wäre somit ontogenetisch a priori, aber nicht phylogenetisch a priori ... Ähnliches gilt für die Kausalität: Hume und Kant sind sich sozusagen uneins über die psychologische Frage, ob die Tendenz, Ursache-Wirkungs-Beziehungen wahrzunehmen, im Leben eines Individuums erlernt wird oder ein stammesgeschichtliches „Lernen" ist. (Campbell, 1959, 160)

Die Frage, wer im Recht ist, der Rationalist oder der Empirist, läßt sich also in dieser unkritischen Formulierung gar nicht beantworten. Sie muß ergänzt werden durch Angaben darüber, welche Erkenntnisse, welche Erkenntniskriterien und welche Erfahrungen überhaupt zugelassen sind.

Logik und Mathematik bieten erfahrungsunabhängige Erkenntnisse, sie sagen aber nichts über die Welt. Andererseits kann nur die Erfahrung Erkenntnis über die Welt begründen. Fragt man schließlich, ob es Erkenntnisse gibt, die einerseits erfahrungsunabhängig (d. h. a priori), andererseits auf die Welt bezogen (d. h. synthetisch) sind, so führt das auf die Frage nach der Existenz des synthetischen Apriori zurück. Die Antwort lautet:

Der Rationalismus hat recht (es gibt ein synthetisches Apriori) für *den* Menschen als Einzelwesen; der Empirismus hat recht (es gibt kein synthetisches Apriori) für *die* Menschen als biologische Art (Tab. 6).

Es wäre also verfehlt, die beiden Positionen gegeneinander ausspielen zu wollen und zu fragen, welche nun recht oder mehr recht habe. Es ist aber

Tab. 6. Gibt es erfahrungsunabhängige Erkenntnis?

Gibt es erfahrungsunabhängige Erkenntnis	für den Menschen als	Individuum	Art
	überhaupt?	ja	ja (z. B. Logik, Mathematik)
	über die Welt?	ja (angeborene Strukturen)	nein
	begründet über die Welt?	nein	nein

psychologisch verständlich, warum dieser Meinungsstreit entstehen und andauern konnte. Früheren Denkern erschien der Gegensatz Rationalismus – Empirismus als echte Alternative, da sie nicht unterschieden erstens zwischen Erkenntnis überhaupt und Erkenntnis über die Welt, zweitens zwischen Erkenntnis und begründeter Erkenntnis, drittens zwischen *dem* Menschen und *den* Menschen, also zwischen ontogenetischer und phylogenetischer Erfahrung, was vor Aufkommen der Evolutionstheorie auch nicht notwendig, ja nicht einmal sinnvoll erschien. Ließ sich aber in der scheinbar vollständigen Alternative der eine Standpunkt widerlegen, so mußte der andere richtig sein. Da beide Standpunkte falsch sind, gab es immer stichhaltige Argumente gegen den jeweils anderen.

Betrachtet man aus dieser Perspektive die Werke der großen Empiristen und Rationalisten des 17. und 18. Jahrhunderts, so ergeben sich ganz neue, schärfere und viel neutralere Möglichkeiten der Beurteilung. Es geht nämlich nicht mehr darum, wer nun recht hat, sondern in welcher Hinsicht und mit welchen Einschränkungen er recht hat.

Wir haben bereits in der Einleitung die Forderung ausgesprochen, daß eine moderne Erkenntnistheorie wissenschaftskonsistent sein muß. Hypothetischer Realismus, evolutionäre und projektive Erkenntnistheorie erfüllen diese Forderung. Sie sind aber pluralistische Positionen, so daß sie „dem systematischen Erkenntnistheoretiker als eine Art von skrupellosem Opportunismus erscheinen müssen" (Einstein, 1955, 684):

Realistisch ist die Annahme einer bewußtseinsunabhängigen, gesetzlich strukturierten und teilweise erkennbaren Welt.

Rationalistisch sind die Behauptungen, daß Mathematik und Logik erfahrungsunabhängig sind; daß das Individuum angeborene Erkenntnisstrukturen besitzt, die von seiner privaten Erfahrung unabhängig sind, aber seine Erfahrung mitbestimmen; und daß Hypothesen und Theorien „freie Schöpfungen des menschlichen Geistes" sind.

Empiristisch sind schließlich die Thesen, daß alle Erkenntnis nur hypothetisch ist, daß die Erfahrung meistens Anregung, immer aber Prüfstein synthetischer Erkenntnis ist und daß der Hypothesecharakter sowie das empirische Geltungskriterium sowohl für individuelle als auch für biologische (stammesgeschichtliche) Erfahrung gelten.

Grenzen der Erkenntnis

> Gibt es in der Natur vielleicht Dinge und Ereignisse, von denen wir nie etwas erfahren, weil sie unser Gehirn nicht bewältigt? Oder ist vielleicht das logische Denken, wie es aus der Struktur des menschlichen Gehirns hervorgeht, nur eine der Möglichkeiten, die Wirklichkeit geistig zu erfassen? Sind Hirnstrukturen vorstellbar, die eine andere, vielleicht leistungsfähigere Logik ermöglichen? Sind vielleicht unsere Denkgesetze als Ergebnis der bisherigen Hirnentwicklung gar nicht endgültig – kann vielleicht die weitere Entwicklung neue Strukturen ausbilden, mit deren Hilfe die künftigen Menschen unvergleichlich mehr erkennen als wir?
> (Rohracher, 1953, 8)

Bei der Frage nach den Grenzen der menschlichen Erkenntnis kann natürlich nicht der gegenwärtige Wissensstand eines Menschen oder auch der Menschheit gemeint sein. Alltag und Wissenschaft sind voll ungelöster Probleme, und jedes einzelne würde die Annahme, unsere augenblickliche Erkenntnis sei unbegrenzt, widerlegen. Nur die Frage, ob es prinzipielle Grenzen der Erkenntnis gibt, ist sinnvoll.

Auch zu dieser Frage sollten wir eine triviale Begrenzung vorweg behandeln, auf die Stegmüller aufmerksam gemacht hat. Es könnte zwar eine Sprache geben, in der *jede* Erkenntnis formuliert werden kann; trotzdem können nicht *alle* Erkenntnisse formuliert werden, da es unendlich viele Tatsachen gibt. (Auch alle Tatsachenbeschreibungen sind Tatsachen.)

> Es ist daher unmöglich, daß alles erkannt und als Erkanntes in einem Satz ausgesprochen wird. Daraus folgt aber keineswegs, daß es etwas gibt, das nicht erkannt werden kann, und daher auch nicht, daß es eine Grenze zwischen dem „Reich des Erkennbaren" und „Reich des Unerkennbaren" geben muß. Die aufgezeigte Grenze ist unfixierbar; sie sondert nicht bestimmte Gegenstände oder Tatsachen von bestimmten anderen, sondern überläßt uns die Wahl. (Stegmüller, 1969a, 127)

Die Frage lautet also: Gibt es *prinzipielle* Grenzen der Erkenntnis*fähigkeit*? Diese Frage ist sehr unterschiedlich beantwortet worden. Die Mehrheit der Stimmen weist allerdings auf Grenzen der Erkenntnisfähigkeit hin.

> Wie weit die Erkenntnis der Menschen auch hinter einer universalen oder vollkommenen Erfassung dessen, was es auch immer sei, zurückbleiben mag, so sind ihre wichtigen Interessen doch dadurch gewahrt, daß das Licht, das sie haben, ausreicht, um ihnen zur Erkenntnis ihres Schöpfers und zu einem Einblick in ihre Pflichten zu verhelfen. (Locke, 1690, Einleitung)

> Obgleich unser Denken diese unbegrenzte Freiheit zu besitzen scheint, werden wir bei näherer Prüfung finden, daß es in Wirklichkeit in sehr enge Grenzen eingeschlossen ist, und daß diese ganze schöpferische Kraft des Geistes nur in dem Vermögen besteht, das uns durch die Sinne und Erfahrung gegebene Material zu verbinden, zu transponieren, zu vermehren oder zu verringern. (Hume, 1748, 33)

> Der Schematismus unseres Verstandes ... ist eine verborgene Kunst in den Tiefen der menschlichen Seele, deren wahre Handgriffe wir der Natur schwerlich jemals abraten und sie unverdeckt vor Augen legen werden. (Kant, 1787, B 180 f.)

Die uns verblüffende Kraft von Logik und Mathematik hängt – ähnlich wie ihre Nützlichkeit – ab von der Begrenzung unserer Vernunft. Ein Wesen mit einem unbegrenzten Intellekt hätte an Logik und Mathematik kein Interesse, es wäre nämlich in der Lage, alles in seinen Definitionen Enthaltene mit einem Blick zu erkennen, und folglich könnte es niemals etwas aus der logischen Ableitung lernen, dessen es sich nicht schon völlig bewußt war. Aber unser Verstand ist nicht von dieser Beschaffenheit. (Ayer, 1970, 112)

Die Gehirnabhängigkeit setzt dem menschlichen Denken unüberschreitbare Grenzen; es kann nicht mehr leisten, als durch das Erregungsgeschehen in den Hirnzellen möglich ist. (Rohracher, 1953, 8)

Dieselben angeborenen Prinzipien des Geistes, die den Erwerb von Wissen und Glaubenssystemen ermöglichen, könnten auch dem wissenschaftlichen Verstehen Grenzen auferlegen, die wissenschaftliche Erkenntnis darüber, wie Erkenntnis und Glaube erworben oder gebraucht werden, ausschließen, obwohl ein solches Verstehen für einen Organismus mit anderen oder reicheren Anlagen zugänglich sein könnte. (Chomsky, 1973, 18)

Meistens wird die Endlichkeit der Erkenntnis behauptet, aber nicht begründet. In der evolutionären Erkenntnistheorie gibt es aber eine *begründete* Antwort.

Zur Beantwortung der Frage, ob Rationalismus oder Empirismus „recht" haben, mußte (auf S. 133 f.) zwischen Erkenntnis und begründeter Erkenntnis unterschieden werden. Erfahrungsunabhängige, begründete Erkenntnis über die Welt gibt es dann nicht. Diese Differenzierung muß man auch für die Frage, ob es Grenzen der Erkenntnis gibt, vornehmen. Wären auch unbegründete Aussagen als Erkenntnisse zugelassen, so würden die Grenzen der Erkenntnis mit den Grenzen der Hypothesenbildung zusammenfallen.

Die Hypothesenbildung scheint zunächst völlig frei zu sein. Sie muß sich nicht an eine bestimmte Sprache halten; denn die Wahl der Sprache, in der die Hypothesen formuliert werden, ist willkürlich. Sie muß sich nicht einmal an eine bestimmte Logik halten.

Aber irgendeine Sprache und irgendeine Logik muß sie wählen. Und auf diesem Zwang könnten Grenzen der Hypothesenbildung beruhen. Es ist auch möglich, daß wir aufgrund unserer biologischen oder psychologischen Konstitution beim Aufbau einer Sprache oder einer Logik gar nicht so frei sind, wie wir meinen. Wenn das so wäre, so wäre es aufgrund des Anpassungscharakters des Erkenntnisapparates zu verstehen.

Ob Grenzen der Hypothesenbildung existieren, kann nicht entschieden werden. Die Frage nach den Grenzen für unbegründete Aussagen ist somit ebenfalls nicht entscheidbar. Es ist deshalb auch sinnlos, über eine zweite Welt „neben" der unsrigen zu spekulieren, mit der es keinerlei Verbindung gäbe. Wir haben aber nur begründete Aussagen als Erkenntnisse gelten lassen.

Nun sind auch begründete Aussagen auf jeden Fall Hypothesen; die möglichen Schranken für Hypothesen sind deshalb auch mögliche Schranken für echte Erkenntnis.

Darüber hinaus macht es die evolutionäre Erkenntnistheorie sehr *wahrscheinlich,* daß unsere Erkenntnisfähigkeit beschränkt ist. So frei wir in der Hypothesenbildung auch immer sein mögen, Erkenntnisse müssen formuliert und begründet werden! Zur Begründung dient uns aber (neben der Logik) allein die Erfahrung. Und hier können große Beschränkungen „eingebaut" sein. Der Erkenntnisapparat, der zunächst nur überlebens-adäquat zu sein hatte, macht es zwar möglich, wissenschaftliche Erkenntnis zu gewinnen (und zu begründen!); es gibt aber keinen Grund anzunehmen, daß er zum Erkennen der gesamten Welt ideal tauge.

Daß er nicht ideal sein *muß,* zeigt auch der Vergleich mit Tieren, die ja auch überleben, obwohl ihr Erkenntnisapparat weit weniger gut arbeitet, oder der Vergleich zwischen Menschen, bei denen er offenbar auch unterschiedliche Leistungsfähigkeit besitzt. Wir können sozusagen froh sein, daß wir es in der Evolution überhaupt bis zur theoretischen Erkenntnis gebracht haben.

Wenn wir schließlich sehen, wie die Wahrnehmungs- durch die Erfahrungserkenntnis, diese durch die wissenschaftliche Erkenntnis korrigiert werden, dann *liegt es nahe,* eine solche Beschränkung auch für die theoretische Erkenntnis anzunehmen.

Alle diese Argumente machen zwar Grenzen der menschlichen Erkenntnisfähigkeit *plausibel,* sind jedoch keine Beweise. Es könnte ja auch sein, daß der Erkenntnisapparat sich evolutiv weiterentwickelt oder durch gezielte Mutationen bis zur Vollkommenheit verbessert würde. Wenn das aber möglich ist, dann läßt sich auch die Annahme nicht widerlegen, daß er bereits jetzt in diesem idealen Stadium ist. Und hier zeigt sich endgültig eine *prinzipielle* Grenze unserer Erkenntnisfähigkeit:

Auch wenn sie jetzt oder in Zukunft einmal ideal sein sollte, so könnte sie doch unseren Wunsch nach absolut sicherem Wissen über die Welt, über uns und über unser Wissen von der Welt nicht befriedigen. Auch die Erkenntnisse eines solchen perfekten Erkenntnisapparates, insbesondere über den Grad seiner eigenen Vollkommenheit, sind nur hypothetisch. Wie gut unsere Erkenntnisse die Wirklichkeit „treffen", läßt sich im hypothetischen Realismus und in der evolutionären Erkenntnistheorie niemals genau und beweisbar angeben. Der Grad der Übereinstimmung der von der theoretischen Erkenntnis rekonstruierten Welt mit der wirklichen Welt bleibt uns unbekannt, auch dann, wenn er vollkommen ist.

> Nimmer noch gab es den Mann und nimmer wird es ihn geben, der die Wahrheit erkannt von den Göttern und allem auf Erden. Denn auch wenn er einmal das Rechte vollkommen getroffen, wüßte er selbst es doch nicht. Denn nur Wähnen [≙ hypothetisches Wissen] ist uns beschieden. (Xenophanes[97])

G Sprache und Weltbild

> *Sprache ist eine Haushaltserfindung, und wir dürfen nicht erwarten, daß sie sehr weit über die Grenzen der Alltagserfahrung hinausreicht.*
> (Wilkinson, 1963, 127)

Die Sprache ist zweifellos eines der wichtigsten Merkmale des Menschen. Sie ist sein grundlegendes Kommunikationsmittel, sehr kompliziert und relativ wenig erforscht. Im Laufe der bisherigen Untersuchungen haben wir mehrfach betont, daß sie eine wichtige Rolle für die Erkenntnisgewinnung spielt (Erkenntnis muß mitteilbar sein!), haben aber diese Rolle noch nicht untersucht. Das soll in diesem Kapitel geschehen. Dazu werden wir zunächst die charakteristischen Eigenschaften der Sprache aufzeigen.

Merkmale und Funktionen der Sprache

Welche Kommunikationsformen man als Sprache bezeichnen will, ist eine Frage der Terminologie. Es ist möglich, sie so eng zu definieren, daß nur menschliche Sprache unter diese Charakterisierung fällt. Bienensprache gibt es dann so wenig wie Sprache bei Affen. Wir weichen einer solchen rein terminologischen und deshalb sachlich unergiebigen Diskussion dadurch aus, daß wir zunächst allgemein von Kommunikation sprechen und jede Übertragung von Information zwischen Artgenossen einbeziehen. Darunter fällt natürlich auch die menschliche Sprache.

Die folgende Tabelle stellt ihre wichtigsten Merkmale zusammen.[98] Einige erscheinen so selbstverständlich, daß man sie erst bemerkt, wenn man mehrere Kommunikationssysteme miteinander vergleicht.

Lautcharakter: Die Benützung des „akustischen Kanals" ist wohl das deutlichste Merkmal. Sie steht in Opposition zu optischen Signalen (Rauchzeichen, Flaggenalphabet, Schrift, Gestik, Balzbewegungen), zu haptischen (Blindenschrift) und chemischen Signalen (Lockstoffe bei Schmetterlingen, Revierbegrenzung durch Duftmarken). Bei Primaten bleibt der Körper für andere Aktivitäten frei, nicht so bei Heuschrecken.

Linearität: Wir können nicht zwei Laute oder zwei Wörter auf einmal aussprechen. Sprache ist ein wesentlich linearer (serieller) Ablauf von Sprechakten, den man oft als Sprechkontinuum bezeichnet. Die Hauptdimension der Sprache ist also die Zeit.

Richtungslosigkeit: Nach den Gesetzen der Akustik breitet sich Schall in alle Richtungen aus, so daß jeder geeignete Empfänger in Hörweite das Signal wahrnehmen kann. Allerdings hat der Hörer die Möglichkeit, den Sprecher zu lokalisieren, da das Signal an den Ohren mit einer gewissen Laufzeitdifferenz eintrifft, die von der Stellung des Kopfes zum Signalgeber abhängt und im Wahrnehmungsapparat umgekehrt zur Richtungsbestimmung verrechnet wird.

Kurzlebigkeit: Sprachliche Signale haben im Gegensatz zu Tierspuren und Duftmarken Momentancharakter. Die Fähigkeit, sie auf Stein, Holz, Papier, Tonband usw. zu fixieren, ist erst ein Ergebnis der kulturellen Evolution.

Austauschbarkeit: Ein Sprecher kann alles, was er als Hörer versteht, auch sagen. Auf Tiere trifft das nicht immer zu: Bei vielen Heuschrecken zirpen nur die Männchen; Balzsignale bei Fischen und Vögeln sind meistens geschlechtsspezifisch.

Rückkopplung: Der Sprecher hört und kontrolliert, was er sagt. Dagegen kann ein Stichlingsmännchen seine eigenen Signale nicht wahrnehmen. Die Rückkopplung erst ermöglicht die sogenannte Internalisierung des Kommunikationsverhaltens, die eine wichtige Voraussetzung des Denkens ist.

Spezialisierung: Die Laute der Sprache dienen ausschließlich der Informationsübertragung, nicht auch anderen Funktionen wie das Hecheln des Hundes, das der Abkühlung dient.

Semantizität (Bedeutsamkeit): Die Elemente der Sprache (Wörter und Sätze) beziehen sich auf Strukturen der Umwelt; sie bedeuten etwas und sollen etwas bedeuten.

Intentionalität: Sprachliche Laute werden bewußt und absichtlich (wissentlich und willentlich) geäußert und nach ihrer Bedeutung ausgelesen. Diese Willkür liegt z. B. nicht vor beim Niesen, das wir weder verhindern noch erzwingen können.

Beliebigkeit: Die Bedeutung eines Informationsträgers (Wort, Morphem, Monem) ist weder aus seinen Bestandteilen (Phonemen) noch aus seiner Gestalt ableitbar, sondern eine Frage der Konvention. „Wal" ist ein kurzes Wort für ein großes Objekt, bei „Mikroorganismus" ist es umgekehrt. Bild oder Bilderschrift (ideographische Systeme) richten sich dagegen nach dem darzustellenden Gegenstand. Auch die Biene tanzt schneller, wenn die Honigquelle näher liegt.

Symbolcharakter: Der Sprechakt kann Dinge und Tatsachen erfassen, die zeitlich und räumlich entfernt sind. Das ist bei Tierlauten im allgemeinen nicht der Fall. Allerdings stellt auch die Bienensprache ein hochsymbolisches Kommunikationssystem dar. Affen sind in der Lage, ein solches Symbolsystem zu erlernen (vgl. S. 76).

Diskretheit: Die Wörter „Dorf" und „Torf" unterscheiden sich phonetisch an einer Stelle: /d/ ist stimmhaft, /t/ stimmlos. Physiologisch gibt es einen kontinuierlichen Übergang, bei dem das Schwingen der Stimmbänder mehr und mehr verändert wird. Der Informationsgehalt, die Bedeutung, kann jedoch nicht „zwischen" Dorf und Torf liegen. Der Hörer schwankt vielleicht, ob er /d/ oder /t/ gehört hat, kann aber nur zwischen diesen Alternativen wählen. Die Phoneme sind also diskrete Einheiten. Anders ist es bei Intonation und Lautstärke.

Kreativität: Sprecher wie Hörer sind in der Lage, bisher nie aufgetretene Bildungen (neue Sätze) zu schaffen bzw. zu verstehen. Die Sprache macht unendlichen Gebrauch von endlichen Mitteln (W. v. Humboldt). Tierische Kommunikationssysteme sind dagegen geschlossen; auch Affen haben nur ein beschränktes Repertoire von Lauten und Bedeutungen.

Nicht-Erblichkeit: Sprachen werden erlernt. Zwar sind Sprachfähigkeit und vielleicht auch einige sprachliche Strukturen genetisch bedingt; aber die Einzelsprache ist ein Objekt des Lehrens und Lernens, der Übermittlung durch Tradition. Tiersprachen sind dagegen meistens reine Erbsprachen.

Doppelstruktur (Martinet: double articulation, Hockett: duality of patterning): Die Bedeutung tragenden Einheiten der Sprache sind die Wörter.[99] Sie werden zusammengesetzt zu Phrase, Satz, Rede. Die Wörter selbst bestehen aus bedeutungslosen Lauten (Phonemen), von denen jede Sprache nur etwa 30 bis 40 besitzt. Diese Dualität der Musterbildung scheint für die menschliche Sprache charakteristisch zu sein.

Kalkülcharakter: Sprache ist nicht ein Raster, das als verbindliches und unveränderliches Ordnungsnetz über die Erfahrungswirklichkeit geworfen wird, um sie überhaupt erst zu gliedern. Sprache ist ein Kalkül, ein Anweisungsschema zur Klassifizierung von Umwelteindrücken, dem man mechanisch folgen kann, das sich aber bei kritischer Handhabung und durch metasprachliche Reflexion auch verfeinern und korrigieren läßt.

Diese Merkmale sind nicht unabhängig voneinander. So sind Linearität, Richtungslosigkeit und Kurzlebigkeit Folgen des Lautcharakters der Sprache. Ähnlich hängt die Diskretheit mit der zweifachen Gliederung der Sprache zusammen. Wie die Beispiele zeigen, weisen auch Tier-„Sprachen" viele der angegebenen Merkmale auf. Ausschließlich die menschliche Sprache charakterisieren nur Diskretheit, Kreativität, Nichterblichkeit, Doppelstruktur und Kalkülcharakter. Die übrigen Merkmale finden sich auch schon bei höheren Säugern und bei einigen Insekten (Hockett, 1973, 140). Nach den neuesten Experimenten mit Delphinen und Affen, über die auf S. 75f. berichtet wurde, kann man Tieren auch Sprache beibringen, so daß der Vergleich mit den tierischen Möglichkeiten nur noch Diskretheit, Doppelstruktur und Kalkülcharakter auszeichnet.

Ähnlich findet man bei den *Funktionen der Sprache* Vorstufen in der Tierwelt.

> Von den verschiedenen Funktionen der menschlichen Sprache kommt die *Ausdrucksfunktion* am eindeutigsten auch tierischen Lautäußerungen zu ... Auch die *Appellfunktion* der Sprache ist im Tierreich, wenn auch schon in sehr viel geringerem

Umfang, vertreten: Warnrufe ... Bettellaute ... Auch die *Darstellungsfunktion* kommt nicht ausschließlich der menschlichen Sprache zu. Es ist bemerkenswert, daß es wiederum die Insekten sind, die diese höchste, menschnächste Stufe ... erreichen. (Schwidetzky, 1959, 199 f.)

Die *Mitteilungsfunktion* geht aus der Darstellungsfunktion der menschlichen Sprache hervor und ist sicher ihre wichtigste Funktion. Martinet (1968, 18) nennt noch die *ästhetische Funktion* der Sprache, die allerdings so eng mit der Mitteilungsfunktion und der Ausdrucksfunktion verknüpft ist, daß sie nur schwer zu analysieren ist.

Schließlich dient die Sprache auch als *Stütze des Denkens* und der theoretischen Erkenntnis. Diese Rolle läßt keine Zweifel daran, daß keines der tierischen Kommunikationssysteme sich an Differenziertheit und Leistungsfähigkeit mit der menschlichen Sprache messen kann, wenn auch die Forschungen der letzten Jahre gezeigt haben, daß der „Abstand" zwischen tierischem und menschlichem Sprachvermögen nicht so ungeheuer groß ist, wie man noch vor zehn Jahren glaubte.

Die Funktion der Sprache als Stütze des Denkens scheint so wichtig zu sein, daß man sich fragen kann, ob eine Geistestätigkeit, die nicht im Rahmen einer Sprache vor sich geht, den Namen „Denken" verdient. Den Zusammenhang zwischen Sprache und Denken behandelt das folgende Kapitel.

Wirklichkeit, Sprache, Denken

Die Bedeutung der Sprache für die Erkenntnisgewinnung folgt schon daraus, daß Erkenntnisse formulierbar und mitteilbar sein müssen; denn nur dann können sie verstanden und überprüft werden. Das Verhältnis von Erkenntnis und Wirklichkeit kann also kein unmittelbares sein, sondern schon bei der Gewinnung, vor allem aber bei der Formulierung der Erkenntnis kommt die Sprache notwendig als „Medium" mit ins Spiel, und sie wird die Beziehung zwischen Erkenntnis und Wirklichkeit mehr oder weniger stark beeinflussen.

Der Einfluß kann – wie der des Erkenntnisapparates allgemein (vgl. S. 43) – perspektiv, selektiv und konstruktiv (konstitutiv) sein. Man könnte nun die Sprache einfach dem Erkenntnisapparat zurechnen und die bisherigen Ausführungen in diesem erweiterten Sinne verstehen. Deshalb war es auch möglich, die erkenntnistheoretischen Grundgedanken in B, D und F ohne expliziten Bezug auf die Sprache zu formulieren. In dem erkenntnistheoretischen Schema auf S. 120 wird dann der Einfluß des Subjekts auf die Erkenntnis (dicke Pfeile) eben durch die Struktur der Sprache mitbestimmt.

Nun spielt aber die Sprache doch eine eigenständigere Rolle, als eine solche Zuordnung erkennen ließe. Sie schiebt sich gewissermaßen *zwischen* Welt und Erkenntnis; man spricht daher auch von einer „sprachlichen

Zwischen-Welt" (Weisgerber) oder wenigstens vom „Vermittlungscharakter der Sprache" (Gipper). In einer etwas schematischen Zerlegung der Beziehung zwischen realer Welt und Erkenntnis kann man deshalb das Verhältnis von Sprache und Wirklichkeit einerseits (a), das von Sprache und Erkenntnis oder Sprache und Denken andererseits (b, c) untersuchen.

a) Über das Verhältnis von *Sprache und Wirklichkeit* gibt es verschiedene Auffassungen, deren Extreme in der Erkenntnistheorie dem naiven Realismus und dem transzendentalen Idealismus entsprechen würden. Der *naive* Standpunkt, den Stegmüller im folgenden schildert, nimmt die reale Welt als vorhanden und fertig strukturiert an, wobei der Sprache nur eine passive und deskriptive Rolle zukommt.

> Die Realität hat ein jeder Sprache vorgegebenes Inventar, z. T. bestehend aus Tatsachen, z. T. aus zwar möglichen, aber nicht realisierten Sachverhalten. Diese Welt bildet den Forschungsgegenstand der empirischen Wissenschaften. Werden in diesen Wissenschaften Behauptungen aufgestellt, denen Tatsachen korrespondieren, so sind die Behauptungen wahr. Werden dagegen Sätze formuliert, denen bloß mögliche, aber nicht verwirklichte Sachverhalte entsprechen, so sind diese Sätze falsch. Entsprechen den Sätzen nicht einmal mögliche Sachverhalte, so sind sie logisch falsch ...
> Wenn wir uns das Ideal einer Universalwissenschaft vorstellen, die erstens in einer absolut präzisen Sprache abgefaßt ist und die zweitens alle und nur die wahren Sätze behauptet, so ist das ontologische Korrelat dieser Universalwissenschaft die Welt als Gesamtheit der Tatsachen. (Stegmüller, 1970, 15)

Während hier die Struktur der Realität die Sprache bedingt und eindeutig festlegt, was wahr und was falsch ist, bestimmt im *transzendentalen Lingualismus* umgekehrt die Sprache die Struktur der Welt. Für ihn kann in der Welt überhaupt nur das erkannt werden, was sich in einer Sprache formulieren läßt. Die Sprache bildet hier nicht die Welt ab, sondern bildet sie überhaupt erst, macht sie erst möglich.

> [Für den transzendentalen Lingualismus] ist die Form der Erfahrung „subjektiv" im transzendentalen Sinne, wobei das metaphysische Subjekt dasjenige „Subjekt" ist, welches die Sprache gebraucht und versteht und das von dem empirischen Subjekt unterschieden werden muß ... (Stenius, 1969, 288)

Die beiden geschilderten extremen Positionen werden heute kaum noch vertreten.[100] Die Wahrheit scheint (wieder einmal, vgl. S. 131) in der Mitte zu liegen. *Einerseits* werden nämlich unsere Begriffe durch die Strukturen der realen Welt bestimmt:

> Die Tatsache, daß es eine reale, strukturelle Gliederung der Welt gibt, ist unverkennbar. Affen sind Affen, und Elefanten sind Elefanten, und gegenüber der klassifikatorischen Eigenart der Gattungen treten die Übergangserscheinungen bei weitem zurück ... Die klassifikatorischen Merkmale, zum Beispiel die Fünffingrigkeit der Lurche, Kriechtiere, Vögel und Säuger, sind nicht menschliche Konstruktionen, sondern sind den Objekten von Natur eigen. Auch die Tiere kennen solche Klassen, und sie erkennen daran den Freund, den Feind und die Beute.
> (Sachsse, 1967, 67 f.)

Gewisse Klassifikationen finden wir also tatsächlich vor. Man könnte hier von *natürlichen* Begriffen sprechen.

Andererseits beeinflußt doch auch die Sprache unsere Art und Weise, die Welt zu sehen und zu beschreiben, erheblich (wenn auch bei weitem nicht ausschließlich). Tatsächlich entspricht jeder Sprache eine besondere Organisation dessen, was in der Erfahrung gegeben ist (Martinet, 1968, 20). Es ist gar nicht nötig, sich dabei auf die bekannten „unübersetzbaren" Ausdrücke in bestimmten Sprachen wie englisch *gentleman,* deutsch *gemütlich,* russisch *ničevó,* französisch *chic* zu berufen.

> Wir können den Unterschied zwischen fließenden und stehenden Gewässern als einen natürlichen ansehen; doch wer bemerkte nicht den Anteil des Willkürlichen in den Unterteilungen innerhalb dieser beiden Kategorien in Ozeane, Meere, Seen, Teiche, in Ströme, Bäche usw.? ... (Martinet, 1968, 19)

> Im Farbenspektrum wird ein Deutscher, wie fast alle westlichen Völker, zwischen violett, blau, grün, gelb, orange und rot unterscheiden ... Im Bretonischen und im Walisischen wird ein einziges Wort, *glas,* auf einen Teil des Spektrums angewandt, der etwa den Zonen des Blau und des Grün im Deutschen entspricht. Häufig findet man das, was wir Grün nennen, auf zwei Einheiten verteilt, deren eine teilweise deckt, was wir Blau nennen, die andere im wesentlichen unser Gelb. Manche Sprachen begnügen sich mit zwei Grundfarben, die im großen und ganzen den beiden Hälften des Spektrums entsprechen. (Martinet, 1968, 20)

In diesem Sinne gibt es also auch *künstliche* Begriffe als Einteilungsprinzipien einer bewußt erlebten und erforschten Umwelt. Ihre Geltung muß gesondert erwiesen werden.

> Ein Teil der Begriffe ist uns gegeben, einen anderen haben wir zu verantworten. Der Mensch ist in die Spannung zwischen dem geschenkten und dem geschaffenen Begriff gesetzt. (Sachsse, 1967, 69)

b) Der transzendental-linguistischen Position sehr nahe kommt die *Sapir-Whorf-Hypothese,* die schon auf S. 24 erwähnt wurde:

> Menschen, die Sprachen mit sehr verschiedenen Grammatiken benützen, werden durch diese Grammatiken zu typisch verschiedenen Beobachtungen und Bewertungen äußerlich ähnlicher Beobachtungen geführt. Sie sind daher als Beobachter einander nicht äquivalent, sondern gelangen zu irgendwie verschiedenen Ansichten von der Welt. (Whorf, 1963, 20)

Die Sapir-Whorf-Hypothese wird in vager Analogie zum physikalischen Relativitätsprinzip auch *linguistisches Relativitätsprinzip* genannt. Danach enthält jede Sprache eine bestimmte Weltansicht, die nicht nur die Beobachtungen des Sprechers beeinflußt, sondern seine Erkenntnismöglichkeiten überhaupt, z. B. die Struktur seiner Wissenschaft, bestimmt.[101]

Solche Thesen wurden in dieser oder schwächerer Form auch schon vor Sapir und Whorf diskutiert, so von Nikolaus von Kues, F. Bacon, Locke, Vico, Hamann und Herder. Aber erst W. v. Humboldt hat den Weltbildgedanken endgültig formuliert und in die Sprachwissenschaft eingeführt. Hier blieb er zunächst wenig beachtet, bis er von Weisgerber erneut aufgegriffen und zur Lehre von den sprachlichen Weltbildern weiterentwickelt wurde (Gipper, 1972, 5).

Die Sapir-Whorf-Hypothese ist allerdings nicht so radikal wie die transzendental-linguistische Position; vor allem sind die sprachlichen Weltbilder nicht durch transzendentale, sondern durch *kulturelle* Faktoren bestimmt. Eine solche Abhängigkeit ließe es – wenn es sie gäbe – immer noch möglich erscheinen, daß man durch das Studium von Fremdsprachen zu einem „inter-linguistischen" Weltbild käme, das nicht kulturabhängig wäre.

Das linguistische Relativitätsprinzip konnte jedoch – wenigstens für die Sprache der Hopi-Indianer, bei denen Whorf es entdeckt und nachgewiesen haben wollte – widerlegt werden. Diese Aufgabe hat Helmut Gipper mit großer Geduld und überzeugend gelöst. Whorf hat offenbar, verführt durch seine Erwartungen, die Verhältnisse zu sehr als Kontrast gesehen. Es ist einfach nicht wahr, daß die Hopi keine Zeitbegriffe hätten. Auch zwischen den indoeuropäischen Sprachen, die Whorf etwas pauschal als Standard Average European (SAE) zusammenfaßt, gibt es erhebliche Unterschiede. Whorf stellt die Hopi-Sprache als seltsamer und ungewöhnlicher, die Befunde in den indoeuropäischen Sprachen als einheitlicher dar, als sie sind (Gipper, 1972, 12).

c) Auf S. 141 haben wir betont, daß die Sprache als Stütze des Denkens und der theoretischen Erkenntnis dient. Dies ist eine recht vage Formulierung; denn aus ihr geht z. B. nicht hervor, ob die Sprache nur manchmal das Denken unterstützt oder ob sie notwendige Voraussetzung für jede Art von Denken ist.

Daß zwischen Sprache und Denken enge Beziehungen bestehen, unterliegt anscheinend keinem Zweifel. Die Mehrzahl der Autoren kommt sogar zu der Auffassung, „daß die Sprache bei allen höheren Denkleistungen mitbeteiligt ist" (H. Gipper) oder „daß alle einigermaßen umfänglichen Gedanken Worte erfordern" (B. Russell). „Sprache und Denken hängen auf jeden Fall so eng zusammen, daß, wollte man sie trennen, man beide zerstören würde!" (S. J. Schmidt) „Denken läßt sich, wenn es einigermaßen komplex ist, von Sprache nicht trennen" (W. V. O. Quine). Über die gegenseitige Abhängigkeit von Sprache und Denken scheint man sich somit einigen zu können. Ob es darüber hinaus auch Sprache ohne Denken und vor allem Denken ohne Sprache gibt, ist dagegen umstritten. Zum Teil beruhen die Divergenzen aber darauf, daß gerade die zentralen Begriffe „Sprache" und „Denken" sehr verschieden, nur unscharf oder überhaupt nicht definiert werden.

> Daß es noch schwieriger ist, das Denken zu definieren als die Sprache, liegt natürlich nicht zuletzt daran, daß man zwar sehr wohl wahrnehmen und genau registrieren kann, wann und was ein Mensch spricht, daß man aber, von ersten Ansätzen in der medizinischen und biologischen Forschung abgesehen, noch nicht genau beobachten kann, wann, was und wie er denkt. (Gipper, 1971, 8)

Hier liegen sprachwissenschaftliche, psychologische, neurophysiologische und anthropologische Aufgaben, die nicht allein von der Erkenntnistheorie her gelöst werden können. Wir werden jedoch aus der Sicht der evolutionären Erkenntnistheorie einige Argumente zusammenstellen, die dafür sprechen, daß es Erkenntnis ohne Sprache gibt.[102]

α) Tiere weisen Leistungen auf, die man als *unbenanntes Denken* oder als averbale Begriffsbildung bezeichnen kann (vgl. S. 74 f.).

β) Das sprachlose *Kleinkind* nimmt offenbar vom ersten Tag an eine Klassifikation der Umwelteindrücke vor (vgl. S. 93 f.), die nur allmählich und nur teilweise in eine begriffliche Gliederung übergeht.

> Ob angeboren oder als ein Ergebnis vorsprachlichen Lernens, das Kind muß eine größere Neigung besitzen, einen roten Ball mit einem roten Ball zu assoziieren als mit einem gelben; mehr Neigung, einen roten Ball mit einem roten Band zu assoziieren als mit einem blauen; und mehr Neigung, den Ball von seiner Umgebung zu trennen als seine Teile voneinander ...
>
> Eine wirksame Erfassung einer Art „natürlicher Klassen", jedenfalls eine Tendenz, auf verschiedene Unterschiede in verschiedenem Maße zu reagieren, muß schon da sein, bevor das Wort „rot" gelernt werden kann. Ganz am Beginn des Spracherwerbs werden somit Wörter in Verbindung mit solchen Ähnlichkeiten und Unterschieden erlernt, die auch schon ohne Hilfe von Wörtern bemerkt werden.
>
> (Quine, 1957, 4)

γ) Die kognitiven Leistungen *gehörloser* und schwer sprachbehinderter Kinder weisen gegenüber den Kontrollgruppen normal hörender Kinder keine signifikanten Unterschiede auf.[103]

Gipper (1971, 35) versucht, β und γ dadurch zu erklären, daß Kleinkinder und Taubstumme eben doch Sprache besäßen, weil sie bereits etwas gelernt hätten. Dies scheint aber eine petitio principii zu sein; denn damit würden ja kognitive Leistungen als hinreichendes Kriterium für Sprachbesitz gewertet.

δ) Schon auf S. 104 wurde die Auffassung vertreten, daß das Denken in seiner ursprünglichen Form als *Hantieren im Vorstellungsraum* vom Vorhandensein einer Wortsprache grundsätzlich unabhängig ist. Unser Denken in Worten ist zwar ein von der Motorik des Redens abgelöstes Sprechen.

> Es wäre indes völlig falsch anzunehmen, daß diese sprachlichen Vorgänge die Voraussetzung jedes vom Handeln abgelösten Denkens seien. Weit berechtigter ist die umgekehrte Behauptung, daß das rein anschauliche Hantieren im Vorstellungsraum eine unentbehrliche Grundlage jeglicher Wortsprache bildet.
>
> (Lorenz, 1943, 343)[104]

ε) Ähnlich beruht die Gestaltwahrnehmung auf einer Abstraktionsleistung unseres Wahrnehmungssystems, die eine Vorstufe der Begriffsbildung ist (vgl. S. 105) und in der eine vorsprachliche Erkenntnisleistung gesehen werden muß.

Zusammenfassend kann man also nicht behaupten,

> daß von der Sprache der einzige oder auch nur der primäre Einfluß ausgehe, ... daß das Studium der Sprache für sich genommen ausreiche, um den allgemeinen Charakter des Denkens derer aufzuzeigen, die sie verwenden, ... daß ein zwingender Einfluß der Sprache auf das Denken bestehe, und daß die Sprache alle außer bestimmten Arten der Wahrnehmung und der Organisation des Ausdrucks unmöglich mache ...
>
> (Henle in Henle, 1969, 30 f.)

Man kann aber davon ausgehen, „daß die Sprache *einer* der Faktoren ist, welche die Wahrnehmung und die allgemeine Organisation der Erfahrung beeinflussen. Dieser Einfluß braucht nicht primär oder ausschließlich oder zwingend zu sein, aber er ist auch nicht vernachlässigenswert" (Henle in Henle, 1969, 32).

Wenn diese zurückhaltende Feststellung zutreffend ist, wenn also die Erkenntnis durch die Sprache beeinflußt wird, dann wird es für den Erkenntnistheoretiker unerläßlich, auch Sprachwissenschaft und Sprachphilosophie in seine Überlegungen einzubeziehen.

Chomsky und die angeborenen Ideen

Während die Auffassung einer biologischen, insbesondere genetisch bedingten Erkenntnisfähigkeit, deren Strukturen sich im Laufe der Evolution zur kognitiven Erfassung der realen Welt herausgebildet haben, noch wenig diskutiert wird, ist in den letzten Jahren in Linguistik und Sprachphilosophie eine heftige Diskussion über eine parallele These entstanden, die der Sprachforscher Noam Chomsky aufgestellt hat (vgl. S. 24). Nach dieser These ist der Mensch genetisch ausgestattet mit einer speziellen Sprachfähigkeit (language faculty), welche die Grundstrukturen aller menschlichen Sprachen bestimmt. Chomsky hat diese These 1965 in den Vorüberlegungen zu seinem Buch „Aspekte der Syntaxtheorie" (1969) angedeutet und später in „Sprache und Geist" (1970, hier am klarsten), in „Cartesianische Linguistik" (1971) und in „Über Erkenntnis und Freiheit" (1973) ausführlich dargelegt.[105]

Er geht davon aus, daß jeder Mensch eine „Vorrichtung" zum Spracherwerb haben müsse, die es vor allem dem Kinde ermöglicht, aus dem durch die Umwelt gebotenen Sprachmaterial die Regeln der Umgangssprache (ihre „Grammatik") zu rekonstruieren und selbst richtig anzuwenden. Dieser Spracherlernungsapparat (language-acquisition-device) kann selbst nicht auf empirischem Wege zustande gekommen sein, sondern muß eine artspezifische Fähigkeit sein, deren *angeborene* Komponente weit überwiegt. Für diese These sprechen nach Chomsky folgende Tatsachen:[106]

a) Die Sprachfähigkeit ist *artspezifisch*. Affen besitzen zwar Intelligenz und Lernfähigkeit, können aber die menschliche Sprache nicht erlernen.

b) Das Erlernen einer Umgangssprache entspricht der Aneignung einer komplizierten Theorie. Trotzdem wirken sich *Intelligenzunterschiede* fast nicht auf das Ausmaß der Sprachbeherrschung aus.

c) Die dem Kinde verfügbaren Daten bilden nur eine winzige *Stichprobe* aus dem linguistischen Material, welches es nach kurzer Zeit beherrschen lernt.

d) Selbst diese Daten sind mehr oder weniger *defekt*. Das Kind hört unvollständige Sätze und solche, die von den Regeln der Grammatik weit abweichen.

e) Nach zahlreichen Beobachtungen scheint zum Spracherwerb *keine Verstärkung* im lernpsychologischen Sinne (reinforcement) notwendig zu sein. Manche Kinder erlernen eine Sprache, ohne selbst zu reden.

f) Der Spracherwerb beim Kind erfolgt *ohne expliziten Unterricht* und wesentlich leichter als für einen Erwachsenen.

g) Das Kind lernt Sprache in einem *Alter*, in dem es zu vergleichbaren intellektuellen Leistungen nicht entfernt fähig ist, und vollbringt dabei eine Leistung, die auch den intelligentesten Menschenaffen nicht möglich ist.

h) Die These einer angeborenen Spracherwerbungsvorrichtung erklärt die *kreative* Leistung des Kindes im Sprachgebrauch, seine Fähigkeit, neue Sätze zu verstehen und zu bilden.

i) Sie erklärt schließlich die Tatsache, daß es *sprachliche Universalien* gibt, Strukturmerkmale, die alle menschlichen Sprachen gemeinsam haben.

j) Dagegen bieten rein empiristische Annahmen keine Möglichkeit für die Beschreibung und Erklärung etwa der Sprachkompetenz.

Nach Chomskys These ist also das menschliche Gehirn auf bestimmte grammatische Strukturen natürlicher Sprachen vorprogrammiert. Nur eine Sprache solcher Struktur kann der Mensch als Erstsprache erwerben. Natürlich können diese angeborenen Strukturen nicht eine konkrete Sprache restlos determinieren. *Welche* der innerhalb der vorgegebenen Strukturen noch möglichen Sprachen das Individuum erlernt, wird durch die zufällige Umgebung bestimmt, in die es hineingeboren wird. Die wichtige, aber teilweise negative Rolle der Erfahrung besteht also darin, aus den strukturell möglichen Grammatiken diejenigen zu eliminieren, die den empirischen Daten gemäß *nicht* in Frage kommen.[107]

> Nehmen wir an, wir schreiben dem Geist als eine angeborene Eigenschaft die allgemeine Sprachtheorie zu, die wir „universale Grammatik" genannt haben. Diese Theorie umfaßt die Prinzipien, die ich erörtert habe, und sie spezifiziert ein bestimmtes Subsystem von Regeln, ... mit dem sich jede spezielle Grammatik in Übereinstimmung befinden muß. Nehmen wir darüber hinaus an, wir können dieses Schema hinreichend restriktiv anlegen, so daß sehr wenige mögliche Grammatiken ... mit den dürftigen und entstellten Daten konsistent sind, die demjenigen, der eine Sprache erlernt, tatsächlich zur Verfügung stehen ... Auf der Grundlage dieser Annahmen ist derjenige, der eine Sprache erlernt, nicht mit der unmöglichen Aufgabe konfrontiert, eine hochgradig abstrakte und komplex strukturierte Theorie auf der Basis der entstellten Daten zu entwickeln, sondern mit der sehr viel eher erfüllbaren Aufgabe zu entscheiden, ob diese Daten zu der einen oder anderen Sprache innerhalb der begrenzten Menge potentieller Sprachen gehören.
>
> (Chomsky, 1970, 144 f.)

Auch die Erfahrung spielt also beim Spracherwerb eine wichtige, eine unverzichtbare Rolle. Aber Chomsky betont, daß keine rein empiristische

Theorie des Spracherwerbs den oben aufgezählten Tatsachen gerecht werden könne, sondern nur eine Theorie, die das Zusammenspiel empirischer und angeborener Faktoren berücksichtigt.

Hinsichtlich des Umfangs der angeborenen Komponente nimmt Jerrold Katz an, der Spracherwerbsmechanismus enthalte als angeborene Struktur jedes der in der Sprachtheorie aufgestellten Prinzipien, das heißt, er enthalte

a) die sprachlichen Universalien, die die Form einer Sprachbeschreibung definieren,
b) die Form der phonologischen, syntaktischen und semantischen Komponenten einer Sprachbeschreibung,
c) den formalen Charakter der Regeln in jeder dieser Komponenten,
d) die Menge der universalen phonologischen, syntaktischen und semantischen Konstrukte, aus denen heraus Einzelregeln in Einzelbeschreibungen formuliert werden,
e) eine Methodologie für die Wahl optimaler Sprachbeschreibungen.

(Katz, 1971, 243)

Chomsky ist damit – ausgehend von seinen rein sprachtheoretischen Studien über die generative Transformationsgrammatik, über das Kompetenz-Performanz-Modell und über die sprachlichen Tiefen- und Oberflächenstrukturen – zu einer sprachphilosophischen Position gelangt, die er selbst als *rationalistisch* bezeichnet. Er vergleicht seine Auffassung gerne und ausführlich mit den sprachphilosophischen Gedankengängen des 17. Jahrhunderts, insbesondere mit Descartes, Leibniz und anderen Rationalisten.[108]

> Es scheint mir berechtigt, die empiristischen Theorien des Spracherwerbs für widerlegbar anzusehen, soweit sie klar zum Ausdruck kommen ... Auf der anderen Seite hat sich der rationalistische Weg als recht fruchtbar erwiesen.
> (Chomsky, 1969, 77)

Chomsky scheut sich dabei nicht, von *angeborenen Ideen* (innate ideas) zu sprechen. Wie die Rationalisten sieht er diesen Begriff in einem weiteren Bezug als dem sprachphilosophischen: Die Prinzipien, die er für seine universale Grammatik annimmt, sind so allgemein, daß sie nicht nur linguistische, sondern auch psychologische und erkenntnistheoretische Relevanz besitzen.

> Wenn man das klassische Problem der Psychologie, nämlich das der Erklärung des menschlichen Wissens, betrachtet, so kann man, glaube ich, nicht umhin, angesichts der enormen Diskrepanz zwischen Wissen und Erfahrung verblüfft zu sein – im Fall der Sprache gilt Ähnliches für die Diskrepanz zwischen der generativen Grammatik, die die Sprachkompetenz des Sprechers ausdrückt, und den dürftigen und entstellten Daten, auf deren Grundlage er sich diese Grammatik konstruiert hat.
> (Chomsky, 1970, 129)

Die Beziehung zwischen Sprachphilosophie und Erkenntnistheorie besteht aber nicht nur in einer Analogie. Für Chomsky ist die Sprachfähigkeit des Menschen ein integraler Bestandteil der menschlichen Erkenntnisfähigkeit überhaupt. Wenn der Linguist auf der Ebene der universalen Grammatik angeborene Strukturen findet, so sind diese zugleich generelle Eigenschaften der menschlichen Intelligenz. Chomsky übernimmt deshalb gerne die Kennzeichnung der Sprache als „Spiegel des Geistes" (1973, 51f., 54).

> Es ist demnach sehr wohl möglich, daß die generellen Merkmale der Sprachstruktur nicht so sehr den Verlauf individueller Erfahrung, sondern vielmehr den allgemeinen Charakter der Fähigkeit, Kenntnisse zu erwerben, spiegeln – also im traditionellen Verständnis die angeborenen Ideen und Prinzipien.
>
> (Chomsky, 1969, 83)

Dieser Charakterisierung zufolge ist die Linguistik einfach ein Teilgebiet der Psychologie (1970, 51).

> Es ist natürlich, eine enge Beziehung zwischen angeborenen Eigenschaften des Geistes und Merkmalen sprachlicher Struktur zu erwarten; denn die Sprache hat schließlich keine eigene Existenz unabhängig von ihrer mentalen Repräsentation. Welche Eigenschaften sie auch immer haben mag, es müssen ... solche sein, die ihr durch die angeborenen mentalen Prozesse des Organismus verliehen werden, der sie erfunden hat und sie bei jeder folgenden Generation neu erfindet.
>
> (Chomsky, 1970, 155)

Die angeborenen Strukturen der Sprache sind mit den angeborenen Strukturen der Erkenntnis nicht nur vergleichbar, sondern teilweise identisch.

> Es scheint, daß aus diesem Grunde die Sprache als eine Sonde dienen könnte, mit deren Hilfe äußerst erhellende Einsichten bei der Erforschung der Organisation mentaler Prozesse zu gewinnen wären. (Chomsky, 1970, 155)

Obwohl Chomsky sich zu einer rationalistischen Auffassung bekennt, muß man doch sehen, daß seine „innateness hypothesis" sich in mehrfacher Hinsicht von den Auffassungen der klassischen Rationalisten unterscheidet. Wenn also Goodman und Stegmüller von einer „Wiederauferstehung" der Lehre von den angeborenen Ideen sprechen, so ist das nur unter gewissen Einschränkungen berechtigt und sinnvoll.

Erstens sind die angeborenen Ideen für ihn keine fertigen Wahrheiten, sondern eine Art *Regelsystem,* ein restriktives Schema, mit dem sich jede spezielle Grammatik in Einklang befinden muß:

> Diese angeborene Restriktion ist, im kantischen Sinne, eine Vorbedingung für sprachliche Erfahrung, und sie scheint der entscheidende Faktor in der Bestimmung des Verlaufs und des Resultats der Spracherlernung zu sein.
>
> (Chomsky, 1970, 149)

Diese Tatsache impliziert zweitens, daß die angeborenen sprachlichen Strukturen auf die Ergänzung durch die *empirischen* Daten wesentlich angewiesen sind, wenn sie zum Erwerb einer speziellen Grammatik und einer bestimmten Sprache führen sollen.

Drittens gibt Chomsky keine Apriori-Begründung, wie Descartes oder Leibniz es versucht haben, sondern die These einer angeborenen universalen Grammatik ist eine *empirische Hypothese,* die durch Tatsachenmaterial falsifizierbar ist (1973, 31, 50, 54):

> Die zentralen Probleme auf diesem Gebiet sind empirische Probleme ... Wir müssen eine angeborene Struktur postulieren, die reich genug ist, die Divergenz zwischen Erfahrung und Wissen zu erklären ... Zugleich darf diese postulierte angeborene mentale Struktur nicht so reich und restriktiv sein, daß sie gewisse bekannte Sprachen ausschließt ... Es scheint mir jedoch außer Zweifel zu stehen, daß dies ein empirisches Problem ist. (Chomsky, 1970, 131 f.)

Viertens aber will Chomsky beim Begriff *angeboren* offenbar nicht stehenbleiben, sondern betont, daß auch der *Ursprung* der universalen Grammatik einer Erklärung bedarf.

> Wie konnte es geschehen, daß der menschliche Geist die angeborenen Strukturen, die wir ihm zuschreiben müssen, erwerben konnte? ... Man geht durchaus nicht fehl, wenn man diese Entwicklung einer „natürlichen Selektion" zuschreibt.
> (Chomsky, 1970, 158)

Der Sprachwissenschaftler kommt also von Fragestellungen der Linguistik und der Sprachphilosophie auf eine Frage, die auch der Erkenntnistheoretiker, der Verhaltensforscher und der Psychologe stellen, nämlich nach dem Ursprung angeborener Strukturen beim Menschen. An dieser Stelle mündet die Diskussion unmittelbar in den Gedankenkreis der evolutionären Erkenntnistheorie. Es ist deshalb sinnvoll, zunächst nach der Evolution der Sprache zu fragen.

Evolution der Sprache

Der Spracherwerb beim Kinde ist von großer Tragweite für Biologie, Psychologie, Anthropologie und Sprachphilosophie. Die Sprachwissenschaftler, insbesondere Chomsky, betonen, daß jedes Kind eine genetisch bedingte Sprachfähigkeit mitbringt, die z. B. der Papagei nicht besitzt, obwohl seine Sprechorgane zur Artikulation ausreichen. Trotzdem unterliegt auch das Sprachlernvermögen einem Reifeprozeß, der mit den Entwicklungsstufen der physischen Reifung verschränkt ist. Diese Verschränkung bleibt auch dann erhalten, wenn der gesamte Reifungsplan sich drastisch verzögert, und sie scheint auch nicht durch intensiven Unterricht aufgehoben werden zu können.

> Wir können daher von einer kritischen Periode für den Spracherwerb sprechen. Ihr Beginn ist durch einen mangelnden Grad der Reifung begrenzt. Ihr Ende scheint mit einem Verlust der Anpassungsfähigkeit und der Fähigkeit zu Neubildungen im Gehirn ... zusammenzuhängen. (Lenneberg, 1972, 220 f.)

Diese Begrenzung auf eine Spracherwerbsperiode beruht wahrscheinlich auf der funktionellen Spezialisierung des Gehirns (vgl. S. 87), die etwa beim Vierzehnjährigen abgeschlossen ist. Normalerweise kann das Sprachvermögen in der linken Gehirnhälfte lokalisiert werden. Bei Verletzungen dieser Hemisphäre ist jedoch auch die rechte Gehirnhälfte in der Lage, die Sprachfunktionen zu übernehmen, aber eben nur vor der Pubertät; danach ist eine solche Umstellung nicht mehr möglich.

Diese Tatsache ist ein Beispiel für die starke biologische Bedingtheit der Sprachfähigkeit.[109] Solche Probleme betreffen vor allem die (ontogenetische) *Entwicklung* der Sprache. Aber auch die Sprache als Ganzes, als menschliche Fähigkeit (de Saussure: langage) ist nicht zeitlos, ewig oder unveränderlich. Sie ist auch nicht plötzlich entstanden, sondern hat geschichtlichen Charakter und muß sich aus primitiveren Stufen der Kommunikation entwickelt haben. Eben diesen diachronischen Aspekt meinen wir hier mit *Evolution* der Sprache.

Über die Leistungsfähigkeit tierischer Kommunikationssysteme haben wir auf S. 75 f. einige Ergebnisse der Zoosemiotik zusammengestellt. Insbesondere hat sich gezeigt, daß sich für die Bienensprache eine Stufenleiter der Höherentwicklung nachweisen läßt. Leider ist es nicht möglich, für die Evolution der menschlichen Sprachfähigkeit eine solche Stufenleiter empirisch zu belegen.[110] Noch vor hundert Jahren durfte man vermuten,

> daß sich irgendwo in weit entlegenen Gebieten noch Halbmenschen oder Menschenaffen finden lassen müßten, die als „lebende Fossilien" frühere Stadien der menschlichen Evolution repräsentierten. Die Sprache (oder Quasisprache) dieser Menschen (oder Quasimenschen) hätte dann auch entsprechende frühere Stadien der Sprachevolution bezeugt. Doch die Suche war vergeblich; nirgends wurde eine Sprache entdeckt, die man wirklich hätte als „primitiv" bezeichnen können.
>
> (Hockett, 1973, 135)

Man hat deshalb schon zu Beginn dieses Jahrhunderts die Hoffnung aufgegeben, eine lebende Sprache aufzufinden, die irgendeinen früheren Zustand menschlicher Sprache spiegeln würde.[111]

Die historisch-vergleichende Sprachwissenschaft schien einen anderen Weg zu sprachlichen Frühstadien zu weisen. Recht gut ist unser Informationsstand über die Geschichte einzelner Sprachen oder Dialekte. Bei vielen Sprachen bieten auch schriftliche Dokumente eine vergleichsweise ergiebige Chronik. Aus solchen Quellen konnten z. B. für die deutsche Sprache Gesetze des Lautwandels erschlossen werden, die nicht nur deskriptiv sind, sondern sogar einen gewissen Voraussagewert haben. Natürlich ändern sich nicht nur Laute, sondern auch Wortschatz, Bedeutungen, grammatische Formen und ganze grammatische Kategorien.

Freilich: Obwohl wir feststellen können, daß alle Sprachen sich laufend ändern, liegen die Ursachen für Sprachwandel und Sprachentwicklung noch weitgehend im Dunkeln. Ansätze zu Erklärungen bieten die Substrattheorie von G. I. Ascoli (1886), nach der sich die Sprechgewohnheiten eines unterworfenen Volkes langfristig auf die Siegersprache übertragen, oder Martinets Theorie der Sprachökonomie, in die informationstheoretische Gesichtspunkte eingehen.[112] Als wissenschaftlich irrig gelten dagegen die Behauptungen, Klima und Landschaft (Max Müller) oder der gesellschaftliche Zustand (Nikolaus Marr) könnten den Sprachtypus gesetzmäßig bestimmen.

Immerhin lassen sich Veränderungen der Sprache auch völlig unabhängig von den Gründen und Kräften (von der Dynamik, vgl. S. 58) des Sprachwandels feststellen und beschreiben. Konnte man nicht hoffen, durch Einbeziehung aller Sprachen der Welt einen frühen, primitiven Zustand zu rekonstruieren?

Er mochte zwar nicht so alt sein wie der Ursprung der Sprache, aber doch gewisse Primitivmerkmale aufweisen und dadurch den Forschern eine Extrapolation in Richtung des Ursprungs ermöglichen. Auch diese Hoffnung ist indessen nicht erfüllt worden. Das früheste rekonstruierbare Stadium jeder Sprachfamilie zeigt bereits alle Komplexitäten und Flexibilitäten der heutigen Sprachen.

(Hockett, 1973, 138)

Nicht einmal die systematische (typologische) Klassifizierung der Sprachen, z. B. in isolierende, agglutinierende, flektierende und polysynthetische Sprachen (Schlegel, W. v. Humboldt), läßt Schlüsse auf den Entwicklungsstand einer Sprache zu.

Diese Tatsachen bedeuten zwar eine Enttäuschung, sollten aber doch nicht so sehr überraschen, wenn man bedenkt, wie weit die ältesten überhaupt vorhandenen oder rekonstruierbaren Sprachzeugnisse zurückreichen: Die Erfindung der Schrift (Sumer, Ägypten, China) fällt in die Zeit um 3000 v. Chr. Indoeuropäisch wurde – wenn überhaupt – um 5000 v. Chr. gesprochen. Die kühnsten Hypothesen über eine gemeinsame Ursprache der indoeuropäischen, semitischen, uralischen, türkischen und anderer Sprachfamilien, das sogenannte Boreische[113], weisen in die mittlere Steinzeit, also etwa 10000 v. Chr. Was aber sind 10000 Jahre gegenüber den Millionen, in denen der Mensch entstand (vgl. S. 77) und die Sprache sich entwickelt haben muß?

Die Idee, den Ursprung der Sprache am Sprechenlernen von Kindern zu studieren, die ja ein primitives Sprachstadium durchlaufen, scheitert, weil erstens Haeckels Gesetz von der Wiederholung der Phylogenese durch die Ontogenese (vgl. S. 18) nicht lückenlos gilt und weil zweitens das Kind von vornherein eine extrem differenzierte Sprache erlernt, nicht eine Ursprache, und zwar mit einem bereits in *seinem* Alter hoch organisierten Gehirn (so daß das biogenetische Grundgesetz gar nicht anwendbar wäre).

Auch das Studium des Sprechapparates oder des Hirnvolumens kann höchstens notwendige, keine hinreichenden Kriterien für den Besitz von Sprache vermitteln. „Nicht eine bestimmte Menge Hirn, sondern die spezifische Beschaffenheit des Gehirns determiniert die Fähigkeit zur Sprache. Diese qualitative Voraussetzung war und ist wahrscheinlich aus Fossilien nicht zu bestimmen." (Simpson, 1972, 153)

Trotzdem besteht kein Zweifel, daß die Sprache, genauer: die menschliche Sprachfähigkeit, ein Ergebnis der biologischen Evolution ist, und die Wege zu ihrer Erforschung sind klar vorgezeichnet: funktionelle Anatomie, Physiologie, Genetik und Psychologie des menschlichen Gehirns, Sprachanomalien, Vergleich mit Gehirnen sprachloser Tiere, Studium nichtsprachlicher Kommunikation. Wieder einmal können wir – wie in der Astronomie (vgl. S. 59) – nur hoffen, aus synchronisch gegebenen Tatsachen einen „Schluß" auf die Diachronie zu vollziehen.[114]

Ob solche Rekonstruktionsversuche jetzt schon sinnvoll sind, soll hier nicht untersucht werden. Wir wenden uns jetzt einem anderen Problem zu, nämlich den Folgerungen der evolutionären Erkenntnistheorie für die Brauchbarkeit der Sprache.

Wie brauchbar ist die Sprache?

Auf S. 141 haben wir erwähnt, daß die Sprache nicht nur zu Ausdruck, Appell, Darstellung und Mitteilung dient, sondern auch als *Stütze des Denkens*. Daß dieser Zusammenhang zwischen Sprache und Denken sehr eng ist, geht auch aus den Überlegungen von S. 141ff. hervor. Wie gut kann die Sprache diese ihre Funktion erfüllen?
Man kann die Angepaßtheit eines Individuums (bzw. einer Art) an seine (ihre) Umwelt interpretieren als den Betrag an Information, die das Individuum (die Art) über die Umwelt besitzt und sinnvoll verarbeitet hat.

> Schon im Worte „anpassen" steckt implizite die Annahme, daß durch diesen Vorgang eine Entsprechung zwischen dem Angepaßten und dem, woran es sich anpaßt, hergestellt wird. Dasjenige, was das lebende System auf diese Weise von der äußeren Realität erfährt, was es „aufgeprägt" oder „eingeprägt" bekommt, ist *Information über* die betreffenden Gegebenheiten der Außenwelt. Information heißt wörtlich Einprägung! (Lorenz, 1973, 36f.)

In der modernen Genetik, vor allem am genetischen Code, wird dieser informationstheoretische Charakter des Erbguts besonders deutlich. Jede Mutation ist sozusagen eine Hypothese über die Struktur der Außenwelt. Die meisten dieser Hypothesen sind freilich falsch (d. h. die meisten Mutationen bringen Nachteile); aber es gibt offenbar auch richtige oder zumindest brauchbare Hypothesen, wie die Entwicklung der Arten zeigt.
Der Passungscharakter bezieht sich natürlich nur auf die tatsächliche und unmittelbare Erfahrungswelt des Individuums. Daraus erklären sich die Beschränkung und die Leistung der Erkenntnisfähigkeit (S. 118ff.).
Für die evolutionäre Erkenntnistheorie ist auch die Sprachfähigkeit des Menschen ein Ergebnis der Evolution. Obwohl die verschiedenen Stadien der Sprachevolution weder als „Fossilien" aufgefunden noch aus dem jetzigen Sprachbestand rekonstruiert werden können, besteht doch kein Zweifel, daß die Sprache sich allmählich herausgebildet und dabei den Prinzipien der natürlichen Auslese unterlegen hat. (Dabei war die Art der Selektion natürlich auch durch die kulturelle Evolution beeinflußt; vgl. S. 84ff.)
Somit ist auch die Sprachfähigkeit ein wichtiges Mittel der Anpassung in der natürlichen Auslese. Auch sie enthält Information über die Umwelt, und diese Information wird laufend auf ihre Brauchbarkeit geprüft. Aber auch diese Prüfung erfolgt ausschließlich an den unmittelbaren Bedürfnissen der menschlichen Individuen und der menschlichen Gemeinschaft. Die Umgangssprache beschreibt die Welt so, wie sie uns im täglichen Leben erscheint. Noch immer sagen wir, „die Sonne geht auf" (obwohl die Erde sich dreht), „ich werfe einen Blick darauf" (obwohl umgekehrt das Licht ins Auge fällt).
Können wir denn überhaupt erwarten, daß die Sprache auch zur Beschreibung einer Wirklichkeit brauchbar ist, die nicht unmittelbar „erfahren" oder erlebt wird? Nach der evolutionären Erkenntnistheorie würde eine solche Annahme die Möglichkeiten und die Flexibilität der Sprache (oder die einheitliche Struktur der Wirklichkeit) überbewerten.

Die Sprache ist tatsächlich zunächst nur eine „Haushaltserfindung" (vgl. das Kapitel-Zitat auf S. 138), und ob sie für weitere Zwecke adäquat ist, muß jeweils erst geprüft werden. Wir sollten also erwarten, daß für Zwecke, die nicht den alltäglichen Bedürfnissen entstammen, insbesondere für die Beschreibung der realen Welt, unsere Sprache korrigiert, erweitert oder durch künstliche Sprachen ersetzt werden muß. Dies ist andererseits genau das, was wir beobachten!

Der Ausdruck „künstliche Sprache" meint hier natürlich nicht die sogenannten Plansprachen (wie Esperanto), von denen es schon über hundert gibt. Auch solche Kunstsprachen sollen Nachteile von natürlichen Sprachen beseitigen: Letztere sind nicht intersubjektiv verständlich, schwer erlernbar und oft durch nationale Interessen belastet. Der Aufbau einer idealen Sprache soll aber anderen Mängeln begegnen:

Ein Begriff kann undefiniert, mehrdeutig, vage, ein Satz sinnlos, unvollständig, unverständlich, mehrdeutig, vage, in seiner Gültigkeit beschränkt sein. Außerdem ist es möglich, daß Begriffe oder Sätze die Absicht (Intention) nicht erfüllen, die mit ihrer Verwendung verbunden ist; sie sind dann inadäquat. Es ist nicht schwierig, zu jedem Fall Beispiele anzugeben. Hier geht es jedoch nur darum zu zeigen, daß es Motive gibt, nach leistungsfähigeren Mitteln des Ausdrucks und der Beschreibung zu suchen.

Die Begriffe einer idealen Sprache sollen also wohldefiniert, eindeutig und präzise, ihre Sätze sinnvoll, vollständig, verständlich, eindeutig, adäquat und ebenfalls präzise sein. Außerdem soll es möglich sein, den Sätzen einen Wahrheitswert (wahr oder falsch) zuzuordnen, und die Sprache als Ganzes soll zusammenhängend und möglichst umfassend sein. Man muß zugeben, daß es eine solche ideale Sprache nicht gibt. Es fehlt aber nicht an Versuchen, eine solche zu schaffen; und die Leistungen von Frege, Russell, dem frühen Wittgenstein, Tarski, Carnap, Quine, Hempel u. a. sind beachtliche Schritte auf einem solchen Wege.[115]

Auch kann kein Zweifel darüber bestehen, daß die Wissenschaften selbst in der Konstruktion und Verwendung von Sprachen, welche die angegebenen Mängel nicht aufweisen, ein gutes Stück vorwärtsgekommen sind. Man mag bedauern, daß dabei jede Wissenschaft ihre eigene Fachsprache entwickelt; aber dieser Vorgang scheint schon deshalb unvermeidbar zu sein, weil auch die Objekte der einzelnen Disziplinen verschieden sind. Außerdem ist es – wenigstens prinzipiell – jedermann möglich, die Sprache einer bestimmten Wissenschaft zu erlernen.

Künstliche Sprachen sind nicht unbedingt identisch mit *formalisierten* Sprachen: Die natürliche Sprache könnte prinzipiell formalisiert werden; künstliche Sprachen brauchen andererseits nicht formalisiert zu sein. Allerdings ist der Gebrauch künstlicher Sprachen zugleich mit dem Formalismus aufgekommen, und beide ergänzen sich gegenseitig. Insbesondere wird man sich beim Aufbau einer leistungsfähigen – d. h. hinreichend präzisen und reichen – Sprache immer formaler Methoden bedienen (müssen). Im folgenden werden wir deshalb unter einer künstlichen Sprache zugleich eine formalisierte Sprache verstehen.

Gegen den Gebrauch künstlicher Sprachen gibt es mehrere Einwände.

Erstens sei eine künstliche Sprache eine *Zwangsjacke,* "spanischen Stiefeln" gleich, ein verknöchertes Instrument, ein Gefängnis des Geistes. Dabei wird „formal" als abwertendes Beiwort im Sinne von buchstabentreu, pedantisch, unmenschlich, gekünstelt, unnatürlich gebraucht. Die gleiche private Abneigung trifft auch die Beschäftigung mit der „so abstrakten" Mathematik oder mit den „trockenen" Gesetzestexten. Dieses Antipathie-Argument läßt sich nicht widerlegen, aber durch Hinweis auf die unleugbaren Vorteile künstlicher Sprachen entschärfen. Nur wer den Umgang mit Symbolen und Kalkülen beherrscht, wird auch ihre Präzision, Stringenz und Eleganz als solche empfinden und schätzen lernen.

Zweitens seien künstliche Sprachen zu *schwer erlernbar.* Psychologische Schwierigkeiten beim Erlernen und Gebrauch formaler Systeme bestehen zweifellos. Sie bringen es mit sich, daß Mathematiker und theoretische Physiker (mindestens glauben,) bei den Problemen der Biologen, Psychologen oder Soziologen mitreden (zu können), und nicht umgekehrt. Sie ist auch der Grund dafür, daß mathematische oder symbolische Logik als Lehr- und Forschungsgebiet fast nur an mathematischen, nicht an philosophischen Lehrstühlen vertreten ist. Die Mathematiker sind eben an den Umgang mit formalen Systemen „von klein auf" gewöhnt. Beim Erlernbarkeits-Argument läßt sich also nicht die Tatsache, sondern nur ihr Gewicht in Zweifel ziehen.

Drittens seien die Symbole, Begriffe und Regeln künstlicher Sprachen unmotiviert und völlig *willkürlich.* Diese Behauptung ist irreführend. Zwar besitzen wir beim Entwurf einer künstlichen Sprache beliebig viel Freiheit; diese Freiheit wird aber durch die Kriterien beschränkt, nach denen die Brauchbarkeit einer solchen Sprache beurteilt wird. Einige dieser Forderungen wurden oben (S. 154) aufgezählt. Auch künstliche Sprachen eignen sich zu verschiedenen Zwecken verschieden gut. Sie unterliegen deshalb einer strengen Auslese, die von praktischen Gesichtspunkten geleitet wird. Das Willkür-Argument ist also auf dieser Stufe nicht mehr stichhaltig.

Viertens seien künstliche Sprachen *arm* gegenüber der Kompliziertheit tatsächlicher Verhältnisse und deshalb nicht konkurrenzfähig gegen die Vielfalt und Farbigkeit natürlicher Sprachen. Aber gerade die Beschränktheit der sprachlichen Mittel ist der Preis für die Widerspruchsfreiheit, die Kohärenz, die Überprüfbarkeit und die Präzision unserer Theorien. Sie zwingt uns zur Konzentration auf relevante Aussagen und hindert uns, unkontrollierte Begriffe, Annahmen oder Schlußregeln in unsere Theorie aufzunehmen. Nur dann können wir präzise Aussagen, exakte Theorien und objektive Erkenntnis erhoffen. Das Armuts-Argument trifft demnach zwar als Feststellung zu, ist aber in seiner Bewertung ungerecht.

Fünftens seien künstliche Sprachen *wirklichkeitsfremd,* sie seien unrealistisch und deshalb unbrauchbar zur Beschreibung unserer Welt. Im Rahmen des hypothetischen Realismus und der evolutionären Erkenntnistheorie ist diese Behauptung falsch. Erst die künstlichen (theoretischen) Begriffe ermöglichen uns eine adäquate Erfassung nicht nur unserer Erfahrungen, sondern der objektiven Strukturen. Während alle menschliche Erfahrung notgedrungen anthropomorph ist, sind die theoretischen Begriffe das Ergebnis eines mühsamen Reduktionsprozesses, in dessen Verlauf unser Weltbild weniger anthropomorph und damit objektiver wird (vgl. S. 165 ff.).

Gerade die zuletzt angesprochene Rolle der theoretischen Begriffe und ihre Beziehung zum Bereich der Erfahrung, also der Beobachtung, des Experiments, der Messung, sind auch heute noch Gegenstand wissenschaftstheoretischer Diskussionen.

Je weiter eine Theorie in ihren Objekten und Erkenntnissen von der Alltagserfahrung entfernt ist, desto deutlicher wird es, daß die in ihr verwendeten Begriffe nicht durch Meßvorschriften oder Handlungsanweisungen definiert werden können. Deshalb ist der Standpunkt des *Operationalismus* (vgl. S. 16 f.) im Rahmen der evolutionären Erkenntnistheorie widerlegbar, jedenfalls für Disziplinen, die nicht nur beschreiben (wie z. B. die Geographie), sondern Hypothesen und Theorien aufstellen.

Auch die *neopositivistische* Auffassung, daß die Bedeutung eines Satzes in der Methode seiner Verifikation bestünde (Schlick) oder daß ein Satz nur dann Bedeutung besitze, wenn er nachprüfbar sei, ist mit den Grundgedanken des hypothetischen Realismus und der evolutionären Erkenntnistheorie nicht vereinbar. Begriffe erhalten ihre Bedeutung durch explizite oder implizite Definitionen und durch den Zusammenhang der Sätze, in denen sie vorkommen und unter denen natürlich auch eine Meßvorschrift sein kann. Allerdings ist die Semantik der Wirklichkeitswissenschaften noch so wenig entwickelt – im Gegensatz zur mathematischen Semantik, der Modelltheorie –, daß hierüber noch keine endgültigen Aussagen möglich sind. Auch die Möglichkeiten der axiomatischen Methode sind für die Naturwissenschaften längst nicht ausgeschöpft. Gerade sie hat aber in der Mathematik des 20. Jahrhunderts zu den wichtigsten Ergebnissen geführt.

Neben der Relativitätstheorie hat vor allem die Quantentheorie die Unzulänglichkeit der Begriffe der klassischen Physik gezeigt. Bis zu Beginn unseres Jahrhunderts hätte niemand bezweifelt, daß die Begriffe *Ort* und *Impuls* uneingeschränkt auf die physikalischen Objekte anwendbar sind. Diese Voraussetzung führt aber zu Widersprüchen mit der Erfahrung, die nur vermieden werden können, wenn wir Einschränkungen in der Verwendung dieser Begriffe machen.

Auch die Annahme, ein physikalisches Objekt müsse entweder ein Teilchen oder eine Welle sein, muß ersetzt werden durch die Hypothese, daß es physikalische Objekte gibt, z. B. Photonen, Elektronen usw., die keines von beidem sind. In diesem Zusammenhang wird oft behauptet, der Welle-Teilchen-Dualismus besage, daß die Elementarteilchen *sowohl* Teilchen *als auch* Wellen im Sinne der klassischen Physik seien. Diese Darstellung ist falsch; denn klassische Teilchen sind lokalisiert, klassische Wellen unendlich ausgedehnt; die beiden Bilder lassen sich also rein logisch nicht vereinbaren. Richtig ist, daß die Quantenobjekte *weder* Wellen *noch* Teilchen sind, sondern Objekte mit einer spezifischen Struktur, die durch die Gleichungen der Quantentheorie beschrieben wird. Wenn diese Objekte beobachtet werden, so zeigen sie je nach experimenteller Fragestellung Wellen- oder Teilcheneigenschaften. Bestehen wir trotzdem darauf, das quantenphysikalische Objekt „Elektron" als Teilchen aufzufassen, so ist das nur im Rahmen der Unschärferelation möglich: Die Begriffe Ort und Impuls, die an klassischen, makroskopischen Verhältnissen gewonnen wurden, sind nicht uneingeschränkt auf die Wirklichkeit anwendbar.

Man kann sich die Verhältnisse an einer einseitig verspiegelten Glasplatte klarmachen, wie sie in Verkaufsräumen oder Spionagefilmen verwendet wird. Für den Betrachter auf der einen Seite ist die Scheibe durchsichtig, für den auf der anderen Seite ist sie ein undurchsichtiger Spiegel. Ist sie nun durchsichtig oder undurchsichtig? Es wäre ein logischer Widerspruch zu behaupten, sie sei beides; sie ist keines von beidem, zeigt allerdings je nach Standort des Beobachters verschiedene Eigenschaften. In „Wirklichkeit" ist die Scheibe ein physikalisches Gebilde mit gewissen objektiven Eigenschaften wie atomare Struktur, Silberbelag usw. Bei diesen Eigenschaften besteht eine gewisse Richtungsasymmetrie, die – abhängig vom Standpunkt des Beobachters – sein Urteil verschieden ausfallen läßt.

Wir haben also in der Quantenphysik als Experimentatoren Einfluß auf den Ausgang des Experiments; aber auch dieser Einfluß ist gesetzmäßig, nicht willkürlich. Verschiedene Beobachter können nicht bei demselben Experiment verschiedene Ergebnisse erzwingen.

Wir stoßen hier auf Fragen, die nicht mehr allein mit der Sprache zusammenhängen, sondern mit den allgemeineren Problemen der Objektivierbarkeit. Einige Gedanken dazu soll das nächste Kapitel erläutern.

H Wissenschaft und Objektivierung

Das Induktionsproblem

> Mit jeder neuen wissenschaftlichen Entdeckung und mit jeder weiteren philosophischen Abhandlung über Induktion scheint sich die Behauptung des Philosophen C. D. Broad zunehmend zu bestätigen: Induktion ist der Siegeszug der Naturwissenschaften und die Schmach der Philosophie. (Stegmüller, 1971, 13)

In dem Aufsatz, der durch dieses Zitat eingeleitet wird, gibt Stegmüller eine klare und knappe Formulierung des Induktionsproblems oder „Humeschen Problems", wie es nach Popper genannt wird:

Gibt es wahrheitsbewahrende Erweiterungsschlüsse?

Gibt es also Schlüsse, bei denen die Wahrheit der Prämissen sich auf die der Konklusion überträgt, deren Konklusion aber mehr enthält als die Prämissen? Humes verneinende Antwort ist eine klare Absage an jede Form von Induktivismus, und sie ist bis heute nicht widerlegt worden. Alle Versuche, irgendein Induktionsprinzip zu beweisen oder auch nur zu widerlegen, führen in einen Zirkel; denn zum Beweis muß eben dieses Induktionsprinzip (oder ein anderes) schon wieder vorausgesetzt werden.

Ein drastisches, aber instruktives Beispiel für einen induktiven Schluß ist das *Para-Induktionsprinzip*[116]: *Das künftige Eintreffen eines Ereignisses ist um so wahrscheinlicher, je seltener es bisher eintrat, und um so unwahrscheinlicher, je häufiger es eingetroffen ist.*

Obwohl alle diese Regel als absurd verwerfen, wäre es nicht leicht, einen Para-Induktivisten von seiner Einstellung abzubringen. Seine Regel ist präzise; sie läßt sich sogar quantifizieren. Sie läßt sich als Regel sowohl für das Raten auf lange Sicht als auch für den nächsten Einzelfall formulieren. Sie ist nicht einmal logisch zu widerlegen. Auch das Erfolgsargument verschlägt nichts: Zwar ergibt sich nach der Ortho-Induktion, daß die Regel, wenn sie bisher nicht erfolgreich war, auch in Zukunft nicht erfolgreich sein wird; der Para-Induktivist wird aber gerade aufgrund dieser Mißerfolge schließen, daß er in Zukunft um so erfolgreicher sein werde, womit auch die Para-Induktionsregel eine gewisse Selbstkonsistenz aufweist.[117] Der Para-Induktivist lernt sogar aus der Erfahrung; denn er ändert seine Erwartung ständig nach einer festen Regel. Hier versagt insbesondere auch die normalsprachliche Argumentationsweise; denn daß andere diese Schlußregel nicht ver-

wenden oder für unvernünftig halten, ist für den Para-Induktivisten natürlich kein Beweis dafür, daß er selbst irrational ist.
Das Para-Induktionsprinzip läßt sich allerdings auch nicht beweisen. Es ist zwar ein Erweiterungsschluß; denn von (endlich vielen) Beobachtungen führt es zu einer Aussage über etwas nicht Beobachtetes. Aber es läßt sich nicht zeigen, daß es wahrheitskonservierend ist. Und das gilt nach der Argumentation von Hume für alle Induktionsprinzipien: Wahrheitskonservierende Erweiterungsschlüsse gibt es nicht; Induktion ist eine Illusion.

> Die Tragweite und Wucht des Humeschen Argumentes ist immer und immer wieder unterschätzt worden und wird auch heute noch meist unterschätzt. Humes Überlegung ist z. B. oft in dem Sinne mißdeutet worden, als habe Hume bloß gezeigt, es sei nicht zu beweisen, daß *jeder* induktive Schluß mit wahren Prämissen auch eine wahre Konklusion habe. (Stegmüller, 1971, 18)

Humes Erkenntnis besagt vielmehr, daß wir das nicht einmal für *irgendeinen* induktiven Schluß beweisen können, wobei es gleichgültig ist, wie die Induktionsregel aussieht. Allerdings gibt es, wie Stegmüller (1971) gezeigt hat, zwei *Nachfolgerprobleme* des Induktionsproblems, ein theoretisches und ein praktisches: Welches sind die Kriterien (oder Normen) für die Beurteilung von Hypothesen (Popper)? Und welches sind die Argumente für die Begründung von praktischen Normen (Carnap)? Uns geht es hier nicht um diese Nachfolgerprobleme, sondern um den zweiten, den psychologischen Teil des Humeschen Problems:[118] Wenn es nicht gerechtfertigt ist, von (wiederholten) Einzelfällen auf ein allgemeines Gesetz oder wenigstens auf weitere, noch nicht vorliegende Einzelfälle zu schließen, warum erwarten und glauben trotzdem alle vernünftigen Menschen, daß zukünftige Erfahrungen den vergangenen entsprechen werden? Ist diese Erwartung völlig irrational? Tatsächlich meint Popper (1973, 17), seit Hume seien viele enttäuschte Induktivisten Irrationalisten geworden.

Eine *rationale Antwort* ergibt sich aus der evolutionären Erkenntnistheorie. Danach haben wir eine angeborene Neigung, Regelmäßigkeiten in unserer Umwelt anzunehmen und Ähnlichkeiten festzustellen. Diese Neigung haben wir beibehalten, weil sie sich in der natürlichen Auslese bewährt hat.

> Unsere Maßstäbe für Ähnlichkeit sind teilweise erworben, doch mußten wir auch gewisse angeborene Ähnlichkeitskriterien haben, sonst hätten wir nie anfangen können, Gewohnheiten auszubilden und Dinge zu lernen. Natürliche Auslese könnte somit erklären, warum angeborene Ähnlichkeitskriterien sich für uns und andere Tiere als besser erwiesen haben als richtungslose Versuche, den Verlauf der Naturereignisse zu erraten. Für mich beseitigt dieser Gedankengang schon zu einem Teil das Unbehagen, das vage als Induktion bezeichnet wird.
> (Quine, 1968, 102)

Hume nennt diese Neigung noch einen Instinkt (vgl. S. 7); heute würde man eher von einer Disposition sprechen. Bezeichnungen sind konventionell; wichtig ist in diesem Zusammenhang, daß auch Dispositionen solcher Art Hypothesecharakter besitzen und daß sie weder durch allgemeine Gesetze bewiesen noch selbst für einen Beweis der Gesetzmäßigkeit der Welt herangezogen werden können. Daß sich die Disposition, von der Vergangenheit hypothetisch auf die Zukunft bzw. von Einzelerfahrungen hypothetisch auf Regelmäßigkeiten zu „schließen", in der natürlichen Auslese bewährt hat, darf insbesondere nicht als eine Garantie dafür angesehen werden, daß sie sich auch in Zukunft bewähren werde (obwohl wir – aufgrund eben dieser Disposition – nicht daran zweifeln).

Die angeborene Neigung zu Verallgemeinerungen und Extrapolationen ist also zwar selbstkonsistent, indem sie auf sich selbst anwendbar ist (vgl. S. 108); aber auch diese Tatsache beweist nichts über ihre Wahrheit; sie beweist nicht einmal ihre Anwendbarkeit für die Zukunft. Statt die Naturgesetze als Allaussagen zu formulieren, z. B.: „Für alle Zeiten und an allen Orten gilt A" müßten wir sie folgendermaßen aussprechen: „In allen bisher beobachteten Fällen galt A, und es spricht nichts dagegen, daß es auch für einen weiteren Fall gilt."

Zu vielen, für selbstverständlich gehaltenen, induktiven Verallgemeinerungen hat man Ausnahmen gefunden, z. B. zu den Behauptungen:

a) Alle Schwäne sind weiß. (In Australien fand man tatsächlich schwarze Schwäne).

b) Die Sonne geht (durchschnittlich) alle 24 Stunden auf. (Das gilt nicht auf der ganzen Erde, nämlich nicht jenseits der Polarkreise. Pytheas von Marseille (~350–300), der die Mitternachtssonne und das „gefrorene Meer" beschrieb, galt jahrhundertelang als Musterlügner.)[119]

c) Alle Lebewesen müssen sterben. (Einzeller müssen nicht sterben; sie teilen sich.)

Wir können uns sogar eine Welt ausdenken, in der unsere induktiven Erwartungen nutzlos oder gar schädlich wären. Die Welt könnte (auch im Rahmen der physikalischen Gesetze) so regellos sein, daß ein Lernen durch Versuch und Irrtum sinnlos wäre oder sich gar nicht einstellen könnte. Die Sonne könnte als Nova explodieren, ein Komet könnte uns treffen, eine unterirdische H-Bombe könnte ein unvermutetes Uranlager zur Kettenreaktion bringen, ein tödliches Gift oder starke radioaktive Strahlung könnten die Menschheit ausrotten usw.

Trotzdem hat der evolutionäre Standpunkt wichtige Vorteile: Erstens gibt er eine *Erklärung* für die Existenz unserer angeborenen, orthoinduktiven Dispositionen. Die Welt, in der wir leben, war bisher nicht so chaotisch, wie sie sein könnte, sondern relativ konstant und geordnet. Die Erwartung einer Regelmäßigkeit, die Fähigkeit, durch Versuch und Irrtum zu lernen, die Neigung, von der Vergangenheit auf die Zukunft zu „schließen", die Disposition zu induktiven Hypothesen haben sich deshalb bisher bewährt. Lebewesen, die solche Anlagen nicht besaßen, z. B. Para-Induktivisten oder solche ohne bedingte Reflexe, waren in der natürlichen Auslese unterlegen und sind ausgestorben.

> Denn immer wenn unsere Voraussagen falsch sind, bleiben unsere Neigungen unbefriedigt, und wenn das oft vorkäme, würden wir (wir werden!) bald zugrunde gehen. Es liegt somit eigentlich nichts besonders Bemerkenswertes in unserer Fähigkeit, richtige Voraussagen über Regelmäßigkeiten in unserer Umwelt zu machen. Könnten wir es nicht, so wären wir nicht hier, um unseren Irrtum zu bemerken. (Pepper, 1958, 106)

Zweitens gibt der evolutionäre Standpunkt eine pragmatische *Rechtfertigung* für unsere Dispositionen.

> Schon daß wir existieren und uns fragen können, wie sich unser Schluß auf Regelmäßigkeiten in der Natur rechtfertigen läßt, ist die überwältigende Rechtfertigung für unseren Glauben an diese. Es ist nicht eine logische, sondern (viel besser) eine faktische Rechtfertigung für den induktiven Sprung ...
> Auf die Frage, die Hume und Kant beschäftigt hat ... lautet die Antwort: Wir haben angeborene Dispositionen, die Regelmäßigkeiten voraussetzen, und wenn unsere Umwelt diese Regelmäßigkeiten nicht besäße, wären wir nicht hier, um solche Fragen zu stellen. (Pepper, 1958, 106 f.)

Sollte heute ein Para-Induktivist geboren werden (das würde allerdings eine gewaltige Mutation voraussetzen!), so wüßte er doch nicht, was er tun sollte; denn sein Prinzip sagt ihm nur, was nicht geschehen wird (alle Naturgesetze würden für ihn ja ungültig); daraus ergeben sich aber noch keine eindeutigen Voraussagen, die seine Handlungen steuern könnten. So würde der Para-Induktivist zwar erwarten, daß die Sonne morgen nicht aufgeht, müßte sich aber darauf einstellen, daß es trotzdem hell wird; sehen könnte er allerdings nichts (die Augen würden ja den gewohnten Dienst versagen); er dürfte sich jedoch auf das Hellsehen verlassen usw.

Der Para-Induktivist ist demnach völlig handlungsunfähig. Das gleiche gilt auch für einen Anti-Induktivisten, der wegen der Tatsache, daß wir keinen logischen Grund haben, Regelmäßigkeiten für morgen zu erwarten, überhaupt nichts erwartet (vgl. S. 105 f.) und für den keine Handlung oder Vorbereitung sinnvoller erscheint als ihr Gegenteil. Der konstitutionelle Induktivist dagegen stellt sich weiterhin – d. h. wie gewohnt – auf die hypothetisch postulierten Regelmäßigkeiten ein und handelt danach (vgl. Popper, 1973, 34 f.) Es ist ein geschickter Schachzug der Evolution, dem Menschen diese Erwartungen zu vermitteln, damit auch der schärfste Logiker seinen Handlungswillen nicht verliert.

Die Welt der mittleren Dimensionen (der „Mesokosmos")

Auf S. 41 haben wir zwischen Wahrnehmungserkenntnis, vorwissenschaftlicher Erfahrung und wissenschaftlicher Erkenntnis unterschieden. Auch dem erkenntnistheoretischen Schema auf S. 120 liegt diese Unterscheidung zugrunde. Immer, wenn ein künstliches, diskretes Schema ein Kontinuum zerlegen soll, gibt es Grenzfälle, bei denen eine eindeutige Zuordnung fragwürdig wird: Bei der Aufteilung des sichtbaren Spektrums in Farben, an der Grenze zwischen anorganischen und organischen Substanzen (z. B. CO_2), zwischen toter Materie und lebendem Organismus (z. B. Viren), zwischen Pflanze und Tier (z. B. Euglena), zwischen Kind und Erwachsenem usw.

So lassen sich auch die Erkenntnisstufen nicht ohne weiteres voneinander trennen. Trotzdem gibt es eine grobe Charakterisierung, die wir auf S. 124

verwendet haben: Die Rekonstruktion der realen Welt erfolgt in der Wahrnehmung unbewußt, in der vorwissenschaftlichen Erfahrung bewußt, aber noch unkritisch, in der Wissenschaft bewußt und kritisch.

Wissenschaftliche Erkenntnis zeichnet sich also vor der Erfahrungserkenntnis u. a. dadurch aus, daß sie *kritisch* ist, daß sie sich des hypothetischen Charakters ihrer Sätze und Gesetze (wenigstens in unserem Jahrhundert) bewußt ist und daß sie dank ihren verbesserten Beobachtungs-, Experimentier- und Schlußmethoden eine viel größere induktive Basis für ihre Hypothesen besitzt. Wie ist diese unterschiedliche Leistungsfähigkeit der verschiedenen Erkenntnismethoden zu erklären?

Unsere Antwort stützt sich auf die evolutionäre Erkenntnistheorie. Die Wissenschaft ist ein Ergebnis der letzten Jahrhunderte, höchstens Jahrtausende. Das wissenschaftliche Denken beruht zwar zum Teil auf den biologisch bedingten Eigenschaften des menschlichen Gehirns (vgl. S. 121), war aber umgekehrt selbst kein bestimmender Faktor für die Evolution. Dagegen gehörten vorwissenschaftliche Erfahrung und Alltagsverstand gerade zu den wirksamsten Komponenten der evolutiven Anpassung. Wir dürfen deshalb annehmen, daß die subjektiven Strukturen der vorwissenschaftlichen Erfahrungserkenntnis, zu denen auch die Wahrnehmungsstrukturen gehören, der Umwelt angepaßt sind, an der sie sich entwickelt haben. Es ist jedoch nicht zu erwarten, daß diese Strukturen auf *alle* realen Strukturen passen oder auch nur zum richtigen Erfassen aller dieser Strukturen geeignet seien.

Die Umwelt, an der sich unsere subjektiven Erkenntnisstrukturen bewähren mußten (und immer wieder bewähren müssen), reicht von Millimetern zu Kilometern, von Sekunden zu Jahren, von Geschwindigkeit Null bis zu einigen Metern pro Sekunde ($\triangleq$ Kilometern pro Stunde), von gleichförmiger Bewegung zu Beschleunigungen in der Größenordnung der Erdbeschleunigung (~ 10 m/s², auch etwa Sprinterbeschleunigung), von Gramm zu Tonnen. Für diese Dimensionen sind unsere Anschauungs- und Denkformen brauchbar, sozusagen „gut genug".

> Sie sind entstanden eben in der fortwährenden Auseinandersetzung des Menschen mit der Natur, die er, zunächst aus rein biologischem Gesichtspunkte, immerfort vollziehen mußte, um zu existieren. Demnach werden wir erwarten dürfen, daß sie der Welt seiner täglichen Erfahrung vorzüglich angepaßt sind, und das ist auch offensichtlich der Fall. Es kann gar keinem Zweifel unterliegen, daß die euklidische Geometrie das natürlich gegebene Instrument zur Darstellung der räumlichen Erfahrungen in unserer täglichen Umwelt ist. Damit ist indessen keineswegs gesagt, daß sie es auch noch sein müßte, wenn wir aus dieser Welt der täglichen Erfahrung hinaus uns in die kosmischen Größenordnungen vertiefen, die uns die moderne Astronomie erschließt . . .
>
> [Auch die Kategorien Substanz und Kausalität] sind ohne Zweifel Formen, mit denen der Mensch, wie er einmal geworden ist, an die Erfahrungswelt herangeht; in diesem Sinne hat Kant auch hier recht. Aber auch sie sind gerade wie die Geometrie nun doch entstanden an der Hand des unserer täglichen Erfahrung zugänglichen Weltmaterials, und so bleibt es doch wenigstens zunächst zweifelhaft, ob sie auch ausreichen werden, wenn wir von diesem aus in Bereiche hineinsteigen, wo alle gewohnte Sinnesanschauung uns verläßt und nur noch die abstrakte Gedankenkonstruktion uns weiterhilft. (Bavink, 1949, 237)

Einerseits läßt sich also innerhalb der evolutionären Erkenntnistheorie deduktiv die Behauptung ableiten, daß unsere Anschauungs- und Erfahrungsstrukturen in den Bereichen unserer unmittelbaren Umwelt anwendbar und zu deren Erfassung tauglich sein müssen, und daß sie in anderen Bereichen, in der Welt der ungewohnten Dimensionen, versagen können.

Andererseits ist diese Feststellung für die moderne Wissenschaft nichts Neues, sondern – wenigstens seit Entstehen von Relativitäts- und Quantentheorie – eher eine Trivialität.

> Die allgemeinen Anschauungsformen und Kategorien, wie Raum, Zeit, Materie und Kausalität, leisten gute Dienste in der Welt der „mittleren Dimensionen", an die das Menschentier biologisch angepaßt ist. Hier sind Newtonsche Mechanik und die klassische Physik, da sie auf diesen vertrauten Kategorien beruhen, völlig befriedigend. Sie versagen jedoch, wenn wir Welten betreten, an die der menschliche Organismus nicht angepaßt ist. Das ist der Fall einerseits in atomaren, andererseits in kosmischen Dimensionen. (v. Bertalanffy, 1955, 257)

Man kann also die klassische oder wenigstens die Newtonsche Physik auch als die „Physik der mittleren Dimensionen" bezeichnen. Sie gewinnt ihre Leistungsfähigkeit dadurch, daß sie von den nahezu reibungsfrei ablaufenden Mond- und Planetenbewegungen ausgeht und die daraus gewonnenen Gesetze (nämlich Bewegungsgleichung und Gravitationsgesetz) auf irdische Probleme überträgt (auf den freien Fall und andere als Gravitationskräfte). Sie vereinigt somit die mechanischen Gesetze der „sublunaren" und der „supralunaren" Welt (vgl. S. 30) und erfaßt dadurch einen so weiten Bereich der Beobachtungswelt, daß es einer großen Steigerung der Meßgenauigkeit bedurfte, bis man überhaupt Unstimmigkeiten feststellen *konnte*. Gäbe es dagegen keine Planeten und Monde, deren Bahnen jahrhundertelang vermessen werden konnten, sondern z. B. nur Kometen, oder wäre der Himmel immer von Wolken bedeckt, so wären das Gravitationsgesetz und vielleicht auch die Bewegungsgleichungen wesentlich später aufgestellt worden. So aber beschreibt die Newtonsche Physik gerade unsere Erfahrungswelt mit einer so erstaunlichen Präzision und Voraussagekraft, daß es über 200 Jahre dauerte, bis sie nicht nur ergänzt, sondern korrigiert werden mußte.

Ähnlich kann Kants Transzendentalphilosophie als eine „Erkenntnistheorie der mittleren Dimensionen" angesehen werden.

Tatsächlich wird ja Kant häufig als der Philosoph der Newtonschen Physik angesehen. Diese Auffassung ist allerdings nur bedingt richtig, da erstens Newton seine eigene Philosophie hatte, die sich von der Kantischen wesentlich unterschied, und da zweitens Raum und Zeit in der Newtonschen Mechanik objektiver (sogar absoluter) Charakter zugeschrieben, durch Kant aber gerade abgesprochen wird.

Kant hat jedenfalls gezeigt, daß wir ein Gerüst (ein Alphabet, ein Gitter) in die Erfahrung einbauen, so daß unsere Erfahrungserkenntnis diese Erkenntnisstrukturen enthält.

> Daß der dabei gewonnene Erkenntnisbegriff so hervorragend gut mit dem naturwissenschaftlichen Erkenntnisbegriff des Kantschen Zeitalters übereinstimmt, mag uns verdächtig erscheinen; aber – und das ist das Überraschende – von Kant selbst

und seinen Anhängern durch viele Generationen hindurch ist diese Tatsache als der größte Erfolg seiner Philosophie betrachtet worden. Kant glaubt, gezeigt zu haben, daß der Erkenntnisbegriff der mathematischen Naturwissenschaft im Wesen der Vernunft begründet ist; er sieht nicht, daß er eben nur diejenige Vernunft analysiert hat, die mit der mathematischen Naturwissenschaft entwickelt worden ist, und daß auch diese Stufe der Erkenntnis noch keinen Abschluß bedeutet.

(Reichenbach, 1933, 604)

Er sah auch nicht, daß die wissenschaftliche über die Erfahrungserkenntnis hinausgehen kann. (Theorien, die eine solche Möglichkeit nahegelegt hätten, gab es damals noch nicht.) Und schließlich konnte er nicht sehen, daß unsere subjektiven Erkenntnisstrukturen selbst eine Anpassung an die reale Welt darstellen. (Das setzt nämlich Genetik und Evolutionstheorie voraus, die damals ebenfalls nicht existierten.)

So wie das Auge aus dem elektromagnetischen Spektrum genau den Ausschnitt herausfiltert, der für das Überleben wichtig ist (weil die Atmosphäre für diesen Teil des Spektrums durchlässig ist und die Sonnenstrahlung dort ein Maximum hat (vgl. S. 97 f.)), so passen unsere Anschauungsformen und Kategorien gerade auf die Welt der alltäglichen Erfahrung; der Erfahrungen, die auch Höhlenmenschen und Hominiden vor Millionen von Jahren schon machen konnten.

Im Rahmen der evolutionären Erkenntnistheorie erscheint es deshalb geradezu als ein vermessener Anthropomorphismus anzunehmen, die Welt müsse in allen Bereichen genau so strukturiert sein, wie wir sie in den mittleren Dimensionen erfahren oder rekonstruieren. Die Übertragung dieser Erfahrungen auf größte und kleinste Entfernungen, Zeiten, Massen usw., also die Extrapolation auf die ungewohnten Dimensionen, kann zunächst nur eine Arbeitshypothese darstellen, mit deren Widerlegung jederzeit gerechnet werden muß. Die Physik des 20. Jahrhunderts hat solche Korrekturen an unseren angeblich apriorischen (d. h. erfahrungsunabhängigen) Erkenntnisstrukturen mehrfach geliefert (vgl. S. 13 f.).

> Wo immer das physikalische Weltbild des Menschen bis ins Atomare vorgedrungen ist, ergeben sich Ungenauigkeiten in der Übereinstimmung zwischen dem Apriorisch-„Denknotwendigen" und dem Empirisch-Wirklichen, gleich als ob das „Maß aller Dinge" für diese feineren Meßbereiche ganz einfach zu grob und ungefähr sei und nur im allgemeinen und wahrscheinlichkeitsmäßig-statistisch mit dem übereinstimme, was an den Dingen an sich erfaßt werden soll. (Lorenz, 1941, 113)

Unzulässige Extrapolationen sind z. B. die Behauptungen, Materie müsse unendlich teilbar sein, nur weil in unserer makroskopischen Welt keine Grenze der Teilbarkeit offenbar wird, oder die Struktur des physikalischen Raumes müsse überall euklidisch sein, weil wir auf der Erde keine Abweichungen von der Euklidizität feststellen können. (Die Begründung „weil wir uns nichteuklidische Räume nicht vorstellen können" wäre zudem noch reiner Anthropomorphismus.)

Es ist gewissermaßen ein glücklicher *Zufall,* daß die Welt der mittleren Dimensionen, mit der wir uns auseinandersetzen und an der wir unsere Erfahrungen machen, relativ stabil ist.

Die Verhältnisse auf der Erdoberfläche legen Vorstellungen nahe, die sich als ungenau herausstellen, obwohl sie uns nun schon als Denknotwendigkeiten erscheinen. Der wichtigste dieser Umstände besteht darin, daß die meisten Gegenstände auf der Erdoberfläche, von einem irdischen Standpunkt aus betrachtet, ziemlich dauerhaft und fast ortsfest sind. (Russell, 1972, 11 f.)

Russell macht das an folgendem Bild klar: Wären wir nur so groß wie ein Elektron, so bestünde die Welt um uns aus winzigen Partikeln, die in einem unvorstellbar schnellen Tanz durcheinanderwirbeln. Wären wir dagegen so groß wie die Sonne und hätten ein entsprechend langsames Wahrnehmungsvermögen (z. B. ein subjektives Zeitquant von einigen Tagen oder Jahren, vgl. S. 100f.), so erschiene uns das Universum ebenfalls als ein schreckliches Durcheinander von Galaxien, Sternen und Planeten.

Die Idee einer verhältnismäßig großen Stabilität, die zu unserer normalen Vorstellungswelt gehört, beruht so auf der Tatsache, daß wir gerade so groß sind, wie wir sind, und auf einem Planeten leben, dessen Oberfläche nicht sehr heiß ist. Wenn das nicht der Fall wäre, könnte die Physik der Zeit vor Entdeckung der Relativitätstheorie unseren Verstand nicht befriedigen. Wir würden jene Theorien nie erfunden haben. Wir hätten mit einem einzigen Sprung zur Physik der Relativität gelangen müssen, oder wir hätten nie naturwissenschaftliche Gesetze finden können. Wir haben Glück gehabt, daß wir nicht vor diese Alternative gestellt wurden, da es fast unvorstellbar ist, daß ein Mann allein das Werk Euklids, Galileis, Newtons und Einsteins hätte schaffen können. (Russell, 1972, 13)

Wenn unser Wahrnehmungsvermögen unter extremen Bedingungen falsche Hypothesen über die Umwelt aufstellt (vgl. S. 50f., 123f.), so können wir aus solchen Fehlleistungen besonders viel über die Strukturen des Wahrnehmungsapparates lernen. Analog erfahren wir gerade aus dem Versagen unserer „Weltbildapparatur" am meisten über ihre Struktur (die Kategorien, Schlußprinzipien usw.). Die Möglichkeit für ein solches Versagen des Alltagsverstandes lag zu Kants Zeiten noch nicht so klar vor Augen wie heute, so daß es wiederum psychologisch verständlich ist, wenn Kant glaubte, ein solches Versagen überhaupt ausschließen zu dürfen.

Die Entanthropomorphisierung unseres Weltbildes

Das Ziel der Wissenschaft ist das Wissen. (Es ist allerdings unverkennbar, daß die Motive der Wissenschaft*ler* häufig andere sind.) Wir wollen wissen, wie die Welt beschaffen ist, welche Eigenschaften und Strukturen sie hat. Wir suchen vor allem objektive Erkenntnis über die Welt. Wir interessieren uns also nicht nur dafür, wie uns die Welt antwortet, wenn wir sie fragen, wie sie uns erscheint, wenn wir Beobachtungen, Experimente, Messungen machen, sondern auch für ihre objektiven Strukturen, die wir auch dann als vorhanden annehmen, wenn niemand da ist, sie zu beobachten. Deshalb bleiben wir nicht beim Gegebenen, bei den „Daten" stehen; wir machen

Hypothesen und Theorien, mit denen wir bestimmte Züge der Welt an sich zu treffen hoffen (vgl. das Objektivitätspostulat auf S. 31).

Die Wissenschaft leistet somit (der Intention nach) eine Objektivierung unseres Weltbildes. „Weltbild" nennen wir dabei das Wissen, das wir über die Welt, den Menschen und die Stellung des Menschen in dieser Welt haben. (Im Begriff „Weltanschauung" stecken dagegen auch religiöse, ideologische oder philosophische Komponenten, die wir hier bewußt ausschließen.) Zwar ist es der Mensch, der Wissenschaft betreibt; aber umgekehrt ist es die Wissenschaft, die dem Menschen dabei seinen Platz in der Welt deutlich macht.

> Der Mensch ist immer geneigt, den kleinen Bereich, in dem er lebt, als das Zentrum der Welt anzusehen und sein spezielles privates Leben zum Maßstab des Universums zu machen. Diesen eitlen Anspruch, diese ziemlich provinzielle Art zu denken und zu urteilen, muß er aufgeben. (Cassirer, 1970, 16)

Verfolgt man die Geschichte des wissenschaftlichen Weltbildes, so kann man zwei Trends feststellen, die eng miteinander zusammenhängen:

a) Der Platz des Menschen wird vom Mittelpunkt der Welt mehr und mehr an ihren „Rand" verlegt.

b) Wissenschaftliche Begriffe und Theorien lösen sich zunehmend von Alltagssprache und Alltagswissen.

> Aus der Wissenschaft ergab sich ein tiefgreifender Wechsel in der Auffassung über den Platz des Menschen im Universum. In der mittelalterlichen Welt war die Erde das Zentrum des sichtbaren Himmels, und alles hatte einen den Menschen betreffenden Zweck. In Newtons Welt wurde die Erde ein kleiner Planet eines unbedeutenden Sterns; astronomische Entfernungen waren so groß, daß die Erde im Vergleich dazu nur ein Stecknadelkopf war. Es erschien unwahrscheinlich, daß dieser riesige Apparat lediglich für das Wohl einiger winziger Kreaturen auf diesem Stecknadelkopf gedacht sein sollte. (Russell, 1961, 523)

Das ursprüngliche Weltbild war *anthropozentrisch* und *anthropomorph*. Anthropozentrisch war das geozentrische Weltsystem, was schon so oft diskutiert worden ist, daß wir nicht darauf eingehen wollen. Anthropozentrisch waren auch die mittelalterliche Metaphysik und Theologie.

> Diese beiden Systeme von Doktrinen gründen sich – so verschieden sie in ihren Methoden und Zielen auch sind – auf ein gemeinsames Prinzip: Beide stellen das Universum als eine hierarchische Ordnung dar, in welcher der Mensch den höchsten Platz einnimmt. In der stoischen Philosophie und in der christlichen Theologie wurde der Mensch als der Schlußstein des Universums beschrieben. (Cassirer, 1970, 15)

Das Paradies ist *für* den Menschen da, die Sintflut ist *gegen* den Menschen gerichtet; Kometen, Erdbeben, Vulkanausbrüche sind Zeichen Gottes oder der Götter *für den Menschen;* sie bedeuten Warnungen, Drohungen, Versprechungen. Auch die Astrologie ist reiner Anthropozentrismus. Daß die Gestirne Einfluß auf unser Leben hätten und daß wir diesen Einfluß sogar vorhersagen könnten, ist uralter Menschheitsglaube. Gerade weil er dem anthropozentrischen Weltbild entspringt, ist er so schwer auszurotten. Eine

Lehre, die dem Menschen einen Ehrenplatz zuerkennt, wird eher akzeptiert als eine Auffassung, die ihm keine Privilegien einräumt.

Daß die Erde im Kosmos keinen physikalisch (!) irgendwie ausgezeichneten Platz einnimmt, zeigt sich nicht nur beim Übergang vom geozentrischen zum heliozentrischen System, sondern auch in jeder anderen Erkenntnis der Astronomie und Kosmologie: Der Mond ist erkaltete Materie (Anaxagoras), die Sterne sind glühende Bälle (Giordano Bruno); es gibt viele Sonnen, viele Planetensysteme, viele Milchstraßen (Kant); die Verteilung der chemischen Elemente ist im ganzen Weltall etwa konstant; die physikalischen Gesetze gelten im ganzen Universum . . .

Ein weiteres Argument gegen ein anthropozentrisches Weltbild stellt die Abstammungslehre dar. Der Mensch wird als Glied einer kontinuierlichen Entwicklung erkannt, die ihm auch jede biologische (!) Sonderstellung abspricht. Daraus erklären sich – wie schon auf S. 67 erwähnt – viele emotionale Widerstände gegen die Evolutionstheorie.

Verständlicherweise führen schon unsere Interessen (und deshalb auch der Schulunterricht) zu einem menschzentrierten Wissen. So nehmen wir gerne an, die Pflanzen *dienten* als Sauerstoffspender für Tiere und Menschen. Biologisch ist aber der Sauerstoff eigentlich ein Abfallprodukt der pflanzlichen Photosynthese. Tatsächlich gedeihen viele Pflanzen in künstlicher Atmosphäre mit erniedrigtem Sauerstoffgehalt wesentlich besser als in „normaler" Umgebung.

> Naturgeschichtlich gesehen, wäre es zutreffender zu sagen, daß Tiere und Menschen vom Standpunkt der Pflanzen aus höchst nützliche und dienliche Lebensformen darstellen, weil sie die auf andere Weise nicht zu lösende Aufgabe der laufenden „Abfallbeseitigung" für die Pflanzen übernommen haben, die sonst früher oder später an dem von ihnen selbst produzierten Sauerstoff unweigerlich ersticken müßten. (v. Ditfurth, 1973, 55)

Wie die Henne nach der Darstellung des Darwin-Kritikers Samuel Butler nur ein Trick des Eis ist, um ein neues Ei zu produzieren, so könnte man auch behaupten, Tiere und Menschen *dienten* den Pflanzen lediglich zur Müllaufbereitung. Wie hier beim Sauerstoffzyklus ist der Mensch vielfach nur Teil eines *Kreislaufs,* der den Menschen einbezieht, ihn aber in keiner Weise auszeichnet.

Man kann den Fortschritt der Wissenschaft als einen Wandel der Perspektive auffassen, bei dem der Mensch immer weiter vom Zentrum wegrückt. Man könnte auch von einer anthropo-zentri-fugalen Wirkung der Wissenschaft sprechen. Der Mensch ist weder der Schöpfer der Welt noch ihr Ziel. Hier liegen natürlich auch anthropologische Folgerungen, auf die wir nicht eingehen.

Wichtiger noch als die Verbannung des Menschen vom Mittelpunkt der Welt ist die Entanthropomorphisierung unseres Weltbildes. Dabei werden jene Züge, die auf spezifisch menschlichen Erfahrungen beruhen, durch die Wissenschaft fortschreitend eliminiert.

Diesem Ziel dienen z. B. Meßinstrumente. Sie ersetzen nicht nur funktionell den Beobachter und sind zuverlässiger, schneller und genauer als dieser, sondern sie erweitern den Forschungsbereich nach mehreren Richtungen. Sie sind z. B. *empfindlicher* und verarbeiten Signale, die so schwach sind, daß unsere Sinnesorgane durch sie nicht gereizt werden. Sie haben ein größeres *Auflösungsvermögen*, d. h. sie können zwei Reize, die für uns ununterscheidbar sind, noch als verschieden registrieren. Ferner gehen sie über den für uns zugänglichen Bereich von Wahrnehmungsreizen hinaus: Das Spektrum des sichtbaren Lichtes wird zum elektromagnetischen Spektrum erweitert; wir erzeugen und empfangen Ultraschall, wir benützen Geräte zum Nachweis elektrischer oder magnetischer Felder, wir schleifen Linsen, bauen Mikroskope und Beschleuniger, um die Struktur der Mikrowelt sichtbar oder anders erkennbar zu machen; wir konstruieren Fernrohre und Radioteleskope, um Signale aus dem All zu empfangen. Wir *erweitern* also den Bereich der beobachtbaren Größen.

Die Entanthropomorphisierung beruht aber nicht allein auf der Benützung hochempfindlicher Geräte und der Ausdehnung des Variablenbereichs. Die Wissenschaften stellen Hypothesen und Theorien über die Welt auf, die zwar unsere Erfahrungen erklären sollen, die sich aber in mehrfacher Hinsicht von den Hypothesen der Alltagserfahrung unterscheiden. Auch hier versuchen wir, über das sinnlich Wahrnehmbare hinauszugehen, freilich in ganz andere Richtungen als die Meßgeräte:

Erstens stellen wir fest, daß die Aufteilung der Welt oder der Erscheinungen und die *Einteilung der Wissenschaften* selbst immer weniger anthropomorph werden. Die Alchimie teilte die chemischen Stoffe nach Geruch, Geschmack und Farbe und nach ihren auffälligen Reaktionen ein. Heute benützen wir zur Einteilung der Elemente das Periodensystem, zur Klassifizierung der chemischen Verbindungen ihre Struktur(formeln). Die Physik begann mit der sinnlichen Erfahrung des Auges, des Ohrs, des Wärmesinnes usw. und bildete Zweige wie Optik, Akustik, Wärmelehre. Heute aber gehört die Akustik zur Mechanik, die Wärmelehre zur Thermodynamik, die Erscheinungen der Optik, der Elektrizität und des Magnetismus werden zusammengefaßt in der Maxwellschen Theorie des Elektromagnetismus.

Die Entwicklung geht so auf eine Einteilung der Welt und der wissenschaftlichen Disziplinen nach objektiven Kriterien, z. B. nach zunehmender Kompliziertheit ihrer Objekte: Felder, Elementarteilchen, Kerne, Atome, Moleküle, Makromoleküle, makroskopische Körper, Organismen, Populationen ...

Zweitens verwenden wir zur Formulierung unserer Theorien eine eigens dafür konstruierte *wissenschaftliche Sprache* (vgl. S. 154). Wir wissen nämlich (u. a. aus der evolutionären Erkenntnistheorie), daß unsere natürliche Sprache zwar tauglich ist für die alltägliche Auseinandersetzung des Menschen mit seinen Mitmenschen und für die Beschreibung der Züge seiner Umwelt, die im Bereich „der mittleren Dimensionen" liegen, daß diese Sprache aber für die genaue und kritische Erfassung der Welt nicht ausreicht. Manche Begriffe, die bereits in der Umgangssprache eine vage Bedeutung haben, wie Kraft, Energie, Leistung, Wirkung, werden präzisiert und nur noch in dieser Präzisierung verwendet. Andere wie Pulsar, Photon, Spin, Entropie, Gen, werden völlig neu geschaffen, weil die Alltagssprache gar kein Wort für die betreffende objektive Struktur bereitstellt: Was nicht Gegenstand natürlicher Erfahrung war, wurde in der Sprache auch nicht benannt. Die Entwicklung der Wissenschaftssprache geht häufig so weit, daß der Laie die Sätze der Wissenschaftler gar nicht mehr versteht.

Drittens bedienen wir uns in zunehmendem Maße abstrakter Methoden, insbesondere der *Mathematik* und der *formalen Logik*, um unsere Theorien zu formulieren, auf ihre Konsistenz zu prüfen und Folgerungen daraus abzuleiten. Es ist ein Irrtum zu glauben, die Mathematik sei nur auf quantifizierte Größen anwendbar. Mathematik ist die Wissenschaft von den formalen Strukturen. Wo immer wir es in der Wissenschaft mit Strukturen zu tun haben, können wir versuchen, diese durch mathematische Strukturen zu beschreiben, zu „simulieren". Die mathematischen Methoden arbeiten dann teilweise wie selbständige Algorithmen, denen wir das Problem anvertrauen können, weil sie unabhängig von diesem entwickelt und auf ihre Korrektheit geprüft worden sind.

Ein besonders wichtiges Mittel zur Formulierung und Formalisierung wissenschaftlicher Aussagen ist die axiomatische Methode. In der Mathematik seit Jahrtausenden bewundert, findet sie erst allmählich Eingang in die Physik und andere Wirklichkeitswissenschaften.

Viertens schließt die Verwendung abstrakter Methoden und Modelle die anschauliche Vorstellbarkeit der betrachteten Struktur in vielen Fällen aus. Die moderne Wissenschaft (insbesondere die Physik unseres Jahrhunderts) hat aber erkannt, daß *Anschaulichkeit* kein Kriterium für die Richtigkeit einer Theorie ist (vgl. S. 14, 118). Bei der Entwicklung und Prüfung einer Theorie mag sie eine große praktische Rolle spielen; aber sie besagt nichts über deren Wahrheitsgehalt. Denn auch unsere Fähigkeit, uns etwas vorzustellen, hat sich an den Strukturen der normalen Umgebung, an den Verhältnissen der mittleren Dimensionen entwickelt.

> Die Frage ist indessen, ob wir verlangen können, daß Gott seine Welt so eingerichtet habe, daß sie mit den naivsten aus unserer Anschauung entspringenden begrifflichen Mitteln faßbar sein muß. (Bavink, 1949, 134)

Als anschaulich konnte noch die klassische Mechanik gelten (obwohl auch hier starke Einschränkungen gemacht werden müßten: Was ist z. B. die anschauliche Bedeutung des Hamiltonprinzips?). So hat man lange geglaubt, alle Physik müsse auf Mechanik reduzierbar sein. Die Einführung und Anerkennung des Feldbegriffs durch die Theorie des Elektromagnetismus hat diese mechanistische Hoffnung endgültig zerstört. Unanschaulich sind aber auch und gerade die Prinzipien und mathematischen Strukturen der Relativitätstheorie und der Quantentheorie, z. B. ein vierdimensionaler Raum oder das Pauliprinzip.

Fünftens sehen wir uns durch die Erkenntnisse der modernen Physik sogar gezwungen, die *Kategorien der Erfahrung* zu korrigieren. Diese Neuerung – die Kant nicht für möglich hielt – ist vielleicht im Zusammenhang mit der Entanthropomorphisierung unseres Weltbildes die wichtigste. So wenig wie bei unserer Anschauung können wir erwarten, daß unsere in und an einer makroskopischen Welt gebildeten (und bewährten!) Erfahrungsstrukturen auf die gesamte Wirklichkeit anwendbar sind. Es ist zwar nicht so, daß diese Erwartung zu Widersprüchen führen *muß;* wir werden aber nach der evolutionären Erkenntnistheorie damit rechnen, und tatsächlich hat sie immer wieder zu Widersprüchen geführt, die nur dadurch gelöst werden konnten, daß man für selbstverständlich gehaltene Voraussetzungen über die Struktur der Welt aufgab. Auf S. 13f. haben wir eine ganze Reihe solcher grundlegender Neuerungen aufgezählt.

Sechstens beobachten wir eine deutliche Abkehr vom *teleologischen Denken.* Die Tatsache, daß Menschen zielgerichtet handeln (können) und daß Tiere zweckmäßige Strukturen aufweisen, berechtigt nicht zu dem Schluß, daß in der Natur ein ähnlicher Wille oder Zweck herrsche. Das teleologische Denken, durch Aristoteles in die europäische Gedankenwelt eingeführt, ist aus der Physik relativ früh verschwunden, herrschte aber in der Biologie noch im 19. und zum Teil sogar im 20. Jahrhundert. Tatsächlich dient es aber mehr der Verschleierung unserer Unwissenheit als der Erklärung (vgl. S. 13).

Es ließen sich weitere anthropomorphe Konstruktionen anführen, die dem Objektivitätsideal der Wissenschaft widersprechen und deshalb ausgemerzt werden (müssen). Der Fortschritt der Erkenntnis besteht also nicht nur in einem Wandel der Perspektive, bei dem der Mensch aus dem Mittelpunkt rückt (S. 167), sondern auch in einer mühsamen, aber kontinuierlichen Objektivierung. Die evolutionäre Erkenntnistheorie ist selbst ein Schritt in diese Richtung. Diese Tatsache soll das nächste Kapitel erläutern.

Die wahre kopernikanische Wendung

Ohne Zweifel hat *Kopernikus* für die Astronomie Großartiges geleistet. Er hat das heliozentrische System zwar nicht als erster (vgl. S. 109), aber doch im entscheidenden Augenblick und überzeugend vertreten. Das neue Modell vereinfacht die Erklärung der Planetenbewegungen in bahnbrechender Weise. Schon deshalb ist der Historiker berechtigt, von einer „kopernikanischen Revolution" (Kuhn) zu sprechen.

Obwohl Kopernikus ein durchaus sachliches Anliegen verfolgte, nämlich die Beobachtungsdaten in ein widerspruchsfreies System einzufügen, kann er gleichzeitig als Begründer eines neuen *Weltbildes* gelten. Denn die Beurteilung des Menschen und seiner Stellung im Kosmos wandelt sich mit dem *Wissen,* das wir über die Welt haben. Im kopernikanischen System werden nun weder die Erde noch der Mensch irgendwie ausgezeichnet. Danach gibt es mindestens in physikalisch-astronomischer Sicht keinen Grund, dem Menschen eine Sonderstellung zuzuschreiben. Auch mit Rücksicht auf diesen Wandel des Weltbildes kann man von einer „kopernikanischen Wende" sprechen.

Ähnlich bahnbrechend für die Wissenschaft *und* für unser Weltbild wirkt *Darwin* mit seiner Abstammungslehre.

> Die Geschichte der Naturforschung in der Neuzeit verzeichnet zwei Ereignisse, die das Selbstverständnis des Menschen entscheidend beeinflußt haben. Im Jahre 1543 erschien das Kopernikus-Werk über die Bewegung der Himmelskörper und mehr als 300 Jahre später, 1871, Darwins Buch über die Abstammung des Menschen. Diese beiden Ereignisse gehören in der Sicht des Historikers zusammen; sie sind Marksteine auf dem Wege einer fortschreitenden Bewußtwerdung der Relativität der menschlichen Existenz. (Peters in Gadamer/Vogler 1, 1972, 326)

Der Evolutionsgedanke hat für die Biologie eine ähnlich vereinheitlichende und erklärende Bedeutung wie das kopernikanische System für die Astronomie. Auch Darwin war aber als Naturforscher nicht an der Entthronung des Menschen interessiert, sondern hatte rein sachliche Motive: Sollten nämlich seine Prinzipien allgemeingültig sein, so mußte er den Menschen von vornherein in seine Theorie einbeziehen. Der Mensch wird dabei jedoch biologisch in eine Reihe mit allen anderen Lebewesen gestellt. Auch hier verliert er eine Sonderstellung, die er sich zugeschrieben hatte. Die Einsichten Darwins kann man deshalb als eine „kopernikanische Wende" in der Biologie interpretieren.

Auch im Zusammenhang mit *Kants* Lehre spricht man häufig von einer kopernikanischen Wende, die Kant vollzogen haben soll. Er selbst hat diesen Ausdruck zwar nie gebraucht, hat sich aber durchaus in diesem Sinne geäußert.

> Es ist hiermit ebenso als mit den ersten Gedanken des Kopernikus bewandt, der, nachdem es mit der Erklärung der Himmelbewegungen nicht gut fort wollte, wenn er annahm, das ganze Sternenheer drehe sich um den Zuschauer, versuchte, ob es nicht besser gelingen möchte, wenn er den Zuschauer sich drehen und dagegen die Sterne in Ruhe ließ. In der Metaphysik kann man nun, was die *Anschauung* der Gegenstände betrifft, es auf ähnliche Weise versuchen. (Kant, 1787, B XVI f.; ähnlich B XXII)

Ist die Rede von Kants kopernikanischer Wende berechtigt? Hat Kant für die Erkenntnistheorie das geleistet, was vor ihm Kopernikus für die Astronomie und nach ihm Darwin für die Biologie (und für unser Weltbild) geleistet haben?

Immerhin hat Kant in der Erkenntnistheorie einen *Standortwechsel* vollzogen. Er hat eine neue Methode der Denkungsart eingeführt, die nicht annimmt, alle Erkenntnis müsse sich nach den Gegenständen, sondern vielmehr, die Gegenstände müßten sich nach unserem Erkenntnisvermögen richten (vgl. das Kant-Zitat auf S. 9). Dieser Wechsel der Perspektive vereinfacht das Problem, wie wir apriorische Erkenntnis von den Gegenständen der Erfahrung haben können (vgl. S. 9f). In dieser Hinsicht ist auch Kants Leistung epochemachend.

Sein Standortwechsel ist aber eigentlich eine Umkehrung des kopernikanischen. Das Gemeinsame an beiden ist der *bahnbrechende Effekt*. Ihre Struktur jedoch ist gegenläufig. Wie Russell (1952, 9) bemerkt, hätte Kant sich richtiger ausgedrückt, wenn er von einer *ptolemäischen Gegenrevo-*

lution gesprochen hätte; denn er hat den Menschen wieder in den Mittelpunkt gestellt, von dem ihn Kopernikus vertrieben hatte.[120] Der Mensch ist der Mittelpunkt der Welt zwar nicht in astronomischer, wohl aber in erkenntnistheoretischer Sicht: Die Vernunft wird hier nicht entthront, wie Kopernikus die Erde entthront hat, sondern im Gegenteil erst in eine zentrale Rolle eingesetzt.

Erkenntnistheorie ist fast immer anthropozentrisch. Da sie das Denken und den Menschen zu ihren Hauptobjekten macht, sieht sie beide zu leicht als Hauptobjekte der Natur an. Die Meinung, daß wir durch reines Denken etwas über die Welt erfahren könnten (Rationalismus), ist aber so wenig gerechtfertigt wie die Behauptung, die Grundsubstanz der Welt sei der Geist (Spiritualismus). Auch Kants Transzendentalphilosophie räumt der Vernunft – und zwar explizit – einen besonderen Platz ein und gibt dem Menschen dabei eine Vorzugsstellung.

Meistens wird also die Natur (oder die Welt) in ihrer „Passung" auf den Menschen gedeutet. Aus dieser Passung – sei es die erstaunliche Kompliziertheit unseres Organismus, die überraschende Übereinstimmung der Leistungen der Sinnesorgane mit den Anforderungen der Umwelt oder die „unerklärliche" Harmonie zwischen der Welt und unserer Erkenntnisapparatur – schließt der Philosoph auf einen ehrlichen Gott (Descartes), eine prästabilierte Harmonie (Leibniz), apriorische Erkenntnisformen (Kant), einen Primat des Geistes (Hegel) usw.

Die evolutionäre Erkenntnistheorie deutet umgekehrt das Erkenntnisvermögen des Menschen (wie die Verhaltensforschung sein Verhalten) in seiner Passung auf die Welt. Erst die evolutionäre Erkenntnistheorie vollzieht somit in der Philosophie eine *echte kopernikanische Wende*. Denn hier ist der Mensch nicht Mittelpunkt oder Gesetzgeber der Welt, sondern ein unbedeutender Beobachter kosmischen Geschehens, der seine Rolle meist weit überschätzt hat. Ganz allmählich lernen wir, daß diese nur eine Nebenrolle ist, daß das Weltall sich nicht um uns dreht, daß die Sonne nur ein Stern unter Sternen ist, die Erde nur ein Pünktchen im Kosmos, die Menschheit nur eine von zwei Millionen biologischer Arten usw. Zu dieser Bescheidenheit mahnen uns nicht nur die Lehren von Kopernikus und Darwin, sondern die Ergebnisse weiterer Wissenschaften, z. B. auch der Verhaltensforschung.

Die evolutionäre Erkenntnistheorie ist selbst ein Schritt zu dieser Einsicht. Sie stellt nicht nur fest, daß der Erkenntnisfortschritt unser Weltbild weniger anthropozentrisch und weniger anthropomorph werden läßt – eine Tatsache, die allgemein bekannt und vielfach belegt ist –, sondern sie *erklärt* auch, warum ein solcher Fortschritt möglich und notwendig ist, und vor allem: Sie leistet selbst einen *Beitrag* zur Objektivierung. In diesem Sinne (und nur in diesem!) können wir behaupten: Was das heliozentrische System für die Physik leistet, die Abstammungslehre für die Biologie und die vergleichende Verhaltensforschung für die Psychologie, das leistet die evolutionäre Erkenntnistheorie für die Philosophie.

Die Evolution des Wissens

Nimmt man an, daß sich die menschliche Erkenntnisfähigkeit in der Evolution herausgebildet hat, wie es die evolutionäre Erkenntnistheorie behauptet, so ergeben sich weitere wissenschafts- und erkenntnistheoretische Folgerungen.

Erstens muß es danach nicht nur eine phylogenetische, sondern auch eine ontogenetische Entwicklung der Erkenntnisfähigkeit geben. Diese Folgerung der evolutionären Erkenntnistheorie ist andererseits für den Psychologen eine selbstverständliche Tatsache. Die Entwicklung der Intelligenz (im allgemeinen Sinne) beim Kind ist zwar noch Gegenstand intensiver psychologischer Forschung und auch recht gegensätzlicher Hypothesen – das zeigt schon der Meinungsstreit in der Lernpsychologie –; unbestritten ist aber, daß jedes Kind einen Prozeß intellektueller Reifung mitmacht oder wenigstens eine geistige Entwicklung nach bestimmten, genetisch determinierten Lerndispositionen. Die Arbeiten von Jean Piaget (vgl. S. 19f.) sind bei diesen Fragen zweifellos richtungsweisend.

Zweitens muß es nach der evolutionären Erkenntnistheorie nicht nur eine artspezifische und individuelle Entwicklung der Erkenntnisfähigkeit geben, sondern erst recht eine Entwicklung der menschlichen Erkenntnis. Diese Tatsache drückt sich am deutlichsten darin aus, daß wir Begriffs-, Ideen- und Wissenschaftsgeschichte kennen. Die Geschichte der Erkenntnis wird zwar mit der Evolution der Erkenntnisfähigkeit zusammenhängen, ihre Gesetze brauchen aber nicht übereinzustimmen oder auch nur analog zu sein.

Drittens wird es zwischen diesen drei Bereichen (Evolution der Erkenntnisfähigkeit, ontogenetische Entwicklung, Wissenschaftsgeschichte) interessante Zusammenhänge geben, die wir durch ein einfaches Diagramm darstellen (Abb. 12). Daß diese Zusammenhänge noch so wenig untersucht

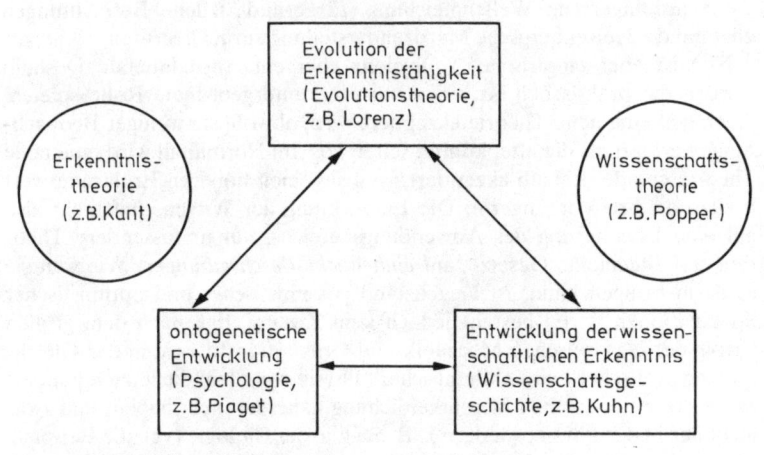

Abb. 12. Die Entwicklung der Erkenntnis

sind, liegt zweifellos daran, daß sie ihrer Natur nach wesentlich interdisziplinär sind und gute Kenntnisse aus mindestens zweien der Bereiche: Evolutionstheorie, Psychologie, Wissenschaftsgeschichte, Erkenntnistheorie, Wissenschaftstheorie voraussetzen.

Im Zusammenhang mit der Evolution der Wissenschaft ist die Ersetzung einer Theorie durch eine andere ein besonderes Problem. Hierbei geht es nicht darum, daß ein bisher nicht bearbeitetes Gebiet durch die Forschung erschlossen wird, sondern um die Verbesserung einer bereits existierenden Theorie oder die Abgrenzung ihres Gültigkeitsbereiches. Solche Fälle sind in der Wissenschaft zwar nicht alltäglich; der Normalfall ist die Beobachtung neuer Erscheinungen (Effekte) und ihre Prognose oder Erklärung durch bereits bestehende Theorien, die durch diese Beobachtungen nicht in Frage gestellt werden. Aber die Ersetzung einer alten durch eine neue Theorie ist doch ein besonders markanter Vorgang, und das hat auch viele Autoren bewogen, von „Umsturz" oder „wissenschaftlichen Revolutionen" zu sprechen.[121] Solche kraftvollen Bezeichnungen sind möglicherweise berechtigt im Hinblick auf das Begriffssystem, insbesondere auf die grundlegenden Begriffe einer Theorie. Sie sind aber auch irreführend insofern, als die Erfahrungen und Beobachtungen, die ja auch notwendig zur Wissenschaft gehören (vgl. S. 132 f.), nicht verworfen, sondern lediglich anders erklärt oder interpretiert werden.

Von den Kriterien, die bei der Auswahl oder Bewertung einer Theorie maßgebend sind, haben wir einige besprochen (vgl. S. 108 ff.). Dabei haben wir notwendige und nützliche Kriterien unterschieden. Es kann sein, daß eine neue Theorie dieselben empirischen Daten beschreibt wie die alte; dann heißen die beiden Theorien empirisch äquivalent (vgl. S. 39). In solchen Fällen werden auch die nützlichen Kriterien (z. B. Einfachheit) zur Auswahl herangezogen. Sie können aber von Fragestellung zu Fragestellung verschiedenes Gewicht haben. So sind z. B. Wellen- und Matrizenmechanik empirisch äquivalent; trotzdem wird für praktische Rechnungen meist auf die Schrödingersche Wellengleichung, für grundsätzliche Betrachtungen eher auf die Heisenbergsche Matrizendarstellung zurückgegriffen.

Nun ist aber empirische Äquivalenz eher ein Ausnahmefall. Deshalb werden die praktischen Kriterien nur eine untergeordnete Rolle spielen. Auch daß eine neue Theorie akzeptiert wird, obwohl sie weniger Beobachtungen erklärt als die alte, kommt selten vor. Im Normalfall wird eine neue Theorie gerade deshalb akzeptiert, weil sie einen höheren Erklärungswert besitzt als ihre Vorgängerin. Die Entwicklung der Wissenschaft geht also auf eine Erweiterung des Anwendungsbereichs, auf umfassendere Theorien, auf allgemeine Gesetze, auf *einheitliche Beschreibungen*. Wie weit sie es darin bringen kann, ist Gegenstand pessimistischer und optimistischer Spekulationen.[122] Es besteht jedoch kein Zweifel, daß nach dem großen Erfolg der Newtonschen Mechanik und Gravitationstheorie in der Gleichsetzung „irdischer" und „himmlischer" Physik vor allem die letzten hundert Jahre uns einer solchen Vereinheitlichung nähergebracht haben, und zwar nicht nur in der Physik, sondern z. B. auch in der Biologie (vgl. die Beispiele zum Kontinuitätspostulat auf S. 30).

Insbesondere muß man sehen, daß die klassische Mechanik nicht durch die Quantenmechanik *ergänzt* wird. Der Eindruck, die klassische Mechanik beschreibe die Makrowelt, die Quantenmechanik aber die Mikrowelt, entsteht dadurch, daß man die klassische Mechanik in der Physik der Elementarteilchen, Atome und Moleküle nicht anwenden *kann*, während man die Quantenmechanik auf makroskopische Phänomene nicht anwenden *will*. Genaugenommen ist die klassische Mechanik überall falsch, die Quantenmechanik dagegen (hypothetisch!) richtig; jedoch sind die Abweichungen der klassischen Mechanik von der Quantenmechanik im makroskopischen Bereich so gering, daß sie meist weit unter die zur Zeit erreichbare Meßgenauigkeit fallen. Unschärfe-Relation, Welle-Teilchen-Dualismus, Quantelung der Energie usw. gelten aber auch für die Makrowelt! Die Quantenmechanik *enthält* also die klassische Mechanik.

Ganz analog ist die allgemeine Relativitätstheorie nicht einfach die Mechanik starker Gravitationsfelder; die spezielle Relativitätstheorie gilt nicht nur für hohe Geschwindigkeiten. Die allgemeine enthält vielmehr die spezielle Relativitätstheorie und die klassische Gravitationstheorie, die relativistische *umfaßt* die klassische Physik; aber die Abweichungen sind im Erfahrungsbereich unserer Sinnesorgane, also unter „menschlichen" Verhältnissen (schwache Gravitationsfelder, niedrige Geschwindigkeiten) so gering, daß sie lange überhaupt nicht bemerkt werden konnten.

Hier zeigt sich erneut die Tendenz zur Objektivierung und Entanthropomorphisierung: Moderne wissenschaftliche Theorien schließen den Bereich „irdischer" Verhältnisse, insbesondere der alltäglichen Erfahrung mit ein, gehen aber zugleich weit darüber hinaus. Die Gesetze der umfassenderen Theorien gelten universell, die der klassischen Theorien nur näherungsweise und nur unter bestimmten, in unserer „Umwelt" (vgl. S. 44) gegebenen Voraussetzungen.

Auch das formale Verhältnis klassischer und moderner Aussagen darf nicht unkritisch als Grenzfall-Beziehung dargestellt werden, wie es – auch von Physikern – oft getan wird. Die klassische Mechanik folgt nicht einfach aus der Quantenmechanik, indem man das Plancksche Wirkungsquantum Null setzt oder „große Quantenzahlen" annimmt, sie folgt auch nicht aus der Relativitätstheorie, indem man die Lichtgeschwindigkeit als unendlich annimmt. Solche Grenzwerte existieren gar nicht für alle Formeln der Quanten- oder Relativitätstheorie; sie können mehrdeutig sein oder auch nichtklassische Ergebnisse liefern.

Dem Verhältnis zwischen Theorien angemessener ist eine Darstellung, nach der die neuere Theorie in der Lage ist (oder sein sollte), die ältere – soweit sie sich als brauchbar erwiesen hat – zu *simulieren*. Es soll also möglich sein, Begriffe und Gesetze der alten auch in der neuen Theorie zu definieren bzw. zu gewinnen, soweit sie sich bei der Erklärung der empirischen Ergebnisse als sinnvoll erwiesen haben.

In diesem Sinne ist es z. B. möglich, die Lamarcksche Evolutionstheorie, insbesondere die Vererbung erworbener Eigenschaften, durch die Darwinsche Theorie nachzuahmen („Baldwin-Effekt").

Man sollte nicht übersehen, daß der Lamarckismus eine Art Näherung an den Darwinismus ist, und daß die Ergebnisse der Auslese daher oft wie Ergebnisse einer Lamarckschen Anpassung, eines Lernens durch Wiederholung aussehen: der Darwinismus simuliert gewissermaßen den Lamarckismus.
(Popper, 1973, 169; ähnlich 272, 296 f.)

Ähnlich simuliert die Methode von Versuch und Irrtumsbeseitigung die Induktion. Das ist auch der Grund dafür, daß beide oft verwechselt werden (Popper, 1973, 299).

Auch ist es möglich, den Kraftbegriff in die allgemeine Relativitätstheorie einzuführen und „so etwas wie" das Newtonsche Gravitationsgesetz zu gewinnen, so daß die allgemeine Relativitätstheorie die klassische Gravitationstheorie simuliert.

Durch statistische Gesetze lassen sich (für große Gesamtheiten) deterministische Phänomene simulieren. Das gilt sowohl für die Thermodynamik als auch für die Quantenmechanik.

Auch die evolutionäre Erkenntnistheorie ist in der Lage, andere Erkenntnistheorien zu „simulieren", soweit sie Erfahrungstatsachen erklären. Sie ersetzt z. B. die apriorischen Anschauungsformen und Kategorien Kants durch angeborene Erkenntnisstrukturen. Auch letztere sind durchaus erfahrungskonstitutiv im transzendentalphilosophischen Sinne, aber nicht unabhängig von aller, sondern nur von der individuellen Erfahrung. Logische oder transzendentale Notwendigkeit wird ihnen damit abgesprochen. Was Kant aber richtig beobachtet und nur falsch interpretiert, nämlich zum transzendentalen Apriori verabsolutiert, ist ihre psychologische Notwendigkeit. Diese wird aber auch durch die evolutionäre Erkenntnistheorie anerkannt bzw. erklärt.

Es wäre interessant und sicher sinnvoll, die evolutionäre Erkenntnistheorie an weiteren Tatsachen und Theorien der Erkenntnis auf ihre Simulationsfähigkeit zu prüfen. Ein solcher Vergleich würde auch der Abgrenzung gegenüber anderen Positionen und der Präzisierung dienen. Diese Aufgabe soll hier nicht mehr in Angriff genommen werden. Wir wenden uns abschließend einigen anderen Überlegungen über die evolutionäre Erkenntnistheorie zu, die wir als „Metabetrachtungen" zusammenfassen.

I Metabetrachtungen

Die Evolution der evolutionären Erkenntnistheorie

Die evolutionäre Auffassung hat – wie jede Erkenntnis – auch eine Geschichte. Wie weit läßt sich diese Geschichte zurückverfolgen? Prinzipiell möglich war eine solche Haltung natürlich schon immer; denn auch die Erkenntnistheorie hat ja Hypothesecharakter, und in der Wahl unserer Hypothesen sind wir relativ frei (S. 122).

Aber zur *Begründung* einer Hypothese müssen eben weitere Bedingungen erfüllt sein, insbesondere die Vereinbarkeit mit dem Hintergrundwissen, die Prüfbarkeit und der Erklärungswert. Auch W. R. Hamilton, der die Hamiltonsche Form der klassischen Mechanik entwickelt hat, hatte zwar die mathematischen Hilfsmittel, um die Schrödingergleichung und eine Wellenmechanik aufzustellen, aber ihm fehlte sozusagen die empirische Ermächtigung zu einem solchen Schritt; es gab damals (1834) keinen Hinweis auf die Welleneigenschaften der Materie. Genauso fehlte Aristarch die Rechtfertigung seiner genialen Intuition in der Erfahrung (vgl. S. 109f.).

So konnten Hypothesen über eine Evolution der menschlichen Erkenntnisfähigkeit erst dann sinnvoll aufgestellt werden, nachdem der Entwicklungsgedanke im 19. Jahrhundert zur Evolutionstheorie ausgebaut worden war (womit den Spekulationen von Empedokles oder Abu'l-Hassan al Massudi [*956] ihre Originalität nicht abgesprochen wird).

In A haben wir gesehen, daß das Problem der angeborenen Ideen in der Geschichte der Erkenntnistheorie eine Schlüsselrolle spielt. Aber schon die Frage, ob die angeborenen Strukturen der Erkenntnis auch eine biologische Bedeutung haben, kann sinnvoll erst diskutiert werden, seit es eine biologische Wissenschaft gibt, die nicht nur wie bei Aristoteles oder Linné beschreibend, sondern auch erklärend ist. Deshalb sind Antworten auf solche Fragen erst spät (nach 1900) zu finden und auch dann relativ selten.

Die biologische Bedingtheit der subjektiven Erkenntnisstrukturen wird bejaht von

Philosophen: Nietzsche, Simmel, Spencer, Peirce, Baldwin,
              F. C. S. Schiller, Russell, Quine, Popper;
Physikern: Helmholtz, Poincaré, Mach;

Biologen: Haeckel, v. Bertalanffy, Rensch, Lorenz, Mohr, Monod;
Psychologen: Ziehen, Piaget, Rohracher, Campbell, Furth, Lenneberg;
Anthropologen: Lévi-Strauss, Schwidetzky;
Sprachwissenschaftlern: Chomsky, Katz.

In der Frage nach einer Evolution der Erkenntnisfähigkeit beschränken sich die Naturwissenschaftler, vertreten vor allem durch Physiologen, Genetiker, Evolutionstheoretiker und Verhaltensforscher, meistens auf einige allgemeine Bemerkungen, weil sie sich nicht zu weit in eine fremde Disziplin, die Erkenntnistheorie, vorwagen wollen.

Umgekehrt haben auch die Erkenntnistheoretiker und andere Philosophen den evolutionären Standpunkt nur selten und nur andeutungsweise berücksichtigt. „Daß das Studium der Wahrnehmung vom evolutionären Standpunkt die meisten Erkenntnistheoretiker nicht beeinflußt hat, ist eines der vielen Symptome für die fortdauernde Trennung der Philosophie von den Naturwissenschaften" (Shimony, 1971, 571).

Wir stellen für beide Seiten einige Zitate zusammen und merken dabei an, aus welchem Fach der jeweilige Autor stammt. Bei jedem wäre noch „... und Naturphilosoph" hinzuzudenken.[123]

Durch natürliche Auslese hat sich unser Geist an die Bedingungen der Außenwelt angepaßt, er hat diejenige Geometrie übernommen, die für die Art die vorteilhafteste ist; mit anderen Worten: die bequemste. (Poincaré, Physiker, 1914)

Der richtige Kern des Kantischen Apriorismus ist ..., daß der Mensch tatsächlich heute mit gewissen Anschauungs- und Denkformen an die Erscheinungen herangeht und sie ihnen gemäß ordnet. Diese Formen müssen sich aber selbst ... erst an Hand der Erfahrung gebildet haben, sie sind entstanden eben in der fortwährenden Auseinandersetzung des Menschen mit der Natur.
(Bavink, Naturwissenschaftler, 1949, 237)

Die Kategorien der Erfahrung sind in der biologischen Entwicklung entstanden und müssen sich fortwährend im Kampf ums Dasein bewähren. Würden sie nicht irgendwie der Realität entsprechen, so wären angemessene Reaktionen unmöglich, und solche Organismen würden durch die Auslese schnell eliminiert.
(v. Bertalanffy, Biologe, 1955, 256)

Es hat eine Zeit gegeben, da die Leistungsfähigkeit des Gehirns durch biologische Wandlungen gesteigert wurde und dementsprechend auch die genetische Leistungsfähigkeit zunahm. Das aber hat vor etwa 500 000 Jahren aufgehört. Seit damals hat der angeborene Verstand nur wenig – wenn überhaupt – zugenommen. Der menschliche Fortschritt ist seither von erworbenen Fähigkeiten abhängig, die durch Tradition und Belehrung weiter vermittelt werden.
(Russell, Philosoph, 1963, 7)

Wenn man zu Recht der Ansicht sein darf, daß das Denken auf einem Vorgang subjektiver Simulation beruht, dann ist anzunehmen, daß die hohe Entfaltung dieser Fähigkeit beim Menschen das Ergebnis eines Evolutionsprozesses ist, in dessen Verlauf die Leistungsfähigkeit dieses Vorgangs und sein Wert fürs Überleben durch die Auslese im konkreten Handeln erprobt wurden. (Monod, Biologe, 1971, 191)

> Was instinktmäßige oder – strenger – angeborene Erkenntnis genannt wird, geht auf ein Lernen zurück, das sich in den Jahrtausenden der biologischen Evolution vollzog, der biologischen Evolution im Unterschied zum individuellen Lernen, mit dem dieser Begriff gewöhnlich verknüpft ist. In dieser evolutionären Perspektive gewinnen die Ausdrücke „instinktmäßig" und „angeboren" eine wissenschaftliche Bedeutung und verlieren die negative Rolle, in der sie bloß eine Bemäntelung der Unwissenheit darstellen. (Furth, Psychologe, 1972, 257)

Der Gedanke einer Evolution der Erkenntnisfähigkeit ist also mehrfach ausgesprochen worden. Trotzdem wurde diese Verkoppelung von Evolutions- und Erkenntnistheorie kaum ausführlich untersucht. Eine erfreuliche und wichtige Ausnahme bilden verschiedene Arbeiten von Konrad Lorenz (vgl. S. 19). Seinen erkenntnistheoretischen Interessen und seiner Königsberger Zusammenarbeit mit Eduard Baumgarten im Rahmen einer Arbeitsgemeinschaft zwischen Geisteswissenschaft und vergleichender Psychologie sind zwei Arbeiten zu verdanken (1941, 1943), die genau die angedeutete Verkoppelung vornehmen. Lorenz hat auch in späteren Veröffentlichungen (1954, 1959) ausdrücklich auf den Gedankenkreis einer evolutionären Erkenntnistheorie hingewiesen. Er bleibt dabei allerdings insofern Kantianer, als er Kants Kategoriensystem akzeptiert und nur nach dessen Herkunft fragt.[124]

> Die Entdeckung des Apriorischen ist jener Funke, den wir Kant verdanken, und sicherlich ist es unsererseits keine Überheblichkeit, an Hand neuer Tatsachen eine Kritik an der Auslegung des Entdeckten zu üben, wie wir es bezüglich der Herkunft der Anschauungsformen und Kategorien an Kant taten. (Lorenz, 1941, 125)

Wie wir gesehen haben, ist jedoch der Gedanke der evolutionären Erkenntnistheorie zunächst unabhängig von einem speziellen Kategoriensystem oder von speziellen apriorischen Erkenntnisstrukturen. Unter der *Voraussetzung,* daß es solche Strukturen gibt, zeigt sie, wie deren Entstehen und Leistung erklärt werden können. Der hierbei postulierte evolutive Zusammenhang zwischen realen Strukturen und subjektiven Strukturen der Erkenntnis kann dann aber dazu dienen, uns in der Erforschung beider Komponenten zu unterstützen (vgl. S. 125f., 130). Er betont z. B. die Bedeutung der Invariantenbildung in Wahrnehmung und Wissenschaft für die Gewinnung objektiver Erkenntnis, den empirischen Charakter der Hypothesen über angeborene Strukturen oder den heuristischen Wert von Fehlleistungen unseres Erkenntnisapparates.

> Die evolutionäre Erkenntnistheorie ermöglicht also ein besseres Verständnis der Evolution wie der Erkenntnistheorie, soweit sie mit der wissenschaftlichen Methode zusammenfallen. (Popper, 1973, 85)

Trotzdem gehen nur wenige Autoren (darunter viele Biologen) auf diese Probleme ein, und erst zu Ende der 60er Jahre wird der Gedanke einer Evolution der Erkenntnisfähigkeit wirklich aufgegriffen:

1955 v. Bertalanffy   An essay on the relativity of categories;
1959 Campbell   Methodological suggestions from a comparative psychology of knowledge processes;

1967	Piaget	Biologie et connaissance (deutsch 1974);
	Mohr	Wissenschaft und menschliche Existenz;
1968	Rensch	Biophilosophie;
	Chomsky	Language and mind (deutsch 1970);
1969	Furth	Piaget and knowledge (deutsch 1972);
1970	Monod	Le hasard et la nécessité (deutsch 1971);
	Shimony	Perception from an evolutionary point of view;
1972	Popper	Objective knowledge (deutsch 1973);
1973	Lorenz	Die Rückseite des Spiegels;
1974	Campbell	Evolutionary epistemology.

Man kann also behaupten, daß die Probleme der evolutionären Erkenntnistheorie in der philosophischen Diskussion erst jetzt diskutiert werden. Hätte nicht Popper diesen Gedanken (von Campbell) aufgegriffen, so müßte man sogar feststellen, daß die Initiative noch ganz auf der Seite der Einzelwissenschaften liegt. Möglicherweise verschiebt sich die Bilanz aber bald zugunsten der Erkenntnis- und Wissenschaftstheorie, wozu dieses Buch einen Beitrag bilden könnte.

Der interdisziplinäre Kontext

Im Brennpunkt der evolutionären Erkenntnistheorie steht die These, daß sich die menschliche Erkenntnisfähigkeit in Wechselwirkung mit der Umwelt und in Anpassung an diese herausgebildet hat. Diese These dient in der vorliegenden Untersuchung vor allem der Beantwortung der Hauptfrage, warum die subjektiven Erkenntnisstrukturen auf die objektiven Strukturen der Welt passen. Sie wird hier also vornehmlich in erkenntnistheoretischer Absicht entwickelt.

Die bisherigen Betrachtungen machen aber auch deutlich, daß die evolutionäre Erkenntnistheorie ihre Induktionsbasis nicht allein der Erkenntnistheorie entnimmt. Sie steht vielmehr in engem Zusammenhang mit Fragen der verschiedensten Disziplinen, vergleichbar einem Knoten in einem weitläufigen Netz. Wir sollten uns dieses Netz aus dehnbaren Fäden geknüpft denken. Ändert man nämlich seine Struktur an einer Stelle, so wirkt sich das nicht nur auf die unmittelbare Nachbarschaft, sondern im ganzen Netz aus. Ähnlich betreffen die Fragestellungen und Konsequenzen der evolutionären Erkenntnistheorie nicht allein die Erkenntnistheorie, sondern sie reichen in viele Bereiche. Dieser Verknüpfungscharakter wird besonders deutlich, wenn man prüft, von welchen wissenschaftlichen Problemen her ein Zugang zur evolutionären Erkenntnistheorie besteht.

Logik: Die Begründung der Logik ist eines der schwierigsten Probleme überhaupt. Die Frage, ob die logischen Axiome im Sinne einer logischen

„Weltgesetzlichkeit" notwendig sind, ob sie nur eine Art psychologischer Notwendigkeit besitzen oder ob sie auf Konvention beruhen, kann nicht als entschieden gelten. In allen Fällen aber kann man vom hypothetischen Charakter der von Menschen aufgestellten und benützten logischen Gesetze ausgehen. Damit entsteht aber die Frage, wie wir dazu kommen, gerade diesen Axiomen gemäß zu schließen. Sowohl für diese Frage als auch für das Problem einer Begründung der Logik scheint die Tatsache relevant zu sein, daß sich unsere Erkenntnisfähigkeit in der Evolution entwickelt hat.

Transzendentalphilosophie: Akzeptiert man die Kantische Auffassung (die auch die der Neukantianer ist), daß alles, was wir in unserer Erfahrungswelt an Struktur vorzufinden glauben, der Beitrag des erkennenden Subjektes ist, daß also unsere apriorischen Anschauungs- und Denkformen (Raum, Zeit, Kategorien, Grundsätze) die Erfahrung zugleich ermöglichen und beschränken (konstitutiv und selektiv wirken), so bleibt doch das Problem ungelöst, woher diese apriorischen Strukturen kommen und warum sie bei allen Menschen gleich sind. Wie wir gesehen haben (vgl. S. 10), hat auch Kant diese Frage für sinnvoll gehalten. Sie wird durch die evolutionäre Erkenntnistheorie beantwortet.

Erkenntnistheorie: Eines der größten Rätsel menschlicher Erkenntnis ist die deutliche Diskrepanz zwischen der Zuverlässigkeit unseres Wissens und dem bruchstückhaften Charakter unserer Erfahrung. Wie ist diese Kluft zu überbrücken?

> Wie kommt es, daß menschliche Wesen, deren Beziehungen zur Welt doch kurz, persönlich und beschränkt sind, dennoch imstande sind, so viel zu wissen, wie sie wirklich wissen? (Russell, 1952, 5)

Dies ist nur verständlich, wenn man zugibt, daß das Gehirn bereits mit einem großen Bestand an „Vorwissen" darangeht, die Erfahrungseindrücke zu ordnen und zu erklären. Dieses Vorwissen ist nach der evolutionären Erkenntnistheorie in der Jahrmillionen dauernden Evolution des Menschen erworben und getestet worden.

Verhaltensforschung: Die Arbeiten der Verhaltensforschung geben heute den Begriffen „Instinkt" und „angeboren" eine theoretisch fundierte und empirisch bedeutungsvolle Interpretation (vgl. S. 91 ff.). Wir wissen, daß nicht nur Organe, also anatomische und physiologische Strukturen, genetisch bedingt sind, sondern daß auch Verhaltensmuster vererbt werden. Auch die höheren Fähigkeiten der Tiere unterliegen der Vererbung. Sie können als Funktionen des Gehirns aufgefaßt werden. Es liegt nahe, auch die höchsten Leistungen des Menschen als Funktionen seines Gehirns anzusehen. Diese biologisch-physiologische Bedingtheit führt aber auch auf die Frage nach einer natürlichen Erklärung für diese Leistungen. Der Verhaltensforscher K. Lorenz hat diese Frage ganz im Sinne der evolutionären Erkenntnistheorie beantwortet.

Evolutionstheorie: Der Entwicklungsgedanke ist universell. Die Frage nach der Entstehung eines Objektes ist nicht nur in jedem Falle sinnvoll, sondern führt häufig auf ganz neue Gesichtspunkte. In C wurde das für viele Gebiete gezeigt. Kosmos, Galaxien, Sterne, Erde, Pflanzen, Tiere und Menschen unterliegen der Evolution. Es bedarf deshalb eher einer Begründung dafür, warum man das Prinzip der Evolution nicht auf die menschliche Erkenntnisfähigkeit anwenden sollte, als dafür, daß man es tut. Die evolutionäre Erkenntnistheorie ist somit eine direkte Folgerung der menschlichen Abstammungslehre.

Neurophysiologie: Sinnes- und Nervenphysiologie verweisen auf Zusammenhänge zwischen Bau und Funktion des Zentralnervensystems und den elementaren Strukturen des Erkennens. So kann man sich fragen, ob das Alles-oder-nichts-Gesetz der Nervenreizleitung für die Zweiwertigkeit unseres Denkens (den Satz vom ausgeschlossenen Dritten) verantwortlich gemacht werden muß. Die Konstanzleistungen der Wahrnehmung (S. 37) scheinen für den Objektbegriff konstitutiv zu sein. Unsere Raumanschauung wird mindestens teilweise durch die Tiefenkriterien der optischen Wahrnehmung (S. 49 ff.) und durch das dreidimensionale Labyrinth (Gleichgewichtsorgan im Innenohr) ermöglicht, die Anschauungsform der Zeit durch die sogenannten inneren Uhren, biologische Mechanismen, deren Natur noch nicht aufgeklärt ist, die aber zweifellos unser zeitliches Erleben bestimmen. Jeder Physiologe wird den Passungscharakter dieser erkenntniskonstitutiven Mechanismen bewundern und evolutionär zu erklären versuchen.

Sprachwissenschaft und Sprachphilosophie: Die moderne Linguistik diskutiert die Frage, ob es eine universelle Grammatik gibt, also fundamentale Strukturen, die alle Sprachen gemeinsam haben, und ob diese Strukturen genetisch bedingt (also angeboren) sind. Chomsky, der beide Fragen bejaht (vgl. S. 146 ff.), betont auch, daß diese sprachlichen Strukturen mit den allgemeinen Strukturen der Erkenntnis eng zusammenhängen oder sogar mit ihnen identisch sind. Damit entsteht aber auch die Frage nach der Herkunft aller dieser Strukturen.

Psychologie: Piaget und seine Schule haben sehr genau untersucht, welche kognitiven Stadien ein Kind in seiner Entwicklung durchmacht. Diese Entwicklungsstadien müssen zwar nicht den Evolutionsstadien der Menschheit entsprechen: Daß die Ontogenese die Phylogenese wiederholt (Haeckels biogenetisches Grundgesetz), ist nur ein heuristisches Prinzip. Aber die Frage nach dem Programm, dem diese Stadien folgen, führt unweigerlich in die Genetik, in die Evolutionstheorie und damit in die evolutionäre Erkenntnistheorie.

> Ich vermag nicht zu sehen, wie man sein [Piagets] Modell der Intelligenz akzeptieren kann, wenn man Intelligenz nicht als eine Verlängerung der organischen Entwicklung auffaßt. Ohne eine biologische Basis wird Piagets formallogisches Modell das, als was es vielen fälschlich erscheint: ein kaltes, artifizielles Schlußsystem ohne Bedeutung für das wirkliche sinnliche Leben. (Furth, 1972, 19)

Anthropologie: Während Anthropologie und Ethnologie früher mehr die Besonderheiten (die „Kuriosa") verschiedener Stämme und Völker untersuchten, geht es in der modernen Anthropologie auch um die allen Kulturen gemeinsamen Züge. Auch hier kann man wie in der Sprachwissenschaft und in anderen Gebieten von universellen Strukturen sprechen. Lévi-Strauss glaubt, daß diese Gemeinsamkeiten auf allgemeinen, aber verborgenen Gesetzen beruhen, die in die Strukturen der Sprache, der Verwandtschaftssysteme, der Mythen und Religionen, der Riten und der Kunst hineinreichen (vgl. S. 22f.). Diese Strukturen müssen angeboren sein und sich in der Evolution der menschlichen Psyche aufgeprägt haben. Die Frage, ob dieser Strukturalismus auch auf die allgemeinen Strukturen der Erkenntnis Anwendung findet, führt wieder in die evolutionäre Erkenntnistheorie.

Wissenschaftstheorie: Daß es sicheres Wissen gebe, wurde von der klassischen Philosophie bejaht, wird aber von der modernen Wissenschaftstheorie verneint. Alle Wissenschaft ist hypothetisch! Wenn es tatsächlich kein sicheres Wissen über die Welt gibt, warum sind dann unsere Theorien (Mediziner, Fernsehtechniker, Atombombenbauer) so „erfolgreich"? Weil in der Natur gewisse Bedingungen konstant (invariant) bleiben, denen sich die wissenschaftliche Beschreibung annähert, und weil in der Wissenschaft (im Gegensatz zur Philosophie) nur die Theorien überleben, die sich an der Erfahrung bewähren. Überträgt man diese Feststellungen auf die Erfahrungserkenntnis, die zwar bewußt, aber unkritisch ist, so muß offenbar ein anderer Mechanismus die Auslese der richtigen Erkenntnisse übernehmen. Das führt aber auf die natürliche Selektion und damit ebenfalls auf die evolutionäre Erkenntnistheorie.

Bei Berücksichtigung dieser großen Zahl von Zugängen ist wohl kaum eine andere Lösung all dieser Probleme denkbar. Daß die evolutionäre Erkenntnistheorie darauf eine Antwort liefern kann, zeigt noch einmal ihre externe Konsistenz und kann auch als Beweis für ihren Erklärungswert dienen.

Offene Probleme

In unserem Exkurs über die Bewertung wissenschaftlicher Theorien (Kap. E) haben wir den Erklärungswert einer Theorie als wesentlich für ihre Beurteilung bezeichnet. Aus einer Theorie mit Erklärungswert lassen sich auf logisch-deduktivem Wege Aussagen ableiten, die als richtig bekannt sind. Werden Tatsachen durch die Theorie vorausgesagt und anschließend erst bestätigt – um so besser für die Theorie. Prognostische Kraft ist somit zwar kein notwendiges, aber doch ein wichtiges Beurteilungskriterium.

Ähnlich ist die Fruchtbarkeit oder heuristische Kraft keine notwendige, aber eine sehr nützliche Eigenschaft. Eine Theorie kann (und soll) neue Fragen aufwerfen und zu neuen Forschungen und Experimenten anregen.

Manchmal gilt ja eine geeignete Fragestellung als wichtiger als später die richtige Antwort. Die neuen Ideen und Fragen können das gleiche wissenschaftliche Gebiet oder ein ganz anderes betreffen. Sogar falsche Theorien können fruchtbar sein und sind dies manchmal in besonderem Maße (vgl. S. 108), da Inkonsistenzen und Widersprüche auf konkrete Probleme aufmerksam machen und die wissenschaftliche Neugier und den intellektuellen Ehrgeiz ausgesprochen reizen.

Wir sind im Laufe unserer Untersuchungen an mehreren Stellen auf offene Fragen gestoßen. Diese vielen Hinweise auf weitere Probleme zeigen, daß die evolutionäre Erkenntnistheorie ganz unabhängig von ihrem Wahrheitsgehalt eine sehr fruchtbare Betrachtungsweise ist (und somit jedenfalls das Heuristikpostulat von S. 32 erfüllt). Zum Abschluß sollen diese und weitere Probleme noch einmal kontextunabhängig zusammengestellt werden. Die dabei vorgenommene Gruppierung will nicht Grenzen abstecken, sondern nur Schwerpunkte andeuten. Auch haben nicht alle diese Fragen gleiches Gewicht; aber gewiß ist jede von ihnen eine Untersuchung wert.

Schwerpunkt Wissenschaftsgeschichte

a) Geschichte des Evolutionsgedankens und seiner Auswirkung auf Philosophie und Wissenschaft: Dabei geht es nicht nur um den Evolutionsgedanken in der Biologie, sondern um die „Entdeckung der Zeit" als Dimension der Forschung überhaupt[125] (vgl. S. 57).

b) Geschichte des Apriori und der angeborenen Ideen: Der philosophiegeschichtliche Teil des Kapitels A konnte natürlich nur eine Andeutung dieser Problematik vermitteln. Dazu gehört auch die Geschichte der biologischen Interpretation des *Apriori,* insbesondere der Kantischen synthetischen Urteile a priori.[126]

c) Entanthropomorphisierung unseres Weltbildes: Gelegentlich und besonders im Zusammenhang mit Kopernikus oder Darwin wird erwähnt, daß der Erkenntnisfortschritt in einer Objektivierung und Entanthropomorphisierung unseres Weltbildes besteht. Diese Tatsache wird durch die evolutionäre Erkenntnistheorie präzisiert und erklärt (vgl. S. 165 ff.). Die Wissenschaftsgeschichte sollte unter diesem Aspekt einmal systematisch untersucht werden.

Schwerpunkt Psychologie

d) Die konstruktive Leistung unserer Erkenntnisstrukturen: An Farbenkreis, Tiefen- und Gestaltwahrnehmung haben wir gesehen, daß den subjektiven Wahrnehmungsstrukturen erkenntniskonstitutive Bedeutung zukommt (vgl. S. 45 ff.). Diese Rolle sollte auch für andere Wahrnehmungsformen und andere Erkenntnisarten untersucht werden. Dabei wird insbesondere die *kausale Theorie der Wahrnehmung* (vgl. das Wechselwirkungspostulat S. 31) präzisiert werden müssen.[127]

e) Die psychophysischen Korrelate: Das Kapitel „Bewußtsein und Gehirn" (S. 86–90) gibt eine knappe Übersicht über viele solcher Beziehungen. In den gleichen Zusammenhang gehören auch die auf S. 182 angedeuteten neurophysiologischen Probleme zur Raum- und Zeitanschauung. Schon jetzt ist darüber sehr viel mehr bekannt. Eine vollständigere Sachinformation ist aber unbedingte Voraussetzung für jede Beschäftigung mit dem *Leib-Seele-Problem.* – Entsprechend dem Gehirnfunktionspostulat (S. 31) wird die evolutionäre Erkenntnistheorie dabei nicht nur das psychophysische Axiom, sondern sogar die Identitätsthese stützen.[128]

f) Angeborene Strukturen der Erkenntnis: Solche Strukturen wurden für Farb-, Raum- und Gestaltwahrnehmung nachgewiesen (vgl. S. 93f.). Die evolutionäre Erkenntnistheorie behauptet aber, daß nicht nur Wahrnehmungs-, sondern auch allgemeinere Strukturen der Erkenntnis angeboren sein sollten.[129] Hier liegt also ein wichtiges Feld *empirischer Prüfbarkeit* (vgl. S. 115f.).

g) Die Rolle von Wahrnehmung und Intuition für die wissenschaftliche Erkenntnis: Obwohl Anschaulichkeit kein Kriterium für die Richtigkeit einer Theorie ist, spielt sie doch für das Entdecken oder Vermuten von Zusammenhängen eine unverzichtbare Rolle. Hier sind insbesondere von der Gestaltpsychologie noch fruchtbare Ansätze zu erwarten.[130]

Schwerpunkt Erkenntnistheorie

h) Geometrie und Erfahrung oder das Raumproblem: Die Unterscheidung zwischen realem Raum, Anschauungsraum, psychologischen und abstrakten mathematischen Räumen (vgl. S. 12) erfährt durch die evolutionäre Erkenntnistheorie eine tiefere Interpretation und Begründung: Wir besitzen einen angeborenen, an reale Verhältnisse angepaßten Weltbildapparat. Dieser Apparat ermöglicht und beschränkt zugleich unsere Raumerfassung; er bestimmt, was *anschaulich* ist. Im Mikro- und Megabereich kann die räumliche Struktur der Welt von der des Anschauungsraumes abweichen.[131]

i) Die Wechselbeziehung von Erkenntnis und Erkenntnistheorie: Diese Beziehung sollte nicht nur historisch, sondern auch systematisch untersucht werden.[132] Wir haben einerseits die Erkenntnistheorie (auf S. 112) als Metadisziplin charakterisiert, andererseits betont (z. B. S. 2f., 114), daß auch die einzelwissenschaftliche Erkenntnis wesentliche Beiträge zur Erkenntnistheorie zu leisten hat. Insbesondere müssen Erkenntnis und Erkenntnistheorie miteinander konsistent sein. Dieses Wechselspiel wird man am besten als eine Art *Regelkreis* beschreiben.

j) Ausbau der evolutionären Erkenntnistheorie zu einer vollständigen Theorie: Unsere Darstellung bietet einen Überblick über die Grundgedanken, die Hauptargumente und die wichtigsten Implikationen der evolutionären Erkenntnistheorie. Der dabei gewonnene Rahmen sollte durch eine präzise Theorie ausgefüllt werden.[133] Dazu gehören vor allem die Erarbeitung eines biologisch und psychologisch untermauerten Kategoriensystems menschlicher Erfahrung (S. 130), die Trennung der objektiven und subjektiven Erkenntnisstrukturen (S. 125), eine Präzisierung des Begriffs „partielle Isomorphie" (S. 119), die Formulierung empirisch prüfbarer Hypothesen über die angeborenen Erkenntnisstrukturen (S. 115f.) und von Hypothesen über ihre phylogenetische Entwicklung.

k) *Projektive Erkenntnistheorie:* Auf S. 122 bis 126 haben wir die Umrisse einer projektiven Erkenntnistheorie gezeichnet, die auf dem hypothetischen Realismus beruht und vor allem mit den Ergebnissen der modernen Physik konsistent ist. Eine solche Theorie wird auch auf die Rolle der *theoretischen* Begriffe in der Wissenschaft eingehen[134] (S. 155). Da sie das Verhältnis von Erkenntnis und Wirklichkeit statisch beschreibt, ist sie von der evolutionären Erkenntnistheorie grundsätzlich unabhängig; sie läßt sich durch letztere aber sehr gut begründen.

Die projektive Erkenntnistheorie wird dabei vor allem ihr Verhältnis zum *Operationalismus* und zum *Konventionalismus* bestimmen müssen (vgl. S. 16f., 156).

l) *Evolutionäre Erkenntnistheorie und Transzendentalphilosophie*[135]: Für den Vertreter der evolutionären Erkenntnistheorie beruht der Standpunkt des Transzendentalphilosophen auf einer unkritischen Identifizierung von Erfahrung und theoretischer Erkenntnis (vgl. S. 41, 121, 130). Umgekehrt wird der Transzendentalphilosoph die evolutionäre Erkenntnistheorie als nicht radikal genug, als inkonsistent oder als Zirkelschluß zu kritisieren versuchen. Die beiden Standpunkte sollten in ihren wechselseitigen Beziehungen präzisiert werden. Hierbei ist die Klärung der Fragestellung in h) eine wesentliche Voraussetzung und Stütze für den hypothetisch-realistischen und den evolutionären Standpunkt.

Schwerpunkt Wissenschaftstheorie

m) *Voraussetzungen wissenschaftlicher Erkenntnis:* Die auf S. 28 bis 34 zusammengestellten Postulate sind ein Versuch, solche Voraussetzungen explizit zu formulieren. Sie sollten weiter verschärft und auf ihre Konsistenz und Allgemeingültigkeit geprüft werden.[136]

n) *Die Semantik der Wirklichkeitswissenschaften:* Die Fragen der Deutung oder Bedeutung wissenschaftlicher Begriffe (außerhalb der Mathematik) sind noch ganz unzureichend geklärt. Dazu gehören auch die Beziehung des mathematischen Formalismus zur Empirie oder die Frage, warum die Mathematik überhaupt auf die Welt paßt.[137]

o) *Beziehungen zwischen der Evolution der Erkenntnisfähigkeit, der kognitiven Entwicklung des Individuums und der Evolution der Wissenschaft:* Auf solche Zusammenhänge wurde auf S. 173 hingewiesen. Einige mögliche Fragen sind[138]:

Wie weit geht die Analogie zwischen der Wahrnehmung und dem Prozeß wissenschaftlicher Welterforschung? Analog sind z. B. die wahrnehmungspsychologischen Fehlleistungen und das Versagen von Theorien; analog sind auch die Konstanzleistungen der Wahrnehmung und die Invariantenbildung (die Suche nach dem Absoluten) in der Wissenschaft.

Wie verhält sich das individuelle Lernen zum wissenschaftlichen Vorgehen? Eine große Rolle spielt in beiden Bereichen die menschliche Neugier; ein Unterschied besteht aber darin, daß der Informationsgewinn der Wissenschaft kumulativ ist, während jedes Individuum „von vorne" anfangen muß.

Kann man die Evolution der Wissenschaft mit der biologischen Evolution vergleichen? Gibt es z. B. „Mutationen" und „Selektion" bei wissenschaftlichen Hypothesen und Theorien? Wie werden falsche Hypothesen durch andere ersetzt? Geschieht das durch Umdenken oder durch Aussterben ihrer Anhänger?

Welche Strukturen haben die drei angegebenen Methoden des Informationsgewinns gemeinsam? In Frage kommen z. B. der Hypothesecharakter des Wissens, die Tendenz zur Objektivierung oder das Lernen durch Versuch und Irrtum.

p) Voraussetzungen des Entstehens neuzeitlicher Wissenschaft: Dieses Problem ist Gegenstand vieler ausgezeichneter Studien; es gehört sozusagen zum Repertoire jedes Kulturhistorikers (vgl. S. 122). Es sollte aber auch unter dem Gesichtspunkt der evolutionären Erkenntnistheorie beleuchtet werden: Welche biologischen und psychologischen Faktoren bedingen das Entstehen und Wachsen wissenschaftlicher Erkenntnis?

Schwerpunkt Linguistik und Sprachphilosophie

q) Das Problem der sprachlichen Universalien: Dabei muß nicht nur geklärt werden, ob es Strukturen gibt, die allen Sprachen gemeinsam sind, sondern auch, ob diese Strukturen durch einen angeborenen Spracherwerbs-Mechanismus bedingt sind, wie Chomsky behauptet (S. 146). Wünschenswert wäre dazu zunächst einmal eine Gegenüberstellung der Argumente für und gegen die Hypothese von den „angeborenen Ideen" in der Sprachphilosophie. Gleichzeitig muß diese Hypothese noch wesentlich präzisiert werden.

r) Die Evolution der Sprache und der Sprachfähigkeit: Dieses Problem läßt sich zwar leicht formulieren; es scheint aber noch nicht klar zu sein, wie man konkret zu einer Lösung kommen könnte (vgl. das Kap. „Die Evolution der Sprache", S. 150–152). Die hier auftauchenden Fragen sind analog zu denen einer Evolution der Erkenntnisfähigkeit (j) und können möglicherweise nur gemeinsam mit diesen behandelt werden.

s) Sprachwissenschaft und Semiotik: Stellt man verschiedene Kommunikationssysteme (z. B. Bienensprache, Wortsprache, Morsealphabet) nebeneinander, so leuchtet es ein, daß es eine Disziplin geben kann (oder muß), die solche Zeichensysteme vergleichend untersucht, um zu allgemeinen Aussagen über die möglichen sprachlichen Strukturen und über die psychologischen und sozialen Probleme des Zeichengebrauchs zu kommen. Diese Metawissenschaft zu den verschiedenen Zeichensystemen ist die *Semiotik* (mit den Teildisziplinen Syntaktik, Semantik, Pragmatik). Die Beziehungen zwischen Sprachwissenschaft, Semiotik und Erkenntnistheorie müssen noch eingehend untersucht werden.[139]

t) Die erkenntniskonstitutive Leistung der Sprache: Daß die Sprache eine der Komponenten ist, welche die Erkenntnis beeinflussen, wird allgemein anerkannt (vgl. S. 144, 146). Welches Gewicht ihr in dieser Rolle zukommt, ist zwar Gegenstand vieler Diskussionen, nicht aber verbindlicher Antworten. Auch hier dürfte die Semiotik das entscheidende Bindeglied zwischen Sprachwissenschaft und Erkenntnistheorie werden.

Die meisten dieser Fragen sind wesentlich interdisziplinär. Das macht sie zwar besonders interessant, erschwert aber auch ihre Beantwortung. Es wäre erfreulich, wenn dieses Buch einige Forscher dazu anregen könnte, die angeschnittenen Probleme allein oder in Zusammenarbeit mit anderen Wissenschaftlern zu bearbeiten und – noch besser – zu lösen.

Zusammenfassung

Ein Grundproblem der Erkenntnistheorie ist die Erkennbarkeit der Welt. Nicht nur, ob und wie wir die Welt erkennen, muß untersucht werden, sondern vor allem, wieso wir sie erkennen *können*. Die übliche Antwort, „weil Realkategorien und Erkenntniskategorien (wenigstens teilweise) übereinstimmen", ist zwar einleuchtend, aber nicht vollständig, weil wir für eben diese Übereinstimmung eine Begründung suchen.

Eine Lösung des Problems läßt sich geben, wenn man gewisse Ausgangsthesen akzeptiert, die zugleich Grundpostulate wissenschaftlicher Erkenntnis überhaupt zu sein scheinen: Hypothesecharakter aller Wirklichkeitserkenntnis; Existenz einer bewußtseinsunabhängigen, strukturierten und zusammenhängenden Welt; teilweise Erkennbarkeit und Erklärbarkeit dieser realen Welt durch Wahrnehmung, Denken und eine intersubjektive Wissenschaft (hypothetischer Realismus). Diese Postulate lassen sich nicht beweisen; aber es gibt Argumente, die sie plausibel machen. Akzeptiert man ferner die Evolutionstheorie und ihre Anwendbarkeit auf den Menschen, so folgt:

Organe und Verhalten eines jeden Lebewesens dienen seiner Auseinandersetzung mit der Umwelt. Insbesondere kann das Gehirn als ein Organ zur Verarbeitung von Reizen und zur Steuerung physiologischer und psychologischer Vorgänge, vor allem zur Erkenntnisgewinnung, angesehen werden. Seine Strukturen unterliegen dann – soweit sie genetisch bedingt sind – der biologischen Evolution. Mutation und Selektion erzwingen dabei eine Anpassung der Erkenntnisstrukturen an die realen Strukturen. Die dabei entstehende partielle Isomorphie erstreckt sich vor allem auf die grundlegenden und konstanten Umweltbedingungen, wenn sie zum Überleben wichtig sind. Die Anpassung braucht allerdings nicht ideal zu sein. Daraus erklären sich zwanglos die Leistungen und Beschränkungen unseres Erkenntnisapparates.

Diese These von der Evolution der Erkenntnisfähigkeit („evolutionäre Erkenntnistheorie") stützt sich auf zahlreiche Ergebnisse moderner wissenschaftlicher Forschung. Nicht nur die Evolutionstheorie ist dafür relevant, sondern auch Genetik und Molekularbiologie, Sinnes- und Hirnphysiologie, Verhaltensforschung und Psychologie, Sprachwissenschaft und Anthropologie, Erkenntnis- und Wissenschaftstheorie.

Andererseits ist sie geeignet, zahlreiche philosophische Fragestellungen in neuer Perspektive erscheinen zu lassen. Sie führt zu einer wichtigen erkenntnistheoretischen Position, nach der wir nicht nur über uns selbst, sondern auch über die Welt (das Ding an sich) etwas erfahren können, so daß objektive Erkenntnis möglich ist.

Sie dient der Diskussion der synthetisch-apriorischen Urteile. Der menschliche Geist ist bei Geburt keine strukturlose tabula rasa. Gewisse Erkenntnisstrukturen sind angeboren und insofern a priori und erfahrungskonstitutiv; sie sind aber phylogenetisch erworben und somit letztlich a posteriori. Rationalismus und Empirismus bilden jedenfalls nicht den absoluten Gegensatz, in den sie so oft projiziert werden. In diesen Fragen geht die evolutionäre Erkenntnistheorie über Kant hinaus und ermöglicht eine Revision der Transzendentalphilosophie.

Auch die Sprachfähigkeit ist ein Ergebnis der Evolution, woraus sich die Vorzüge und Grenzen der Sprache erklären. Sie ist weder ein bloßes Instrument der Informationsübertragung noch „das Haus des Seins"; Sprache und Erkenntnis stehen in einer Wechselbeziehung, in der sie sich gegenseitig bedingen und modifizieren.

Schließlich weist die evolutionäre Erkenntnistheorie darauf hin, daß unsere Erkenntnisfähigkeit nur der „Welt der mittleren Dimensionen" angepaßt ist, an der sie sich in der Evolution bewähren mußte. Diese Tatsache macht Erkenntniskritik notwendig und sinnvoll und beleuchtet die erkenntniserweiternde Rolle der Wissenschaft. Die Objekte wissenschaftlicher Erkenntnis liegen zum Teil außerhalb der Makrowelt, und wir können nicht erwarten, daß die Strukturen und Begriffe unserer gewöhnlichen Erfahrung dort noch anwendbar sind.

Die evolutionäre Erkenntnistheorie nimmt somit den Menschen in einer echten kopernikanischen Wendung aus seiner zentralen Stellung heraus und macht ihn zu einem Beobachter kosmischen Geschehens – das ihn einschließt. Als Beobachter ist er freilich keineswegs neutral, sondern voller „konstruktiver Vorurteile", d. h. angeborener Erkenntnisstrukturen. Indem die Wissenschaft eine Objektivierung der Erkenntnis anstrebt, leistet sie also zugleich eine Entanthropomorphisierung.

Die evolutionäre Erkenntnistheorie ist selbst ein Schritt auf diesem Wege.

Anmerkungen

Die Anmerkungen enthalten neben Textergänzungen Hinweise auf einführende und weiterführende Literatur. Dabei ist das Jahr der Originalausgabe (vor allem bei übersetzten Werken) in Klammern angegeben.

Abkürzungen:
BI = Bibliographisches Institut. Mannheim
dtv = Deutscher Taschenbuch-Verlag. München
rde = Rowohlts Deutsche Enzyklopädie. Rowohlt. Reinbek bei Hamburg
TB = Taschenbuch
UP = University Press
WB = Wissenschaftliche Buchgesellschaft. Darmstadt

1 Vgl. Schlick, M.: Raum und Zeit in der gegenwärtigen Physik. Berlin 1917. – Cassirer, E.: Zur Einsteinschen Relativitätstheorie, erkenntnistheoretische Betrachtungen. Berlin 1921. – Carnap, R.: Der Raum. Kantstudien 27 (1922), Ergänzungsheft. – Zum Raumproblem vgl. ferner Poincaré, 1914, Teil II. – Reichenbach, 1928. – Jammer, M.: Das Problem des Raumes. WB 1960 (1954). – Grünbaum, A.: Philosophical problems of space and time. 2. Auflage. Reidel. Dordrecht 1973 (1963).

2 Zur Metamathematik vgl. Lorenzen, P.: Metamathematik. BI 1962. – Stegmüller, W.: Unvollständigkeit und Unentscheidbarkeit. Springer. Wien, New York. 3. Auflage 1973 (1959). – Der Begriff „Metamathematik" findet sich schon 1878 bei Helmholtz (1968, 61).

3 Die Bezeichnung „Strukturwissenschaft" findet sich u. a. bei v. Weizsäcker, 1971, 22. – Kraft nennt die Mathematik eine Ordnungswissenschaft, Piaget (1974, 50) eine Implikationswissenschaft. – Am Wandel der Mathematik-Definition lassen sich wichtige Teile der Mathematikgeschichte ablesen.

4 Die Literatur zu den philosophischen Problemen der modernen Physik ist nahezu unübersehbar. An wichtigen deutschsprachigen Werken seien genannt:
Bavink, 1949. – Bohr, N.: Atomphysik und menschliche Erkenntnis. Vieweg. Braunschweig I 1958, II 1966. – Born, M.: Physik im Wandel meiner Zeit. Vieweg. Braunschweig 1966 (1957). – Bridgman, 1932. – Büchel, W.: Philosophische Probleme der Physik. Herder. Freiburg 1965.
Carnap, 1969. – Cassirer, E.: Zur modernen Physik. WB 1972 ($\triangleq$ Zur Einsteinschen Relativitätstheorie, 1921. + Determinismus und Indeterminismus in der modernen Physik, 1936).
Duhem, P.: Ziel und Struktur der physikalischen Theorien. Meiner. Hamburg 1978 (La théorie physique: son objet, sa structure, 1905).
Eddington, A. S.: Das Weltbild der Physik. Vieweg. Braunschweig 1931. Ders.: 1949.
Gorgé, V.: Philosophie und Physik. Duncker & Humblot. Berlin 1960.
Heisenberg, W.: Das Naturbild der heutigen Physik. rde 1955. – Ders.: 1973. – Ders.: Physik und Philosophie. Hirzel. Stuttgart 1974 (1959).
Jeans, J.: Physik und Philosophie. Rascher. Zürich 1944 (1943). – Juhos, B.: Die erkenntnislogischen Grundlagen der mod. Physik. Duncker & Humblot. Berlin 1967.

March, A.: Die physikalische Erkenntnis und ihre Grenzen. Vieweg. Braunschweig 1964. – Ders.: Das neue Denken der modernen Physik, rde 1957. – Mittelstaedt, P.: Die Sprache der Physik. BI 1972. – Ders.: Philosophische Probleme der modernen Physik. BI 1972 (1963).
Pauli, W.: Aufsätze und Vorträge über Physik und Erkenntnistheorie. Vieweg. Braunschweig 1961. – Planck, 1970.
Reichenbach, 1928. – Ders.: Der Aufstieg der wissenschaftlichen Philosophie. Vieweg. Braunschweig 1968 (1951).
Schrödinger, E.: Was ist ein Naturgesetz? Oldenbourg. München, Wien 1962.
Weizsäcker, C. F. v.: Zum Weltbild der Physik. Hirzel. Stuttgart 1970 (1943). – Ders.: 1971. – Weyl, H.: Philosophie der Mathematik und Naturwissenschaft. Oldenbourg. München 1966 (1928).

5 Die wichtigsten Werke Machs sind: Die Geschichte und die Wurzel des Satzes von der Erhaltung der Arbeit. Calve. Prag 1872. – Mach, 1973. – Die Prinzipien der Wärmelehre historisch-kritisch entwickelt. Barth. Leipzig 1896. – Erkenntnis und Irrtum – Skizzen zur Psychologie der Forschung. WB 1968 (1905).
Über Mach vgl. Heller, K. D.: Ernst Mach – Wegbereiter der modernen Physik. Springer 1964. – Bradley, J.: Machs Philosophie der Naturwissenschaft. Hirzel. Stuttgart 1974 (Mach's philosophy of science, 1971). – Zur Kritik z. B. Bunge, M.: Machs Beitrag zur Grundlegung der Mechanik. Philosophia Naturalis *11* (1969) 189–203. – Cohen, R. S. / Seeger, R. J. (Hrsg.): Ernst Mach, physicist and philosopher. Boston Studies in the Philosophy of Science. Reidel. Dordrecht 1970.

6 Die wissenschaftstheoretischen Hauptwerke Poincarés sind: Poincaré, 1914. – Der Wert der Wissenschaft. Teubner. Leipzig 1906 (1905). – Wissenschaft und Methode. WB 1973 (1908). – Letzte Gedanken, 1913 (1912).

7 Zur *konstruktiven Logik* vgl. Lorenzen, P.: Methodisches Denken. Suhrkamp. Frankfurt 1974 (1969). – Kamlah, W./Lorenzen, P.: Logische Propädeutik. BI 1967. – Lorenzen, P./Schwemmer, O.: Konstruktive Logik, Ethik und Wissenschaftstheorie. BI 1973. – Lorenzen, P. (Hrsg.): Dialogische Logik. WB 1975.

8 Hierzu vor allem Helmholtz, H. v.: Die Tatsachen in der Wahrnehmung. WB 1969 (1878). – Eine Würdigung von Helmholtz' Zeichentheorie vom Standpunkt des heutigen dialektischen Materialismus enthält der Sammelband Hörz, H./Wollgast, S. (Hrsg.): Helmholtz – philosophische Vorträge und Aufsätze. Akademie-Verlag. Berlin 1971.

9 Z. B. Jung, C. G.: Instinkt und Unbewußtes. In: Über die Energetik der Seele. 1928, 185–199. – Seifert, 1965. – Eine kritische Auseinandersetzung bietet Balmer, H. H.: Die Archetypentheorie von C. G. Jung. Springer. Berlin, Heidelberg, New York 1972.

10 Zum *Strukturalismus* vgl. z. B. Schiwy, G.: Der französische Strukturalismus. rde 1969 (mit Literatur). – Ders.: Neue Aspekte des Strukturalismus. dtv 1973. – Jaeggi, U.: Ordnung und Chaos. Frankfurt 1968.

11 Vgl. Lévi-Strauss, C.: Le triangle culinaire. In: L'Arc *26* (1965) 19–29. – Ferner 1971, 100ff. – Obwohl die Argumentation von Lévi-Strauss nicht immer überzeugt, handelt es sich beim kulinarischen Dreieck nicht nur um einen akademischen Scherz. Tatsächlich hat er zeigen können, daß Einteilung und Zubereitung der Nahrungsmittel überall sorgfältig strukturiert sind. Dazu Leach, 1971, 30–38.

12 Vgl. Weisgerber, L.: Die Zusammenhänge zwischen Muttersprache, Denken und Handeln. Z. f. dt. Bildung *6* (1930). – Ders.: Vom Weltbild der deutschen Sprache (zwei Bände). Schwann. Düsseldorf 1953/54. – Ders.: Grundformen sprachlicher Weltgestaltung. Köln, Opladen 1963. – Ders.: Die sprachliche Gestaltung der Welt. Schwann. Düsseldorf 1962.

13 Dazu Chomsky, 1970, 58, 76 f., 87 f., 96. Das *A-über-A-Prinzip* lautet: Wenn eine Transformationsregel sich auf ein Satzglied vom Typ A bezieht und wenn die Kette von Elementen, auf die die Regel anzuwenden ist, zwei solche Satzglieder enthält, von denen eines in das andere eingeschlossen ist, dann operiert die Regel nur über dem größeren der beiden Satzglieder. (Nach Lyons, 1971, 127)

14 Nach Albert, H.: Traktat über kritische Vernunft. Mohr. Tübingen 1968, 13.

15 Eine kritische Diskussion bietet Stegmüller, W.: Der sogenannte Zirkel des Verstehens. WB 1974. – Ders.: 1969, 360–375.

16 Vgl. Boschke, 1972, 127 ff., 150. – Rensch, 1968, 116 f. – Wieland/Pfleiderer, 1967, 225–236. – Bogen, 1972, 92–104.

17 Ähnlich schreibt Lorenz, 1943, 237: Vor allem lassen sich auch die Leistungen der höchsten menschlichen Geistesfunktionen ... als Organleistungen verstehen, die eine erfolgreiche Auseinandersetzung des Subjektes Mensch mit der außersubjektiven Wirklichkeit der an sich existierenden Außenwelt ermöglichen.
Zum Leib-Seele-Problem vgl. z. B. Feigl, H.: The „mental" and the „physical". In Feigl, H./Scriven, M./Maxwell, G.: Minnesota studies in the philosophy of science. Vol. II. Minnesota 1958. – Bertalantty, L. v.: The mind-body problem: A new view. Psychosomatic Medicine 24 (1964). – Ders.: Mind and body re-examined. J. Humanistic Psychology (1966). – Del-Negro, W. v.: Konvergenzen in der Gegenwartsphilosophie und die moderne Physik. Duncker & Humblot. Berlin 1970, 145–150.

18 Zum *Objektivitätspostulat* vgl. Sachsse, 1967, 52 ff. – Stegmüller, 1969a, 319 f. – Monod (1971, 30): Grundpfeiler der wissenschaftlichen Methode ist das Postulat der Objektivität der Natur. – Piaget (1974, 65 f.) macht darauf aufmerksam, daß Objektivität, obwohl natürlich das Ideal jeder Wissenschaft, an drei Bedingungen gebunden bleibe: Erstens sei Objektivität ein *Prozeß* und kein Zustand. Objektivität setze eine Kette aufeinanderfolgender, vielleicht nie abgeschlossener Approximationen voraus. Zweitens seien diese Annäherungen an das Objekt nicht einfach additiver Art, sondern mit einem wichtigen *Dezentrierungsprozeß* verbunden, nämlich mit der Befreiung von subjektiven Verhaftungen und Vorbegriffen. Drittens bestehe Objektivität nicht darin, daß ein Gegenstand in reinem oder „nacktem" Zustand erfaßt, sondern daß er *erklärt* oder wenigstens in einem logisch-mathematischen Rahmen beschrieben wird.

19 Ähnlich macht Schrödinger eine *Verständlichkeitsannahme*, M. Hartmann eine *Voraussetzung der Begreiflichkeit der Natur*.

20 Zur *Denkökonomie* vgl. Mach, 1910; 1973, 457–471. – Ein Prinzip der „sparsamsten Erklärung" formuliert bereits Morgan, L.: Introduction to comparative psychology. London 1894. – Über Minimal-Erklärungen spricht auch Holzkamp, K.: Sinnliche Erkenntnis. Fischer-Athenäum. Frankfurt 1973, 65. – Aus „Sparsamkeitsgründen" wendet sich Feigl gegen die Hypothese, daß die eigentliche Realität unerkannt bleibe.

21 Die Bezeichnung *hypothetischer Realismus* findet sich bei Campbell, 1959, 156, und bei Lorenz, 1959, 258; 1973, 18.

22 Zu den verschiedenen *Augenarten* vgl. dtv-Biologie, 1967, 344 f. – Simpson, G. G.: The meaning of evolution. Bantam Books. Toronto, New York, London 1971 (1949), 153 f. – Gregory, 1972, 24–33. – Zum Fernsehauge Wells, M.: Wunder primitiven Lebens. Fischer-TB 1973, 132–135.

23 Diese Zusammenstellung stammt aus Hollemann, A. F./Wiberg, E.: Lehrbuch der anorganischen Chemie. de Gruyter. Berlin 1960, 29 f. – Wiberg meint dazu, eine derartige Übereinstimmung der Untersuchungsergebnisse wäre undenkbar, wenn nicht den durch diese Methoden erfaßten Molekülen und Atomen eine objektive Realität zukäme.

24 Zur *Konvergenz der Forschung* vgl. Bavink, 1949, 264 ff. – v. Bertalanffy, 1955, 258. – Sachsse, 1967, 171 f. – Hartmann, M.: Die philosophischen Grundlagen der Naturwissenschaften. G. Fischer. Stuttgart 1959 (1948), Kap. 29.

25 Popper schlägt sogar vor, den Realismus als die *einzige* vernünftige Hypothese zu akzeptieren. Die Leugnung des Realismus komme dem Größenwahn gleich. (1973, 54)

26 Austeda, F.: Axiomatische Philosophie. Duncker & Humblot. Berlin 1962, 55

27 Eine Einteilung der Erkenntnisarten unter ganz anderem Gesichtspunkt gibt Piaget (1974, 101): Er unterscheidet die an Vererbungsmechanismen gebundenen (also angeborenen), die aus der Erfahrung gewonnenen (also erworbenen) und die durch Operationen konstruierten (also logisch-mathematischen) Erkenntnisse. Er unterteilt die Erkenntnisse also nach ihrer *Herkunft;* unsere Einteilung ist logisch-systematisch und entspricht eher einer Stufung oder Erkenntnis-*Hierarchie*. Die beiden Schemata lassen sich nicht aufeinander abbilden, sondern durchkreuzen sich.

28 Zum quantitativen Aspekt der Reizverarbeitung beim Menschen vgl. Steinbuch, 1971, 193–198. – Marfeld, 1973, 327. – Lorenz, 1963, 367 f.

29 Die Wortschöpfung *perspektiv* soll andeuten, daß es sich nicht nur um geometrische (also perspektivische) Effekte handelt, sondern um eine allgemeinere Art von Perspektive, für die auch der Bewegungs- oder Bewußtseinszustand des Subjekts eine Rolle spielen.

30 Zum Einfluß persönlicher Beziehungen auf die Wahrnehmung vgl. Wittreich, W. J.: Visual perception and personality. Sci. American. April 1959. – Zum Einfluß der Kunst auf unser „Weltbild" Foss, F.: Art as cognitive: Beyond scientific realism. Philosophy of Science 38 (1971) 234–250. – Zur Kulturabhängigkeit der Wahrnehmung Deregowski, J. B.: Pictorial perception and culture. Sci. American. Nov. 1972.

31 Uexküll, J. v.: Umwelt und Innenwelt der Tiere. Springer. Berlin 1920. – Uexküll, J. v./Kriszat, G.: Streifzüge durch die Umwelten von Tieren und Menschen/ Bedeutungslehre. S. Fischer. Frankfurt 1970 (1934). – Hier beeindrucken schon die Zeichnungen, die zeigen, wie derselbe Ausschnitt der Realität verschiedenen Tieren erscheint. Vgl. auch die Bezeichnung „selektiver Subjektivismus", die Eddington für seine erkenntnistheoretische Haltung gewählt hat (s. S. 16).

32 Diese Tatsache wird vom Welle-Teilchen-Dualismus nicht berührt: Wir charakterisieren hier zwar Teile des Spektrums durch ihre Wellenlänge λ, könnten aber ebensogut die Photonenenergie $E = hc/\lambda$ dazu verwenden.

33 Land, E.: Experiments on color vision. Sci. American. Mai 1959. – Gregory, 1972, 123–125.

34 Eine vergleichende Diskussion der älteren Farbtheorien bietet Hönl, 1954.

35 Gregory, R. L.: Visual Illusions. Sci. American. Nov. 1968. – Ders.: 1972, 227, 235. – Schober, H./Rentschler, J.: Das Bild als Schein der Wirklichkeit. Moos-Verlag. München 1972. – Sehr nett ist Lanners, E.: Illusionen. Bucher. Luzern, Frankfurt 1973. – Bemerkenswert sind auch die Zeichnungen von Escher, M. C.: Grafik und Zeichnungen. Moos-Verlag. München 1971, 74–76. – Über andere Fehlleistungen unserer Tiefenwahrnehmung berichten Ittelson, W. H./Kilpatrick, F. P.: Experiments in perception. Sci. American. Aug. 1951.

36 Rubin, E.: Z. Psychologie *103* (1927) 388ff. – Wallach, H.: The perception of motion. Sci. American. Juli 1959. – Weitere Beispiele und allgemeine Bemerkungen über Gestaltpsychologie bietet der gut lesbare Text Köhler, W.: Die Aufgabe der Gestaltpsychologie. de Gruyter. Berlin, New York 1971 (1969).

37 Mit doppeldeutigen Figuren beschäftigen sich Attreave, F.: Multistability in perception. Sci. American. Dez. 1971. – Gregory, 1972, 11 f. – Zur Figur-Hintergrund-Beziehung vgl. auch Eibl-Eibesfeldt, 1973, 57 f. – Für eine kritische Diskussion der Prägnanztendenz s. Lorenz, 1959, 286–289.

38 Einführungen in die *Kosmologie* bieten Unsöld, 1967. – Schatzman, E. L.: Die Grenzen der Unendlichkeit. Fischer-TB 1972. – In die *Kosmogonie:* Ducrocq, A.: Roman der Materie. Ullstein. Frankfurt 1965. – Alfvén, H.: Kosmologie und Antimaterie. Umschau-Verlag. Frankfurt 1967. – Gamow, 1970. – In die *Geschichte* der Kosmologie: Schmeidler, F.: Alte und moderne Kosmologie. Duncker & Humblot. Berlin 1962. – Sticker, B.: Bau und Bildung des Weltalls. Herder. Freiburg 1967. – Toulmin, S./Goodfield, J.: Modelle des Kosmos. Goldmann. München 1970.

39 Zur Entwicklung von *Galaxien* Arp, H. C.: The evolution of galaxies. Sci. American, Jan. 1963. – Haber, H.: Der offene Himmel. Rowohlt-TB 1971, 115–132. – Zur Entwicklung von *Sternen* Unsöld, 1967, 250–269. – Gamow, G.: A star called the Sun. Bantam 1970 (Viking 1964. Die deutsche Ausgabe: Geburt und Tod der Sonne Birkhäuser. Basel 1947 [1940] ist eine veraltete Fassung.) – Zur Entwicklung des *Planetensystems* Unsold, 1967, 316–321. – Gamow, G.: Erde – unser Planet. Ehrenwirth. München 1969 (1963), Kap. 3.

40 Die Entwicklung der *Erde* schildert sehr anschaulich Haber, H.: Unser blauer Planet. Rowohlt-TB 1967 (1965). – Zur Expansionshypothese vgl. außerdem Jordan, P.: Schwerkraft und Weltall. Vieweg. Braunschweig. 2. Auflage 1955, § 34. – Ders.: Die Expansion der Erde. Vieweg. Braunschweig 1966. – Neuere Bestätigungen der Kontinentalverschiebung diskutieren Artikel aus Sci. American vom April 1968, Okt. 1970, Nov. 1972, April 1974 und der Sammelband Wilson, J. T. (Hrsg.): Continents adrift. Freeman. San Francisco 1972.

41 Zur Entstehung des *Lebens* vgl. Rensch, 1968, 116–120. – Löbsack, T.: Die Biologie und der liebe Gott. dtv 1968, 53–64. – Eigen, 1971. – Bogen, 1972, Kap. 7. – Boschke, 1972. – Kaplan, R. W.: Der Ursprung des Lebens. dtv 1972. – Remane u. a., 1973, 201–217. – Rahmann, H.: Entstehung des Lebens. G. Fischer. Stuttgart 1972.

42 Zur Erläuterung dieser Begriffspaare vgl. Mayr, E.: Cause and effect in biology. Science *134* (1961) 1501–1506. – Rensch, B.: Die Evolution der Organismen in naturphilosophischer Sicht. Philosophia naturalis *6* (1961) 288–326, 294. – Nagel, E.: The structure of science. Routledge & Kegan Paul. London 1961, 428. – Simpson, 1963, 87; 1972, 29. – Dobzhansky, T.: On cartesian and darwinian aspects of biology. In Morgenbesser, S./Suppes, P./White, M.: Philosophy, science, and method. New York 1969, 165. – Jacob, F.: Die Logik des Lebenden. S. Fischer. Frankfurt 1972, 14–15. – Eingehende Kritik am „methodologischen Vitalismus" übt Bunge, 1973, 44–66.

43 Nach dtv-Biologie, 1967, 461–463. – Remane u. a., 1973, 138–149. – Sachsse, 1968, 206.

44 *Einwände* gegen die Evolutionstheorie diskutieren dtv-Biologie, 1967, 457. – Remane in Gadamer/Vogler 1, 1972, 301–306. – Die Geschwindigkeit der Evolution diskutieren Mayr, E.: Grundgedanken der Evolutionsbiologie. Die Naturwissenschaften *56* (1969) 392–397, 395f. – Lorenz, K.: Über die Entstehung von Mannigfaltigkeit. Die Naturwissenschaften *52* (1965) 319–329, 323. – Sachsse, 1968, 212–218. – Remane u. a., 1973, 83–95.

45 Einen authentischen Bericht bietet Medwedjew, S. A.: Der Fall Lyssenko. dtv 1974 (1969).

46 Zu den *direkten* Belegen der Mikroevolution s. Kap. VII (evolution experiments) von Eigen, 1971, 511–515. – Zu den *indirekten* Beweisen Lorenz, K.: Darwin hat recht gesehen. Neşke. Pfullingen 1965, 55–63. – dtv-Biologie, 1967, 470–477. – Remane u. a., 1973, 18–71.

47 Insbesondere ist die vergleichende Verhaltensforschung mit der Evolutionsforschung untrennbar verbunden. Hierzu vgl. Roe/Simpson, 1969, besonders in der vollständigen Originalausgabe die Beiträge 3, 7, 8, 15, 16, 18, 23. – Lorenz, K.: The evolution of behavior. Sci. American. Dez. 1958.

48 Nach Hassenstein, B.: Aspekte der „Freiheit" im Verhalten von Tieren. Universitas 1969, 1327.

49 Eibl-Eibesfeldt, I.: Grundriß der vergleichenden Verhaltensforschung. Piper. München, 3. Auflage 1972 (1967), 362.

50 Vgl. Rensch, 1962; 1965. – Ders.: Die höchsten Hirnleistungen der Tiere. Naturw. Rundschau *18* (1965) 91–101.

51 Ähnlich schreibt Max Hartmann: Es kann wohl nicht geleugnet werden, „daß die höheren Tiere etwas unserem Bewußtsein Ähnliches besitzen, wie immer verschieden es auch von diesem sein mag" (N. Hartmann). Allein schon die Tatsache der Deszendenz läßt uns um diese letztere Annahme nicht herumkommen. Derselbe Analogieschluß, der uns bei unseren Mitmenschen Bewußtseinsvorgänge vermuten läßt, ist auch für die Tiere statthaft. Denn die Manifestationen dieser vermuteten Bewußtseinsvorgänge sind von denen beim Menschen nicht der Art und Weise nach, sondern nur graduell verschieden. (Hartmann, M.: Gesammelte Vorträge und Aufsätze II. G. Fischer. Stuttgart 1956, 51).

52 Zu diesen Leistungen vgl. Rensch, 1962, 15. – Bezzel, E.: Verhaltensforschung. Kindler. München 1967, 115. – Hass, H.: Wir Menschen. Goldmann-TB 1969, 56.

53 Zu den verschiedenen Lernvorgängen vgl. dtv-Biologie, 1967, 401. – Tembrock, G.: Grundlagen der Tierpsychologie. Rowohlt-TB 1974 (1962), 151–201. – Lorenz, 1973, Kap. V., VI. – Eine ausführliche Behandlung bietet Foppa, K.: Lernen, Gedächtnis, Verhalten. Kiepenheuer & Witsch. Köln, Berlin 1965.

54 Zum unbenannten Denken: Koehler in Friedrich, H. (Hrsg.): Mensch und Tier. dtv 1968, 118ff. – Ders. in Altner, 1973, 253ff. – Gleitman, H.: Place-learning. Sci. American. Okt. 1963. – Zur Binärdarstellung Rensch, 1968, 160f. – dtv-Biologie, 1967, 410f.

55 Zur Bienensprache vgl. die leicht verständliche und ausgezeichnete Darstellung v. Frisch, 1969.

56 Über Delphinsagen und Delphinforschung berichtet anschaulich Alpers, A.: Delphine – Wunderkinder des Meeres. dtv 1966. – Über Delphinsprache: Dröscher, V. B.: Die freundliche Bestie. Rowohlt-TB 1974 (1968), 30–41. – Zu Lillys Versuchen s. Lilly, J. C.: Ein Delphin lernt Englisch. Rowohlt-TB 1971 (1967).

57 Über die Versuche, Schimpansen Zeichensprachen beizubringen, berichten: Ploog, 1972, 158ff. – Koehler in Altner, 1973, 259. – Gardner, R. A. und B. T.: Teaching sign language to a chimpanzee. Science *165* (1969) 664–672. – Premack, A. J. und D.: Teaching language to an ape. Sci. American. Okt. 1972. – Premack, D.: Sprache beim Schimpansen? in Schwidetzky, 1973, 91–131.

58 Untertitel von Heberer, G.: Moderne Anthropologie. Rowohlt-TB 1973 (≙ Homo – unsere Ab- und Zukunft, 1968). – Eine lebendige Darstellung der „Entdeckung des Menschen" bietet Wendt, H.: Ich suchte Adam. Rowohlt-TB 1965 (1953). – Von Heberer stammen auch: Der Ursprung des Menschen. G. Fischer. Stuttgart 1968; und ein kurzer, informativer Aufsatz: Die Evolution des Menschen, in Altner, 1973, 35–59. – Standardwerke sind Heberer, 1965. – Dobzhansky, T.: Die Entwicklung zum Menschen. Parey. Berlin, Hamburg 1958. – Über die neueren Funde in Afrika berichten auch Rensch, 1965. – Ardrey, R.: Adam kam aus Afrika. dtv 1969. – Querner, H.: Stammesgeschichte des Menschen. Urban-TB 1968.

59 Der Ausdruck „Protein-Taxonomie" wurde von Crick, einem der Entzifferer des genetischen Codes, geprägt. Vgl. auch: Ein molekularbiologischer Kalender der Evolution? in Wieland/Pfleiderer, 1967, 139–156. – v. Ditfurth, 1972, 167–178. – Remane u. a., 1973, 62–71. – Heberer in Altner, 1973, 35 f.

60 Gehlen, A.: Der Mensch – seine Natur und seine Stellung in der Welt. Athenäum. Bonn 1955 (1940), 35, 89. – Ders.: Anthropologische Forschung. rde 1961, 46. – Gehlen übernimmt diese Deutung (Mensch als Mängelwesen) von Herder, J. G.: Abhandlung über den Ursprung der Sprache. Reclam. Stuttgart 1969 (1772).

61 Vgl. Dobzhansky, 1965, Kap. 8. – Rensch, 1968, 59. – Simpson, 1972, 114 ff. – Schaefer/Novak, 1972, 28 f. – Wezler in Gadamer/Vogler 2, 1972, 335–382.

62 Vgl. Schaefer/Novak, 1972, 49: Zunächst erscheinen uns quantitative Differenzen [großen] Ausmaßes als qualitative Sprünge. Richtig argumentiert so im Rahmen der Biophysik der dialektische Materialismus. Wer einem Lernvorgang zusieht, der mit um 1 bis 2 Zehnerpotenzen höherer Geschwindigkeit erfolgt als ein anderer, dem wird es einleuchten, wenn man von einer „wesentlichen" Differenz in der Intelligenz dieser beiden Gehirne spricht. Unterschiede, die wir gemeinhin als qualitativ akzeptieren, sind letztlich auf quantitative Differenzen reduzierbar.

63 Auch Monod (1971, 161) bezeichnet die Entwicklung des Zentralnervensystems beim Menschen als sein stärkstes anatomisches Unterscheidungsmerkmal. Und Schaefer/Novak (1972, 52) meinen: Die unbezweifelbare menschliche Überlegenheit gegenüber allen Tieren beruht auf seiner Intelligenz.

64 Für die kulturelle Evolution deuten Rensch, 1965, 117–118, und Lorenz, 1973, Kap. IX., solche Versuche an.

65 Zur Wechselbeziehung zwischen Biologie und Kultur vgl. Dobzhansky, 1965, Kap. 1. – Montagu, A.: The human revolution. Bantam Books 1967 (1965), 81. – Alland, A.: Evolution und menschliches Verhalten. Fischer. Frankfurt 1970 (1967), Kap. 8 und 9. – Altner, 1973, Teil I. – Jorgensen, J. G. (Hrsg.): Biology and culture in modern perspective. Freeman. San Francisco 1972. – Osche, G.: Biologische und kulturelle Evolution – die zweifache Geschichte des Menschen und seine Sonderstellung. Verh. Ges. dt. Naturforscher und Ärzte 1972, 62–73.

66 Von Alkmaion selbst ist praktisch nichts überliefert. Die zitierten Sätze werden ihm von Platon und Hippokrates zugeschrieben. Vgl. Capelle, W.: Die Vorsokratiker. Kröner. Stuttgart 1963, 111.

67 Gray, G. W.: The great ravelled knot. Sci. American. Okt. 1948. – Luria, A. R.: The functional organization of the brain. Sci. American. März 1970. – Wezler in Gadamer/Vogler 2, 1972, 352. – Gregory, 1972, 63 f. – Marfeld, 1973, 152 f. – Studynka, 1974, 38 ff.

68 Über Gehirnwellen Walter, 1961. – Brazier, M. A. B.: The analysis of brain waves. Sci. American. Juni 1962. – Marfeld, 1973, 92–105. – Studynka, 1974, Kap. 3.

69 Hubel, D. H./Wiesel, T. N.: J. Physiology *148* (1959) 574–581. – Hubel, D. H.: The visual cortex of the brain. Sci. American. Juni 1962. – Michael, C. R.: Retinal processing of visual images. Sci. American. Mai 1969. – Gregory, 1972, 69–72.

70 Zu den Kühlexperimenten vgl. Schneider, F.: Naturw. Rundschau *18* (1965) 404. – Gerard, R. W.: What is memory? Sci. American. Sept. 1953. – Zur Engrammbildung Bogen, 1972, Kap. 5. – Agranoff, B. W.: Memory and protein synthesis. Sci. American. Juni 1967. – Pribram, K. H.: The neurophysiology of remembering. Sci. American. Jan. 1969. – Marfeld, 1973, 127 ff., 337 f. – Studynka, 1974, Kap. 5.

71 Zu den meisten dieser Themen geben ausführliche Diskussionen und Literaturangaben Frank, 1970. – Steinbuch, 1971. – Jungk, R./Mundt, H. J.: Maschinen wie Menschen. Fischer-TB 1973 (1968). – Zur Zeichenerkennung Steinbuch, K.: Maschinelle Intelligenz und Zeichenerkennung. Die Naturwissenschaften *58* (1971) 210–217. – Zum Problemlösen Nilsson, N.: Problem-solving methods in artificial intelligence. McGraw-Hill. New York 1971. – Zur Zielsetzung Minsky, M. L.: Artificial intelligence. Sci. American. Sept. 1966. – Kritische Bemerkungen bietet Taube, M.: Der Mythos der Denkmaschine. rde 1966.

72 Einen Aggressionstrieb vermuten die Verhaltensforscher Lorenz, K.: Das sogenannte Böse. dtv 1974 (1963). – Ardrey, R.: Adam und sein Revier. dtv 1972 (1966). – Eibl-Eibesfeldt, I.: Liebe und Haß. Piper. München 1970. – Ders. 1973. – Morris, D.: Der nackte Affe. Knaur-TB 1970 (1967). – Thorpe, W. H.: Der Mensch in der Evolution. Nymphenburger Verlagshandlung. München 1969 (1965). – Carthy, J. D./Ebling, F. J.: The natural history of aggression. Academic Press. London, New York 1964.
Kritik an diesen Thesen üben Plack, A.: Die Gesellschaft und das Böse. List. München 1967. – Ders. (Hrsg.): Der Mythos vom Aggressionstrieb. List. München 1974. – Montagu, A. (Hrsg.): Man und aggression. Oxford UP 1968. – Rattner, J.: Aggression und menschliche Natur. Fischer-TB 1972 (mit ausführlichem Literaturverzeichnis). – Schmidbauer, W.: Die sogenannte Aggression. Hoffmann und Campe. Hamburg 1972. – Ders.: Biologie und Ideologie – Kritik der Humanethologie. Hoffmann und Campe. Hamburg 1973. – Hacker, F.: Aggression. Rowohlt-TB 1973 (1971). – Alland, A.: Aggression und Kultur. S. Fischer. Frankfurt 1974 (1972). – Roth, G. (Hrsg.): Kritik der Verhaltensforschung – Konrad Lorenz und seine Schule. Beck. München 1974 (viel Literatur).
Einen kurzen Überblick gibt Michaelis, W.: Der Aggressions-„Trieb" im Streit der Zoologie und Psychologie. Naturw. Rundschau *27* (1974) 253–266. – Ausführlicher ist Denker, R.: Aufklärung über Aggression. Kohlhammer. Stuttgart 1971.

73 Rensch, B.: Ästhetische Grundprinzipien bei Mensch und Tier. In Altner, 1973, 265–286. – Fantz, R. L.: The origins of form perception. Sci. American. Mai 1961. – Hess, E. H.: Space perception in the chick. Sci. American. Juli 1956.

74 Zur Farbwahrnehmung Vernon, M. D.: The psychology of perception. Penguin. 1962, 99. – Zur Tiefenwahrnehmung Gibson, E. J./Walk, R. D.: The visual cliff. Sci. American. April 1960. – Gregory, 1972, 188, 203. – Zur Raumwahrnehmung Bower, T. G. R.: The visual world of infants. Sci. American. Dez. 1966. – Fantz, R. L.: The origin of form perception. Sci. American. Mai 1961. – Gregory, 1972, 200–203. – Weitere interessante Ergebnisse bieten Lorenz, K.: Das angeborene Erkennen. Natur und Volk *84* (1954) 285–295. – Eibl-Eibesfeldt, 1973, 46–64.

75 Vgl. Rensch, 1968, 182; Mohr, 1967, 52–55; und besonders Dobzhansky, 1965, Kap. 4, wo für weitere geistige Merkmale die Erblichkeit untersucht und bestätigt wird. – Eine gründliche Untersuchung der Begabungserblichkeit bietet Juda, A.:

Höchstbegabung. Urban & Schwarzenberg. München, Berlin 1953. – Die Tabelle ist nach Dobzhansky, 1965, 109 und dtv-Biologie, 1967, 431 zusammengestellt, die Punkte b, c, d nach Schwidetzky, 1959, 36.

76 Vgl. Burkhardt u. a., 1972, 26–30. – Dröscher, V. B.: Magie der Sinne im Tierreich. List. München 1968 (1966), 72–74. – Gamow, R. I./Harris, J. F.: The infrared receptors of snakes. Sci. American. Mai 1973.

77 Schrödinger, E.: Über den Ursprung der Empfindlichkeitskurven des Auges. Die Naturwissenschaften 45 (1924) 925–929.

78 Lorenz, 1954, 226 f.; 1973, 172 f. – Rensch, 1965, 102–104.

79 Diese Bezeichnung findet sich bei Campbell, 1974 (Evolutionary epistemology). – Ihn zitieren Shimony, 1971, 571; Popper, 1973, 81; Lorenz, 1973, 18, 30, 39.

80 Kriterien für Wissenschaftlichkeit behandeln fast alle Bücher über Wissenschaftstheorie, insbesondere Bunge, 1961, 129–137; 1967 II, 352–354; Sachsse, 1967, 45–57; Wohlgenannt, R.: Was ist Wissenschaft? Vieweg. Braunschweig 1969, Kap. 5 und 6; Stegmüller, 1970, 373.

81 Zu den im Text genannten Paradoxien vgl. Colerus, E.: Von Pythagoras bis Hilbert. Rowohlt-TB 1969 (1935), 30 ff. *(Zenon).* – Meschkowski, H.: Wahrscheinlichkeitsrechnung. BI 1968, 28 f. *(Bertrand).* – Herrmann, J.: dtv-Atlas zur Astronomie 1973, 204 f., und Fuchs, W. R.: Denkspiele vom Reißbrett. Knaur. München, Zürich 1972, 86–100 *(Olbers).* – Born, M.: Die Relativitätstheorie Einsteins. Springer. Berlin, Göttingen, Heidelberg 1964 (1920), 220–225, 305 f. *(Zwilling).* – Ballentine, L. E.: The statistical interpretation of quantum mechanics. Rev. Mod. Physics 42 (1970) 358–380, und Mittelstaedt, P.: Über das Einstein-Podolski-Rosen-Paradoxon. Z. Naturforschung 29a (1974) 539–548 *(EPR-Paradoxon;* für Physiker). – Fuchs, W. R.: Knaurs Buch der modernen Mathematik. Knaur-TB 1971 (1965), 155 ff. *(Russell).* – Stegmüller, W.: Das Wahrheitsproblem und die Idee der Semantik. Springer. Wien 1957 *(Lügner).*

82 Man kann leicht beweisen, daß A dann schon durch das Restsystem widerlegt wird, daß also nicht nur A, A_1, ... A_n →⌐ A gilt, wie vorausgesetzt, sondern sogar A_1, ... A_n →⌐ A. – Hierzu Maxwell in Colodny, 1970, 23.

83 Die erste Auffassung vertritt Schlick, M.: Gesammelte Aufsätze. Gerold. Wien 1938, 150: Die Bedeutung eines Satzes besteht in der Methode seiner Verifikation. Vgl. auch den Aufsatz „Meaning and verification" im selben Band. – Toleranter sind Carnap, R.: Testability and meaning. New Haven 1950. – Ayer, 1970, 48. – Zur Diskussion Stegmüller, 1970, 293–374.

84 Popper, 1973, 15: Ein empirisch-wissenschaftliches System muß an der Erfahrung scheitern können. – Zur Kritik am Falsifikationsprinzip Ayer, 1970, 47. – Bunge, 1967 II, 324. – Lay, R.: Grundzüge einer komplexen Wissenschaftstheorie I. Knecht, Frankfurt 1971.

85 Vgl. Bunge, 1961, 132 f.; 1967 II, Kap. 9 (explanation) und 10 (prediction). – Zum Begriff der wissenschaftlichen Erklärung Stegmüller, 1969, 72–153 (mit umfangreicher Literatur).

86 Zu dieser Frage ausführlich Bunge, 1961. – Ders.: The myth of simplicity. Prentice Hall. Englewood Cliffs (N. J.) 1963. – Hempel, C. G.: Philosophie der Naturwissenschaften. dtv 1974 (1966), 60 ff. – Stegmüller, 1970, 152 ff.

87 Dazu schreibt Tinbergen, N.: Instinktlehre. Parey. Berlin, Hamburg 1972 (1952), 196: Solange die Neurophysiologen ihre Aufmerksamkeit allein auf niedere

Stufen richteten, war tatsächlich der Abstand zwischen den Interessengebieten der Physiologie und Psychologie so groß, daß man die Existenz der Grenzschranke irgendwo im Niemandsland weder beweisen noch widerlegen konnte ... Die Ethologie hat mitteninne Fuß gefaßt: ihre tiefsten Stufen behandelt sie gemeinsam mit den Physiologen, auf ihren höchsten begegnet sie den Psychologen. Und eines der ersten Ergebnisse solchen Einanderfindens und Sichbegegnens ist die Erkenntnis, daß die besagte Schranke nicht existiert.

Ähnlich Koenig in Altner, 1973, 105: So nimmt die vergleichende Verhaltensforschung tatsächlich eine echte Verbindungsposition ein und zwingt dem in ihrem Bereich arbeitenden Forscher eine gewisse Vielseitigkeit auf, denn ohne Verständnis für zoologische Systematik, für Psychologie, Physiologie und Soziologie ist hier keine ernste Tätigkeit möglich. Sehr bald ergaben sich auch intensive Kontakte zur Ökologie.

88 W. Stegmüller, private Mitteilung. Weitere Bemerkungen zum Verhältnis von Erkenntnis- und Wissenschaftstheorie zu den Einzelwissenschaften bietet Stegmüller, 1973, 1–28.

89 Vgl. Kant, 1781, A XIII: Ich erkühne mich zu sagen, daß nicht eine einzige metaphysische Aufgabe sein müsse, die hier nicht aufgelöst oder zu deren Auflösung nicht wenigstens der Schlüssel dargereicht worden.
Wittgenstein, 1921, Vorwort: Dagegen scheint mir die *Wahrheit* der hier mitgeteilten Gedanken unantastbar und definitiv. Ich bin also der Meinung, die Probleme im wesentlichen endgültig gelöst zu haben.
Ayer, 1970, Vorwort: Ich behaupte, daß nichts im Wesen der Philosophie das Vorhandensein widerstreitender philosophischer „Schulen" rechtfertigt. Ich versuche, das dadurch zu erhärten, daß ich eine endgültige Lösung der Probleme gebe, die in der Vergangenheit die Hauptquelle der Kontroverse unter den Philosophen waren.

90 Piagets Bezeichnung *genetische Erkenntnistheorie* ist allerdings irreführend, da sie nichts mit Genetik zu tun hat, sondern nur mit der Genese, dem Werden der Erkenntnis beim Individuum, also mit ontogenetischer Entwicklung. Die Erweiterung auf phylogenetische Aspekte nimmt in Anlehnung an Lorenz erst Furth vor (vgl. das Zitat auf S. 182).

91 Zur Definition der *analytischen* Aussagen Ayer, 1970, 102. – Pap, A.: Analytische Erkenntnistheorie. Springer. Wien 1955, 194. – Scholz, 1969, 200, 420. – Kontradiktorische (logisch falsche) Sätze passen eigentlich weder zu den analytischen noch zu den synthetischen Sätzen. Damit jedoch das Paar analytisch-synthetisch eine vollständige Disjunktion bildet, werden die kontradiktorischen Aussagen zu den analytischen gerechnet. – Zur Definition der *empirischen* Aussagen Scholz, 1969, 198.

92 Die Existenz synthetischer Urteile a priori wird *behauptet* z. B. von Russell, 1967, 73; Scholz, 1969, 201; Delius, H.: Untersuchungen zur Problematik der sogenannten synthetischen Sätze a priori. Göttingen 1963. – Sie wird *bestritten* z. B. von Ayer, 1970, Kap. IV; Reichenbach, 1933, 624; Carnap, 1969, 183.

93 Scholz (1969, 198) meint sogar: Die Kantische „*Notwendigkeit*" ist etwas so Unbestimmtes, daß es angemessen sein wird, sie überhaupt nicht zur Konkurrenz zuzulassen.

94 Nach T. Settle in Bunge, M. (Hrsg.): Problems in the foundations of physics. Springer. Berlin, Heidelberg, New York 1971, 153.

95 Vgl. die drei Forderungen, die Popper an ein empirisches Theoriensystem stellt: Es muß synthetisch sein (eine nicht widerspruchsvolle, „mögliche" Welt darstellen); es muß dem Abgrenzungskriterium genügen, darf also nicht metaphysisch sein (es muß eine mögliche „Erfahrungswelt" darstellen); und es soll ein auf irgendeine Weise gegenüber anderen derartigen Systemen (als „unsere Erfahrungswelt" darstellend) ausgezeichnetes System sein. (Popper, K. R.: Logik der Forschung. Mohr. Tübingen 1971 [1934], 13.)

96 Ähnlich faßt Höffding Spencers Auffassung zusammen: Was a priori ist für das Individuum, ist es nicht für die Art. Denn jene Bedingungen und Formen des Erkennens und Fühlens, die im Individuum ursprünglich sind und deshalb nicht auf seiner Erfahrung beruhen, sind ihm von früheren Generationen vererbt worden. (Höffding, H.: A history of modern philosophy II. Dover. New York 1955 [1900], 475.)

97 Capelle, W.: Die Vorsokratiker. Kröner. Stuttgart 1963, 125 (fr. 34).

98 Nach Saussure, F. de: Grundfragen der allgemeinen Sprachwissenschaft. de Gruyter. Berlin 1967 (1916). – Martinet, 1968, Kap. 1. – Hockett, 1973, 139–143. – Unsere Tabelle enthält vor allem logische Merkmale. Eine Liste physiologischer und psychologischer Faktoren gibt Koehler, O.: Vorbedingungen und Vorstufen unserer Sprache bei Tieren. Verh. dt. Zool. Ges. in Tübingen, 1954, 327–341.

99 Sie sind allerdings nicht die *kleinsten* semantischen Einheiten. Der Linguist unterscheidet in „(er) liebt" noch lieb- und -t als letzte Bedeutungsträger (Martinet, 1968, 24) oder letzte grammatische Einheiten (Crystal, Palmer, Lyons).
Auch die Laute sind nicht die letzten Einheiten; sie können noch in sogenannte *distinktive Merkmale zerlegt* werden. /b/ ist z. B. charakterisiert durch die Merkmale: Verschlußlaut, Lippenlaut, stimmhaft. „Ganz allgemein können wir sagen: das Phonem ist ein Bündel von distinktiven Merkmalen." (Szemerenyi, O.: Einführung in die vergleichende Sprachwissenschaft. WB 1970, 24.)

100 Es ist wohl ein Paradebeispiel für Zweideutigkeit, daß beide Positionen Wittgensteins Tractatus zugeschrieben werden: der naive Standpunkt durch Stegmüller (1970, 15), der transzendentale durch Stenius (1969, 287 ff.). Immerhin sind sich beide Interpretationen darüber einig, daß für Wittgenstein Welt und Sprache in ihrer logischen Struktur und in ihren Grenzen miteinander übereinstimmen; die Auffassungen unterscheiden sich aber radikal darin, welche Instanz die andere bestimmt. Diese Divergenz ist wohl Wittgensteins philosophisch sehr eigenwilliger (und deshalb unklarer) Ausdrucksweise zuzuschreiben. Allerdings äußert sich Stegmüller an anderer Stelle (1969b, 554–559) auch im Sinne von Stenius.

101 Vgl. Whorf, 1963, 21; Henle, 1969; v. Weizsäcker, 1971, 84–92 (Über Sprachrelativismus); Penn, J. M.: Linguistic relativity versus innate ideas. Mouton. The Hague, Paris 1972; Gipper, 1972 (Gibt es ein sprachliches Relativitätsprinzip?); Albrecht, E.: Bestimmt die Sprache unser Weltbild? Marxistische Blätter. Frankfurt/M. 1972.

102 Daß es auch umgekehrt Sprache ohne Denken gebe, behauptet A. Hoppe in Steinbuch, K./Moser, S.: Philosophie und Kybernetik. Nymphenburger Verlagshandlung. München 1970, 57–78.

103 Über die kognitiven Leistungen gehörloser Kinder berichtet ausführlich Lenneberg, 1972, 436–443 (viel Literatur).

104 Zu ähnlichen Ergebnissen kommen Piaget und seine Mitarbeiter. Hierzu Furth, 1972, 157–190, mit einer Übersetzung des Vortrages von Piaget „Le langage et les opérations intellectuelles".

105 Eine allgemeine Einführung in die Sprachtheorie Chomskys bietet Lyons, 1971. – Darstellungen seiner sprachphilosophischen Ideen bieten Stegmüller, 1969b, 697–771. – Katz, 1971, 217–254.

106 Vgl. Stegmüller, 1969b, 702f. – Mit den Argumenten Chomskys haben sich Sprachwissenschaftler und Sprachphilosophen auseinandergesetzt, u. a. N. Goodman und H. Putnam in Beiträgen zu einem „Symposium on innate ideas". Sie sind abgedruckt in Synthese *17* (1967) 2–28; in Cohen/Wartofsky (Hrsg.): Boston Studies in the Philosophy of Science III. Humanities Press. New York 1968, 81–107; und in Searle, J. R.: The philosophy of language. Oxford UP 1971, 120–144. – Kritik üben auch Campbell/Wales in Lyons, 1970, 242–260. – Lenders in Wunderlich, D. (Hrsg.): Probleme und Fortschritte der Transformationsgrammatik. Hueber. München 1969. – Kutschera, F. v.: Sprachphilosophie. Fink. München 1971, 113–116. – Einige dieser Einwände sind allerdings recht oberflächlich, und Chomsky hat sie (in 1970, 133–144) ziemlich entkräften können. Trotzdem werden seine Thesen und Argumente noch eingehender Prüfung bedürfen.

107 Einen solchen Prozeß negativer Auslese kennt man bei Vögeln (Lorenz, 1973, 206f.). Viele Vogelarten besitzen eine angeborene „akustische Schablone", nach der sie aus der Vielzahl der ihnen angebotenen Geräusche die passenden Tonelemente heraushören und durch Nachahmung und „Selbstnachahmung" zum arttypischen Gesang entwickeln. Wachsen sie nur mit artfremden Vogelstimmen auf, so wählen sie den Gesang, der ihrer angeborenen Schablone am nächsten kommt.

108 Hierzu vgl. Titel und Text von Chomsky, 1971. – Ferner Chomsky, 1969, 69–75; 1970, 17–38. – Chomsky setzt sich auch ausführlich mit empiristischen Ansätzen anderer Autoren auseinander: Rezension von B. F. Skinners Buch „Verbal behavior" in Language *35* (1959) 26–58; Kritik an W. V. O. Quines Buch „Word and object" (1960) übt er in: Quine's empirical assumptions. Synthese *18* (1968) 53–68.

109 Ein ganzes Kompendium solcher Zusammenhänge bietet Lenneberg, 1972.

110 Die Schwierigkeiten diskutieren Marshall in Lyons, 1970, 229–241; Simpson, 1972, 121–124; Lenneberg, 1972, 311–325.

111 Die Pariser Sprachgesellschaft hat damals sogar beschlossen, keine Arbeiten über den Ursprung der Sprache mehr anzunehmen. Das ist natürlich kein Argument. Eine andere französische Akademie faßte einmal den Beschluß, keine Meldungen über Steine entgegenzunehmen, die angeblich vom Himmel gefallen waren. Was später als Meteorfall erkannt wurde, hielten die Gelehrten für eine Erscheinung des Aberglaubens. (Nach Wickert, 1972, 124.)

112 Zur Substrattheorie vgl. Porzig, W.: Das Wunder der Sprache. Francke. München 1971 (1950), 298–302. – Wendt, H. F. (Hrsg.): Sprachen. Fischer Lexikon 1961, 180. – Zur Sprachökonomie vgl. Martinet, 1968, Kap. 6. II.

113 Interessante Einführungen gibt Dolgopolski, A.: Boreisch – Ursprache Eurasiens. Ideen des exakten Wissens, Jan. 1973, 19–30. – Bild der Wissenschaft, Okt. 1973, 1140–1146.

114 Einen Überblick über solche Versuche gibt Rosenkranz, B.: Der Ursprung der Sprache. Winter. Heidelberg 1961 (mit Literatur). – Weitere Untersuchungen: Collinder, B.: Die Entstehung der Sprache. Ural-altaische Jahrbücher *26* (1956) 116–127. – Révész, G.: Ursprung und Urgeschichte der Sprache. Bern 1946. – Buyssens, E.: Development of speech in mankind (in Kaiser, L.: Manual of phonetics 1957). – Höpp, G.: Evolution der Sprache und Vernunft. Springer. Berlin, Heidelberg, New York 1970.

115 Vgl. Sinnreich, J. (Hrsg.): Zur Philosophie der idealen Sprache. dtv 1972 (mit Literatur). – Die Philosophie der idealen Sprache ist nicht zu verwechseln mit der Philosophie der gewöhnlichen Sprache (ordinary language approach), die z. B. von dem späteren Wittgenstein vertreten wurde. Vgl. z. B. Savigny, E. v. (Hrsg.): Die Philosophie der normalen Sprache. Suhrkamp-TB. Frankfurt 1974.

116 Nach Black, M.: Problems of analysis. Ithaca (N.Y.) 1954, 171–173. – Salmon, W. C.: Regular rules of induction. Philosophical Review 65 (1956) 385–388. – Und vor allem Stegmüller, 1971, 19. – Stegmüllers Bezeichnung *Anti-Induktionsregel* ist allerdings – wie er selbst bemerkt – irreführend, da jemand, der diese Regel vertritt, nicht (wie z. B. Hume) die Induktion ablehnt, sondern lediglich eine Schlußweise verwendet, die an der „üblichen" Induktion, der *Ortho-Induktion,* vorbei (παρά) oder ihr entgegen schließt.

117 Allerdings nur in dem Sinne, daß sie auf sich selbst anwendbar ist. Sie weist aber andere Inkonsistenzen auf, führt z. B. zu Erwartungswerten, die entgegen der Wahrscheinlichkeitsrechnung größer als Eins sind. Dazu vgl. Salmon[116].

118 Zur Unterscheidung eines logischen und eines psychologischen Teils der Humeschen Fragestellung vgl. Popper, 1973, 15 ff.

119 Die Beispiele b und c stammen von Popper, 1973, 22 f., 113. Zu Pytheas von Marseille vgl. Hermann, P.: Sieben vorbei und acht verweht. Rowohlt-TB 1969 (1952), 129 ff.

120 In diesem Sinne äußern sich auch Friedell, E.: Kulturgeschichte der Neuzeit. Beck. München 1969 (1927–1931), 775. – Reichenbach, H.: Die philosophische Bedeutung der modernen Physik. Erkenntnis *1* (1930), 57. – Scholz, 1969, 205. – Strombach, W.: Natur und Ordnung. Beck-TB. München 1968, 185. – Shimony in Colodny, 1970, 79, 161. – Popper, K. R.: Die offene Gesellschaft und ihre Feinde, I. Francke. Bern, München 1973 (1944), 17; jetzt UTB 1975.

121 Vgl. z. B. Zimmer, E.: Umsturz im Weltbild der Physik, dtv 1964 (1934). – Kuhn, T. S.: Die Struktur wissenschaftlicher Revolutionen. Suhrkamp. Frankfurt 1973 (1962).

122 Vgl. Mercier, A./Schaer, J.: Die Idee einer einheitlichen Theorie. Duncker & Humblot. Berlin 1964. – v. Weizsäcker, 1971, Kap. II (Die Einheit der Physik). – Planck, 1970, 28–51 (Die Einheit des physikalischen Weltbildes). – Stegmüller, 1969b, 392–397. – Heisenberg, 1973, 107–128 (Die Einheit des naturwissenschaftlichen Weltbildes, Vortrag 1941).

123 Weitere derartige Bemerkungen und Hinweise finden sich auf S. 103 f. (Sachsse, Mohr, Simpson, Chomsky, Rensch, v. Bertalanffy), S. 133 (Monod, Campbell), S. 159 ff. (Quine, Pepper, Bavink, v. Bertalanffy).
Ferner in: Barr, H. J.: The epistemology of causality from the point of view of evolutionary biology. Philosophy of Science *31* (1964) 286–288. – v. Ditfurth, 1973, 165. – Pfeiffer, A.: Streitgespräch über Grundfragen der Naturwissenschaften und Philosophie. VEB Dt. Verlag der Wissenschaften. Berlin 1961, 4. Dialog. – Piaget, 1974, 276 ff. – Popper, 1973, 81 f. – Schwidetzky, 1959, 36, 168. – Shimony in Colodny, 1970, 81 ff. – Ders., 1971, 571. – Simmel, G.: Über eine Beziehung der Selectionslehre zur Erkenntnistheorie. Archiv für systematische Philosophie *1* (1895) 34–45. – Toulmin, S.: Human understanding. Princeton UP 1972, Kap. 7.2.
Čapek, M.: Ernst Mach's biological theory of knowledge. Synthese *18* (1968) 171–191, vergleicht unter dem biologischen Gesichtspunkt die Auffassungen von Helmholtz, Spencer, Mach und Poincaré. – Die vollständigste Übersicht über solche Stimmen gibt zweifellos Campbell, 1974.

124 Trotzdem dürfte es verfehlt sein, Lorenz als „überzeugten Kantianer" einzustufen (Piaget, 1974, 54) und ihm dann vorzuwerfen, er gleite unbemerkt vom

Apriorismus zum Konventionalismus, wenn er die apriorischen Erkenntnisstrukturen als „ererbte Arbeitshypothesen" betrachte, mithin als angeboren, aber nicht notwendig (Piaget, 1974, 119). Lorenz ist eben bezüglich der Notwendigkeit der Kategorien von vornherein *kein* Kantianer.

125 Die Zeit als Forschungsdimension behandeln Toulmin, S./Goodfield, J.: Entdeckung der Zeit. Goldmann. München 1970 (1965). – Stegmüller, W.: Hauptströmungen der Gegenwartsphilosophie. Band II. Kröner. Stuttgart 1975.

126 Zur biologischen Interpretation des Kantischen Apriori bietet der Anhang IV von Campbell, 1974, ein ausführliches Literaturverzeichnis.

127 Über die kausale Theorie der Wahrnehmung vgl. Gibson, J. J.: Neue Gründe für den Realismus. Philosophia Naturalis *13* (1972) 474–490 (englisch: New reasons for realism. Synthese *17* (1967) 162–172). – Rosenblueth, 1970, 54. – Shimony, 1971, 572 ff.

128 Zu den psychophysischen Beziehungen vgl. die in den Anmerkungen 67 bis 70 angegebene Literatur. Ferner Rosenblueth, 1970, 25–35. – Thompson, R. F. (Hrsg.): Physiological psychology. Freeman. San Francisco 1972. – Studynka, 1974.
Über biologische Uhren vgl. Goudsmith, S. A./Claiborne, R.: Die Zeit. Rowohlt-Life-TB 1970, Kap. 2. – Ward, R. R.: Die biologischen Uhren. Rowohlt. Hamburg 1973 (1971). – Sollberger, A.: Biologische Rhythmusforschung. In Gadamer/Vogler 1, 1972, 108–151 (mit Literatur).

129 Lorenz, 1943; 1973.

130 Lorenz, 1959. – Köhler, W.: Die Aufgabe der Gestaltpsychologie. de Gruyter. Berlin, New York 1971 (1969).

131 Zum Raumproblem (Geometrie und Erfahrung) Helmholtz, 1968. – Bavink, 1949, 119–126. – Reichenbach, H.: Der Aufstieg der wissenschaftlichen Philosophie. Vieweg. Braunschweig 1968 (1951), 151–164. – Einstein, A./Infeld, L.: Die Evolution der Physik. rde 1956, 149–157. – Einstein, 1972, 119–127. – Carnap, 1969, Teil III. – Stegmüller, 1970, 138–177. – Vgl. auch Anm. 1.

132 Vgl. Shimony in Colodny, 1970.

133 Hier ist fast nur Lorenz, 1973, zu nennen. Eine Fundgrube, wenn auch keine systematische Untersuchung, bietet Campbell, 1974.

134 Zum projektiven Charakter physikalischer Erfahrung vgl. Born, M.: Physik im Wandel meiner Zeit. Vieweg. Braunschweig 1966 (1957), 151 f. – Zum Problem der theoretischen Begriffe vgl. Stegmüller, 1970, Kap. IV bis VII. – Carnap, 1969, Teil V. – Tuomela, R.: Theoretical concepts. Springer. Berlin, Heidelberg, New York 1973. – Hesse in Colodny, 1970, 35–77.

135 Hierzu Lorenz, 1941.

136 Versuche, Grundpostulate wissenschaftlicher Erkenntnis aufzustellen, finden sich – wenn auch teilweise mit anderer Zielsetzung – bei Russell, 1952, 475–483. – Campbell, 1959, 156–158. – Feibleman, J. K.: The scientific philosophy. Philosophy of Science *28* (1961) 238–259, 246 ff. – Rosenblueth, 1970, 65–81. – Bunge, 1973, 169–173.

137 Zur Semantik der Wirklichkeitswissenschaften vgl. Schleichert, H.: Elemente der physikalischen Semantik. Oldenbourg. Wien, München 1966. – v. Weizsäcker, 1971, 61–83. – Mittelstaedt, P.: Die Sprache der Physik. BI 1972, 84–115. – Bunge, M. (Hrsg.): Exact philosophy. Reidel. Dordrecht 1973, 51–64. – Ders.: Treatise on basic philosophy, I, II. Reidel Dordrecht 1974.

138 Zu den Beziehungen zwischen den verschiedenen Arten des Informationsgewinns Lorenz, 1959. – Bohm, D.: Special theory of relativity. Benjamin. New York 1965 (Anhang: Physics and perception). – Pringle, J. W. S.: On the parallel between learning and evolution. Behavior *3* (1951) 175–215. – Toulmin, S.: Voraussicht und Verstehen. Suhrkamp. Frankfurt 1968, 131–137. – Als Literatur-Fundgrube vgl. die Anhänge I und II in Campbell, 1974.

139 Vgl. Eco, U.: Einführung in die Semiotik. Fink. München 1972. – Klaus, G.: Semiotik und Erkenntnistheorie. VEB Dt. Verlag der Wissenschaften. Berlin 1969 (1963).

Literatur

Hier sind fast nur solche Titel aufgeführt, die mehrmals zitiert werden. Ist nur ein fremdsprachiger Titel angegeben, so wurde das entsprechende Zitat für dieses Buch übersetzt. Zu den Abkürzungen vgl. S. 190.

Altner, G. (Hrsg.): Kreatur Mensch. dtv 1973.
Ayer, A. J.: Sprache, Wahrheit und Logik. Reclam. Stuttgart 1970
(Language, truth and logic, 1936).
Bacon, F.: Novum Organon, 1620. (Zitiert nach der Ausgabe im Akademie-Verlag. Berlin 1962.)
Bavink, B.: Ergebnisse und Probleme der Naturwissenschaften. Hirzel. Zürich, 9. Auflage 1949.
Bertalanffy, L. v.: An essay on the relativity of categories. Philosophy of Science 22 (1955) 243–263.
Bogen, H. J.: Knaurs Buch der modernen Biologie, Knaur-TB 1972 (1967).
Born, M.: Natural philosophy of cause and chance. Dover. New York 1964 (1949).
Boschke, F. L.: Die Herkunft des Lebens. Fischer-TB 1972 (1970).
Bridgman, P. W.: Die Logik der heutigen Physik. Hueber. München 1932 (The logic of modern physics, 1927).
Reflections of a physicist. Philosophical Library. New York 1950.
Bunge, M.: The weight of simplicity in the construction and assaying of scientific theories. Philosophy of Science 28 (1961) 120–149.
Scientific research. Springer. New York 1967:
I The search for system. II The search for truth.
Method, model and matter. Reidel. Dordrecht 1973.
Burkhardt, D. u. a. (Hrsg.): Signale in der Tierwelt. dtv 1972.
Campbell, D. T.: Methodological suggestions from a comparative psychology of knowledge processes. Inquiry 2 (1959) 152–182.
Evolutionary epistemology. In Schilpp, P. A. (Hrsg.): The philosophy of K. R. Popper. Open Court. La Salle 1974, 413–463.
Carnap, R.: Einführung in die Philosophie der Naturwissenschaft. Nymphenburger Verlagshandlung. München 1969 (2. Auflage 1974; Philosophical foundations of physics, 1966).
Cassirer, E.: An essay on man. Bantam Books. Toronto, New York, London 1970 (1944).
Chomsky, N.: Aspekte der Syntaxtheorie. Suhrkamp. Frankfurt 1969
(Aspects of the theory of syntax, 1965).
Sprache und Geist. Suhrkamp. Frankfurt 1970 (Language and mind, 1968).
Cartesianische Linguistik. Niemeyer. Tübingen 1971 (Cartesian linguistics, 1966).
Über Erkenntnis und Freiheit. Suhrkamp-TB 1973
(Problems of knowledge and freedom, 1971).
Colodny, R. G. (Hrsg.): The nature and function of scientific theories. Pittsburgh UP 1970.
Darwin, Ch.: Die Entstehung der Arten, 1859. (Zitiert nach der Ausgabe bei Reclam. Stuttgart 1963.)

Ditfurth, H. v.: Im Anfang war der Wasserstoff. Hoffmann und Campe. Hamburg 1972.
Kinder des Weltalls. Knaur-TB 1973 (1970).
Dobzhansky, Th.: Dynamik der menschlichen Evolution. S. Fischer. Frankfurt 1965 (Mankind evolving, 1962).
dtv-Biologie: dtv-Atlas zur Biologie. dtv 1967 (zwei Bände, Neuauflage in drei Bänden).
Eddington, A.: Philosophie der Naturwissenschaft. Francke. Bern 1949 (The philosophy of physical science, 1939).
Eibl-Eibesfeldt, I.: Der vorprogrammierte Mensch. Molden. Wien, München, Zürich 1973 (auch dtv).
Eigen, M.: Selforganization of matter and the evolution of biological macromolecules. Die Naturwissenschaften *58* (1971) 465–523.
Einstein, A.: Bemerkungen. In Schilpp, P. A. (Hrsg.): Albert Einstein als Philosoph und Naturforscher. Kohlhammer. Stuttgart 1955 (Albert Einstein: Philosopher-Scientist, 1949).
Mein Weltbild. Ullstein-TB 1972 (1934).
Engels, E.-M.: Erkenntnis als Anpassung? Eine Studie zur Evolutionären Erkenntnistheorie. Suhrkamp. Frankfurt 1989.
Frank, H.: (Hrsg.): Kybernetik – Brücke zwischen den Wissenschaften. Umschau-Verlag. Frankfurt. 7. Auflage 1970 (1962).
Franke, H. W.: Der Mensch stammt doch vom Affen ab. Heyne. München 1967.
Frisch, K. v.: Aus dem Leben der Bienen. Springer-TB 1969.
Furth, H. G.: Intelligenz und Erkennen. Suhrkamp. Frankfurt 1972 (Piaget and knowledge, 1969).
Gadamer, H.-G./Vogler, P. (Hrsg.): Neue Anthropologie. dtv 1972. Bände 1 und 2: Biologische Anthropologie.
Gamow, G.: The creation of the universe. Bantam Books. Toronto, New York, London 1970 (1952).
Gipper, H.: Denken ohne Sprache? Schwann. Düsseldorf 1971.
Gibt es ein sprachliches Relativitätsprinzip? S. Fischer. Frankfurt 1972.
Gregory, R. L.: Auge und Gehirn. Fischer-TB 1972 (1966).
Heberer, G. (Hrsg.): Menschliche Abstammungslehre. G. Fischer. Stuttgart 1965.
Heisenberg, W.: Wandlungen in den Grundlagen der Naturwissenschaft. Hirzel. Stuttgart. 10. Auflage 1973.
Helmholtz, H. v.: Über Geometrie. WB 1968.
Henle, P. (Hrsg.): Sprache, Denken, Kultur. Suhrkamp. Frankfurt 1969 (Language, thought, culture, 1958).
Hockett, Ch.: Der Ursprung der Sprache. In Schwidetzky, 1973, 135–150 (The origin of speech. Sci. American Sept. 1960).
Hönl, H.: Die Ostwaldsche Systematik der Pigmentfarben in ihrem Verhältnis zur Young-Helmholtzschen Dreikomponenten-Theorie. Die Naturwissenschaften *41* (1954) 487–494 und 520–524.
Hume, D.: Eine Untersuchung über den menschlichen Verstand, 1748. (Zitiert nach der Ausgabe bei Reclam. Stuttgart 1967.)
Jung, C. G.: Von den Wurzeln des Bewußtseins. Rascher. Zürich 1954.
Kant, I.: Kritik der reinen Vernunft. A = 1. Auflage, 1781. B = 2. Auflage, 1787. (Zitiert nach der Ausgabe bei Meiner. Hamburg.)
Prolegomena zu einer jeden künftigen Metaphysik, die als Wissenschaft wird auftreten können, 1783. (Zitiert nach der Ausgabe bei Meiner. Hamburg.)
Katz, J. J.: Philosophie der Sprache. Suhrkamp. Frankfurt 1971 (The philosophy of language, 1966).
Klumbies, G.: Kausalität oder Finalität? Ärztliche Wochenschrift *11* (1956) 765–769.

Kraft, V.: Erkenntnislehre. Springer. Wien 1960.
Leach, E.: Claude Lévi-Strauss. dtv 1971 (englisch 1970).
Leibniz, G. W.: Neue Abhandlungen über den menschlichen Verstand, 1704. (Zitiert nach der Ausgabe im Insel-Verlag 1961.)
Leinfellner, W.: Einführung in die Erkenntnis- und Wissenschaftstheorie. BI 1965.
Lenneberg, E.: Biologische Grundlagen der Sprache. Suhrkamp. Frankfurt 1972 (Biological foundations of language, 1967).
Lévi-Strauss, C.: Strukturale Anthropologie. Suhrkamp-TB 1971 (Anthropologie structurale, 1958).
Locke, J.: Versuch über den menschlichen Verstand, 1690. (Zitiert nach der Ausgabe bei Meiner. Hamburg 1968.)
Lorenz, K.: Kants Lehre vom Apriorischen im Lichte gegenwärtiger Biologie. Blätter für deutsche Philosophie *15* (1941) 94—125 (mehrfach nachgedruckt).
Die angeborenen Formen möglicher Erfahrung. Z. Tierpsychologie *5* (1943) 235–409.
Psychologie und Stammesgeschichte. 1954, in 1965.
Gestaltwahrnehmung als Quelle wissenschaftlicher Erkenntnis. 1959, in 1965.
Haben Tiere ein subjektives Erleben? 1963, in 1965.
Über tierisches und menschliches Verhalten II. Piper. München 1965.
Die Rückseite des Spiegels. Piper. München 1973 (auch dtv).
Die acht Todsünden der zivilisierten Menschheit. Piper. München 1973a.
Lüke, U.: Evolutionäre Erkenntnistheorie und Theologie. Eine kritische Auseinandersetzung aus fundamentaltheologischer Perspektive. Hirzel. Stuttgart 1990.
Lyons, J. (Hrsg.): New Horizons in linguistics. Penguin Books 1970.
Noam Chomsky. dtv 1971 (1970).
Mach, E.: Die Leitgedanken meiner naturwissenschaftlichen Erkenntnislehre und ihre Aufnahme durch die Zeitgenossen. Physik. Z. *11* (1910) 599–606.
Die Mechanik in ihrer Entwicklung historisch-kritisch dargestellt. WB 1973 ($\triangleq$ 9. Auflage 1933) (1883).
Marfeld, A. F.: Kybernetik des Gehirns. Rowohlt-TB 1973 (1970).
Martinet, A.: Grundzüge der allgemeinen Sprachwissenschaft. Urban-TB 1968 (Eléments de linguistique générale, 1960).
Mohr, H.: Wissenschaft und menschliche Existenz. Rombach. Freiburg 1967.
Monod, J.: Zufall und Notwendigkeit. Piper. München 1971 (auch dtv) (Le hasard et la nécessité, 1970).
Nietzsche, F.: Menschliches, Allzumenschliches. 1878.
Pepper, S. C.: The sources of value. California UP. Berkeley, Los Angeles 1958.
Piaget, J.: Einführung in die genetische Erkenntnistheorie. Suhrkamp-TB 1973 (Genetic epistemology, 1970).
Biologie und Erkenntnis, S. Fischer. Frankfurt 1974 (Biologie et connaissance, 1967).
Planck, M.: Vorträge und Erinnerungen. WB 1970.
Ploog, D.: Kommunikation in Affengesellschaften und deren Bedeutung für die Verständigungsweisen des Menschen. In Gadamer/Vogler 2, 1972, 98–178.
Poincaré, H.: Wissenschaft und Hypothese. Teubner. Leipzig 1914 (auch WB 1974) (La science et l'hypothèse, 1902).
Popper, K. R.: Logik der Forschung (1934). Mohr. Tübingen ⁴1971.
Objektive Erkenntnis. Hoffmann und Campe. Hamburg 1973 (Objective knowledge, 1972).
Quine, W. V. O.: The scope and language of science. Brit. J. Philosophy of Science *8* (1957) 1–17.
Epistemology naturalized. Akten des 14. Int. Kongresses für Philosophie. Wien 1968.

Band IV, 87–103. Mehrfach abgedruckt, so in: Ontological Relativity and other essays. Columbia UP. New York, London 1969, 69–90. Deutsch in: Ontologische Relativität und andere Schriften. Reclam. Stuttgart 1975, 97–126.

Reichenbach, H.: Die Philosophie der Raum-Zeit-Lehre. de Gruyter. Leipzig 1928.
  Kant und die Naturwissenschaft. Die Naturwissenschaften 21 (1933) 601–606, 624–626.

Remane, A./Storch, V./Welsch, U.: Evolution — Tatsachen und Probleme der Abstammungslehre. dtv 1973 (^{6}1989 nur von Storch/Welsch).

Rensch, B.: Gedächtnis, Abstraktion und Generalisation bei Tieren. Westdeutscher Verlag. Köln, Opladen 1962.
  Homo sapiens. Vandenhoeck & Ruprecht. Göttingen 1965.
  Biophilosophie. G. Fischer. Stuttgart 1968.

Roe, A./Simpson, G. G. (Hrsg.): Evolution und Verhalten. Suhrkamp. Frankfurt 1969 (Auswahl aus Behavior and evolution. Yale UP. New Haven 1958).

Rohracher, H.: Die Arbeitsweise des Gehirns und die psychischen Vorgänge. Barth. München 1953.

Rosenblueth, A.: Mind and brain. MIT Press. Cambridge (Mass.) 1970.

Russell, B.: Das menschliche Wissen. Holle. Darmstadt 1952 (Human knowledge, 1948).
  History of western philosophy. Allen & Unwin. London 1961 (1946) (Philosophie des Abendlandes. Holle, Frankfurt 1950. Europa, Zürich 1950).
  Hat der Mensch noch eine Zukunft? Kindler. München 1963 (Has man a future? 1961).
  Probleme der Philosophie. Suhrkamp-TB 1967 (The problems of philosophy, 1912).
  Das ABC der Relativitätstheorie. Rowohlt 1972 (The ABC of relativity, 1925).

Sachsse, H.: Naturerkenntnis und Wirklichkeit. Vieweg. Braunschweig 1967.
  Die Erkenntnis des Lebendigen. Vieweg. Braunschweig 1968.

Schaefer, H./Novak, P.: Anthropologie und Biophysik. In Gadamer/Vogler 1, 1972, 22–58.

Scholz, H.: Mathesis universalis. WB 1969.

Schwidetzky, I.: Das Menschenbild der Biologie. G. Fischer. Stuttgart 1959.
  (Hrsg.): Über die Evolution der Sprache. S. Fischer. Frankfurt 1973.

Seifert, F./Seifert-Helwig, R.: Bilder und Urbilder. Reinhardt. München, Braunschweig 1965.

Shimony, A.: Perception from an evolutionary point of view. J. Philosophy 68 (1971) 571–583.

Simpson, G. G.: Biology and the nature of science. Science 139 (1963) 81–88.
  Biologie und Mensch. Suhrkamp-TB 1972 (Biology and man, 1969).

Stegmüller, W.: Der Begriff des synthetischen Urteils a priori und die moderne Logik. Z. philosoph. Forschung 8 (1954) 535–563.
  Probleme und Resultate der Wissenschaftstheorie und analytischen Philosophie. Springer. Berlin, Heidelberg, New York:
    I Wissenschaftliche Erklärung und Begründung, 1969.
    II Theorie und Erfahrung, 1970.
    IV Personelle und statistische Wahrscheinlichkeit, 1973.
  Metaphysik, Skepsis, Wissenschaft. Springer. Berlin, Heidelberg, New York 1969a.
  Hauptströmungen der Gegenwartsphilosophie. Kröner. Stuttgart 1969b.
  Das Problem der Induktion: Humes Herausforderung und moderne Antworten. In Lenk, H. (Hrsg.): Neue Aspekte der Wissenschaftstheorie. Vieweg. Braunschweig 1971, 13–74.

Steinbuch, K.: Automat und Mensch. Springer. Berlin, Heidelberg, New York 1971 (1961).

Stenius, E.: Wittgensteins Traktat. Suhrkamp. Frankfurt 1969
(Wittgenstein's Tractatus, 1960).
Studynka, G.: Hirnforschung. Fischer-TB 1974.
Unsöld, A.: Der neue Kosmos. Springer-TB 1967 (2. Auflage 1974).
Vollmer, G.: Grundlagen einer projektiven Erkenntnistheorie. In Hejl, P. M./ Köck, W. K./Roth, G. (Hrsg.): Wahrnehmung und Kommunikation. Lang. Frankfurt 1978 a, 79–97.
Evolutionäre Erkenntnistheorie und Wissenschaft. In Sandkühler, H. J. (Hrsg.): Die Wissenschaft der Erkenntnis und die Erkenntnis der Wissenschaft. Metzler. Stuttgart 1978b, 64–79.
Objektivität und Invarianz. Akten des 6. Int. Kongresses für Logik, Methodologie und Philosophie der Wissenschaft. Hannover 1979. Sektion 8, 196–200.
Evolutionäre Erkenntnistheorie und Leib-Seele-Problem. In Böhme, W. (Hrsg.): Wie entsteht der Geist? Herrenalber Texte *23* (1980) 11–40. Karlsruhe.
Ein neuer dogmatischer Schlummer? Kausalität trotz Hume und Kant. Akten d. 5. Int. Kant-Kongresses. Mainz 1981, 1125–1138.
Probleme der Anschaulichkeit. Philosophia Naturalis *19*(1982) 277–314.
Was können wir wissen? Band 1: Die Natur der Erkenntnis. Beiträge zur Evolutionären Erkenntnistheorie. Hirzel. Stuttgart 1985, ²1988.
Was können wir wissen? Band 2: Die Erkenntnis der Natur. Beiträge zur modernen Naturphilosophie. Hirzel. Stuttgart 1986a, ²1988.
Über die Möglichkeit einer Evolutionären Ethik. Conceptus XX (1986b), No. 49, 51–68.
Über die Chancen einer Evolutionären Ethik. Oder: Wie man Türen zuschlägt. Conceptus XXI (1987a), No. 52, 87–94.
Was Evolutionäre Erkenntnistheorie nicht ist. In Riedl, R. / Wuketitis, F. M. (Hrsg.): Die Evolutionäre Erkenntnistheorie. Bedingungen, Lösungen, Kontroversen. Parey. Berlin, Hamburg 1987b, 140—155.
Walter, W. G.: Das lebende Gehirn. Kiepenheuer & Witsch. Köln, Berlin 1961.
Weizsäcker, C. F. v.: Geschichte der Natur. Vandenhoeck & Ruprecht. Göttingen 1970.
Die Einheit der Natur. Hanser. München 1971 (dtv 1974).
Whorf, B. L.: Sprache, Denken, Wirklichkeit. rde 1963
(Language, thought and reality, 1956).
Wickert, J.: Albert Einstein. Rowohlt-TB 1972.
Wickler, W.: Antworten der Verhaltensforschung. Kösel. München 1970 (Kindler-TB 1974).
Mimikry. Fischer-TB 1973 (1968).
Wieland, T./Pfleiderer, G. (Hrsg.): Molekularbiologie. Umschau-Verlag. Frankfurt 1967.
Wilkinson, D. H.: Zu neuen Begriffsbildungen. – Die Elementarteilchen. In ter Haar, D./Crombie, A. C. (Hrsg.): Wendepunkte in der Physik. Vieweg, Braunschweig 1963, 127–155.
Wittgenstein, L.: Tractatus logico-philosophicus. Suhrkamp-TB 1963 (1921).

Nachwort zur 5. Auflage 1990
Wieso können wir die Welt erkennen?

Wieso können wir eigentlich die Welt erkennen? Wer so fragt, setzt schon einiges voraus. Er (oder sie) setzt voraus, daß es so etwas wie die *Welt* tatsächlich gibt. Der bestimmte Artikel – „die" Welt – legt zudem nahe, daß es auch nur *eine* solche Welt gibt, daß also das Objekt unserer Erkenntnis, die Welt, einmalig und eindeutig bestimmt sei.

Unsere Frage setzt auch voraus, daß wir diese Welt *erkennen* können — vielleicht nicht vollständig, vielleicht nicht beliebig genau, vielleicht nicht irrtumsfrei, aber eben doch einigermaßen. Denn wenn es die Welt gar nicht gäbe oder wenn wir sie, selbst wenn es sie gibt, nicht erkennen könnten, dann hätte es auch keinen Sinn, nach dem „Warum?" und „Wieso?" solchen Erkennens zu fragen: Was es nicht gibt, braucht man auch nicht zu erklären.

Vorausgesetzt wird in unserer Frage ferner eine gewisse Gemeinsamkeit in unserem Erkennen, ein Mindestmaß an *Intersubjektivität*. Wären unsere Ansichten über und unsere Einsichten in die Welt so persönlich, so individuell, so subjektiv und deshalb auch so verschieden wie etwa unsere Träume, so dürften wir kaum wagen, von Erkenntnis zu sprechen. Soweit allerdings eine solche Gemeinsamkeit vorliegt – wobei ihre Reichweite durchaus der Prüfung bedarf –, ist auch sie erklärungsbedürftig und in der Titelfrage mit angesprochen.

Schließlich setzt eine ernstgemeinte Frage in aller Regel noch voraus, daß eine Antwort *weder trivial noch offenbar unmöglich* ist. Wieso wir die Welt erkennen können, das weiß nicht schon jedes Kind, nicht der Mann (die Frau) auf der Straße, nicht der Alltagsmensch; aber es ist auch nicht prinzipiell unbeantwortbar, kein ewiges Geheimnis, kein Welträtsel, jedenfalls nicht auf den ersten Blick als solches erkennbar.

Keine dieser Voraussetzungen ist, philosophiegeschichtlich gesehen, unproblematisch. Idealisten haben die Existenz einer realen (d. h. insbesondere materiell-energetischen und bewußtseinsunabhängigen) Welt, Skeptiker und Agnostiker ihre Erkennbarkeit, Relativisten das erforderliche Mindestmaß an Intersubjektivität bezweifelt oder gänzlich bestritten (und radikale Konstruktivisten müßten, wenn sie konsequent wären, all das auf einmal tun). *Zwingende* Argumente können wir ihnen nicht entgegensetzen. In diesen Fragen nimmt die Evolutionäre Erkenntnistheorie jedoch einen Standpunkt ein, der dem gesunden Menschenverstand, dem erfahrungswissenschaftlichen Ansatz *und* der philosophischen Kritik gerecht zu werden versucht. Dieser Standpunkt wird im vorliegenden Buch „hypothetischer Realismus" genannt. Im Rahmen dieses Standpunktes jedenfalls ist die Frage, wieso wir die Welt erkennen können, sinnvoll und berechtigt.

Der Erklärung bedürfen aber nicht nur die *Leistungen* unseres Erkenntnisapparates, sondern auch seine *Fehlleistungen*. Wenn wir die Welt nicht vollständig, nicht beliebig genau, nicht fehlerfrei, nicht sicher erkennen können, woran liegt denn nun dies? Auch diese Spiegelung unserer Titelfrage ist im Rahmen des hypothetischen Realismus eine berechtigte Fragestellung mit vielen aktuellen Bezügen.

Und wenn denn unsere Ausgangsfrage und ihre Spiegelung sinnvoll sind, dann gibt die Evolutionäre Erkenntnistheorie darauf eine vernünftige, in meinen Augen die einzig einleuchtende Antwort: Unser Erkenntnisvermögen ist ein Evolutionsprodukt. Deshalb sprechen wir von *Evolutionärer* Erkenntnistheorie. Das Beiwort „evolutionär" bedeutet dabei nicht, daß nun *alle* erkenntnistheoretischen Probleme durch Verweis auf die Evolution des Kosmos, der Organismen oder des Wissens gelöst werden könnten oder sollten. Es dokumentiert allerdings den Anspruch, daß der evolutive Ursprung unserer Erkenntnisfähigkeit für die Erkenntnistheorie nicht unerheblich sein kann.

Meint also Ludwig Wittgenstein in seinem Tractatus (1921, 4.1122): „Die Darwinsche Theorie hat mit der Philosophie nicht mehr zu schaffen als irgendeine andere Hypothese der Naturwissenschaft", so widersprechen wir dieser Behauptung ausdrücklich. Freilich muß man diesen Einspruch argumentativ einlösen, und das gelingt am besten, wenn man *zeigt,* wie Evolution für die Philosophie relevant wird. Es kann sein, daß sie alte philosophische Probleme löst, daß sie neue Probleme stellt (und vielleicht auch löst) oder daß sie Probleme in neuem Lichte erscheinen läßt. Solch dreifachen Anspruch erhebt die Evolutionäre Erkenntnistheorie.

Die traditionelle Erkenntnistheorie hat als ihren Gegenstand die „Erkenntnis" des *erwachsenen Kulturmenschen,* meist sogar nur des *erwachsenen Europäers,* angesehen. Dabei hat sie jedoch mehrere Aspekte vernachlässigt:

– die Unterschiedlichkeit der Menschen innerhalb einer Population, mit Genies, Debilen, Geisteskranken als Extremen
(heute Gegenstand vor allem der Intelligenz- und Lernpsychologie);
– die Verschiedenheit der menschlichen Rassen
(aus Mangel an kulturunabhängigen Tests noch wenig untersucht);
– die Entwicklung des Erkennens beim heranwachsenden Kinde
(also der ontogenetische Aspekt, heute Gegenstand der Entwicklungspsychologie, insbesondere der „genetischen Erkenntnistheorie" Piagets[90]; vgl. S. 19 ff., 173);
– die Evolution der Erkenntnisfähigkeit bei Tieren und Menschen
(also der phylogenetische Aspekt; Gegenstand der Evolutionären Erkenntnistheorie).

Diese Selbstbeschränkung wäre weise gewesen, wenn man sie sich bewußt auferlegt hätte, um den Forschungsgegenstand *vorläufig* einzuschränken. So hält auch der Erfahrungswissenschaftler die Eigenschaften, die „Parameter", seines Untersuchungsobjektes zunächst möglichst konstant, führt sein Experiment unter normierten Bedingungen durch: Er wählt konstante Temperaturen, Faradaykäfige, Kontrollgruppen, Placebo-Experimente, Doppelblindversuche, um durch anschließende Variation am ehesten die wechselseitigen Abhängigkeiten der Zustandsgrößen entdecken zu können.

Die Klassiker der Erkenntnistheorie waren sich jedoch der Beschränkung ihrer Fragestellung i. a. gar nicht bewußt bzw. begründeten sie damit, daß es ihnen nicht um empirische Details gehe, sondern um Erkenntnis *als* Erkenntnis, um das *Wesen* der Erkenntnis, um Erkenntnis *an sich,* um Erkenntnis im *philosophischen* Sinne, um die *Voraussetzungen* aller Einzelerkenntnisse usw. Durch diese Beschränkung entfernte („befreite") sich der Erkenntnistheoretiker mehr und mehr von den Tatsachen, insbesondere von allen physiologischen und psychologischen Neuentdeckungen, so daß er zuletzt glaubte, auf Faktenwissen ganz verzichten zu können.

Das Hauptargument für eine solche elitäre oder „reine" Erkenntnistheorie war (und ist) die Behauptung, die erkenntnistheoretische Analyse und Reflexion sei der einzelwissenschaftlichen Erkenntnis prinzipiell *vorgeordnet;* Einzelerkenntnisse müßten hinsichtlich ihrer Bedeutung und Geltung *vorher* erkenntnistheoretisch abgesichert werden und könnten deshalb nicht umgekehrt zur Erkenntnistheorie korrigierend oder gar konstitutiv beitragen; man gerate sonst in einen Begründungszirkel.

Dieser Zirkel existiert aber gar nicht. Auch die Erkenntnistheorie kann ihre Aussagen nicht letztgültig beweisen; auch sie kann nicht anders als hypothetisch-deduktiv vorgehen; eine eigene philosophische Erkenntnisweise mit höherem oder gar absolutem Wahrheitsanspruch gibt es nicht. Erst recht können und sollen auch einzelwissenschaftliche Fakten keine Erkenntnistheorie beweisen oder begründen. Wohl aber können sie erkenntnistheoretische Behauptungen als *falsch* erweisen. So ist z. B. der strenge Empirismus, wonach alles Wissen über die Welt der individuellen Erfahrung entstammt, empirisch widerlegt.

Es wäre deshalb eine interessante Aufgabe zu zeigen, wie sich historisch Erkenntnis und Erkenntnistheorie gegenseitig bedingen (vgl. S. 185). Unerläßliche Forderung an eine zeitgemäße Erkenntnistheorie ist jedenfalls ihre Vereinbarkeit mit den einschlägigen empirischen Fakten. Die Evolutionäre Erkenntnistheorie ist ein Versuch, auch diese Forderung zu erfüllen.

Die Gedanken in und zu diesem Buch sind 1968 bis 1973 entstanden. Schriftlich festgehalten und zur Dissertation ausgebaut wurden sie im Jahre 1973. Damals war die Evolutionäre Erkenntnistheorie, jedenfalls in Deutschland, weder bekannt noch benannt. Im Herbst dieses Jahres erschienen jedoch von Konrad Lorenz „Die Rückseite des Spiegels" und von Karl Popper „Objektive Erkenntnis". Beide beziehen sich auf Donald Campbells Aufsatz „Evolutionary Epistemology", der dann allerdings erst 1974 erschien. Beide übersetzten dessen Titel mit „evolutionäre Erkenntnistheorie". Von allen *drei* Autoren konnte ich, jedenfalls was einschlägige Zitate anging, für die gedruckte Fassung meiner Arbeit noch profitieren. Was lag da näher, als auch meinem Buch diesen sprechenden Titel zu geben?

Erst später habe ich gesehen, zu welchen *Mißverständnissen* die verbale Konvergenz zwischen Lorenz und Popper Anlaß geben konnte: Beide scheinen, oberflächlich betrachtet, dasselbe Problem („menschliches Erkennen") mit derselben Idee („Evolution") lösen zu wollen. In Wahrheit behandeln sie zunächst ganz verschiedene Probleme, Lorenz die Evolution der menschlichen Erkenntnis*fähigkeit,* Popper die Evolution der wissenschaftlichen *Erkenntnis.* Ihre Konvergenz entsteht erst dadurch, daß sich beide Problemlösungen dem allgemeinen Evolutionsgedanken unter- und in die universelle Evolution einordnen lassen. Dabei stellen jedoch die Evolution kognitiver, also zu Realerkenntnis fähiger Systeme und die Evolution der Wissenschaft ganz unterschiedliche Phasen und Stufen der Evolution dar. Es wäre deshalb sinnvoll gewesen, diesen beiden Phasen bzw. den zugehörigen Disziplinen auch verschiedene Namen zu geben und beispielsweise bei Lorenz von Evolutionärer Erkenntnis-, bei Popper aber von Evolutionärer Wissenschaftstheorie zu sprechen.

Wegen der Universalität des Evolutionsgedankens liegt dann allerdings die Frage nahe, ob es nicht Begriffe und Gesetzmäßigkeiten gibt, die für mehrere Evolutionsphasen anwendbar bzw. darin wirksam sind. Insbesondere könnten auch und gerade die Evolution kognitiver Systeme und die Evolution des Wissens, die natürlich aufeinander aufbauen, *gemeinsame Merkmale* aufweisen. Um diese Gemeinsamkeiten geht es auch Campbell in seinem − im übrigen eher „antiquarisch" orientierten − Aufsatz. Lorenz und Popper dagegen haben zunächst ganz unterschiedliche Schwerpunkte, die sie dann nach „vorne" (Lorenz von der Biologie in die Wissenschaftstheorie) bzw. nach „hinten" (Popper) ausweiten. Und gerade weil die Suche nach Gemeinsamkeiten so erfolgreich war, ging wohl − bei Vertretern wie bei Kritikern − der Blick für die durchaus bemerkenswerten Unterschiede verloren. So konnten viele den Eindruck gewinnen, Lorenz und Popper hätten dasselbe Thema. (Hierzu auch Vollmer, 1987).

Die Evolutionäre Erkenntnistheorie jedenfalls, die in diesem Buch entwickelt wird, ist vorwiegend biologisch orientiert, behandelt also vor allem die Evolution der menschlichen Erkenntnisfähigkeit. Sie bezieht dabei, im Gegensatz etwa zu Popper, einen ausgesprochen *naturalistischen* Standpunkt.

Seit 1975 haben sich viele weitere Autoren solchen Überlegungen zugewandt. So ließe sich die „Evolution der Evolutionären Erkenntnistheorie" (S. 177 ff.) nun fortschreiben. Über die dort bereits genannten Namen hinaus müßten dabei Autoren wie Schurig, von Ditfurth, Benesch, Bresch, Riedl, Oeser, Wuketits, Klix, Delbrück, Engels eine hervorragende Rolle spielen. Aber auch die von Quine angeregte und vor allem im englischen Sprachraum viel diskutierte „naturalistische Erkenntnistheorie" (Quine, 1968) gehört zu dieser Denkrichtung; man wird sogar behaupten dürfen, daß die Evolutionäre Erkenntnistheorie Quines „Programm" teilweise ausfüllt.

Hier sei wenigstens angedeutet, in welche Richtung ich selbst die Ansätze der Evolutionären Erkenntnistheorie weiterentwickelt habe. Besonders fruchtbar erscheint mir der Gedanke einer *projektiven Erkenntnistheorie* (S. 122−126). Die projektive Erkenntnistheorie ist ein Versuch, verschiedene einzel- und metawissenschaftliche Ideen zu einem konsistenten erkenntnistheoretischen Mosaik zusammenzufügen, in dem die Evolution der menschlichen Erkenntnisfähigkeit einen wichtigen Baustein bildet. Hierzu vgl. die vorbereitenden Arbeiten 1978a und 1979. − Die Bedeutung der Evolutionären Erkenntnistheorie für die Probleme der *Anschaulichkeit* werden diskutiert in

1978b und 1982. Der Begriff des „Mesokosmos" (S. 161) erlaubt dabei eine präzise Fassung des Begriffs „anschaulich" und eine übersichtliche Darstellung und Deutung unserer kognitiven Leistungen und Fehlleistungen. – Die Beziehungen der Evolutionären Erkenntnistheorie zum *Leib-Seele-Problem* beleuchtet die Arbeit 1980. Dabei begünstigt der naturalistisch-evolutionistische Standpunkt, wie schon auf S. 185 bemerkt, eine systemtheoretisch orientierte Identitätsauffassung.

Schließlich wirft die Evolutionäre Erkenntnistheorie neues Licht auf die Probleme der *Kausalität*. Nach Kant ist Kausalität ein Verstandesbegriff, mit dessen Hilfe die Erscheinungswelt geordnet und strukturierte Erfahrung erst möglich gemacht wird. Selbst wenn sich nun für die Notwendigkeit dieser Kategorie transzendentalphilosophisch argumentieren ließe (und mindestens das ist die von Kant beanspruchte, ihm vielfach auch zugebilligte Leistung), läßt sich doch noch sinnvoll fragen, wie es eigentlich kommt, daß wir diese (und andere) Kategorie(n), die wir für das Erkennen so notwendig brauchen, auch tatsächlich zur Verfügung haben. Die Evolutionäre Erkenntnistheorie gibt auf diese Frage eine biologische Antwort: Sie deutet die Kategorie der Kausalität als „angeboren" und spricht von angeborener Kausal*erwartung* und kausaler *Interpretation* der Welt. Wenn nun diese Kausalerwartung des Menschen tatsächlich genetisch bedingt ist, dann liegt aus evolutionstheoretischen Gründen die Annahme nahe, daß dieser Kausalerwartung in der Welt etwas Reales entspricht. Es sollte also in der Natur einen *ontologischen Unterschied* zwischen regelmäßiger zeitlicher Aufeinanderfolge (post hoc) und kausaler Verknüpfung (propter hoc) geben. Diese Vermutung steht zwar im Widerspruch sowohl zur empiristischen Haltung Humes als auch zur transzendentalphilosophischen Auffassung Kants; sie folgt aber aus der Evolutionären Erkenntnistheorie. Worin dieser ontologische und empirisch (nämlich in der Selektion) wirksame Unterschied besteht, kann die Evolutionäre Erkenntnistheorie allerdings nicht angeben. Einer Anregung von Konrad Lorenz folgend sehe ich diesen ontologischen Unterschied in dem *Energieübertrag,* der bei kausalen Beziehungen immer vorliegt, bei rein zeitlichen Abfolgen dagegen nicht. Hierzu vgl. 1981.

Mehrfach bin ich auch auf die ethischen Konsequenzen, ja auf die moralphilosophische „Sprengkraft", der Evolutionären Erkenntnistheorie angesprochen worden. Hierzu muß ganz deutlich gesagt werden, daß die Evolutionäre Erkenntnistheorie *keine unmittelbaren ethischen Konsequenzen* hat. Sie untersucht die kognitiven Fähigkeiten der Lebewesen. Deshalb liegen ihre wichtigsten Folgerungen auf erkenntnistheoretischem, nicht auf ethischem Gebiet. Sie allein kann z. B. nicht dazu dienen, eine pragmatische, d. h. am Erfolg orientierte, Ethikauffassung zu begründen. Auch hier müssen wir uns vor dem „naturalistischen Fehlschluß" hüten, der vom Sein zum Sollen, von Fakten auf Normen zu (ver)führen verspricht.

Freilich hängen in der Wissenschaft, vor allem aber in der Philosophie, alle Fragen *irgendwie* miteinander zusammen. Insbesondere läßt sich der evolutionäre Gesichtspunkt auch auf andere als kognitive Aspekte mit Erfolg anwenden (vgl. S. 92). So untersucht McGhee sogar die ontogenetische Entwicklung und die evolutionären Ursprünge des *Humors;* erwartungsgemäß entdeckt er dabei eine enge Verzahnung mit den jeweiligen kognitiven Fähigkeiten. Wie außerdem schon in einem Schlußkapitel betont wurde, ist die interdisziplinäre Verflechtung der Evolutionären Erkenntnistheorie wegen ihrer Einbettung in die Einzelwissenschaften besonders weitreichend. So wird man auch zahlreiche *indirekte* Bezüge zu ethischen Problemen aufzeigen können und insofern wenigstens von einer ethischen *Relevanz* der Evolutionären Erkenntnistheorie sprechen dürfen. Darüber hinaus teilt sie mit einer Evolutionären Ethik mindestens die naturalistische Position. Eine Evolutionäre Ethik erscheint mir möglich und vielversprechend (1986b, 1987a); sie ist allerdings erst noch auszuarbeiten und nicht Gegenstand dieses Buches.

Was nun die empirische Seite angeht, so steht die Evolutionäre Erkenntnistheorie vor besonderen Schwierigkeiten. Das menschliche Gehirn ist (bei *allen* Rassen) besonders weit entwickelt. Zwischen den höchstentwickelten Tieren und dem Menschen besteht eine Kluft, die zwar kleiner ist, als man ursprünglich annahm, aber doch so gewaltig, daß die vermutete Kontinuität nicht unmittelbar einsichtig ist. (Diese Kluft hat sogar zu Spekulationen geführt, wonach der gemeinsame Vorfahre von Affe und Mensch schon klüger gewesen sei als der heutige Affe; Affe und Mensch hätten sich also nachträglich *beide* voneinander entfernt.) Die Hoffnung, man werde irgendwo noch Halbmenschen, „Primitive", entdecken, hat sich nicht erfüllt; lebende Fossilien aus dem Tier-Mensch-Übergangsfeld gibt es nicht (vgl. S. 151). Aber auch bei den indirekten Belegen ist die Situation schwierig. Kognition und Intelligenz zeigen sich nicht im Knochenbau, sondern nur im Vollzug; aber *„Verhalten fossiliert nicht"* (Ernst Mayr). Schließlich ist auch Haeckels biogenetische Grundregel weder allgemein gültig noch hier anwendbar, weil ein Kind heute unter ganz anderen Bedingungen aufwächst als seine früheren Vorfahren.

Trotzdem haben sich die einzelwissenschaftlichen Belege für die Evolution der menschlichen Erkenntnisfähigkeit weiter vermehrt. Zu nennen sind hier vor allem Zwischengebiete wie Neurokybernetik, physiologische Psychologie, Tierverhaltensforschung, Neurolinguistik und Psychophysik. Diese Belege wurden jedoch meist unter ganz anderen Fragestellungen und Absichten gewonnen als denen der Evolutionären Erkenntnistheorie; sie wurden auch noch nicht zu einem zusammenhängenden oder gar lückenlosen Mosaik zusammengesetzt. Die Evolutionäre Erkenntnistheorie ist deshalb nach wie vor ein Forschungsprogramm, ein erkenntnistheoretischer Rahmen, der zu einer vollständigen Theorie erst noch ausgearbeitet werden muß.

Auf der anderen Seite hat es natürlich auch viel Kritik gegeben. In zwei größeren Arbeiten (Vollmer, 1985, 217–267 und 268–327) habe ich versucht, auf solche Kritik (soweit sie 1984 formuliert war) einzugehen. Inzwischen sind zahlreiche weitere Aufsätze und Bücher erschienen. Besonders hinweisen möchte ich auf zwei Arbeiten, welche ihre kritische Rolle mit besonderer Sorgfalt wahrnehmen: Engels, 1989, und Lüke, 1990.

Ich selbst habe aus dieser Kritik viel gelernt. Hätte ich heute mein Buch zu schreiben, so würde ich sicher vieles anders formulieren. In vielen Fällen war mir vorher nicht bewußt, auf wie viele Weisen man vermeintlich klare Formulierungen mißverstehen kann. In anderen Fällen hat sich der Erkenntnisstand

Nachwort

– der der Wissenschaft und, wie man gern hofft, auch der eigene – geändert, erweitert, verbessert.

Und nun erscheint das Bändchen in 5. Auflage (wobei ein ungeänderter Nachdruck der 3. Auflage 1984 nicht einmal mitgezählt ist). Meinen Lesern und dem Verlag habe ich für das anhaltende Interesse an meinem Erstlingswerk zu danken. Sollte man diese Gelegenheit nutzen, um eine völlige Überarbeitung vorzunehmen? Um das Buch auf den neuesten Stand zu bringen? Um ein neues Buch daraus zu machen? Drei Gründe sprechen dagegen.

Erstens finde ich im Augenblick für eine solche Neufassung kaum die Zeit. Zweitens habe ich Hemmungen, das Büchlein wesentlich zu verändern. Es würde dadurch zwar aktualisiert und an vielen Stellen genauer, gründlicher, vorsichtiger; aber gewiß würde es dabei auch seinen einführenden Charakter verlieren. Und der wird ihm ja gerade zugute gehalten. Drittens sind Fortschritte in den hier angeschnittenen Fragen vor allem von der empirisch-wissenschaftlichen Seite zu erhoffen: Wir müssen mehr wissen über die Evolution, über unser Gehirn, über neurale Netzwerke, über erkennende Systeme, über kognitive Fehlleistungen. Und hier ist zur Zeit so vieles im Fluß; von irgendeinem stabilen End- oder auch nur metastabilen Zwischenzustand, von einem wissenschaftsdynamischen Plateau sozusagen, kann überhaupt nicht die Rede sein.

Ich will also nicht ausschließen, daß ich eines Tages doch noch ein neues Buch über Evolutionäre Erkenntnistheorie schreibe. (Das ist weder als Versprechen noch als Drohung gemeint.) Im Augenblick hat mich der Verlag auch nur gebeten, ein neues Nachwort zu liefern. Und das habe ich hiermit getan.

Namenverzeichnis

Abu'l-Hassan al Massudi 177
Adler 21, 92
Albert 25
Alkmaion 86, 196
Ardrey 92
Aristarch 58, 109f., 177
Aristoteles 5, 8, 18, 25, 76, 91, 109
Arnauld 23
Ascoli 151
Ayer 136

Baade 59
Bacon, F. 5f., 91, 143
Baldwin 177
Bastian 22
Bates 68
Bavink 38, 121, 162, 169, 178
Beck 114
Belinfante 111
Benesch 212
Berkeley 6, 28
Bertalanffy 53, 62, 104, 119, 163, 178
Birkhoff 111
Bolyai 11
Bolzano 12
Boole 12
Bopp 57
Born 33f.
Boutroux 132
Brahe 58
Bresch 212
Bridgman 16f.
Buffon 57f., 60
Bühler 19
Burbidge 59
Butler 167

Campbell VII, 98, 130, 133, 178f.
Carnap 12, 26, 154, 159
Cassirer 12, 166
Chandrasekhar 60
Chomsky 4, 24, 81, 91, 103, 136, 146ff. 178, 180, 182, 187, 200f.
Cicero 4, 100

Correns 67
Cousteau 101
Cube, F. v. 112
Cuvier 63

Darwin 57f., 64, 68, 70, 77, 171, 175
Demokrit 35, 118
Descartes 4, 8, 91
Dicke 59
Dingler 16
Dirac 59
v. Ditfurth 98, 101, 121, 167, 212
Dobzhansky 63, 77, 85, 97
DuBois-Reymond 4

Eddington 16, 55, 59, 132
Ehrenfels 53
Eigen 65
Einstein 13, 26, 29, 32, 48, 59, 113, 132
Empedokles 58, 177
Eratosthenes 58
Euklid 12

Faraday 13
Fichte 28, 55
Frank 73
Franke 75
Frazer 22
Frege 12
Fresnel 48
Freud 21, 92
Frisch 75, 101
Furth 178ff., 182

Galilei 58
Gamow 59
Gardner 76
Gassendi 6
Gauss 11
Gehlen 79
Geoffroy St. Hilaire 58, 63
Geulincx 8, 55
Gipper 142, 144f.

Gödel 12, 32
Goethe 48, 99
Gorgias 4
Gregory 44, 47, 50f., 101, 124
Grimm 57

Haeckel 18, 77, 178
Hamann 23, 143
Hamilton 177
Hartmann, N. 55, 81
Hegel 1, 29, 55
Helmholtz 11f., 18, 43, 49, 91, 177, 191
Hempel 154
Henle 145
Heraklit 23
Herder 23, 143
Hering 48
Hertz 13
Hilbert 12f.,
Hobbes 6
Hockett 151f.,
Hönl 99
Hubble 59
Humboldt, W. v. 23, 143, 152
Hume 4, 6, 9, 55, 91, 135, 159, 213
Huxley, J. 64
Huxley, Th. H. 77
Huygens 48

Jacob 63
Jacobi 114
Janich 17
Jeans 132
Jordan 59
Jung 19f., 91, 191

Kant VIIf., 4f., 9f., 18, 23, 26, 44, 54f., 57, 60, 91, 113f., 120, 126ff., 132, 155, 163, 169, 171, 173, 189, 213
Katz 148, 178
Kepler 58
Klumbies 118
Koffka 53
Köhler 19, 53, 75, 79
Kopernikus 58, 109f., 170
Kraft 40
Kuhn 170, 173
Kuiper 60

Lamarck 57f., 63f.
Lancelot 23
Land 47
Laplace 57, 60

Leach 22f.
Leibniz 1, 4, 6, 8, 23, 40, 55, 91
Lenneberg 91, 95f., 150, 178
Lévy-Strauss 22f., 91, 178, 183, 191
Lewin 53
Lilly 76
Linné 57
Lobatschewsky 11
Locke 4, 6, 8, 23, 25, 35, 40, 55, 91, 113, 118, 135, 143
Lorenz 19f., 28f., 49f., 53f., 56, 62, 69ff., 79f., 82, 84, 90ff., 99, 101, 104f., 119, 130ff., 145, 153, 164, 173, 178ff., 202f., 213
Lorenzen 17, 191
Lyell 57
Lyssenko 67

Mach 15, 32f., 55, 177, 191
Maimon 114
Malebranche 8, 55
Marr 151
Martinet 143, 151
Maxwell 13, 48
Mayer 63
Mayr 63, 214
Mendel 65, 67
Mill 6
Mitscherlich 92
Mohr 61f., 84, 103, 178, 180
Monod 94, 116, 133, 178, 180
Moore 23
Morris, D. 92
Müller, J. 17f.
Müller, M. 151

Nagel 63
Neurath 26
Newton 13, 48, 54, 109, 163
Nietzsche 57, 177

Ockham 33
Ostwald 48f.

Pascal 25f.
Pawlow 74
Peirce 54f., 177
Peters 171
Piaget 18ff., 91, 173, 178, 180, 182, 211
Pittendrigh 18
Planck 13
Platon 4, 6, 8, 91
Plotin 99

Poincaré 15, 55, 124, 177f., 191
Popper VII, 4, 36, 40, 110, 115, 128, 130, 159ff., 173, 176f., 179f.
Post 12
Premack 76

Quine 144f., 154, 159, 177

Rask 57
Reichenbach 2, 11, 130, 132, 164
Remane 82
Rensch 62f., 66, 72f., 82, 103, 178, 180, 212
Riedl 212
Riemann 11
Rohracher 73, 135f., 178
Rosenblueth 27, 87
Rousseau 23
Russell 1f., 12f., 23, 27f., 35f., 67, 109, 113, 142, 144f., 166, 171, 177f., 181

Sachsse 90, 93, 103, 142f.,
Sapir 143f.
Schaefer/Novak 76, 79
Schelling 29, 55
Schiaparelli 53
Schiller, F. C. S. 177
Schlegel 152
Schleiermacher 23
Schlick 12, 26, 156
Schmidt, S. J. 144
Scholz 12, 27
Schulze 114
Schurig 212
Schwidetzky 95, 140f., 178

Shimony 51, 69, 97, 180
Simmel 177
Simpson 63, 69f., 103, 152
Skinner 74
Spencer 55, 177
Spinoza 55
Stegmüller 23, 27, 92, 113, 126f., 135, 142, 158f.
Stenius 23, 142
Stoa 6, 23

Tarski 154
Ter Haar 60
Tschermak 67
Tycho 58

Uexküll, J. v. 44

Vaihinger 29
Vico 143
de Vries 63, 67

Wagner 63
Walter 88
Weisgerber 24, 142, 191
v. Weizsäcker 30, 60
Wertheimer 19, 53
Whitehead 12, 81, 111
Whorf 24, 55, 143
Wickler 68f., 92
Wiener 112
Wilkinson 138
Wittgenstein 1, 23, 26, 55, 154
Wolff 9

Xenophanes 137

Young 49

Ziehen 178

Sachverzeichnis

Abbildtheorie 18, 35
Abstammungslehre 67, 77f., 171, 182
Abstraktion 45, 75, 105, 121
Aggression 92, 197
Alltagserkenntnis 14, 41
Alltagssprache 27, 118
Analogieschluß 72
angeboren 4, 91f., 97, 116, 146
angeborene Ideen 4ff., 8f., 10, 12, 24, 90, 94, 148–150
angeborene Strukturen 6, 9f., 20, 23, 90–94, 116, 126, 129, 133, 147, 185
angeborenes Verhalten 69–71
Anpassung 102, 118, 120, 129, 153
Anschaulichkeit 13, 118, 169, 185, 213
Anschauungsformen 10, 12, 127, 130
Anthropologie 22f., 77f., 80f., 182
a priori 16, 126f., 179, 213
Apriori, methodisches 16f.
Apriorismus 16, 55
Archetypen 21f., 92
A-über-A-Prinzip 24, 192
Auflösungsvermögen 46, 100, 120, 168
Aufmerksamkeit 72f.
Augen(arten) 36f., 48ff., 98ff., 192
Aussagen, analytische, apriorische, empirische, synthetische 126
axiomatische Methode 12, 26f., 156, 169

Begriffsbildung 105, 142f., 145
Begründungspostulat 25, 27, 107
Bewegungssehen 37, 53, 93f., 100
Beweisbarkeit 25–28, 107f.
Bewußtsein 30f., 72
Bewußtseinsenge 73
Bewußtsein und Gehirn 86–90
biogenetisches Grundgesetz 18, 65, 68, 152, 214
Biologie 17ff., 61ff.

Definition 26, 156
Denken 141, 144
 als Hantieren im Vorstellungsraum 104, 145
 und → Sprache
 → unbenanntes
Denkökonomie 15, 33, 192
Ding an sich 44, 114, 120f., 123
doppeldeutige Figuren 50, 52f., 56, 106, 124
Dreidimensionalität 12, 20, 49, 55f., 92f., 102

Einfachheit 36, 107, 111
Einsicht 73f., 78
Empfindungen 41, 72, 120
Empirismus 4ff., 44, 55, 93f., 117, 126, 131–4, 212
Energieübertrag 213
Entanthropomorphisierung 39, 156, 165–170, 175, 184
Entwicklung (development) 14, 63
Entwicklungspsychologie 19
Erfahrung 6, 132
 vorwissenschaftliche 41, 120, 123f., 161, 163
Erkennbarkeit der Welt 118
Erkenntnis VIII, 4, 40f.,
 erfahrungsunabhängige 134
 objektive 119
 vorwissenschaftliche 41
Erkenntnisfähigkeit 104, 121f., 135, 173
Erkenntnisgrenzen 135–7
Erkenntniskategorien 4f., 9, 19, 54ff., 116
Erkenntnisprozeß 40–45
Erkenntnistheorie 1ff., 10f., 20f., 54, 111, 113, 172, 181, 185
 → evolutionäre, → genetische, →projektive
erkenntnistheoretische Schemata 41, 120
Erklärbarkeitspostulat 33, 109, 122
Erklärungswert 110, 113, 115f., 183
Evidenz 13f., 25, 30, 35
Evolution VIII, 57–86
 kulturelle 84–86

Sachverzeichnis

der Erkenntnisfähigkeit 102, 106, 178
der evolutionären Erkenntnistheorie 115, 177–180, 212
im Kosmos 58–61
des Lebendigen 61–69
des Menschen 77–83
der Sprache 150ff.
des Wissens 173
evolutionäre Erkenntnistheorie 56, 103, 114f., 121, 125, 153, 159ff., 172, 176, 185f., 211–4
Evolutionsfaktoren (-gesetze) 63–66, 86
Evolutionstheorie 64, 66ff., 181

Farbenkreis 45ff., 93, 99
Farbwahrnehmung 45–49, 93
Fehlleistungen 50, 101, 125, 165, 193
Filterwirkung des Nervensystems (des Wahrnehmungsapparates) 42, 44, 100, 120, 132
Finalität 18
Fremdbewußtsein 30, 71f.
Fulguration 29, 82

Gedächtnis 73f., 89
Gehirn 31, 83, 86–90
Gehirnfunktionspostulat 31, 56, 185
genetische Erkenntnistheorie (Piaget) 63, 126, 173, 182, 199, 211
Genialität 122
Gestaltpsychologie 6, 19, 53
Gestaltwahrnehmung 37, 45, 51, 88f., 92, 94, 105, 145

Heuristikpostulat 32, 36, 90, 184
Hintergrundwissen 109f., 115
Höherentwicklung 81f.
Hypothesen 27f., 33, 107, 109, 124, 136, 153
hypothetisch-deduktive Methode 28, 35, 132, 212
hypothetischer Charakter aller Wirklichkeitserkenntnis 28, 35, 42f., 120, 123f., 128
hypothetischer Realismus 3, 34–40, 56, 103, 115f., 126, 134, 192f.

Ideen, → angeborene
Identitätstheorie 31, 185, 213
Induktion 158–161, 202
Informationspsychologie 73, 92, 100
Instinkt 4, 7, 9, 21f., 70, 82, 91

Intelligenz VIII, 95ff.
Interpretation von Umweltreizen 31, 52, 93, 124
Intersubjektivität 32, 36
Invarianz 29, 37, 39, 125
Isomorphie, partielle 43, 119, 122, 185

Kategorien 10, 54, 114, 119, 127, 130, 169
kausale Theorie der Wahrnehmung 31
Kausalität 13f., 18, 114, 118, 128f., 213
Konsistenz, externe 109, 114f.
interne 108f., 113, 115
Konstanzleistungen 37, 105, 125
konstruktive Leistung der Wahrnehmung 43f., 46, 49, 53, 120, 184
Kontinuitätspostulat 29, 81
Konventionalismus 15, 39, 55
Konvergenz der Forschung 37f., 125, 193, 212
funktionelle 34
als Tiefenkriterium 49f.
in der biologischen Evolution 66
kopernikanische Wendung 110, 170–2
Kosmologie 14, 58f., 194
Kybernetik 18, 81, 112

Leib-Seele-Problem 55, 86ff., 94, 102, 185, 192, 213
Lernen 73
Licht 46, 48, 97ff.
Linguistik 146, 149, 187
linguistisches Relativitätsprinzip 24, 143f.
Logik 1, 12, 118, 132f., 169, 180f.

Mathematik 7, 11ff., 132, 169
Menschwerdung 77, 80f.
Mesokosmos 161, 213
Metadisziplin 2f., 111f., 185
Metamathematik 12, 190
Mimikry 68
Mitteilbarkeit von Erkenntnis 138, 141
Münchhausen-Trilemma 25

Neckerwürfel 50, 52, 124
Neotenie 80, 121
Neugier 79f., 105, 121
Neurophysiologie 86ff., 182
Notwendigkeit 199, 203

objektive Erkenntnis 32, 116, 119–122
Objektivierung 14, 37ff., 105, 156, 158, 170, 175

Sachverzeichnis

Objektivitätskriterien 32, 125
Objektivitätspostulat 31, 166, 192
Ontogenese 63, 133
Operationalismus 16, 156, 186
optisches Fenster 46, 48, 56, 98f.

Panpsychismus 82
Paradoxien 108, 198
Parainduktion 158f., 161
Passungscharakter 54, 97ff., 102f., 106, 116, 119, 172
Perspektive 32, 43, 193
Phylogenese 63, 133
Populationsgenetik VIII, 65
Positivismus 15, 30, 32
Postulate 26, 28–34
Präformationssystem der reinen Vernunft (Kant) 128f.
Prägnanztendenz 6, 53
prästabilierte Harmonie 7, 9, 55, 128f., 172
projektive Erkenntnistheorie 116, 122ff., 186, 203, 212
Protein-Taxonomie 68, 78, 196
Prüfbarkeit 42, 110, 115
Psychologie 19ff., 93, 95ff.
psychophysische Entsprechungen 31, 86–90, 102, 184

Qualitäten, primäre und sekundäre 35, 118
Quantentheorie 14, 32, 118, 156f., 175

Rationalismus 4f., 8–10, 44f., 126, 131–134, 148
Raum, (nicht-)euklidischer 11f., 14f., 119
   mathematischer, physikalischer und psychologischer 11f., 185
Raumvorstellung 80, 104
Raumwahrnehmung 45, 49, 93, 101f.
Reaktionsnormen 20, 91, 97
reale Welt 28f., 120, 123f.
Realismus, → hypothetischer
   kritischer 35
   naiver 35, 109, 124, 142
Realitätspostulat 28, 35
Realkategorien 5, 9, 19, 54
Rekonstruktion der Außenwelt 31, 42, 49, 93, 102, 123f.
Relativitätstheorie 13f., 32, 118, 175f.

Sapir-Whorf-Hypothese 24, 143
Selektion 64f., 68, 84

selektive Rolle des Bewußtseins 43f.
selektiver Subjektivismus 16
Semiotik 112, 187
Simulation von Theorien 175f.
Sprache 23, 42, 95f., 104, 138ff., 141
   bei Tieren 75, 138ff., 151, 195
   Brauchbarkeit der 153–157
   Evolution der 80, 150–152
   formale, ideale, künstliche, natürliche 154
   Merkmale der 138–140
   wissenschaftliche 154, 168
   Funktionen der 140f.
   und Denken 141, 144, 153
Spracherwerb 147f., 150
Sprachfähigkeit 95f., 140, 146, 150, 152f., 187
Sprachphilosophie 23ff., 146
Sprachwissenschaft 182, 187
Struktur 62, 93, 112, 119
Strukturen, → angeborene
Strukturpostulat 29
Strukturwissenschaft 13, 112, 190
subjektive Erkenntnisstrukturen 48, 93, 120, 125, 130, 162
subjektives Zeitquant (SZQ) 100, 165
synthetische (Evolutions-)Theorie 64
synthetische Urteile a priori VIII, 10, 26, 126–129, 133, 199
Systemeigenschaften 62, 82

tabula rasa 6, 8, 90, 189
Teleologie 18, 33, 63, 65f., 170
Teleonomie 18
Theorienbewertung 107ff.
Tiefenkriterien 49f., 92, 94
Tiefenpsychologie 21f., 92
Transzendentalphilosophie VII, 10, 44, 114, 130, 163, 181, 186
transzendental-linguistisch 23, 55, 142

überlebensadäquat 102, 104, 119, 123, 137
unbenanntes Denken (Zählen) 75, 145
universelle Grammatik 24, 147f.
unmögliche Figuren 50f.

Vererbung kognitiver Fähigkeiten 94–97
Verhaltensforschung 19, 69–76, 80, 91f., 111, 181, 199
Vitalismus 33, 62
Vorstellungen 72f., 80

Wahrnehmung 31, 41, 43 ff., 123, 161
Wahrnehmungsstrukturen 45–54, 97 f., 120, 124
Wechselwirkungspostulat 31, 42
Welt der mittleren Dimensionen (Mesokosmos) 14, 116, 161–165
Weltbild 24, 138 ff., 165–171
Weltbildapparat 19, 23, 56, 81, 119, 137, 165
Widerspruchsfreiheit 13, 108, 114 f., 132
Wirklichkeitswissenschaften 1, 108, 112
Wissenschaft 111 ff., 158, 165

wissenschaftliche Erkenntnis 41, 120, 124, 161 f.
Wissenschaftssprache 27, 118
Wissenschaftsstadien (statisch, kinematisch, dynamisch) 57 f.
Wissenschaftstheorie 2, 10 f., 112 f., 183, 186

Zeit, Einbeziehung der 57 ff., 184
zentrales Raummodell 49, 73, 80, 102, 104, 145
Zirkel, logischer 25, 113, 186, 212
Zweckmäßigkeit 18, 62, 66, 103, 106

Lang Kurt